Andreas Dittmann, Wolfgang Gieler, Matthias Kowasch (Hrsg.)

Die Außenpolitik der Staaten Ozeaniens

Andreas Dittmann, Wolfgang Gieler,
Matthias Kowasch (Hrsg.)

Die Außenpolitik der Staaten Ozeaniens

Ein Handbuch:
Von Australien bis Neuseeland,
von Samoa bis Vanuatu

Ferdinand Schöningh

Paderborn · München · Wien · Zürich

Bibliografische Information der Deutschen Nationalbibliothek

Die Deutsche Nationalbibliothek verzeichnet diese Publikation in der Deutschen Nationalbibliografie; detaillierte bibliografische Daten sind im Internet über http://dnb.d-nb.de abrufbar.

Alle Rechte vorbehalten. Dieses Werk sowie einzelne Teile desselben sind urheberrechtlich geschützt. Jede Verwertung in anderen als den gesetzlich zugelassenen Fällen ist ohne vorherige schriftliche Zustimmung des Verlags nicht zulässig.

© 2010 Ferdinand Schöningh, Paderborn
(Verlag Ferdinand Schöningh GmbH & Co. KG, Jühenplatz 1, D-33098 Paderborn)

Internet: www.schoeningh.de

Einbandgestaltung: Evelyn Ziegler, Tübingen
Printed in Germany.
Herstellung: Ferdinand Schöningh GmbH & Co. KG, Paderborn

ISBN 978-3-506-76800-1

INHALTSVERZEICHNIS

Vorwort 9

Einführung – Ozeanien in der Internationalen Politik 11
    Wolfgang Gieler

1. Teil: Unabhängige Staaten

AUSTRALIEN 23
    Sigrid Baringhorst

FIDSCHI-INSELN 43
    Marcus Wolf & Michael Waibel

KIRIBATI 53
    Harald Werber

MARSHALLINSELN 63
    Martin Schneider

FÖDERIERTE STAATEN VON MIKRONESIEN 73
    Kerstin Maelicke-Werle

NAURU 83
    Pascal Dumas

NEUSEELAND 93
    Ismail Dalay & Supriyo Bhattacharya

PALAU 107
    Kerstin Maelicke-Werle

PAPUA-NEUGUINEA 113
    Roland Seib

SALOMONEN 129
    Pascal Dumas

SAMOA 137
    Viola Carmilla

TONGA 145
    Marcus Wolf & Paul Wagner

TUVALU 153
    Martin Zinggl

VANUATU 161
    Hermann Mückler

2. Teil: Abhängige Gebiete und Territorien

AMERIKANISCH-SAMOA 173
    Hermann Mückler

COOKINSELN 183
Arno Pascht

FRANZÖSISCH-POLYNESIEN 193
Matthias Kowasch

GUAM 201
Donald R. Shuster

NEUKALEDONIEN 207
Matthias Kowasch

NIUE 219
Hilke Thode-Arora

NÖRDLICHE MARIANEN 225
Hermann Mückler

NORFOLK 235
Margit Wolfsberger

PITCAIRN 241
Margit Wolfsberger

TOKELAU 249
Hermann Mückler

WALLIS UND FUTUNA 257
Sophie Bantos

3. Teil: Regionale Organisationen

ASIA-PACIFIC ECONOMIC CONFERENCE 263
Wolfgang Gieler

PACIFIC ISLANDS FORUM 273
Wolfgang Gieler

4. Teil: Übersichten und Verzeichnisse

ÜBERSICHTSKARTE OZEANIEN.. 278

TABELLE OZEANISCHER STAATEN UND ABHÄNGIGER GEBIETE 279

ZEITTAFEL ZUR ENTDECKUNG UND GESCHICHTE OZEANIENS 282

ABKÜRZUNGSVERZEICHNIS.. 289

ABBILDUNGSVERZEICHNIS... 292

PERSONENREGISTER.. 293

SACHREGISTER... 295

VERZEICHNIS DER HERAUSGEBER, AUTORINNEN UND AUTOREN....................... 297

ANHANG: KARTENMATERIAL... 303

VORWORT

Die auswärtige Politik von Staaten tritt uns täglich in der Medienberichterstattung in unterschiedlicher Form entgegen. Nachrichten und Analysen über bestimmte außenpolitische Handlungen einer Regierung, Kommentare über den Konflikt zwischen zwei oder mehreren Staaten, Informationen über innere Auseinandersetzungen in einem strategisch bedeutsamen Staat, Pressemitteilungen über die Reise eines Außenministers illustrieren nur segmentarisch die Komplexität, Unübersichtlichkeit und Globalität auswärtiger Beziehungen. Dies trifft in besonderer Weise auf die Staaten des ozeanischen Raums zu.

Ein wesentlicher Impuls der hier präsentierten Publikation zur Außenpolitik der Staaten Ozeaniens liegt in der bei den Herausgebern vorhandenen Empfindung eines grundlegenden Mangels. In der wissenschaftlichen Literatur fehlt ein grundlegendes und einführendes Buch, das einen raschen und kompakten Überblick der Außenpolitik der Staaten dieser von der Internationalen Politik vernachlässigten Region eröffnet. Außenpolitikanalyse ist ein sehr „weites Feld", das in den sich überschneidenden Schnittstellen von Internationaler Politik und Innenpolitik angesiedelt ist. Nicht zuletzt deshalb existiert eine große Anzahl von theoretischen Ansätzen zur Analyse von Außenpolitik. Diese Ansätze sind zum Teil komplementär; meist jedoch benennen sie konkurrierende Erklärungsfaktoren. Je nach Ansatz stehen Strukturen, Interaktionen oder unterschiedliche Akteure sowie deren Interessen und Identitäten im Zentrum der Analyse.

Die vorliegende Publikation thematisiert die Außenpolitik von insgesamt vierzehn politisch unabhängigen Staaten und elf abhängigen Gebieten in Ozeanien. Ergänzt werden die Länderbeiträge durch Beiträge zur APEC (Asia-Pacific Economic Conference) und zum PIF (Pacific Island Forum) als prägende Regionalorganisationen. Die Bedeutung dieser Organisationen als Internationale Akteure wird insbesondere durch die verstärkte Zusammenarbeit der Euro-päischen Union mit dem PIF seit 2006 deutlich. Die EU-Pazifik-Strategie, stellt nunmehr den Rahmen der gemeinschaftlichen Zusammenarbeit in dieser Region dar. Sie wurde von den Außenministern der EU angenommen und setzt den Akzent auf die Themen Demokratie, Good Governance, Sicherheit, Wirtschafts-wachstum, nachhaltige Entwicklung sowie regionale Integration und Entwicklungszusammenarbeit.

Zentrale Aufgabenstellung der einzelnen Beiträge war dabei die außenpolitische Entwicklung der jeweiligen Staaten aus deren Innenperspektive zu analysieren. Inhaltlich wurde eine einheitliche Konzeption zugrunde gelegt damit eine Kompatibilität der Beiträge herzustellen ist. Im Einzelnen wurden folgende Aspekte in den jeweiligen Beiträgen thematisiert: Historische Grunddaten zur Außenpolitik und die jeweiligen internationalen Beziehungen, Bestimmungsfaktoren der Außenpolitik, außenpolitische Entscheidungsprozesse Sicherheitspolitik (Terrorismus-Bekämpfung als Bestandteile außenpolitischer Konzeption) und Politik im Rahmen internationaler Organisationen, Perspektiven einer zukünftigen Außenpolitik. Aufgrund der zahlreichen Unterschiede zwischen den behandelten Staaten vor allem in Bezug auf die kulturellen, politischen, sozialen und wirtschaftlichen Strukturen konnte das Gliederungsschema nicht streng eingehalten werden. Die Autoren waren bemüht die gegenwärtige Außenpolitik in ihren historischen Kontext zu stellen. Dem Charakter eines grundlegenden Studienbuchs entsprechend und bei einer Zahl von fünfundzwanzig thematisierten Staaten musste der Umfang der einzelnen Beiträge begrenzt bleiben. Aus diesem Grunde wird keine umfassende außenpolitische Analyse, vielmehr ein komprimierter Überblick der vielfältigen außenpolitischen Beziehungen der heutigen Staaten Ozeaniens geboten. Auf einen wissenschaftlichen Apparat mit Fußnoten etc. wurde im Interesse der Kürze und leichten Lesbarkeit mit Absicht verzichtet. Zur weitergehenden Information wurde den Beiträgen eine Bibliographie, der jeweils verwendeten und weiterführenden Literatur beigegeben. Ferner sind jedem Beitrag eine Karte zur geographischen Lage des Staates, relevante landesspezifische (offizieller Name, Hauptstadt, Lage, Fläche, Bevölkerung, Staatsform, Staatschef, Außenminister, Sprachen, Religionen, Währung, Mitgliedschaften in internationalen Organisationen) sowie historische Grunddaten vorangestellt. Dem Band ist eine Chronologie zur Entdeckung und Geschichte Ozeaniens sowie ein Personen- und Sachregister beigefügt um einen schnellen Zugriff zu den gesuchten Informationen zu eröffnen. Die vorgelegte Publikation versteht sich im Kern als ein grundlegendes und einführendes Studienbuch der Außenpolitik der ozeanischen Staaten.

Die Beiträge dieses Buches wurden von Kolleginnen und Kollegen verfasst, die sich intensiv mit den behandelten Ländern befassen und hier über große fachliche Kompetenzen verfügen. Die Herausgeber, hoffen, dass mit dem vorliegenden Band ein Buch gelungen ist, das ohne jeglichen Eurozentrismusverdacht, eine schnelle und differenzierte Orientierung in dem komplexen Feld der Außenpolitik der Staatenwelt Ozeaniens ermöglicht.

Ein Dank gilt allen an diesem Buch involvierten Autorinnen und Autoren für ihre Geduld und die effektive Zusammenarbeit. Der Bearbeitungsstand der Beiträge ist mit Mehrheit um die zweite Jahreshälfte 2008 anzusiedeln. Besonders wertvoll war die redaktionelle und organisatorische Arbeit von Mitherausgeber Matthias Kowasch, ohne dessen tatkräftige Unterstützung das Manuskript nicht in der relativ kurzen Zeit hätte fertig gestellt werden können.

Die Herausgeber

Prof. Dr. Andreas Dittmann, Universität Gießen
Prof. Dr. Wolfgang Gieler, Okan Universtät Istanbul
StR Matthias Kowasch, Doktorand Universitäten Heidelberg und Montpellier III

EINFÜHRUNG – OZEANIEN IN DER INTERNATIONALEN POLITIK

Wolfgang Gieler

Die traditionelle Bezeichnung für die Inselwelt des Pazifischen Ozeans, insbesondere für die Inselwelt zwischen dem Nördlichen Wendekreis und 50° südlicher Breite ist Ozeanien; im Englischen meist als *Pacific Islands* bezeichnet, im Französischen als *l'Océanie* (hier inklusive Australiens). Ozeanien umfasst mehr als 10.000 Inseln mit einer Landfläche von etwa 800.000 km². Die geographische Beschaffenheit und Entstehung der Inseln geht hauptsächlich auf Vulkanismus zurück. Die Größe variiert von kleinsten Inselatollen, den „Low Highlands", bis hin zu großen Landmassen wie Neuseeland und Neuguinea („High Islands"). Der Staat Kiribati beispielsweise hat eine West-Ost-Ausdehnung die der Distanz von Kalifornien bis New York entspricht. Dagegen umfasst Kiribati eine Landfläche von lediglich etwa 480 km², das entspricht etwa der Fläche Berlins. Diese geographische Heterogenität der Region kennzeichnet auch Gesellschaft, Kultur, Sprache und Religion. Drei Bezeichnungen werden bis zur Gegenwart zugrunde gelegt:

Südsee: Vasco Nuñez de Balboa (Spanien) kam 1513 über Mittelamerika - überquerte den Isthmus von Panama und bezeichnete das neuentdeckte Meer „Mar del Sur" („Südmeer") und annektierte es für die spanische Krone
Pazifik: Fernão Magellan reiste von 1519 bis 1522 von Südamerika quer durch den Pazifik und nannte das Gebiet „Mare Pacifico", das ruhige Meer.
Ozeanien: da es das größte Ozeangebiet der Welt ist. Der pazifische Ozean ist etwa 1,5 Mal größer als der Atlantik. Die Nord-Süd Ausstreckung beträgt 16.000 km, die Ost-West Ausdehnung 9.000 km und die Fläche etwa 180 Mio. km².

Aufgrund dieser Vielfalt gab es frühe Bemühungen die Inselgruppen in Regionen einzuteilen. Die heute weiterhin vorgenommene Kategorisierung geht auf den französischen Entdecker Dumont d'Urville von 1832 zurück. Nach der ethnischen Zugehörigkeit der Bevölkerung gliedert sich Ozeanien in die drei geographischen Räume Melanesien im Südwesten, Mikronesien im Nordwesten und Polynesien im Osten.

1. Melanesien: von griech. melos = schwarz und griech. nesos = Insel / „Schwarz-Insel-Welt". Melanesien umfasst den Südwesten der ozeanischen Inseln: Papua-Neuguinea (östlicher Teil der Insel Neuguinea), Westpapua: ist seit 1975 ein Teil Indonesiens, genießt aber seit 2001 weitreichende Autonomie, Salomonen: östlich

von Papua-Neuguinea, Neukaledonien: weiterhin unter französischer Kolonialherrschaft: POM (Pays d'outre mer) und ist im Gegensatz zu einem DOM (Department d'outre mer) kein Teil der EU, Vanuatu und Fidschi

2. Mikronesien: von griech. mikros = klein / Mikronesien ist die griechische Bezeichnung für die Kleine-Insel-Welt; besteht aus den Inseln mit der kleinsten Landfläche und umfasst den Nordwesten Ozeaniens: Palau, die Föderierten Staaten von Mikronesien = FSM, Marianen-Inseln („Northern Mariana Islands") diese wurden nach Maria-Anna von Österreich benannt, die Besiedlung fand von Spanien aus statt (durch die Habsburger), Guam, Marshallinseln – bezeichnet nach Kapitän John Marshall und Kiribati

3. Polynesien: von griech. polos = viel /„Viel-Insel-Welt": Polynesien wird begrenzt durch Neuseeland, Hawaii und den Osterinseln. Daher wird auch oft von dem polynesischen Dreieck gesprochen. Polynesien umfasst: Samoa, Tonga, Cookinseln sowie weitere Kleinstaaten: Tokelau (gehört politisch zu Neuseeland), Tuvalu, Französisch-Polynesien: französische Kolonie (DOM), bestehend aus Bora Bora, Mururoa (Atombombenversuche der Franzosen), Tahiti, usw. Bekannt geworden sind die Inseln unter anderem durch den französischen Maler Paul Gauguin, Pitcairn-Inseln: gehören zu Großbritannien, bekannt durch die Meuterei auf der Bounty, Hawaii: gehört zu den USA, Osterinsel: gehört zu Chile

Das Denken und Handeln der Menschen im südpazifischen Raum wird durch die weiten Entfernungen beziehungsweise Distanzen geprägt. Für Kontinentbewohner stellen Inseln zumeist eine abgegrenzte Welt in den Weiten des Ozeans dar, während Inselbewohner hingegen das Meer häufig als eine Straße und die Inseln als deren Netzwerkknoten betrachten. Demzufolge wird die Insel nicht als Punkt der Isolation aufgefasst, sondern als Knoten innerhalb eines eng verbundenen Netzes von Tauschhandel, Tributverpflichtungen und religiösen Beziehungen. Die einzelnen Inseln stehen daher in einem starken kulturellen, wirtschaftlichen und politischen Austausch.

Der Globus verdeutlicht die geographischen Dimensionen die insbesondere im Hinblick auf die Entfernungen ins Auge fallen. Der Staat Kiribati beispielsweise besteht mit den in nord-südliche Richtung verlaufenden Gilbert Islands im Westen, den in west-östliche Richtung verlaufenden unbewohnten Phoenix Islands im Zentrum und den nördlichen und südlichen, ebenfalls unbewohnten Linie Islands, insgesamt aus drei Inselgruppen. Das, aus den Inseln und den jeweiligen um die Landflächen gezogenen Seerechtsgrenzen zusammengesetzte Staatsterritorium, umfasst eine West-Ost-Ausdehnung von etwa 5.000 km. Gigantische Wasserflächen und große Distanzen zwischen den einzelnen Inseln sowie Inselgruppen stehen kleine Siedlungs- und Nutzungsflächen auf den Inseln selbst gegenüber.

Obwohl die Inseln von Ozeanien kein Teil eines echten Kontinentes darstellen, wird Ozeanien mit dem australischen Kontinent verbunden, um die Welt in kontinentale Gruppen einteilen zu können. Diese Kategorisierung führt dazu dass Ozeanien zumeist in solchen kontinentalen Einteilungen aber als eigener

„Kontinent" behandelt wird. Als solches ist Ozeanien der kleinste Kontinent hinsichtlich der Landmasse und der zweitkleinste in Bezug auf die Bevölkerungszahl. Eine Besonderheit Ozeaniens und von besonderer außenpolitischer Bedeutung ist, dass mit Ausnahme Papua-Neuguineas kein Staat eine Festlandgrenze mit einem anderen Staat besitzt.

Ozeanien umfasst eine Reihe politisch unabhängiger Staaten und abhängiger Gebiete. Darunter sind einige Territorien, die trotz einer weitgehenden inneren Autonomie und Kennzeichen eigener Staatlichkeit mit größeren Staaten assoziiert sind. Solche Staaten sind: Australien, Fidschi, Kiribati, die Marshallinseln, die Föderierten Staaten von Mikronesien, Nauru, Neuseeland, Palau, Papua-Neuguinea, die Salomonen, Samoa, Tonga, Tuvalu und Vanuatu. Die Nordmarianen sind mit den USA assoziiert, Niue und die Cookinseln mit Neuseeland. Nicht selbstständige, von den USA abhängige Gebiete (nicht inkorporierte Territorien der USA) sind: Amerikanisch-Samoa, Guam und die Midway-Inseln. Hawaii ist der 50. Bundesstaat der USA. Französisch-Polynesien, Neukaledonien sowie Wallis und Futuna sind französische Überseeterritorien. Tokelau ist ein Überseeterritorium Neuseelands. Die Norfolkinsel ist ein externes Territorium Australiens. Die Osterinsel gehört zu Chile, Pitcairn ist britische Kronkolonie. Der Westteil der Insel Neuguinea ist Teil Indonesiens und gliedert sich in die beiden Provinzen Papua und Papua Barat.

Die in der Wissenschaft lang andauernde Auseinandersetzung, ob die traditionelle Bevölkerung aus Asien oder Amerika stammt, wurde durch moderne Erkenntnisse insbesondere der Sprachwissenschaft und Ethnologie gelöst: Alle Bevölkerungsgruppen entstammen dem asiatischen Kontinent, es ist jedoch von späteren Wanderungsbewegungen aus Amerika auszugehen. Die ursprüngliche Sozialstruktur ist stark fragmentiert und in kleine Einheiten gegliedert. Die vorkoloniale Gesellschaft Melanesiens bestand aus kleinen Clans von 70-300 Menschen und einer politischen Autorität die sich durch besondere Fähigkeiten und sozialem Kapital legitimierte („Big Man"). Polynesiens Bevölkerungsstruktur zeichnete sich durch gesellschaftliche Einheiten von bis zu 10.000 Personen mit einer ausgeprägten sozioökonomischen Differenzierung aus. Die politische Führung wurde durch ein Häuptlingswesen und strenger Erbfolge geregelt („Chief"). In Mikronesien manifestierten sich beide Einflüsse zu einer Mischform der Sozialstruktur, die auf die Einflüsse der Nachbargebiete zurückzuführen ist. Allen war jedoch eine traditionelle und polytheistische Religionsvorstellung gemeinsam. Die Artikulation des göttlichen Willens geschah durch Medien und Priester. Der Glaube an „Mana" war ein zentrales Element aller Religionen. „Mana" äußert sich als Charisma, Lebenskraft und verschaffte den Individuen Autorität. Zur Erlangung des „Mana" war die Befolgung bestimmter „Tapu" nötig. Diese lassen eine gewisse Funktionalität bezüglich der gesellschaftlichen Struktur erkennen und regeln das soziale Miteinander sowie die Interaktion mit der Umwelt.

Die Landwirtschaft diente traditionell der Selbstversorgung. Angebaut wurden Kokospalmen, Sagopalmen, Taro, Yams, Süßkartoffeln und Bananen. Neben der Zucht domestizierter Tierarten wie dem Huhn, dem Schwein und Hunden, nahm

- wie für zahlreiche maritime Regionen charakteristisch - der Fischfang eine wichtige Stellung ein. Heute stellen Kopra, Kautschuk, Kakao, Zucker, Kaffee und Tabak die wichtigsten landwirtschaftlichen Erzeugnisse dar. Für die Außenwirtschaft von relevanter Bedeutung sind insbesondere in Melanesien Minerale (Gold, Nickel, Mangan), sowie auf einigen Inseln auch noch Reste der ehemals ergiebigen Phosphatvorkommen (Nauru, Palau). Die Inseln bilden wichtige Stützpunkte für den Schiffs- und Flugverkehr über den Pazifik. Ferner ist mit der Anbindung an das internationale Luftverkehrsnetz der Tourismus von stark wachsender wirtschaftspolitischer Bedeutung.

Die Folgen des globalen Klimawandels, insbesondere der Anstieg des Meeresspiegels, der geringeren Regelmäßigkeit der Niederschläge und von den zunehmenden Extremwetterlagen sind in Ozeanien deutlich spürbar. Als besonders gefährdet können die sehr flachen Atolle gelten. Der UN-Botschafter Tuvalus warnte in einer Rede vor dem UN-Sicherheitsrat am 17.04.2007 vor den Folgen des Klimawandels für die pazifischen Staaten. Die Zunahme von Wirbelstürmen, das Sterben der Korallenriffe und der Rückgang der Fischbestände seien aktuelle und existenzielle Probleme Tuvalus. Der Tourismus konzentriert sich aufgrund der zumeist schwierigen und kostspieligen Erreichbarkeit sowie der begrenzten Kapazitäten der meisten Inseln (Flächen, Wasser, Energie, Investitionspotenzial, z. T. politische Sicherheit) auf wenige Schwerpunkte: Hawaii (2007: mehr als 6,5 Mio. Touristen), Fidschi (2007: mehr als 600 000), Guam und die Nordmarianen (Saipan) (2007: zusammen etwa 1,7 Mio.) und Französisch-Polynesien (2007: 240 000).

Die Erforschung der pazifischen Inselgruppen begann mit der Entdeckung Amerikas 1492 und dauerte bis in das 18. Jahrhundert an. Sie geht auf die Expeditionen verschiedener Nationen und Seefahrer zurück. Die bedeutendsten waren Balboa, Magellan, Tasman, Wallis Bougainville und vor allem Thomas Cook. Mit Beginn der kartographischen Erschließung setzte eine intensive europäische Beeinflussung und Kolonialisierung der ozeanischen Region ein. Kulturell wurden die ozeanischen Völker durch Handel und christlicher Missionierung geprägt, während die eigene Kultur massive Einschnitte und Erschütterungen hinnehmen musste. Die christliche Religion wurde zum wirkungsvollen Machtwerkzeug westlicher Interessen und vor allem durch die katholisch geprägten Franzosen und die protestantischen Briten vorangetrieben.

Auch Ozeanien konnte sich den politischen und wirtschaftlichen Herrschafts- und Machtansprüchen der damaligen Kolonialmächte nicht entziehen. Die Region ist seit diesem Zeitraum Austragungsort für das strategische Kräftemessen wirtschaftlicher Großmächte. Die konkurrierenden Missionierungsvorhaben Großbritanniens und Frankreichs im 19. Jahrhundert waren der Anfang andauernder strategischer Auseinandersetzungen in die später auch Deutschland und die USA verwickelt waren. Nach dem Ersten Weltkrieg wurde Deutschland von Japan abgelöst. Japan setzte in den Folgejahren auf eine aggressive und stark expandierende Kolonisation um sich strategisch möglichst gut gegen die USA und deren Herrschaftsansprüche zu positionieren. Dieser Konflikt gipfelte im Angriff auf Pearl Harbor und dem atomaren Vergeltungsschlag der USA.

Nach dem Zweiten Weltkrieg veränderte sich das Machtgefüge. Festhalten lassen sich folgende Kolonialräume: USA: Hawaii, Nördliche Marianen, Guam, Karolinen, Marshallinseln und Amerikanisch-Samoa, Großbritannien: Papua Neuguinea, Bismarck-Archipel, Salomonen, Nauru, Ocean Island, Gilbert Inseln, Ellice Inseln, Fidschi, Tokelau, Tonga, West-Samoa, Niue und Cookinseln. Frankreich: Neukaledonien, Wallis und Futuna, Französisch-Polynesien. Mit dem offiziellen Ende der Kolonialzeit erlangten zahlreiche Inselstaaten die politische Souveränität - jedoch weigert sich Frankreich Neukaledonien, Französisch- Polynesien und Wallis und Futuna in die politische Unabhängigkeit zu entlassen. Es entstanden zahlreiche kleine Staaten und Herrschaftsterritorien und somit auch eine Vielzahl von Hauptstädten um den Verwaltungssitz des entsprechenden Staates zu verorten. Diese variieren in der Größe von Großstädten wie Port Moresby über Kleinstädte wie Apia, West-Samoa oder Tonga, bis hin zu kleinen „Dörfern" mit weniger als 1.000 Einwohnern.

Die ehemals auf Subsistenz basierende Landwirtschaft wurde nahezu komplett auf den Export von Cash Crops wie Kaffee, Baumwolle und Zuckerrohr ausgerichtet. In Neuseeland etablierte sich eine intensive landwirtschaftliche Nutzung nach europäischem Muster. Die expandierende Landwirtschaft und der damit verbundene Arbeitskräftemangel führte zu starken Migrationsbewegungen insbesondere aus der VR China, Japan, den Philippinen, später auch Europa und Amerika. In Neuseeland wurden die Maori nahezu vollkommen von europäischen Einwanderern verdrängt. In Fidschi sorgte der Arbeitskräftezuwachs aus der damals britischen Kolonie Indien für Konflikte, da die Einwanderer, obwohl sie die Hälfte der Bevölkerung ausmachen, kein Land erwerben durften. In Neukaledonien lockte der Nickelreichtum französische Einwanderer an, die heute den Großteil der Bevölkerung ausmachen und die einheimischen Kanak verdrängten. Die Staatenbildung geschah eher unter geopolitischen und strategischen Gesichtspunkten, so dass sozio-kulturelle Gegebenheiten vernach-lässigt wurden. Als Paradebeispiel hierfür gilt Bougainville, das kulturell den Salomonen zugeordnet ist jedoch rechtlich Papua-Neuguinea angehört. Die Furcht vor der Verdrängung der einheimischen Kultur durch eine koloniale Elite führte zu einigen Autonomie- und Sezessionsbestrebungen. Die zahlenmäßige Dominanz weißer Einwanderer ließ Neukaledonien zu einem Konfliktherd werden. Außerdem sind alle Staaten durch ein hohes Bevölkerungswachstum gekennzeichnet, das durch die bessere medizinische Versorgung und auf die Migrationsströme zurückzuführen ist.

Die Ambitionen am Welthandel partizipieren zu wollen machte einen Ausbau der Infrastruktur unabdingbar. Es wurden Häfen zum Gütertransport gebaut. Zu den bedeutendsten Hafenstädten zählen Honolulu in Hawaii und Auckland in Neuseeland. Die Territorien der Inselwelt haben alle einige negative Standortfaktoren gemein: Die räumliche Beschränktheit stellt eine klare Herausforderung an ein nachhaltiges und zukunftsorientiertes Wirtschaften und die Allokation des Landes dar. Zudem hemmt sie die wirtschaftliche Entwicklung da die räumlichen Kapazitäten extrem begrenzt sind. Auch in Zeiten der Globalisierung spielt die Nähe zu Handelsströmen eine Rolle. Die Inseln Ozeaniens haben mit ihrer Abgelegenheit zu kämpfen. Durch die enorme Anzahl verschiedener kleiner autonomer wirtschaftlicher Territorien mit unterschiedlichen Kulturen, die alle in einer gewissen Isolation leben, wird die wirtschaftliche Interaktion erschwert. Durch die flächenmäßige Beschränktheit können sich keine größeren Industriezweige ansiedeln. Die durch den Kolonialismus angeregte Exportaus-richtung der Landwirtschaft sorgt für zusätzliche Instabilität der Volks-wirtschaften. Die meisten landwirtschaftlichen Produkte sind auch in anderen Ländern günstiger produzierbar und allgemein verbreitet. Des Weiteren steht der Anbau von Cash Crops im massiven Konflikt zur traditionellen Subsistenz-wirtschaft, die zum Überleben notwendig ist. Mit Ausnahme von Neuseeland betreibt kein Staat eine intensiv, technisierte Landwirtschaft nach europäischem Muster.

Der Fischfang ist für alle Staaten ein wichtiger Bestandteil des Insellebens und der Selbstversorgung. Jedoch beschränkt sich die indigene Bevölkerung auf die Befischung im Lagunen- und Riffbereich. Länder wie Japan, Taiwan, Südkorea, die USA, Philippinen, Indonesien und Malaysia spezialisierten sich mit großen Fischereiflotten auf die Hochseefischerei und beuten die Fischgründe um Ozeanien rücksichtslos aus. Ökonomische Chancen bietet das allgemeine Hochseerecht, das jedem Küstenstaat eine 200 Meilen Zone zuspricht, über die es frei verfügen darf. Durch die fragmentierte Inselwelt erlangen die pazifischen Staaten Kontrolle über enorm große Meeresgebiete. So verfügt z.B. Französisch-Polynesien über eine Meeresfläche von 5,05 Mio. km^2, Neuseeland besitzt 4,83 Mio. km^2 und Kiribati kommt auf eine Fläche von 3,55 Mio. km^2. Der geringe Technisierungsgrad macht jedoch eine eigene Nutzung dieser Räume nahezu unmöglich, daher werden Lizenzen und Joint Ventures vergeben.

Für einige Regionen bietet der Bergbau interessante Möglichkeiten. Papua-Neuguinea besitzt enorme Kupfervorkommen, Neuseeland Lignit, Eisensande und Erdölvorkommen. Neukaledonien beispielsweise verfügt über eines der größten Nickelvorkommen der Welt. Unter Berücksichtigung dieser Tatsache wird ersichtlich, warum Frankreich so beharrlich an diesem Territorium festhält. Doch gerade in Papua-Neuguinea sorgte der ausbeuterische und rücksichtslose Abbau für nachhaltige Umweltschädigungen. Ganze Landstriche wurden durch die Montanindustrie und deren Ablagerungen verseucht. In Bougainville kam es zu massiven Protesten seitens der Bevölkerung. Im Jahr 2001 wurde ein Abkommen unterzeichnet, das den Bergbau stoppte und den Einheimischen eine Autonomie bezüglich des Abbaus von Erdschätzen zusicherte. Allen Staaten bleibt jedoch lediglich die Rolle eines Rohstofflieferanten. Für die Veredelung und den selbstständigen Abbau fehlen die Infrastruktur und das technische Know-how. Des Weiteren stellt sich bedingt durch die peripher gelegenen Abbaugebiete die Frage nach der Rentabilität.

Die industrielle Situation zeichnet sich durch begrenzte Produktionskapazitäten, geringe Vielfalt an Produkten, und eine wenig spezialisierte Produktpalette aus. Die wirtschaftlichen Entscheidungen kommen meistens von ausländischen Konzernen und der Kapitalertrag nur wenigen zugute. Eine Industrialisierung ist aus bekannten Gründen nicht möglich. Auch hier bildet Neuseeland die Ausnahme. Es besitzt eine eigene Industrie die relativ gewichtig am Weltmarkt partizipiert. Die Konzentration liegt aber vornehmlich auf dem primären und sekundären Sektor. In den städtischen Ballungszentren konnten sich Textilverarbeitende Industrien sowie Maschinenbau und Montanindustrie niederlassen. Andere nennenswerte Industrien pazifischer Inselstaaten existieren kaum. Hawaii zeichnet sich durch eine Zucker- und Ananasindustrie sowie durch eine Textil- und Bekleidungsindustrie aus. Alle anderen Staaten besitzen kleine einheimische Produkte verarbeitende Gewerbe, die über die lokalen Grenzen hinaus volkswirtschaftlich kaum ins Gewicht fallen.

Für die meisten Inselstaaten stellt der Tourismus ein verlässliches Standbein dar. Die landschaftliche Beschaffenheit und die reiche und vielfältige Vegetation birgt ein großes Potenzial für den Tourismus. So gut wie alle Inseln sind in ein gut ausgebautes Flugnetz eingebunden und verhältnismäßig leicht zu erreichen. Der einsetzende Massentourismus bringt jedoch auch Probleme mit sich, wie beispielsweise Umweltverschmutzung, Versorgungsknappheit, hoher Flächenbedarf und eine weitere Beeinträchtigung der indigenen, traditionellen Kultur. Zudem fließen die ins Land gebrachten Devisen meist wieder in ausländische Tourismuskonzerne ab.

Die in der Entwicklungszusammenarbeit formulierte Forderung nach „Self Reliance", der nach innen gerichteten Entwicklung des Landes wird dem Dependenzgeflecht in dem sich die südpazifischen Staaten befinden nicht gerecht. Obwohl die Staaten faktisch „Unabhängig" sind besteht dennoch eine enorme Abhängigkeit gegenüber den großen Industrienationen. Es muss beachtet werden, dass die kleinen isolierten Staaten ohne wirtschaftliche Zusammenarbeit kaum überlebensfähig sind. Alle Staaten befinden sich in einer ökonomischen Interdependenz gegenüber dem Weltmarkt. Aus den vorherrschenden Monokulturen von Cash Crops, resultiert eine empfindliche Anfälligkeit gegenüber Preisschwankungen. Das ressourcenbedingte Unvermögen die eigene Energieversorgung zu gewährleisten schafft eine Abhängigkeit von importierten Energieträgern. Das kaum vorhandene Kapital macht ausländische Investitionen zur unabdingbaren Vorrausetzung für eine positive wirtschaftliche Entwicklung. Durch die geringe Größe vieler Staaten Ozeaniens und dem damit verbundenen begrenztem internationalem politischem Gewicht ist es kaum möglich eigene Interessen adäquat zu vertreten. Von großer Bedeutung sind in diesem Zusammenhang regionale Kooperationen und ein stärkerer wirtschaftlicher Zusammenschluss besonders mit den wirtschaftlich stärkeren Staaten Neuseeland und Australien. Um ein politisches Bewusstsein zu schaffen wurde das PIF (Pacific Island Forum) gegründet. Dort sollen Interessen artikuliert und eine gemeinsame Agenda gefunden werden. Die Mitglieder sind jedoch heterogen hinsichtlich ihrer Interessen und Kulturen, so dass eine Kooperation hin zu einer handlungsfähigen internationalen Organisation entscheidend erschwert wird.

Sämtliche Staaten Ozeaniens werden heute politikwissenschaftlich als Entwicklungsländer kategorisiert. Der koloniale Einfluss ist nach wie vor deutlich spürbar. Politische Einflüsse nach westlichem Muster finden sich als Kammern und Parlamente wieder. Die Strukturen sind nicht – von innen gewachsen, sondern oktroyiert. Nationalismus und Nationalstaat sind europäische Begrifflichkeiten und Konstrukte die der Alltagswelt entgegenstehen. Die nationalistischen Bewegungen Ozeaniens werden von Europa auch als Traditionalismus oder Retraditionalismus bezeichnet, aber auch diese Bezeichnungen implementieren Begrifflichkeiten nach europäischem Denkmuster. Die Identifikation mit den neuen Staaten ist bei den Einwohnern nur rudimentär ausgeprägt. Das Vertretungsrecht vor Ort nimmt sich die westlich geprägte Staatenwelt, Tradition wird instrumentalisiert. Frühere Systeme kannten Chiefs, Paramount Chiefs, Big Men und Häuptlinge, die auch über Leben und Tod entscheiden konnten. Es gab zahlreiche Matriarchate und Matrilinearitäten, aber keine Demokratie nach westlichem Verständnis.

Die pazifische Inselwelt zeichnet sich durch eine Vielzahl unterschiedlicher Ethnien und Kulturen aus. Durch die periphere Lage und die räumliche Knappheit besitzt sie ein geringes wirtschaftliches Potenzial. Die kolonial überformte Wirtschaftpolitik sorgt für zusätzliche Instabilität. Eine vollständige Unabhängig-keit gegenüber größeren Industriestaaten und den ehemaligen Kolonialmächten scheint für die überwiegende Anzahl ozeanischer Staaten mittelfristig nicht möglich. Eine Beurteilung und Bewertung der Region und ihrer Menschen und Kulturen sollte jedoch auch das umfangreiche kulturelle Erbe, mit berücksichtigen. "When those who hail from continents (…) when they see a Polynesian or Micronesian island they naturally pronounce it small or tiny. Their calculation is based entirely on the extent of the land surface they see. But if we look at the myths, legends, and oral traditions, and the cosmologies of the people of Oceania, it becomes evident that they did not conceive of their world in such microscopic proportions. Their universe comrised not only land surfaces, but the surrounding ocean as far as they could traverse and exploit it, the underworld with its fire-controlling and earth-shaking denizens, and the heavens above with their hierachies of powerful gods and named stars and constellations that people could count on to guide their ways across the seas. Their world was anything but tiny." (Hau´ofa 1994:152).

BIBLIOGRAPHIE

Arnberger, Erik: The tropical islands of the Indian and Pacific oceans. Wien 2003.
Belgin, Tayfun (Hg): Sehnsucht nach dem Paradies. Von Gauguin bis Nolde. Wien 2004
Brown, M. Anne (Hg.): Security and Development in the Pacific Islands. Social Resilience in Emerging States. Boulder, London, Lynne Rienner, 2007.
Buchholz, Hanns-J.(Hg.): New Approaches to development co-operation with south pacific countries. Saarbrücken 1987.
Chand Satish: Pacific Islands Regional Integration and Governance, Asia Pacific Press at the Australian National University, 2005.
Crocombe, Ronld G.: The South Pacific. Suva 2001.
Draguhn, Werner/ Hofmeier, Rolf /Schönborn, Mathias: Politisches Lexikon Asien, Australien, Pazifik, München 1989.

Fairbairn, Te/ Morrison, Charles E./ Baker, Richard W.: The Pacific Islands: Politics, Economics, and International Relations, East-West-Center, University of Calfornia 1991.
Fischer, Steven Roger: A History of the Pacific Islands. New York 2002.
Gerhold, Antje: Wirtschaftliche Integration und Kooperation im asiatisch-pazifischen Raum. Die APEC. Frankfurt 1999.
Gieler, Wolfgang: Entwicklung und Kultur. Ein wissenschaftstheoretischer Diskurs zum westlichen Ethnozentrismus. Münster/Hamburg 2006.
Gieler, Wolfgang; Inat, Kemal; Kullmann, Claudio (Hrsg.): Foreign Policy of States. A Handbook on World Affairs, Istanbul 2005.
Gieler, Wolfgang (Hg.): Handbuch der Ausländer- und Zuwanderungspolitik. Von Afghanistan bis Zypern. Münster/Hamburg 2003.
Heribert, Dieter: Australien und die APEC: Die Integration des fünften Kontinents in den asiatisch-pazifischen Wirtschaftsraum. Hamburg 1994.
Hiery, Hermann Joseph: Die deutsche Südsee 1884 – 1914. Ein Handbuch. Paderborn 2002.
Kast, Günter: Der schwierige Abschied von der Vorherrschaft: Die Vereinigten Staaten von Amerika und die neue internationale Ordnung im asiatisch-pazifischen Raum. Hamburg/Münster 1998.
Kreisel, Werner (Hg): Die Pazifische Inselwelt: Eine Landeskunde. Berlin/Stuttgart 2004
Kreisel, Werner (Hg): Mythos Südsee. Länderprofile Ozeaniens zu Wirtschaft und Gesellschaft.Hamburg 2006.
von Krosigk, Freidrich/ Rath, Günther/ Leidhold, Wolfgang: Südsee – Inselwelt im Umbruch. Erlangen 1988.
Lamour, Peter: Foreign Flowers, Institutional Transfer and Good Governance inthe Pacific Islands. Honolulu 2005.
Lawson, Stephanie: Tradition versus Democracy in the South Pacific. Cambridge 1996.
Leidhold, Wolfgang H.: Krise unter dem Kreuz des Südens: Die Pazifische Inselregion und die internationale Sicherheit. Baden-Baden 1991.
Lenz, Ilse/Luig, Ute (Hg.): Frauenmacht ohne Herrschaft. Geschlechterverhältnisse in nichtpatriachalischen Gesellschaften. Frankfurt 1995.
Malinowski, Bronislav Argonauten des westlichen Pazifiks. Ein Bericht über Unternehmungen und Abenteuer der Eingeborenen in den Inselwelten von Melanesisch-Neuguinea. Frankfurt 1979.
McKnight, Tom L.: Oceania.The Geography of Australia, New Zealand, and the Pacific Islands. Englewood Cliffs 1995.
Mückler, Hermann: Einführung in die Ethnologie Ozeaniens. 2. Auflage Wien 2009
Mückler, Hermann, Ortmayr, Norbert, Werber, Harald (Hrsg.): Ozeanien: 18. und 20. Jahrhundert Geschichte und Gesellschaft. Wien 2009.
Najita, Susan Yukie: Decolonizing cultures. Reading history and trauma in contemporary fiction. New York 2008.
Neu, Michael/ Gieler, Wolfgang/ Bellers, Jürgen (Hg.): Handbuch der Außenwirtschaftspolitiken. Staaten und Organisationen. 2 Bde. Münster/Hamburg 2004.
Nohlen, Dieter/ Nuscheler, Franz (Hg.): Handbuch der Dritten Welt, Band 8: Ostasien und Ozeanien.Unterentwicklung und Entwicklung. Hamburg 1994.
Okfen, Nuria: Kooperation und kollektive Identität im pazifischen Asien: APEC, ASEM und APT. München 2004.

1. TEIL: UNABHÄNGIGE STAATEN

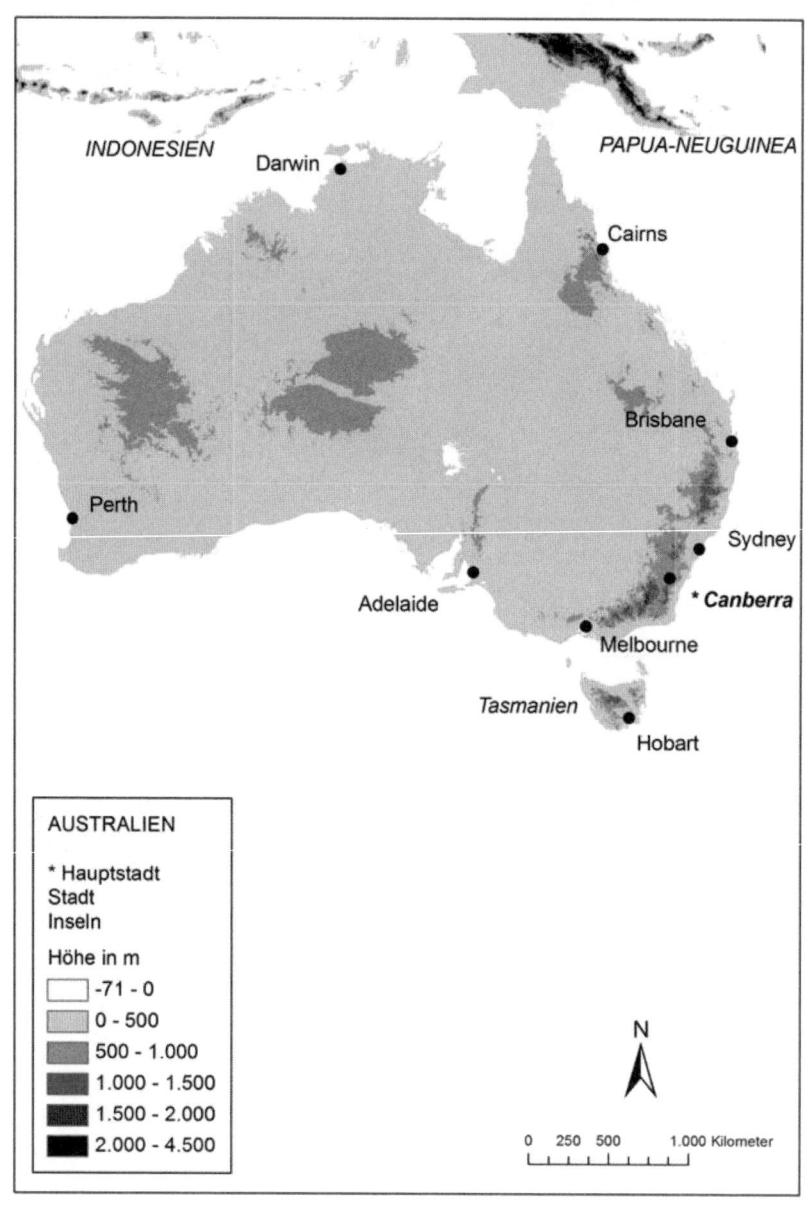

Abbildung 1: Australien

AUSTRALIEN

Sigrid Baringhorst

HISTORISCHE GRUNDDATEN

1901	Gründung des Commonwealth of Australia durch ein Gesetz des britischen Parlaments.
1915	Niederlage der First Australian Imperial Force in der Schlacht von Gallipoli (sog. „Geburt der Nation" für viele Australier).
1942	Ratifizierung des Statuts von Westminster durch die australische Regierung: Australien wird formal zu einem politisch unabhängigen Staat.
1942	Angriff der japanischen Luftwaffe auf die nordaustralische Stadt Darwin.
1986	Das Rarotonga-Abkommen über Verbot von Herstellung, Anschaffung und Erprobung von Kernwaffen sowie Verbot der Verklappung und Lagerung von atomarem Abfall im Südpazifik tritt durch die Ratifizierung Australiens am 08.12. in Kraft.
1987	Zusammenlegung des Department of Foreign Affairs mit den Department of Trade und dem Australian Information Service zum Department of Foreign Affairs and Trade (DFAT).
1993	Kompromiss in der Landrechtsfrage der Aborigines, Kodifizierung im Dezember durch den "Native Title Act".
1995	Bestätigung des „Native Title Act" am 16.03. durch den Obersten Gerichtshof.
1999	Referendum zur Beibehaltung der Monachie (06.11).
2000	Australien richtet die Olympischen Sommerspiele in Sydney aus.
2003	Die seit 31 Jahren existierende Aborigine-Botschaft in der australischen Hauptstadt Canberra wurde am 19.02. von der Polizei gestürmt und geschlossen.
2005	Nach schweren, rassistisch motivierten Krawallen in Sydney mit zwei Dutzend Verletzten hat der australische Regierungschef *John Howard* zu Toleranz aufgerufen. Am 11.12. hatten etwa 5.000 meist weiße Jugendliche Jagd auf Menschen mit arabischem Aussehen gemacht. Sie schwenkten australische Fahnen und riefen rassistische Sprüche.
2007	Im Herbst verlor die Regierung von John Howard die Parlamentswahlen. Neuer Premier wird Labour-Cheg Kevin Rudd. Unterzeichnung des Klimaschutzabkomes (Kyoto Protokoll). Die Politik setzt mehr Akzente auf Umweltschutz und Integration der Ureinwohner.

| 2008 | Premier Kevin Rudd entschuldigt sich offiziell bei den Aboriginal People für die Verschleppung einer ganzen Generation („Stolen Generation"). |

Offizieller Name: Australien (Commonwealth of Australia) **Hauptstadt:** Canberra **Lage:** 27° Süd, 133° Ost **Fläche:** 7.692.030 km² **Bevölkerung:** 21 Millionen **Staatsform:** Parlamentarische Monarchie **Staatschef:** Königin Elizabeth II. von Australien **Premierminister:** Kevin Rudd **Außenminister:** Stephen Smith **Sprachen:** Englisch **Religionen:** Katholiken 26,4%, Anglikaner 20,5%, andere Christen 20,5%, Buddhisten 1,9%, Muslime 1,5% (Census 2001) **Währung:** Australischer Dollar **Mitgliedschaften in internationalen Organisationen:** ADB, ANZUS, APEC, ARF, ASEAN (Partnerschaft), Australia Group, BIS, C, CP, EAS, EBRD, FAO, IAEA, IBRD, ICAO, ICC, ICCt, ICRM, IEA, IFC, IFRCS, IHO, ILO, IMF, IMO, IMSO, Interpol, IOC, IOM, IPU, ISO, ITSO, ITU, ITUC, MIGA, NAM (Gast), NEA, NSG, OECD, OPCW, Paris Club, PCA, PIF, Sparteca, SPC, UN, UNCTAD, UNESCO, UNFICYP, UNHCR, UNMIS, UNMIT, UNRWA, UNTSO, UNWTO, UPU, WCO, WFTU, WHO, WIPO, WMO, WTO, ZC.

***

IMPERIALE BINDUNGEN

Die Gründung des australischen Staates – offizielle Bezeichnung Commonwealth of Australia – erfolgte 1901 durch ein Gesetz des britischen Parlaments und nicht infolge eines Unabhängigkeitskrieges (Firth 2005: 23ff.). Insofern wundert es nicht, dass die politischen Institutionen und politische Kultur des als Bund der ehemaligen von einander unabhängigen Kolonien New South Wales, Queensland, Victoria, Western Australia und South Australia gegründeten Staates vollkommen britisch waren: der Bundesstaat hatte eine britische Verfassung, Staatsoberhaupt der parlamentarisch-demokratischen Monarchie war und ist der König bzw. die Königin des Vereinigten Königreiches. Die große Mehrheit der Bevölkerung war bei der Staatsgründung – wie auch noch zu Beginn des 21. Jahrhunderts – britischer Abstammung. Bis in die Staatssymbolik von Flagge und Nationalhymne hinein wirkte die Prägung durch das ehemalige koloniale Mutterland. Zwar gewährte Großbritannien dem neuen Staat Unabhängigkeit in verschiedenen Bereichen der politischen Regulierung, doch war der neu gegründete Staat zunächst keineswegs souverän und in Hinblick auf seine Außenpolitik von den Direktiven der britischen Regierung abhängig. So hatte Australien noch nicht das Recht, eigenständig Verträge mit anderen Staaten abzuschließen. Zudem hatte es, abgesehen von London, keine diplomatische Auslandsvertretung. Eigenständige Regulierungsbefugnisse im Bereich der auswärtigen Angelegenheiten bestanden nur hinsichtlich Fragen der Einwanderung sowie in Bezug auf die Außenhandelspolitik.

Aufgrund der großen geographischen Entfernung zum kolonialen Mutterland bildete die Angst vor einer Invasion, vor allem aus den als feindselig und bedrohlich wahrgenommenen asiatischen Ländern, seit der Staatsgründung den zentralen Antrieb der nationalen Sicherheitspolitik. Viele Australier betrachteten vor allem das 1902 geschlossene und 1911 erneuerte Bündnis des Vereinigten Königreichs mit Japan voller Misstrauen. Als die Briten ihre Marinepräsenz im Pazifik reduzierten, drängte die australische Regierung erfolgreich darauf, eine unabhängige australische Marine zu etablieren (Walker 1999).

Der Erste Weltkrieg bot der australischen Regierung einerseits die Chance, Loyalität gegenüber dem britischen Empire zu demonstrieren, indem sie eigene Truppen, die First Australian Imperial Force, an die Westfront entsandte. Andererseits lieferten die Erfahrungen des militärischen Einsatzes aber auch die erste bedeutsame Grundlage für die Entwicklung eines australischen Nationalbewusstseins. Die vernichtende Niederlage der ANZAC-Truppen (Australian and New Zealand Army Corps) in der Schlacht von Gallipoli, benannt nach der gleichnamigen türkischen Halbinsel, gab den entscheidenden Anlass für die Entwicklung eines leidenschaftlichen australischen Nationalgefühls und wird allgemein als Geburtsstunde der australischen Nation betrachtet. „Bluttaufe", „baptism of blood", nennt Firth (2005: 25) diesen Beginn der Entwicklung einer australischen nationalen Identität: als sich die ANZAC-Truppen im Dezember 1915 vom Schauplatz dieser von Beginn an aussichtslosen Schlacht zurück zogen, hatten fast 8.000 australische Soldaten ihr Leben opfern müssen. Im Verhältnis zu ihrer Gesamtbevölkerungszahl hat kein Land der Alliierten mehr Opfer im Ersten Weltkrieg bringen müssen als Australien.

Abgesehen von handelspolitischen Interventionen zum Schutz der Entwicklung der heimischen Wirtschaft, zeigte die australische Regierung bis spät in die 1930er Jahre hinein wenig Interesse an außenpolitischen Regulierungen. So wurde das Statut von Westminster, in dem alle britischen Dominions formal zu unabhängigen Staaten erklärt wurden, erst elf Jahre nach seiner Verabschiedung durch das britische Parlament, im Jahr 1931, von der australischen Regierung ratifiziert. Diesem Statut entsprechend wurde Australien, das 1907 den Status eines Dominion, eines unabhängigen Herrschaftsgebiets, erhalten hatte, formal zu einem unabhängigen Staat, mit dem Recht, Gesetze frei von jeder Einflussnahme der britischen Regierung zu erlassen.

Als Großbritannien Deutschland am 3. September 1939 den Krieg erklärte, zögerte der damalige australische Premierminister Sir Robert Gordon Menzies nicht, um der britischen Regierung zu versichern, „that as a result, Australia is also at war" (Firth, 2005: 27). Obwohl das Vereinigte Königreich bis in die Gegenwart ein enger Verbündeter Australiens blieb, wandelte sich das Verhältnis zum ehemaligen kolonialen Mutterland unter dem Eindruck der Erfahrungen des Zweiten Weltkriegs grundlegend. Nie wieder würden die Bindungen so eng sein wie vor

Ausbruch des Krieges in der pazifischen Region im Dezember 1941. Nachdem Japan die US Marine auf Hawaii angegriffen und in Rabaul, der Hauptstadt des australischen Teils von Neuguinea, einmarschiert war, musste die australische Regierung damit rechnen, selbst Opfer einer japanischen Invasion zu werden. Zum ersten Mal in der Geschichte des jungen Staates war die australische Regierung „with the immediate problem of trying to ensure the survival of Australia" (Watt, 1967: 51) konfrontiert. Großbritannien verlor seine Glaubwürdigkeit als Schutzmacht, als „Great Protector of Australia", vor allem als es den Japanern am 15. Februar 1942 gelang, Singapur einzunehmen und dabei 17.000 Australier als Kriegsgefangene zu nehmen. Nur eine Woche später bombardierten die Japaner mit Darwin die nördlichste Stadt des australischen Inselkontinents. Die australische Regierung reagierte schockiert und musste zur Kenntnis nehmen, dass das einst mächtige britische Empire nicht in der Lage war, für die nationale Sicherheit seiner ehemaligen Kolonie zu sorgen und sie gegen einen Angriff der Japaner zu schützen. Als sie zum Schutz des Heimatlandes australische Truppen von anderen Kriegsschauplätzen abziehen wollte, mussten die Australier sogar mit Befremden feststellen, dass Churchill die australische Regierung um eine Umkehr der Truppen zur Unterstützung der Briten im Kampf in Burma bat. Obwohl die Beziehungen zu Großbritannien im Bereich von Handel, Diplomatie und militärischen Operationen wie auch ganz allgemein in den sozialen und kulturellen Bindungen und Einstellungen der Bevölkerung bis zum gegenwärtigen Zeitpunkt sehr eng geblieben sind, gilt doch die Erfahrung der militärischen Schutzlosigkeit im Zweiten Weltkrieg als wesentlicher, bis heute nachwirkender Wendepunkt in der Entwicklung der australischen Außen- und Sicherheitspolitik.

Als die Japaner weiter nach Süden vordrangen, bildete Australien für die USA den einzig möglichen Stützpunkt zur Organisation eines Gegenangriffs im südwestlichen Pazifik. Die Australier betrachteten die USA als Retter und Schutzmacht, als es den amerikanischen Truppen im Mai 1942 gelang, das Vordringen der Japaner nach Süden aufzuhalten, und ihnen in der Schlacht von Midway im Juni 1942 schwere militärische Verluste zugefügt wurden. Auch wenn die amerikanische Unterstützung keineswegs selbstlos war (Firth, 2005: 30) und vor allem aus übergeordneten strategischen Kalkülen heraus geschah, legten die Erfahrungen des Zweiten Weltkriegs doch die Basis für die ausgeprägten pro-amerikanischen Gefühle in der australischen Bevölkerung wie innerhalb der australischen Regierungen.

DETERMINANTEN DER AUSSENPOLITIK

Geographische Lage und Kultur

Australien ist mit 7,7 Millionen km² und damit der 22fachen Größe Deutschlands zwar flächenmäßig der sechstgrößte Staat der Erde, doch ist seine Bevölkerung mit 20,1 Millionen Einwohnern verglichen zur Landmasse gering. Der Großteil des Westens wie das Zentrums des Landes sind aus klimatischen und ökologischen Gründen unbewohnbar. Hauptsiedlungsgebiete sind die dicht bevölkerten Küstenregionen des Südens und Westens. Geographisch ist der Inselkontinent Teil des asiatisch-pazifischen Raumes. Doch lassen sich die nationalen Interessen des Landes weniger aus seiner geographischen Lage ableiten als vor allem aus dem dauerhaften Spannungsverhältnis zwischen Geographie und Kultur des Inselkontinents.

Nach der ethnischen Abstammung der Bevölkerung, der Landessprache sowie dem Charakter der dominanten sozialen und politischen Institutionen des Landes ist Australien von der westlichen Welt geprägt. Bis in die 1970er Jahre hinein sorgte eine ethnisch und rassistisch diskriminierende Politik des Weißen Australiens (White Australia policy) dafür, dass eine Einwanderung aus den bevölkerungsreichen asiatischen Nachbarländern unterbunden wurde (Baringhorst, 2006). Die koloniale Prägung durch das Vereinigte Königreich und die geographischen Bedingungen, die Lage südlich von Südostasien, erzeugten ein spezifisches Gefühl der Isolation in der australischen Siedlergesellschaft, die von dem Historiker David Walker aus diesem Grund auch als „Anxious Nation" bezeichnet wird (1999).

Die australische Wirtschaft

Die australische Außenpolitik ist seit 1983 im Wesentlichen Außenhandelspolitik; nationale Interessen werden vor allem durch ökonomische Faktoren bestimmt. Die Tertiarisierung der australischen Wirtschaft ist weit fortgeschritten: im Jahr 2005 waren ca. 80 Prozent des BIP vom Dienstleistungssektor dominiert. Der Rest setzt sich zusammen aus: 18,3 Prozent Finanzen, Immobilien, Unternehmensdienstleistungen; 11 Prozent verarbeitende Industrie; 6,4 Prozent Bauwirtschaft; 4,2 Prozent Bergbau; 2,9 Prozent Landwirtschaft; 2,2 Prozent Strom-, Gas- und Wasserversorgung (Auswärtiges Amt 2007). Bemerkenswert ist die weltweit höchste Pro-Kopf-Nutzerrate von PCs, die darauf schließen lässt, dass Australien auf dem Weg zur Entwicklung einer modernen Informationsgesellschaft schon relativ weit fortgeschritten ist. Dementsprechend kommt der von der Informations- und Informationstechnologie getragenen sog. „New Economy" eine wachsende Bedeutung zu. Die wirtschaftliche Situation des Landes ist sehr stabil: Seit gut 10 Jahren wächst das BIP mit einer durchschnittlichen Wachstumsrate von ca. 3,7 Prozent. Die Staatsverschuldung ist fast völlig abgebaut.

Die australische Wirtschaft ist außerordentlich exportorientiert. Der Gesamtwaren-Export des Landes betrug 2005 138,9 Mrd. AUS-Dollar, was einen Anstieg von 18,2 Prozent gegenüber dem Vorjahr bedeutet. Die wichtigsten Exportgüter Australiens sind: Kohle, Eisenerz, Gold, Erdöl und Erdölprodukte, Rindfleisch, Aluminiumerze, alkoholische Getränke, vor allem Wein und Kraftfahrzeuge. Seit Mitte der 1980er Jahre ist das Land der weltgrößte Exporteur von Steinkohle. Darüber hinaus ist der Tourismus eine eminent wichtige

Einkommensquelle. Die folgende Tabelle zeigt, dass die wichtigsten Handelspartner Australiens neben den USA vor allem Länder Ost- und Südostasiens sind.

Australiens wichtigste Handelspartner 2005 (in AUS$ Mrd) und ihr Anteil am nationalen Handelsvolumen

		Waren	Dienstleistungen	Gesamt	Anteil
1	Japan	45.4	5.1	50.6	13.7
2	USA	30.7	10.9	41.5	11.2
3	VR China	37.4	3.7	41.0	11.1
4	Vereinigtes Königreich	11.2	8.4	19.6	5.3
5	Neuseeland	14.4	4.8	19.2	5.2
6	Singapur	12.7	5.2	17.9	4.8
7	Süd-Korea	16.1	1.6	17.7	4.8
8	Deutschland	10.1	2.1	12.2	3.3
9	Malaysia	8.6	1.8	10.4	2.8
10	Thailand	8.9	1.5	10.4	2.8

Quelle: Department of Foreign Affairs and Trade STARS Database and Australian Bureau of Statistics Regional Services Data

Die Zusammensetzung der wichtigsten Handelspartner ist seit Beginn der 1990er Jahre relativ konstant: bemerkenswert ist jedoch vor allem der Bedeutungszuwachs der Handelsbeziehungen mit der VR China, die 1991/92 noch auf dem 10. Platz lag und inzwischen zum mit Abstand drittgrößten Handelspartner avanciert ist. Als Handelsblock betrachtet ist die EU mit einem Anteil von 17,3 Prozent des gesamten Außenhandelsvolumens im Jahr 2007 Australiens wichtigster Handelspartner (51 Mrd. AUS-Dollar). Die große und wachsende Relevanz der Exporte nach Asien und in die USA erklärt das besondere außenpolitische Interesse Australiens an einer erfolgreichen regionalen Integration in die asiatisch-pazifische Region. Aber auch die EU wird als bedeutsamer Absatzmarkt gesehen, zu dem eine Intensivierung der Beziehungen angestrebt wird.

Institutionen und Entscheidungsprozesse der Außenpolitik

1935 wurde das australische Department of External Affairs im Prozess der Loslösung von der diplomatischen Dominanz der Londoner Regierung eingerichtet (Gyngell/Wesley, 2003: 58ff.; Smith/Cox/Burchill, 1997: 23-50). Die erste große Wachstumsperiode des Amtes begann gegen Ende des Zweiten Weltkriegs. Angesichts der Dekolonisierung der asiatischen Nachbarländer in den 1950er und 1960er Jahren wurde das Amt in den folgenden Jahrzehnten weiter ausgebaut. 1987 erfolgte der größte strukturelle Wandel des Amtes durch die Zusammenlegung des Department of Foreign Affairs mit den Department of Trade und dem Australian Information Service zum Department of Foreign Affairs and Trade (DFAT) unter der Hawke-Regierung. Er indiziert den konzeptionellen Wandel zugunsten einer stärkeren Verzahnung von Außen- und Innenpolitik im Allgemeinen und von Außen- und Handelspolitik im Besonderen (ebd.: 62). Die Hauptaufgaben des DFAT sind nach eigener Darstellung „contributing to international security, national economic and trade performance, and global cooperation" (DFAT, 2000-01 Annual Report). Das DFAT besteht aus 14 Divisions (Abteilungen): zwei der vier geographischen Abteilungen beschäftigen sich mit Asien, eine Abteilung mit Amerika und Europa und eine mit dem Südpazifik, Afrika und dem Mittleren Osten. Des Weiteren konzentriert sich eine Abteilung auf Fragen der Handelsentwicklung. Das DFAT ist auch das Koordinierungs- und Planungszentrum für den diplomatischen Dienst. Seit 1996 wurden die ausländischen Vertretungen massiv reduziert, von 128 im Jahr 1997 auf 84 im Jahr 2003 (Firth 2005: 78).

Das Entscheidungszentrum außenpolitischer Angelegenheiten liegt in der Exekutive: das Parlament kann weder eine Kriegserklärung noch die Ratifizierung von Verträgen oder die Ernennung von Botschaftern verhindern. Allgemein sind Fragen der Außenpolitik weniger umstritten als Fragen anderer Politikfelder und basieren im Allgemeinen auf einem Konsens der zwei großen Parteien, der konservativen Liberal Party und der sozialdemokratischen Australian Labor Party. Seit den 1980er Jahren teilen die großen Parteien die folgenden Grundpositionen der australischen Außenpolitik: Erstens, dass eine Politik des Freihandels besser für Australien sei als eine Politik des Protektionismus; zweitens, dass die ökonomischen Beziehungen zu Ostasien zu verstärken seien; drittens, dass gute Beziehungen zu Indonesien im vitalen Interesse Australiens liegen und viertens, dass die nationale Sicherheit grundsätzlich von der Allianz mit den USA abhänge. Der parteipolitische Konsens in den Grundzügen schließt jedoch harte Kontroversen um einzelne Aspekte der Umsetzung der grundlegenden Prämissen sowie Unterschiede in der Enge des gewünschten Verhältnisses zu den USA nicht aus.

Die australische Außenpolitik seit Ende des Zweiten Weltkriegs

Die Sicherheitsallianz mit den USA

Die Entwicklung der australischen Außenpolitik nach 1945 ist hauptsächlich durch die Allianz mit den USA geprägt. Die Erfahrungen des Zweiten Weltkriegs machten vielen Australiern die strategische Verwundbarkeit des weiten und dünn besiedelten Inselkontinents und die sicherheitspolitische Abhängigkeit von der mächtigen amerikanischen Schutzmacht bewusst. Mit dem Niedergang seines Reiches von Dominions und Kolonien hatte das Vereinigte Königreich seinen internationalen Einfluss und seine militärische Präsenz verloren. In mancher Hinsicht wurde die imperiale Abhängigkeit zur ehemaligen Kolonialmacht durch eine erneute imperiale Bindung ersetzt, die neue Schutzmacht war nur weniger formal organisiert, aber nichtsdestoweniger eine imperiale Macht mit militärischen Bündnissen, wirtschaftlichen Investitionen und politischem Einfluss (Firth, 1999: 22). „In place of its first imperial connection, Australia now had a second; or, perhaps more correctly, Australia now had two Great Protectors and sought the security of both until the UK finally abandoned its global military role and withdrew its forces from South-East Asia and the Persian Gulf in the early 1970s. The economic and military tide was always running in the American direction" (Firth 2005: 34).

Formalisiert wurde das Militärbündnis mit den USA und Neuseeland im ANZUS Vertrag von 1951. Aus der amerikanischen Sicht resultierte das Verteidigungsbündnis primär aus den Umständen des Zweiten Weltkriegs und der Angst vor einem wachsenden Einfluss des Kommunismus in Asien. Die umfassende Allianz mit den USA bildete die bedeutsamste Säule der australischen Außenpolitik in der Periode des Kalten Kriegs. Wie die militärische Unterstützung für die amerikanische Intervention im Irak im Rahmen des „war on terrorism" im Anschluss an die Ereignisse des 11. September 2001 zeigt, steht sie noch heute im Zentrum der australischen Sicherheitspolitik.

Artikel IV des ANZUS Vertrages legt fest, dass „each party recognizes that an armed attack in the Pacific area on any of the Parties would be dangerous to its own peace and safety and declares that it would act to meet the common danger in accordance with its constitutional process". Während die Befürworter des Vertrages ihn als Unterstützungsversprechen der Amerikaner im Angriffsfall verstehen, kritisieren Vertreter der australischen Linken ihn als rein symbolische Geste, die im Notfall nichts garantieren würde. Da der Ernstfall nicht eingetreten ist und keiner der Unterzeichnerstaaten im Pazifik bisher angegriffen wurde, ist die faktische Bedeutung der Allianz vor allem in der Integration Australiens in die globale militärische Strategie seiner neuen Schutzmacht zu sehen. So unterstützte Australien die amerikanischen Truppen im Koreakrieg durch die Entsendung von 15.000 Soldaten in den frühen 1950er Jahren. Zwischen 1965 und 1971 standen den amerikanischen Truppen im Vietnamkrieg sogar 47.000 australische Soldaten zur Seite (vgl. Smith/Cox/Burchill, 1997: 58). 500 von ihnen fielen in Vietnam,

2.400 wurden verwundet. Das militärische Engagement in Vietnam war Australiens wichtigstes militärisches Eingreifen in internationale Konflikte seit dem Zweiten Weltkrieg und auch das erste Engagement ohne einen britischen Bündnispartner. Die USA hatten 1965 um die militärische Unterstützung Australiens gebeten und die damalige konservative Regierung reagierte positiv auf die Anfrage, aus Loyalität zu den USA und auch weil sie das kommunistische Nordvietnam als Bedrohung für die äußere Sicherheit betrachtete.

Mit der Wahl des sozialdemokratischen Gough Whitlam zum Premierminister endete im Jahre 1972 die Zeit der unkritischen Unterstützung für die USA. Eine vor allem von Studierenden und linksorientierten Kräften unterstützte Friedensbewegung setzte die Regierung mit öffentlich wirksamen politischen Protesten unter Druck, die australischen Truppen aus Vietnam abzuziehen. Seit dieser Zeit ist die außenpolitische Debatte in Australien durch eine parteipolitische Konfliktlinie zwischen dem pro-amerikanischen konservativen Flügel, der Liberal und Country (später National) Party, und den eher USA-kritischen Teilen, vor allem der Labor und Green Party, geprägt. Nach dem faktischen Ende des ANZUS-Bündnisses – seit 1986 ruht die Mitgliedschaft Neuseelands wegen eines Disputs mit den USA über die neuseeländische Antiatompolitik – wurde Australien von den USA auf die Liste der wichtigsten Verbündeten außerhalb der NATO gesetzt und genießt damit zum Teil Privilegien, die nicht einmal allen NATO-Staaten zukommen. 2004 wurde ein bilaterales Freihandelsabkommen ratifiziert, durch das die schon engen wirtschaftlichen Beziehungen noch intensiver werden sollen (APEC Study Centre, 2003).

Australien in Asien

Die politische Intervention Australiens in die asiatische Region war nach 1945 geprägt durch die Unterstützung antikommunistischer Regime. Seit seiner Initiative zur UN-Intervention im Dekolonisierungskonflikt zwischen Indonesien und den Niederlanden im Jahr 1947, hatte Australien auch Anerkennung für sein Engagement zur Stärkung republikanischer und antikolonialer Bewegungen in Südostasien gefunden. Seit Beginn der 1970er Jahre wurde Asien nicht mehr als monolithischer bedrohlicher Block wahrgenommen, sondern vielmehr als eine komplexe Region, die differenziert zu beurteilen ist. Die Whitlam-Regierung beendete offiziell die rassistische, 1901 vor allem zur Abwehr asiatischer Einwanderung eingeführte „Politik des Weißen Australiens". Seitdem ist die Zahl asiatischer Einwanderer stark angestiegen und die Zusammensetzung der australischen Bevölkerung ethnisch und kulturell heterogener geworden. Der einwanderungspolitischen Öffnung für asiatische Zuwanderer lag ein allgemeiner Wandel der nationalen Identitätskonzeption der Australier zugrunde: Eine Transformation der kollektiven Selbstvorstellung von einer Wahrnehmung Australiens als isolierter Außenposten Europas hin zu einem kollektiven Selbstverständnis von Australien als Teil Asiens im Sinne eines Verständnisses der australischen Nation als asiatisch-pazifische Nation.

Mit dem Ende des Kalten Krieges und dem Wandel der machtstrategischen Rahmenbedingungen wandelte sich der Schwerpunkt australischer Außenpolitik von Sicherheitsinteressen zu außenhandelspolitisch ausgerichteten Interessen. Dies gilt sowohl für die Außenpolitik in der langen Periode von Labor-Regierungen (1983-1996) als auch für die verschiedenen von John Howard seit 1996 geführten konservativen Regierungen. Der Primat der ökonomischen Handlungslogik stärkte die Kräfte, die für ein Ende protektionistischer Politik und für eine Politik der Handelsliberalisierung plädierten, und unterstützte diejenigen, die für engere strategische und vor allem engere ökonomische Beziehungen zu Ostasien argumentierten (Menon, 1997).

Zur Umorientierung der Außenpolitik hin zu einer stärkeren Ausrichtung auf den asiatischen Raum trug, wie der Außenminister Alexander Downer 2006 hervorhob, nicht zuletzt auch der Rückzug Großbritanniens vom militärischen Netzwerk östlich des Suezkanals und der Beitritt des ehemaligen kolonialen Mutterlandes zur Europäischen Gemeinschaft bei. „After a generation of building an independent foreign policy, Australia faced – and was ready to face – the challenges posed by Britain's shift of economic and strategic focus away from the Asia-Pacific" (Downer, 2006). Die ökonomischen Beziehungen zu Asien intensivierten sich zum ersten Mal nach 1945, als die USA zu Japan eine wichtige sicherheitspolitische Partnerschaft entwickelten. Der ehemalige Feind Japan wurde bald zu einem wachsenden Absatzmarkt für australische Rohstoffe. Das australisch-japanische Handelsabkommen von 1957 löste einen regelrechten Boom australischer Exporte nach Japan aus; im Anschluss daran stieg das ökonomische Interesse Australiens an Ostasien deutlich an.

Trotz der ost- und südostasiatischen Finanzkrise der 1990er Jahre ist die Region noch immer eine der am schnellsten wachsenden ökonomischen Regionen der Welt. 2005/06 gingen 20,5 Prozent der australischen Exporte nach Japan, 12,7 Prozent nach China und 11,4 Prozent in die ASEAN-Staaten (Auswärtiges Amt, 2007). Von Australiens Top zehn Exportmärkten liegen zehn in Asien, wobei die Handelsbeziehungen zu Japan und China am bedeutsamsten sind.

China gilt der Howard-Administration als Garant der Stabilität in Ostasien und zentraler Partner zur Absicherung der Absatzmärkte in der Region. Verhandlungen zwischen Australien und China über ein bilaterales Freihandelsabkommen wurden 2005 begonnen. Australien hat sich zu einem wichtigen Rohstofflieferanten Chinas entwickelt. 2006 wurde ein Abkommen über die friedliche Nutzung der Kernenergie unterschrieben und damit die rechtliche Grundlage für den Export australischen Urans nach China geschaffen. Neben dem Import von Konsumgütern ist China auch eine wichtige Einnahmequelle, bedingt durch die steigende Zahl chinesischer Touristen (280.000 im Jahr 2006) und Gebühren zahlender Studierender (ca. 60.000 im Jahr 2006).

Japan ist wichtigster Handelspartner und drittgrößter Investor Australiens. Auch zu Japan wurden im Jahr 2007 Verhandlungen über den Abschluss eines Freihandelsabkommens begonnen. Die Intensität der politischen Beziehungen zu Japan zeigt sich nicht zuletzt in jährlichen Tagungen eines gemeinsamen

Ministerausschusses sowie auch in zahlreichen Treffen auf hoher politischer Ebene.

Australien und Neuseeland

Der engste außenpolitische Partner in der Region ist seit jeher Neuseeland. Es gibt intensive zwischenstaatliche Strukturen der Regierungskooperation und eine weitreichende ökonomische Integration der nationalen Märkte. Besonders stark sind die Beziehungen auch auf der lebensweltlichen Ebene der Bürger der pazifischen Nachbarn. Beide Länder waren Teil des britischen Empire, ihre Bevölkerung kommt mehrheitlich aus englischsprachigen Ländern und beide Staaten sind Mitglieder des Commonwealth. Zudem spielt in beiden Ländern die Landwirtschaft noch eine große wirtschaftliche Rolle. Um die bilateralen Wirtschaftsbeziehungen zu verbessern wurde 1983 ein Closer Economic Partnership Agreement zum Aufbau einer australisch-neuseeländischen Wirtschaftszone getroffen (Menon, 1997: 83). Es war das erste umfassende ökonomische Kooperationsabkommen in der asiatisch-pazifischen Region und wird deshalb oft als Referenzpunkt für einen Ausbau der regionalen wirtschaftlichen Integration zitiert.

Multilateralismus

Wenn man die Priorität berücksichtigt, die australische Regierungen der Marktliberalisierung und der Steigerung der Wettbewerbsfähigkeit der nationalen Wirtschaft in der Regulierung auswärtiger Angelegenheiten eingeräumt haben, sowie die Tatsache, dass dies flächenmäßig weite Land nur ein ziemlich kleiner Spieler auf der internationalen Bühne ist, wird die große Bedeutung multilateraler Abkommen für die nationale Außenpolitik nachvollziehbar. Da die eigenen Interessen am besten in regelgeleiteten Handelsregimen verfolgt werden können, haben australische Regierungen sowohl auf regionaler als auch auf globaler Ebene Initiativen zum Aufbau bzw. zur Intensivierung multilateraler Abkommen entwickelt.

Die Association of Southeast Asian Nations (ASEAN) wurde 1967 als eine auf Konsens basierende allgemeine politische und sicherheitspolitische Gemeinschaft gegründet. Erst als 1989 die Asia-Pacific Economic Cooperation (APEC) entstand, wurden zwischen den ASEAN-Staaten wichtige Schritte zum Abbau von Handelshemmnissen und zur Erleichterung von Auslandsinvestitionen innerhalb der Länder des Südostasiatischen Raumes unternommen.

Die asiatisch-pazifische Wirtschaftsgemeinschaft basierte auf einer Initiative der Hawke-Regierung und reguliert die Handelsliberalisierung unter seinen inzwischen 21 Mitgliedsstaaten. Es ist das einflussreichste regionale Forum, an dem Australien teilnimmt. Es wurde von zwölf Staaten gegründet – neben Australien zählten dazu Brunei, Kanada, Indonesien, Japan, Malaysia, Neuseeland, die

Philippinen, Süd-Korea, Singapur, Thailand und die USA – und entwickelte sich in kurzer Zeit zur wichtigsten Institution der asiatisch-pazifischen Region. 1991 wurden die VR China, Hongkong und Taiwan aufgenommen, gefolgt von Mexiko, Papua-Neuguinea und Chile. Die APEC-Region ist die am schnellsten wachsende und dynamischste Wirtschaftsregion der Welt. Sie umfasst einen Markt von fast der Hälfte der Weltbevölkerung mit einem Bruttosozialprodukt von mehr als der Hälfte der globalen Wirtschaftsleistung. Leitende Strategie der Wirtschaftsgemeinschaft ist der „open regionalism" (Bergsten, 1994: 20), d.h. der Wille möglichst auf regionaler Ebene Vereinbarungen zu treffen, die auf globaler Ebene nicht durchsetzbar scheinen, verbunden mit der prinzipiellen Bereitschaft, alle Staaten aufzunehmen, die willens sind, die Verpflichtungen der APEC zu akzeptieren. Erst seit 2002 sind auch bilaterale und multilaterale Abkommen unter den Mitgliedstaaten zugelassen.

In den ersten Jahren nach der Etablierung erreichte die APEC – abgesehen von symbolischen Gesten – nicht sehr viel. Ein wichtiger Schritt zur Umsetzung der langfristigen Ziele wurde mit der Vereinbarung über die Deklaration von Bogor im Jahr 1994 erreicht. Die australische Regierung reklamiert den diplomatischen Erfolg, der sich in der gegenseitigen Verpflichtungserklärung zur Etablierung einer Freihandelszone äußert, weitgehend für sich: Man einigte sich auf einen zweistufigen Prozess für eine Periode von 25 Jahren. Bis 2010 müssen die Industrieländer unter den Mitgliedstaaten ihre Verpflichtung zum freien Handel und zur Liberalisierung der Investitionen umgesetzt haben, Schwellen- und Entwicklungsländern wie der VR China und Indonesien wurde eine Umsetzungsfrist bis 2020 zugestanden (Menon, 1997).

Auf der globalen Ebene gilt Australien als starker Unterstützer des GATT sowie des WTO-Abkommens mit ihren Zielen der politischen Deregulierung und ökonomischen Liberalisierung. Die EU und die USA haben ihre Märkte bisher erfolgreich gegen billige Agrarimporte geschützt und sind, ebenso wie Japan, stark genug, um den eigenen Zugang zu ausländischen Märkten durchzusetzen. Kleinere Länder wie Australien können protektionistische Politiken nur durch Bildung von Koalitionen mit anderen kleineren oder mittelgroßen Staaten herausfordern, um im Wettbewerb mit subventionierten Exporten erfolgreich zu bestehen. So regte Australien 1986 die Bildung einer solchen Koalition von Agrarproduzenten an. Sie nennt sich nach ihrem Gründungsort in Queensland die „Cairns Group" und repräsentiert 19 recht heterogene Staaten. Inzwischen bildet die Cairns-Gruppe eine dauerhafte dritte Kraft nach den USA und der EU in der internationalen Agrardiplomatie. Zusammengenommen exportieren die Mitgliedsstaaten der Gruppe ein Drittel aller Weltagrarprodukte, doppelt soviel wie die USA und nur etwas weniger als die EU.

Ein anderes Element des starken multilateralen Engagements Australiens besteht in der Unterstützung des Landes für Friedenseinsätze der UNO im asiatisch-pazifischen Raum. Australiens führende Rolle beim INTERFET-Einsatz in Osttimor 1999-2000 wie auch konfliktentschärfende Interventionen in Bougainville und auf den Solomon Inseln trugen wesentlich dazu bei, das Ansehen Australiens unter seinen asiatischen Nachbarn zu verbessern. Die 2003 unter australischer Führung eingerichtete „Regional Assistance Mission for the Solomon Islands" (RAMSI) gilt Australien als Modell für das zukünftige Krisenmanagement in der Region, zumal es zum ersten Mal gelang, Sicherheit und Ordnung in einem Nachbarsstaat durch multilaterale Krisenintervention wiederherzustellen.

Diesem positiven Ansehen ist auch Australiens Engagement als wichtiges Geberland von Entwicklungshilfe in der südpazifischen Region zuträglich. Kritisch wird demgegenüber jedoch die seit Beginn des 21. Jahrhunderts häufig skandalisierete Missachtung menschenrechtlicher Normen im Rahmen einer restriktiver und inhumaner gewordenen australischen Flüchtlingspolitik gesehen (Baringhorst, 2006).

Australien und der Commonwealth

Australien ist aktives Mitglied und Unterstützer des Commonwealth of Nations (bis 1947 British Commonwealth of Nations). Dieses aus dem britischen Empire hervorgegangene lockere Staatenbündnis vereinigt 53 Industrienationen und Entwicklungsländer, dem neben Großbritannien vor allem ehemalige Kolonien des Empire angehören. Die Mitgliedstaaten, in denen ca. ein Drittel der Weltbevölkerung lebt, verpflichten sich zur Förderung grundlegender politischer Prinzipien wie Demokratie, Rechtsstaatlichkeit und allgemein „good governance". Der Commonwealth befasst sich mit so unterschiedlichen Themen wie Geschlechtergleichheit, Jugendförderung, nachhaltige Entwicklung, Umweltschutz, Menschenrechte, Gesundheits- und Bildungsförderung. Die australische Regierung nutzte das Commonwealth-Netzwerk erfolgreich bei der Bekämpfung des Apartheidregimes in Südafrika und bei der Förderung der Demokratisierung in Mozambik und Simbabwe.

Umgang mit regionalen und globalen Risiken

Die australische Innen- wie Außenpolitik des 21. Jahrhunderts steht unter dem Eindruck der Bedrohung der inneren wie äußeren Sicherheit durch den internationalen Terrorismus und wurde entscheidend von den terroristischen Angriffen des 11. September 2001 sowie dem Terroranschlag auf Bali am 12. Oktober 2002 geprägt. Zum einen bestätigte und verstärkte der Anschlag auf Bali, bei dem 88 australische Urlauber starben, das Gefühl der Abhängigkeit von der Schutzmacht USA wie auch die Loyalität gegenüber der amerikanischen Supermacht im Falle einer geforderten Unterstützung. Nachdem für die Außenpolitik maßgeblichen programmatischen White Paper von 2003, wird „[t]he US strategic presence" als „the most significant and positive force for stability in Asia" betrachtet. Mit dem Vereinigten Königreich gehört Australien zu den loyalsten Bündnispartnern der

USA im Kampf gegen den internationalen Terrorismus (Garran, 2004). So entsandte Australien Soldaten seines Special Air Service Regiment (SAS) im Kampf gegen das Taliban-Regime in Afghanistan in Jahr 2001. Infolge seiner engen verteidigungspolitischen Bindung an die USA hat die australische Regierung 1991, 1998 sowie 2003 Truppen der Australian Defence Force, die insgesamt aus 53.000 Mann in drei Teilstreitkräften besteht, zur Unterstützung der amerikanischen Armee an den Persischen Golf gesendet. Trotz der Umorientierung der Außenpolitik in den 1980er Jahren zugunsten einer stärken Ausrichtung auf den asiatischen Raum zeigt die bemerkenswerte militärische Unterstützung von linken wie rechten Regierungen für den amerikanischen Bündnispartner, dass die „Australian-American relationship remains sacrosanct to Australia" (Firth, 1999: 38) bis zum gegenwärtigen Zeitpunkt.

Unter der neuen Politik der „forward cooperation" propagierte die Howard-Regierung 1997 eine neue Art der Nachvorneverteidigung. Während die Labor-Regierungen der 1980er und frühen 1990er Jahre den Raum des primären strategischen Interesses Australiens auf Südostasien und den Südpazifik beschränkt sahen, erweiterte die konservative Regierung diese Region auf ein gigantisches Gebiet, das den ganzen asiatisch-pazifischen Raum von den USA, Nordostasien, Südostasien, den Südpazifik bis hin zu Südasien umfasste. Die Labor-Regierungen hatten den Schwerpunkt der Verteidigungspolitik auf niedrigschwellige Kontingenzen gelegt. Schon vier Jahre vor den Anschlägen auf das World Trade Center in New York dachte die Koalition aus Liberal und National Party unter John Howard demgegenüber offen an „pro-active operations in the defence of Australia" (Australia's Strategic Policy 1997) und betonte trotz der faktisch begrenzten Möglichkeiten der Australian Defence Force (17,5 Mrd. AUS-Dollar im Haushaltsjahr 2005/06) die Priorität der Einsatzkapazitäten von Langstreckenwaffen.

In Reaktion auf die Anschläge von 2001 und 2002 wurden im Kampf gegen den Terrorismus die australische Armee, Polizei und der Geheimdienst finanziell gestärkt sowie deren Handlungsspielräume erweitert. Finanztransaktionen, Flugverkehr und die nationalen Grenzen wurden stärker kontrolliert. Ein besonderer Schwerpunkt liegt auf der Kontrolle und Bekämpfung von Menschenschmuggel. Zusammen mit Indonesien leitete Australien 2002 die Bali Ministerial Conference on People Smuggling, die darauf zielte, die regionale Kooperation im Bereich von Informationsaustausch und Rechtsdurchsetzung zur Eindämmung des Menschenhandels zu verbessern.

Australien hat ein ausgedehntes Netzwerk von verteidigungspolitischen Beziehungen mit den meisten asiatischen Staaten, das seit 2001 die Basis für die bilaterale und regionale Kooperation zur Bekämpfung des Terrorismus bildet. So wurden nach dem 11. September bilaterale Vereinbarungen zur Bekämpfung des Terrorismus mit Indonesien, Malaysia und Thailand getroffen, um die Aufdeckung von Bedrohungen zu erleichtern und zukünftige Anschläge zu verhindern. Ziel ist die Erreichung ähnlicher Vereinbarungen mit anderen Staaten der Region (White Paper, 2003: Kapitel 5). Die strategischen Verteidigungsbeziehungen in Südostasien umfassen Kooperationen in der militärischen Ausbildung und Führung der Streitkräfte mit Singapur, Malaysia, Thailand und den Philippinen. Bedrohungen der äußeren und inneren Sicherheit, so die Vorstellung der australischen Regierung, sind nicht nur regional begrenzt und Folge der Probleme weniger entwickelter asiatischer Nachbarstaaten mit hohem Bevölkerungswachstum, sondern sie sind als globale Phänomene zu begreifen. Neben der Verbesserung der Verteidigungsfähigkeit und Stärkung des militärischen Bündnisses mit den USA heben die White Papers (Grundsatzpapiere) zur Außen- und Handelspolitik vor allem den Ausbau multilateraler Systeme zum Schutz der nationalen Sicherheitsinteressen hervor.

In Asien finden sich acht der zehn größten Armeen der Welt; unter den zahlreichen Konflikträumen des Kontinents gibt es drei mit überregionalem, wenn nicht gar globalem Potenzial: die Straße von Taiwan, die koreanische Halbinsel und Kaschmir. Die Verhinderung eines Zusammenbruchs der ostasiatischen Machtbalance ist seit jeher eines der Hauptanliegen australischer Sicherheitspolitik (Jones/Windybank, 2005: 2). Um politische Stabilität und militärische Sicherheit zu sichern, hat Australien ein besonderes Interesse an der Verhinderung nuklearer Aufrüstung und der Verbreitung von Massen-vernichtungswaffen in der asiatischen Region. Australische Regierungen haben dementsprechend in der Vergangenheit globale Vereinbarungen zur Verhinderung der Verbreitung von nuklearen, chemischen oder biologischen Waffen stets aktiv unterstützt. In dieser Hinsicht ist auch die nukleare Abrüstung Nordkoreas eines der zentralen strategischen Ziele australischer Sicherheitspolitik.

Perspektiven

Australien zählt zu den Gewinnern der beschleunigten wirtschaftlichen Globalisierung. Es hat die Herausforderungen einer verschärften Wettbewerbsfähigkeit auf dem globalen Markt durch eine Umstrukturierung seines Wohlfahrtsstaates und durch eine Umorientierung seiner Einwanderungs-politik auf den globalen Wettbewerb um „die klügsten Köpfe" aufgenommen. Als postnationale, multikulturelle Nation ist Australien mehr als die meisten anderen Nationen in der Lage, seine kulturelle Diversität und geographische Lage in der internationalen Konkurrenz um ausländische Investitionen und um hoch qualifizierte Arbeitnehmer produktiv zu nutzen.

Prozesse der Globalisierung werden dazu beitragen, dass bestehende Ansätze der regionalen und globalen wirtschaftlichen Integration vermutlich in der Zukunft intensiviert werden. Trotz seiner populistischen Rhetorik gegen die von der Labor Party vor allem unter dem Premierminister Keating in den 1980er Jahren vorangetriebenen Ausrichtung auf den asiatischen Raum hat John Howard die wirtschaftliche und strategische Kooperation mit seinen asiatischen Nachbarn verstärkt und die Binnenintegration des asiatisch-pazifischen Raums gefördert. Dies gilt vor allem für die aktive Teilnahme am APEC Forum. Das White Paper zur Außenpolitik von 1997 stellte dazu fest: „[APEC] will remain a key element in Australia's regional strategies over the next fifteen years" (DAFT White Paper, 1997: 100). Die ostasiatische Finanzkrise 1997-98 dämpfte zwar den Enthusiasmus für wirtschaftliche Reformen unter Australiens asiatischen Nachbarn für eine gewisse Zeit, jedoch führte die anschließende wirtschaftliche Regeneration zu einer weiteren wirtschaftlichen Liberalisierung.

Neben der Intensivierung der ökonomischen Integration des asiatisch-pazifischen Raums bilden auch die Stärkung des Sicherheitsdialogs in der Region und die gemeinsame Bekämpfung des internationalen Terrorismus wesentliche Ziele der gegenwärtigen wie zukünftigen australischen Außenpolitik. Als Mittelmacht sucht Australien multilaterale Prozesse vor allem auch in der Region zu fördern. Dazu gehört das Bemühen um Teilnahme an ASEAN+3- (Japan, China, Korea) Gipfeltreffen. Australien hat eine Closer Economic Partnership mit der Freihandelszone AFTA der zehn südostasiatischen ASEAN-Mitgliedstaaten (ASEAN Free Trade Area) aufgebaut und hat – bisher jedoch ohne Erfolg – sein Interesse an einer regelmäßigen Gipfelteilnahme bekundet.

Die Howard-Regierung ist ein starker Befürworter der WTO. Die weitere Liberalisierung des Welthandels ist ein wesentliches Ziel des Engagements in multilateralen Regimen. Als Mitbegründer der Cairns Group ist Australien besonders an einer weiteren Reform des weltweiten Agrarhandels interessiert. Eine Intensivierung der ökonomischen wie politischen Beziehungen zur EU und insbesondere zum Vereinigten Königreich wird angestrebt (DAFT White Paper 2003: 8). Jedoch stand in den letzten Jahren die in der australischen Öffentlichkeit lange sehr kontrovers diskutierte Verbesserung der bilateralen Handelsbeziehungen zu den USA durch Abschluss des Australian-United States Free Trade Agreement (Weiss/Thurban/Mathews 2004) höher auf der politischen Tagesordnung. Den starken wirtschaftlichen, ökonomischen und politischen Bindungen zu den USA wird auch in der Zukunft eine Schlüsselstellung in den außenpolitischen Bemühungen zukommen. Entsprechend des DAFT White Paper „Advancing the National Interests" kann die US-Regierung selbst dann auf die Loyalität seines australischen Partners bauen, wenn sie Interessen und Ziele verfolgen sollte, die den direkten Interessen Australiens widersprechen: „Even when US actions do not suit our interests, our strong ties mean that we are better placed to put our views to Washington and that the United States will listen to them" (DAFT White Paper 2003: 8).

Die australische Außen- und Sicherheitspolitik ist seit dem Zweiten Weltkrieg durch das Spannungsverhältnis zwischen absoluter Loyalität zu den USA und die Intensivierung der Beziehungen zu den ost- und südostasiatischen Ländern geprägt. Mit dem Ausbau vor allem der handels- und außenpolitischen Beziehungen zur VR China und der fortschreitenden Integration in den südostasiatischen Raum hat sich die Position Australiens als Mittelmacht zwischen Asien und den USA gefestigt. Von der friedlichen Entwicklung der Beziehungen zwischen den beiden Machtpolen des Spannungsverhältnisses, d.h. zwischen USA und VR China, wird auch die sicherheitspolitische Zukunft des Landes Down Under wesentlich beeinflusst werden.

BIBILIOGRAPHIE

APEC Study Centre: An Australia-United States Free Trade Agreement – Issues and Implications. Melbourne, Monash University, 2003.

Australian Department of Foreign Affairs and Trade Policy: White Paper on Foreign and Trade Policy: Advancing the National Interests. Canberra, AGPS, 2003.

Australian Department of Foreign Affairs and Trade Policy: 2000-01 Annual Report. Canberra, AGPS, 2001.

Australian Department of Foreign Affairs and Trade Policy: Australia's Strategic Policy. Canberra, AGPS, 1997.

Australian Department of Foreign Affairs and Trade Policy: White Paper on Australia's Foreign and Trade Policy In the National Interest. Canberra, AGPS, 1997.

Baringhorst, Sigrid: White Nation. Nationale Identität, Ängste und Flüchtlingspolitik in Australien. In Inhetveen, Katharina (Hrsg.), Flucht als Politik. Berichte von fünf Kontinenten. Köln, Köppe, 2006, S. 183-204.

Baringhorst, Sigrid: Commonwealth of Australia. In Gieler, Wolfgang; Inat, Kemal; Kullmann, Claudio (Hrsg.): Foreign Policy of States. A Handbook on World Affairs, Istanbul: tasam publications, 2005, S. 26-34.

Bergsten, F. C.: APEC and the World Economy: A Force for Worldwide Liberalisation. In: Foreign Affairs, 73 (3), 1994, S. 20-60.

Firth, Stewart: Australia in International Politics. An Introduction to Australian Foreign Policy. St. Leonards, Allen&Unwin, 2nd edition, zuerst 1997, 2005.

Garran, Robert: True Believer. John Howard, George Bush & the American Alliance. Crows Nest (AUS), Allen&Unwin, 2005.

Gyngell, Allan; Wesley, Michael: Making Australian Foreign Policy. Cambridge, Cambridge University Press, 2003.

Jones, David/Windybank, Susan: Between Two Worlds. Australian Foreign Policy Resonses to New and Old Dilemmas. The Center for Independent Studies (CIS) Occasional Paper 97, o.O., 2005.

Menon, Jayant: Australia-Asia Economic Diplomacy: Regional Economic Cooperation in the Asia-Pacific. In McGillivray, Mark and Gary Smith (Hrsg.), Australia and Asia. Melbourne, Oxford University Press, 1997, S. 81-99.

Schreer, Bemjamin: Australiens Sicherheits- und Verteidigungspolitik : zwischen regionaler und globaler Sicherheit / Benjamin Schreer. Stiftung Wissenschaft und Politik, Deutsches Institut für Internationale Politik und Sicherheit, 2006.

Smith, Garry/Cox, Dave/Burchill, Scott: Australia in the World. An Introduction to Australian Foreign Policy. Melbourne u.a., Oxford University Press, 1997.

Walker, David: Anxious Nation. Australia and the Rise of Asia 1850-1939. St. Lucia: University of Queensland Press, 1999.

Watt, Alan: The Evolution of Australian Foreign Policy, 1938-1965. Cambridge, Cambridge University Press, 1967.

Weiss, Linda; Thurbon, Elizabeth; Mathews, John: How to Kill a Country. Australia's Devastation Trade Deal with the United States. Crows Nest (AUS): Allen&Unwin, 2004.

Internetlinks:
Auswärtiges Amt der deutschen Bundesregierung (2007): Länderinformationen Australien, Berlin;http://www.auswaertiges-amt.de/diplo/de/Laender/Australien.html (11.09.2007)

Downer, Alexander (2006): 40 Years of Australian Foreign Policy – Democracy, Liberalism and Australia's National Interests. Rede zum vierzigjährigen Jubiläum der Flinders University; http://www.foreignminister.gov.au/speeches/2006/060711_40years.html (11.09.2006)

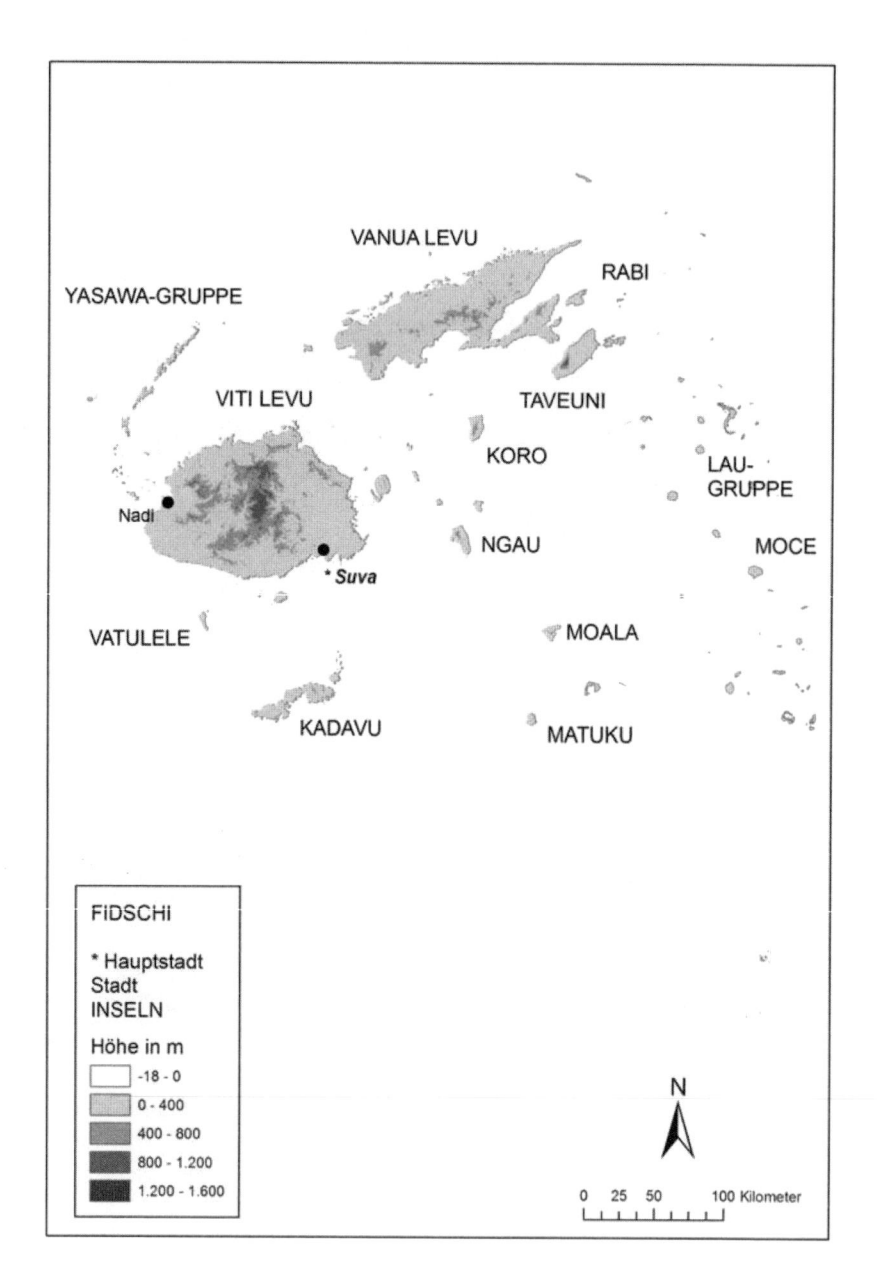

Abbildung 2: Fidschi-Inseln

FIDSCHI-INSELN

Marcus Wolf & Michael Waibel

HISTORISCHE GRUNDDATEN

1874	Abtretungsvertrag „Deed of Recession": Fidschi wird als Kronkolonie Teil des britischen Empire.
1890	Regierungssitz der britischen Kolonialherren wird Suva.
1946	Volkszählung: Fidschianer werden zur Minderheit im eigenen Land.
1970	Neue Verfassung sichert den Fidschianern weiterhin die Kontrolle über Land zu.
1970	Unabhängigkeit Fidschis.
1985	Gründung der indo-fidschianisch dominierten Fidschi Labour Party (FLP).
1987	Sieg der FLP bei den Parlamentswahlen, Auslöser für mehrere Putsche im gleichen Jahr.
1990	Neue Verfassung sichert den autochthonen Fidschianern die automatische Mehrheit der Parlamentssitze und einen exklusiven Zugang zum Amt des Premierministers zu.
1999	Aus den Wahlen geht eine indisch dominierte Regierung hervor.
2000	Geiselnahme von George Speight, in deren Folge das Militär erneut eingreift.
2006	Militärputsch gegen Premierminister Laisenia Qarase, dessen Regierung die Interessen der Fidschianer vertrat.
2007	Vereidigung Voreqe Bainimaramas zum Premierminister, des vormaligen Militärchefs und Initiator des Putsches von 2006.

Offizieller Name: Republik Fidschi-Inseln (Republic of the Fiji Islands) **Hauptstadt:** Suva **Lage:** 18° Süd, 175° Ost, nördlich von Neuseeland **Fläche:** 18.270 km^2 **Bevölkerung:** 931.741 **Staatsform:** Republik **Staatschef:** Ratu Josefa Iloilovatu Uluivuda **Premierminister:** Commodore Voreqe (Frank) Bainimarama (per Interim seit Januar 2007), verfassungsmäßiger Premierminister ist weiterhin Laisenia Qarase **Außenminister:** Commodore Voreqe (Frank) Bainimarama (Interims-Außenminister) **Sprachen:** Englisch, Fidschianisch, Hindustani (alle drei Amtssprachen) **Religionen**: 53% Christen (davon 34,5%

methodistisch, 7,2% römisch-katholikisch), 34% Hindus, 7% Muslime (4,2% Sunniten, 2,8% andere) (Census 1996) **Währung:** Fidschi-Dollar **Mitgliedschaften in internationalen Organisationen:** ACP, ADB, C (ausgesetzt), CP, FAO, G-77, IBRD, ICAO, ICCt, ICRM, IDA, IFAD, IFC, IFRCS, IHO, ILO, IMF, IMO, Interpol, IOC, ISO, ITSO, ITU, ITUC, MIGA, OPCW, PCA, PIF, Sparteca, SPC, UN, UNCTAD, UNESCO, UNIDO, UNMIS, UNMIT, UNWTO, UPU, WCO, WFTU, WHO, WIPO, WMO, WTO.

***

FIDSCHI – EIN EINFÜHRENDER ÜBERBLICK

Fidschi befindet sich auf der Grenze zu den Gebieten, die als Melanesien und Polynesien bezeichnet werden. Die im Zentrum der südpazifischen Inselwelt liegende Republik umfasst ein Archipel von über 330 weit verstreuten Inseln, von denen ca. 100 dauerhaft bewohnt sind. Die Gesamtlandfläche beträgt nur ca. 18.000 km² und entspricht etwa der des Bundeslandes Rheinland-Pfalz. Die beiden Hauptinseln Viti Levu und Vanua Levu nehmen zusammen etwa 87 % der Landfläche ein. Durch die weitläufige Verteilung der Eilande umspannen die Hoheitsgewässer jedoch eine Fläche von 1,29 Mio. km² (200-Seemeilenzone) (Faust, 1996: 36). Die größte Insel Viti Levu, beherbergt auch die gut 70.000 Einwohner zählende Hauptstadt Fidschis, Suva. Die Gesamtbevölkerung beläuft sich laut des jüngsten im Jahr 2007 durchgeführten Zensus auf 835.230 Personen (Fiji Islands Bureau of Statistics, 2008). Dies macht das Inselarchipel zum einem der bevölkerungsreichsten des gesamten Pazifiks.

Die gegenwärtige Bevölkerungs- und Beschäftigungsstruktur ist eine direkte Folge der britischen Kolonialpolitik, welche den Grundstein legte für das bis heute mit heftigen Spannungen behaftete Verhältnis zwischen den beiden Hauptbevölkerungsgruppen, den autochthonen Fidschianern und den Indo-Fidschianern. Die deutliche Mehrheit von 56,9% (Fiji Islands Bureau of Statistics, 2008) wird mittlerweile wieder von der autochthonen Bevölkerung Fidschis, die überwiegend zu den Melanesiern gezählt werden, gebildet. Die bedeutendste Minderheit stellen die Indo-Fidschianer, Nachkommen der von den Briten während ihrer Kolonialherrschaft ins Land geholten Kontraktarbeiter für die Plantagenwirtschaft. Ihr Anteil an der Bevölkerung wird gegenwärtig mit 37,8% angegeben (Fiji Islands Bureau of Statistics, 2008). Die Zahl der Indo-Fidschianer hat sich durch die anhaltenden Auswanderungswellen seit dem ersten Militärputsch im Jahr 1987 massiv verringert. Beim Zensus 1996 hatte der Anteil dieser Bevölkerungsgruppe noch 43,7% betragen (Fiji Islands Bureau of Statistics, 2008). Die verbleibenden Bevölkerungsanteile werden von den Nachfahren europäischer und chinesischer Einwanderern gebildet. Diese ethnische Pluralität spiegelt sich auch in der sprachlichen Vielfalt der Republik wider. Fidschi hat nicht weniger als drei Amtssprachen, zu denen Fidschi und Englisch gehören, aber auch Hindustani als Sprache der Indo-Fidschianer.

Nach dem jüngsten und vierten Putsch der letzten zwanzig Jahre im Dezember 2006 ist die endgültige Form des Regierungssystem nicht zu bestimmen, sie scheint sich aber der hybriden Form des Semipräsidentialismus anzunähern (Anckar, 2002: 209). Das Parlament unterteilt sich in die zwei Kammern des „Vale" (Repräsentantenhaus) und des „Seniti" (Senat). Eine Besonderheit im Regierungssystem Fidschis stellt der „Große Rat der Oberhäupter" („Bose Levu Vakaturaga") dar, der über fundamentale Entscheidungskompetenzen wie die Wahl des Staatsoberhauptes verfügt. Mit ihm wurde das kulturelle Prinzip der streng hierarchischen Gesellschaft in die Verfassung tradiert.

Das Pro-Kopf-Einkommen nach Kaufkraftparitäten betrug im Jahr 2007 ca. 4.230 US-$ und war damit niedriger als etwa in Samoa (5.450) oder in Tonga (5.130), aber höher als etwa in Vanuatu (3.920) oder in Kiribati (3.560) (IMF, 2008).

FIDSCHI – IM SPIEGEL SEINER GESCHICHTE

Erstmals besiedelt wurde das Inselarchipel Fidschis vor ca. 3500 Jahren von dem aus Südostasien stammenden Lapita-Volk (Davies, 2005: 48). Die ersten Europäer, die die Inselgruppe erkundeten, waren Abel Tasman (1643), James Cook (1774) und schließlich Kapitän Blight (1789), nachdem er die Meuterei auf der Bounty überlebt hatte. In der Folgezeit gewannen zunächst der Sandholzhandel und dann der Seegurkenfang vor den Küsten von Fidschi an Bedeutung. Schließlich erreichten Missionare im Jahr 1830 den Archipel. In den 1860er Jahren erfolgte eine zunehmende Besiedlung durch Farmer, die vor Ort Plantagenwirtschaft (Baumwolle und Kokos) betrieben. Diese Entwicklung wurde durch die gestiegenen Weltmarktpreise für Baumwolle im Zuge des Amerikanischen Bürgerkrieges beschleunigt (Davies, 2005: 50). Die Zuwanderung der europäischstämmigen Siedler führte zu unkontrollierten Landverkäufen und damit zu enormen sozialen Spannungen. In deren Folge sah sich der Regierungschef auf Südfidschi Cakobau gezwungen, um britische Hilfe zu ersuchen. So sollte die Wiederherstellung von Recht und Ordnung gewährleistet werden. Schließlich wurde Fidschi am 10. Oktober 1874 durch einen Abtretungsvertrag „Deed of Recession" als Kronkolonie Teil des britischen Empire (Faust, 1996: 46). Im Jahr 1890 wurde der Regierungssitz der britischen Kolonialherren nach Suva im Süden Viti Levus verlegt.

In dem Abtretungsvertrag sicherten die Briten den Fidschianern das unverbrüchliche Recht auf ihr Land zu und erklärten sich gleichzeitig zu deren Schutzherren (Scobell, 1994: 187). Als elementare Folge des Vertrages konnte auf dem Inselarchipel nun kein Land mehr verkauft, sondern nur noch verpachtet werden. Ein weiteres wichtiges Zugeständnis der Briten im Rahmen des Abtretungsvertrages war das Verbot der „Verpflichtung" (ein zynischer Euphemismus, der die Zwangsrekrutierung in eine Quasi-Leibeigenschaft der autochthonen Bevölkerung durch die Plantagenbesitzer verschleiern sollte) der Fidschianer zur Arbeit auf den Plantagen durch die europäisch-stämmigen Siedler. Die britischen Kolonialherren erkannten rasch die günstigen physisch-geographischen Bedingungen für den Zuckerrohranbau auf dem Inselarchipel. Sie begannen gleich nach Inbesitznahme durch den ersten britischen Gouverneur der Inselgruppe, Sir Arthur Gordon, mit der Weltmarktproduktion.

Da das Verbot der „Verpflichtung" den Fortbestand der mittlerweile von der Plantagenwirtschaft abhängigen Ökonomie bedrohte und zudem die Zahl der autochthonen Fidschianer aufgrund eingeschleppter Masern- und Influenzepidemien zur jener Zeit massiv dezimiert war, führten die Briten ein Kontraktarbeitersystem ein (Faust, 1996: 47). Auch sollten dadurch gleichzeitig die einheimische Dorfgemeinschaften und ihre Traditionen geschützt werden. So begannen die Briten aus anderen Teilen ihres Empires, vor allem aus Indien, zahlreiche Arbeitskräfte zu importierten. Der damalige Gouverneur hatte bereits zuvor in Mauritus gute Erfahrungen mit indischen Kontraktarbeitern gemacht (Faust, 1996: 47). Nach Ablauf ihrer vertraglichen Arbeitsdauer von in der Regel zehn Jahren ließen sich etwa zwei Drittel von ihnen dauerhaft auf Fidschi nieder, vor allem auf den beiden Hauptinseln Viti Levu und Vanua Levu. Zwischen 1879 und 1916 wurden über 60.000 Inder ins Land geholt (Faust, 1996: 48). Deren Zahl stieg in der Folgezeit rasch an, so dass im Zensusjahr 1946 erstmals die autochthonen Fidschianer zur Minderheit im eigenen Land wurden (Davies, 2005: 51). Dies blieb so bis 1986 (Faust, 1996: 53).

Die Indo-Fidschianer bilden bis heute das Rückrat der Zuckerrohrwirtschaft. Auch dominieren sie den Dienstleistungssektor, vor allem den Einzel- und Großhandel, das Transportwesen und das Kunsthandwerk. Zudem stellt diese Bevölkerungsgruppe den Großteil der Anwälte, der Ärzte und der Lehrer des Archipels (Faust, 1996: 58). Die Ursache für diese ethnisch segmentierten Arbeitsmärkte ist im Wesentlichen auf das herrschende Landrecht zurückzuführen, welches den Indo-Fidschianern bis auf wenige Ausnahmen den Landerwerb verbietet. Insgesamt können die im Allgemeinen höher gebildeten Indo-Fidschianer als wirtschaftlich überlegen eingestuft werden. Die autochthonen Fidschianer sind hingegen durch Grundbesitz und politische Macht privilegiert, sowie im öffentlichen Dienst und insbesondere im Militär stark repräsentiert. Wirtschaftlich verhalten sie sich aber eher passiv (Faust, 1996: 59). Als Konsequenz stellt Fidschi eines der ethnisch am stärksten polarisierten Ländern der Welt dar (Davies, 2005: 47).

Durch das „mildtätige Joch" der britischen Kolonialherren, welches die Bildung und Selbstverwaltung der indigen Insulaner beförderte, ließen Unabhängigkeitsbestrebungen auf Fidschi lange auf sich warten. Die britische Kolonialverwaltung hielt sich mit Eingriffen zurück und erhielt die bestehenden sozialen Strukturen Fidschis, insbesondere in den Dörfern, weitgehend aufrecht. So wurden beispielsweise die von der Kolonialverwaltung errichteten 14 administrativen Provinzen an den Strukturen der vormaligen Königreiche Fidschis orientiert (Baehr, 1994: 353). Als in den 1960er Jahren die Unabhängigkeit Fidschis von Großbritannien zur Debatte stand, hatten denn auch die autochthonen Fidschianer zunächst nur wenig Interesse daran, da sie fürchteten, dann von den zahlenmäßig stärkeren Indo-Fidschianern dominiert zu werden (Ghai & Cottrell, 2007: 644). Die neue Verfassung von 1970 sicherte daher den autochthonen Fidschianern weiterhin die Kontrolle über das Land zu (Scobell, 1994). Damit stellte dies die Basis für die Unabhängigkeit von Großbritannien im gleichen Jahr dar. Das neu eingeführte Regierungssystem orientierte sich an dem Zweikammersystem des Westminster-Modells. Die Verfassung gestand den verschiedenen Ethnien Fidschis gleichermaßen politische Grund- und Menschenrechte zu (Iyer, 2007: 133). Auch blieb Fidschi nach der Unabhängigkeit als „Dominion" Mitglied des Commonwealth.

Die ersten Wahlen nach der Unabhängigkeit fanden 1972 statt und Ratu Sir Kamisese Mara wurde der erste Premierminister (Baehr 1994: 353). Er ging auch aus den beiden Wahlen 1977 und 1982 siegreich hervor. Bei den Wahlen von 1987 gewann allerdings die erst 1985 gegründete Fidschi Labour Party (FLP). Diese vertrat vor allem die Interessen der Indo-Fidschianer und bildete eine neue Koalitionsregierung, in der zahlreiche Indo-Fidschianer wichtige Posten besetzten (Baehr 1994: 354). Der Aufstieg der FLP ist unter anderem darauf zurückführen, dass die Indo-Fidschianer seit langem die Bevölkerungsmehrheit stellten und sich unter ihnen eine Mittelschicht gebildet hatte, die nicht länger akzeptieren wollte, dass die autochthonen Fidschianer in vielen Gesellschaftsbereichen bevorzugt wurden.

Gleichzeitig wurde die FLP-Koalition aber auch von 9% der autochthonen Fidschianer gewählt, unter ihnen viele, die als Mittelschichtangehörige in den städtischen Zentren des Inselarchipels lebten und arbeiteten (Davies 2005, 53; Ghai & Cottrell, 2007: 648). Die Wahl von 1987 war der Auslöser der Putsche im gleichen Jahr. Das konservative und von den autochthonen Fidschianern dominierte Militär unter Führung des Oberstleutnant Rabuka stürzte die Regierung gleich zweimal und sicherte so die Hegemonie der autochthonen Einwohner Fidschis (Kiwanuka, 1988). Nach der Usurpation des alten wurde das neue Parlament nach ethnisch definierten Konstitutionen neu gewählt (Larmour, 1996: 233). Die neue Verfassung von 1990 sicherte den autochthonen Fidschianern die automatische Mehrheit der Parlamentssitze und einen exklusiven Zugang zum Amt des Premierministers (Iyer, 2007: 133; Finin & Wesley-Smith 2001: 15). Erst 1997 sollte Fidschi wieder eine demokratische Verfassung erhalten (Lal, 2003: 671).

Die aus den Wahlen 1999 hervorgehende, indisch dominierte Regierung wurde im Jahr 2000 allerdings durch eine Aufsehen erregende Geiselnahme unter der Führung von George Speight, in deren Folge das Militär erneut eingriff, wieder von der Regierung verdrängt. Das neue Regime repräsentierte wieder nur die Interessen der autochthonen Fidschianer (Fischer, 2002: 242). Mit der Begründung gegen die anhaltende Korruption vorgehen zu wollen, putschte das Militär im Jahre 2006 wiederholt, gab aber kurze Zeit später die Macht wieder ab. Zuvor hat der Premierminister Laisenia Quarase vergeblich die australische und neuseeländische Regierung um Militärhilfe gegen die eigene fidschianische Armee gebeten (Lal, 2007b: 143). Fadenscheiniges Ende der Episode war die Vereidigung Voreqe Bainimaramas zum Premierminister 2007, des vormaligen Militärchefs und Initiator des Putsches. Das Ausland reagierte harsch – Die Europäische Union etwa erklärte, dass die am 5. Dezember 2006 erfolgte militärische Machtübernahme in Fidschi eine Verletzung der in Artikel 9 des Cotonou-Abkommens genannten wesentlichen Elemente Menschenrechte, demokratische Grundsätze und Rechtsstaatsprinzip darstellte. Die Regierungen von Neuseeland und Australien verurteilten den Putsch ebenso scharf, verhängten Einreiseverbote für die Mitglieder der Interimregierung, ihre Familienange-hörigen sowie für ihre Sympathisanten und froren ihre Entwicklungszusammen-arbeit ein (Lal, 2007a: 23).

Eine Ökonomie wie die Fidschis, die wesentlich durch Landwirtschaft, Bergbau und in herausragender Rolle durch den Tourismus bestimmt ist, musste zwangsläufig unter den anhaltend unsicheren Bedingungen leiden (Huang, 2008: 235). Die im Unternehmertum, den Bildungs- und Finanzberufen dominierenden Indo-Fidschianer verlassen seit 1987 kontinuierlich das Land. Anlaufpunkte für die zumeist gut ausgebildeten Emigranten sind USA, Kanada, Australien und Neuseeland (Fischer, 2002: 242). Ca. 80% der Auswanderer gehören der Bevölkerungsschicht der Indo-Fidschianer an (Faust, 1996: 61). So fließen wichtige Kapital- und Humanressourcen aus Fidschi ab, während die ansässige Tourismusindustrie unter der instabilen und unsicheren innenpolitischen Lage zu leiden hat. So brachen etwa im Zuge des Putsches im Jahr 2000 die internationalen Touristenankünfte gegenüber dem Vorjahr um über 30% ein (Fiji Islands Bureau of Statistics, 2008).

Der durch die Auswanderer verursachte ungebrochene „brain drain" stellt eine schwere Belastung für die weitere wirtschaftliche und gesellschaftliche Entwicklung des Inselarchipels dar. Die Situation wäre noch weitaus dramatischer, wenn nicht die im Ausland tätigen Fidschianer, darunter viele Ausgewanderte, aber etwa auch viele im Irak tätige Söldner, knapp 100 Mio. US-$/Jahr an Rücküberweisungen (remittances) tätigen würden (Maclellan, 2007: 50). Diese Summe übersteigt damit bereits die Einnahmen aus den traditionellen Wirtschaftsbereichen Fidschis wie der Zuckerrohrwirtschaft oder dem Textilsektor, wobei letzterer mittlerweile den größten Arbeitgeber des Landes darstellt (Finin & Wesley-Smith 2001: 12).

DIE AUSSENPOLITIK DER REPUBLIK FIDSCHI

Vor den internen Interventionen genoss die Armee der Republik Fidschi ein überaus hohes internationales Ansehen, dass auf die herausragende Rolle der Streitkräfte Fidschis in der pazifischen Phase des Zweiten Weltkriegs zurückgeht.

10% der autochthonen Bevölkerung Fidschis schrieben sich damals für den Militärdienst ein, so dass innerhalb der alliierten Streitkräfte eine separate Fidschi-Division in die kriegerischen Handlungen involviert war. Die enthusiastische Kriegsbegeisterung benötigte keine große Motivationsarbeit, da in der Gesellschaft Fidschis traditionell eine große Heldenverehrung verankert ist. Eine weitere Ursache für die große Reputation der Armee liegt in den kontinuierlichen und verlässlichen Beteiligungen an den UN-Friedensmissionen seit 1978, so beispielsweise im Libanon, dem Sinai oder auch in Malaysia (Naidu, 2003: 32; Maclellan, 2007: 50). Fidschi engagiert sich weiterhin in regionalen Unterstützungs- und Stabilisierungsmissionen, etwa auf den Solomonen und Osttimor. Ein solch aufopferndes Engagement ist für eine Nation dieser Größe im Rahmen der UN einzigartig. Aufgrund der ausdauernden Einsätze befinden sich die Streitkräfte in einem gut ausgerüsteten und einsatzerprobten Zustand. Die Armee Fidschis ist somit die größte und geübteste der gesamten pazifischen Inselwelt (Levine, 2007: 4). Darüber hinaus dienen gegenwärtig mehr als zweitausend Fidschianer in der britischen Armee, von denen einige sogar im Irak stationiert sind (Maclellan, 2007: 56).

Die Mitgliedschaft in der UN besteht seit der politischen Unabhängigkeit im Jahr 1970, in dem Fidschi als 127. Mitglied aufgenommen wurde. Obwohl sich die Unabhängigkeit auch stets im Feld der Außenpolitik gezeigt hat, lässt sich zumindest für die Phase vor dem jüngsten Putsch eine westlich orientierte Tendenz feststellen (CountryWatch, 2008: 62). Ausgebaute Handelsbeziehungen bestehen besonders zu den dominanten Regionalmächten Australien und Neuseeland. Auch zu den Staaten in der unmittelbaren geographischen Nähe versucht man, gute bilaterale Beziehungen zu unterhalten. Fidschi ist seit einiger Zeit darum bemüht, die zwischenstaatlichen Beziehungen zu einigen anderen Ländern auszubauen, um seine Handelsmöglichkeiten und Unterstützungsquellen zu diversifizieren. Besondere Aufmerksamkeit wird in diesem Zusammenhang etwa der südostasiatischen Region, Japan aber auch Frankreich zuteil (CountryWatch, 2008: 62).

Seit dem Putsch 2006 ist die Republik Fidschi, wie schon nach 1987, aus dem Commonwealth ausgeschlossen worden. Auch die Handelsbeziehungen zu den wichtigen Partnern Australien, Neuseeland und der EU, haben durch den Coup d'etat stark gelitten. Vorläufiger Kulminationspunkt der Spannungen war die Ausweisung des neuseeländischen Botschafters durch den Premierminister der Interimsregierung, Voreqe Bainimarama, im Juni 2007 (Lal, 2007a: 23). Die ohnehin angespannten Beziehungen zu Indien sind seit der Usurpation durch das Militär noch stärker abgekühlt. Die offensichtliche Benachteiligung der indischstämmigen Minderheit durch das Militär, das einen Staat im Staate bildet, führte bereits 1990 zur Schließung der indischen Botschaft in Suva (CountryWatch, 2008: 63).

Aufgrund seiner überproportionalen Größe in Relation zu den anderen Inselstaaten des Südpazifiks (ausgenommen Papua-Neuguinea), spielt die Republik Fidschi eine Führungsrolle in der Südpazifikregion. Die Hauptstadt Suva beispielsweise ist Sitz des Sekretariat des PIF (Pacific Island Forum) und anderer regionaler Institutionen. Im Rahmen des PIF, das als die maßgebliche politische Institution der Region gilt, kommen die Staatsführer der Mitgliedsstaaten jährlich zusammen, um sich mit politischen und sozialen Angelegenheiten auseinander zu setzen (Fischer, 2002: 239). Wie angespannt die außenpolitischen Beziehungen Fidschis noch immer sind, zeigte sich jüngst im August 2008, als der Premierminister der Interimsregierung Bainimarama das alljährliche Treffen des PIF in Niue boykottierte, um damit gegen das anhaltende Einreisereiseverbot für sich und seine Regierungsmitglieder nach Neuseeland zu protestieren (ABC News, 2008).

Die Republik Fidschi pflegt traditionell gut ausgebaute Beziehungen zu den USA, doch auch die Vereinigten Staaten reagierten auf die Putsche 2000 und 2006 mit der Einstellung bzw. Beschränkung der Zusammenarbeit. Die Prognosen für eine Verbesserung der Verbindungen sind seit 2004 gestiegen. Da Fidschi Ende 2004 den Schutz von offiziellen UN-Mitarbeitern im Irak übernommen hat, konnte wieder internationales Ansehen zurückgewonnen werden (CountryWatch, 2008: 63). Die Terrorismusbekämpfung spielt auch nach dem 11. September auf Fidschi eine eher untergeordnete Rolle. Weder bestehen aktuelle Terrorwarnungen, noch war das Land in der Vergangenheit Ziel oder Rückzugsraum von Terroristen. Allerdings blieb auch auf Fidschi der Tourismussektor von den allenthalben um sich greifenden Verschärfungen der Flugsicherung nicht unberührt.

BIBLIOGRAPHIE

Baehr, Ralph: Fidschi. In Dieter Nohlen & Franz Nuscheler (Hg.) Handbuch der Dritten Welt, Band 8: Ostasien und Ozeanien.Unterentwicklung und Entwicklung. Hamburg, Hoffmann & Campe, 1994, S. 350-368.
Davies, John E.: Ethnic Competition and the Forging of the Nation-State of Fiji. The Round Table – The Commonwealth Journal of International Affairs, 94 (1), 2005, S. 47 – 76.
Faust, Heiko: Verstädterung in Fiji - Besonderheiten in den Stadt-Land-Beziehungen eines insularen pazifischen Entwicklungslandes. Aachen, Schriftenreihe Pazifik Forum, Band 6, 1996.
Finin, Gerard A. & Terence Wesley-Smith: Coups, conflicts and crises: the new Pacific Way?. Race & Class, 42 (4), 2001, S. 1-16.
Fischer, Steven Roger: A History of the Pacific Islands. Hampshire; New York, Palgrave, 2002.
Iyer, Venkat: Enforced consociationalism and deeply divided societies: some reflections on recent developments in Fiji. International Journal of Law in Context, 3 (2), 2007, S.127–153.
Kiwanuka, Richard N.: On Revolution and Legality in Fiji. International and Comparative Law Quarterly, Vol. 37 (October 1988), 1998, S. 961-975.
Lal, Brij V.: Constitutional Conundrum. The Round Table – The Commonwealth Journal of International Affairs, 92 (3), 2003, S. 671–685.

Lal, Brij V.: Anxiety, uncertainty, and fear in our land: Fiji's road to military coup, 2006. The Round Table – The Commonwealth Journal of International Affairs, 96 (2), 2007b, S. 135 – 153.

Larmour, Peter: Democracy without Development in the South Pacific. In Adrian Leftrich (Hg): Democracy and Development. Theory and Practice (Cambridge, Blackwell Publishers), 1996, S.230-247.

Levine, Stephen: Democracy and its discontents – Tonga, Fiji and the "arc of instability". Pacific News No. 27, Juli-August 2007, S. 4-8.

Maclellan, Nic: Fiji, Iraq and Pacific island security. Race & Class 2007, 48 (3), 2007, S. 47–62.

Scobell, Andrew: Politics, Professionalism, and Peacekeeping: An Analysis of the 1987 Military Coup in Fiji, Comparative Politics. 26 (2), 1994, S. 187-201.

Internetlinks:

ABC News: Fiji's interim PM to miss Pacific Island Forum, 2008. Unter: http://www.abc.net.au/news/stories/2008/08/18/2338840.htm?section=world

Anckar, Dag: Democratic Standard and Performance in Twelve Pacific Micro-States. Pacific Affairs 75 (2), 2002, S.207-225.
Unter:http://www.jstor.org/stable/4127183?seq=3&Search=yes&term=tonga&list=hide&searchUri=%2Faction%2FdoBasicSearch%3FQuery%3Dtonga%26jc%3Dj100313&item=7&ttl=110&returnArticleService=showArticle

Country, Watch: Fiji Country Review, 2008.
Unter: http://web.ebscohost.com/ehost/results?vid=2&hid=114&sid=35b24c8c-5115-457d-a457-c22a760d1d2a%40sessionmgr108&bquery=((jn+%22Fiji+Country+Review%22)+and+ft+y)&bdata=JmRiPWJ1aCZ0eXBlPTEmc2l0ZT1laG9zdC1saXZl

Fiji Islands Bureau of Statistics: Census 2007 – Facts and Figures, 2008. Unter: http://www.statsfiji.gov.fj/Fiji%20Facts%20%20Figures%20As%20At%20Jul%2007.pdf

Huang, Anqian; Sugden, Craig; Knapman, Bruce: Fiji Islands. In Asian Development Bank: Asian Development Outlook 2008. Workers in Asia. Hong Kong, China, 2008, S. 235-238.
Unter: http://www.adb.org/Documents/Books/ADO/2008/ado2008.pdf

IMF, International Monetary Fund: World Economic Outlook Database. April 2008 Edition.
Unter:http://www.imf.org/external/pubs/ft/weo/2008/01/weodata/weorept.aspx?sy=2006&ey=2013&scsm=1&ssd=1&sort=country&ds=%2C&br=1&pr1.x=33&pr1.y=9&c=862%2C819%2C813%2C826%2C866%2C846&s=PPPPC&grp=0&a=

Lal, Brij V.: This Process of Political Readjustment: Aftermath of the 2006 Fiji Coup. The Australian National, 2007a.;
Unter: www.fijilive.com/archive/showpdf.php?pdf=2007/07/2006coup_aftermath.pdf

Naidu, Vijay: The Oxymoron of Security Forces in Pacific Island States. In Eric Shibuya und Jim Rolfe (Hg.): Security in Oceania. In the 21st Century. Honolulu, Hawaii, Asia-Pacific Center for Security Studies, 2003, S.25-40. Unter: http://www.apcss.org/ Publications/Edited%20Volumes/SecurityinOceaniaRevised2.pdf

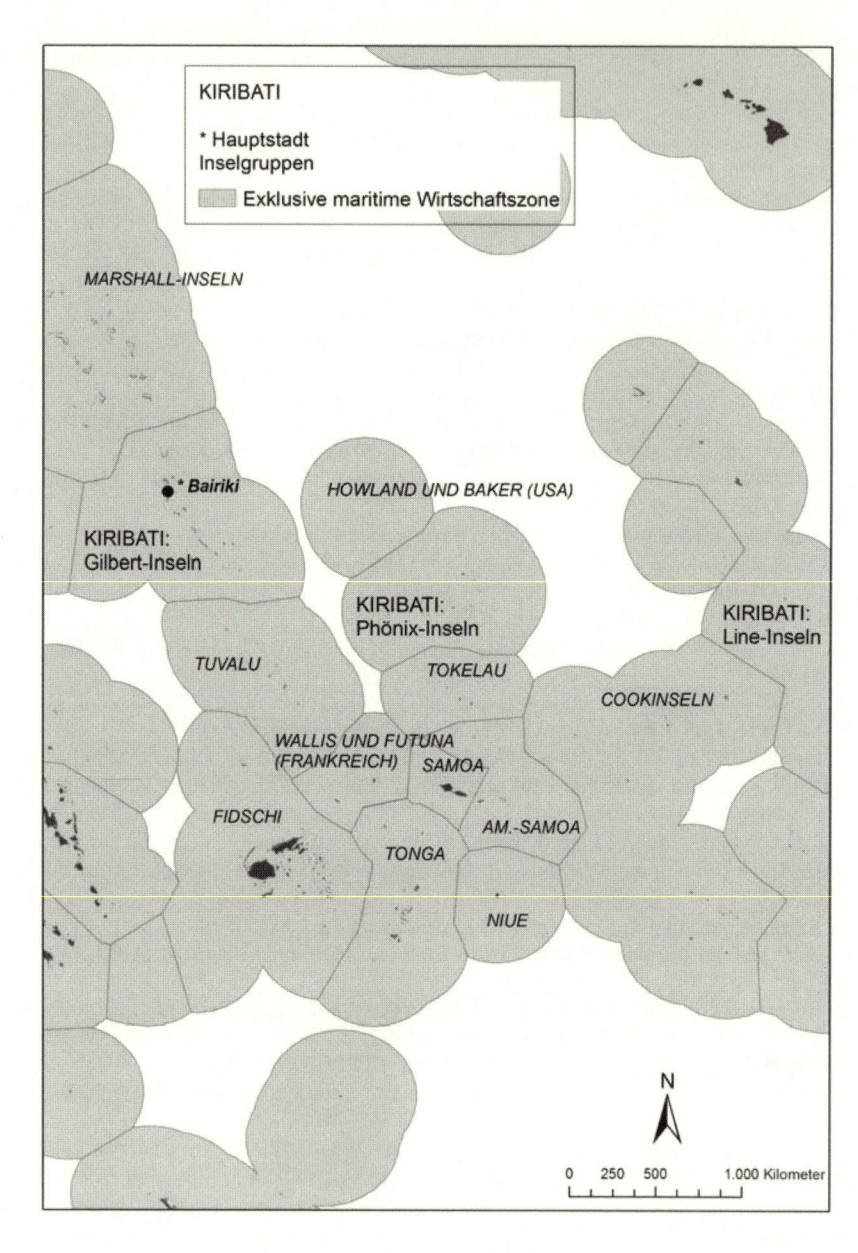

Abbildung 3: Kiribati

KIRIBATI

Harald Werber

HISTORISCHE GRUNDDATEN

1892	Gilbert-Inseln werden gemeinsam mit den Ellice-Inseln (heutiges Tuvalu) britisches Protektorat.
1916	Protektorat wird zu einer britischen Kolonie.
1908	Verwaltungssitz des britischen Resident Commissioners wird von Betio nach Banaba (Ocean Island) verlegt.
1962	Atomtests auf Kiribati.
1976	Abtrennung Ellice-Inseln (Tuvalu).
1979	Unabhängigkeit der Gilbert-, Phönix- und Line-Inseln unter dem Namen Kiribati, gemeinsam mit der entvölkerten Phosphatinsel Banaba (Ocean Island).
1985	Erste politische Partei (Christdemokraten) wird gegründet.
1999	Kiribati wird Mitglied der Vereinten Nationen.
2003	Aufnahme diplomatischer Beziehungen zur Republik China (Taiwan). Dies führt zum Abbruch der diplomatischen Beziehungen mit der Volksrepublik China.
2007	Am 17.10. wurde Präsident Anote Tong im Amt bestätigt.

Offizieller Name: Republik Kiribati (Republic of Kiribati) **Hauptstadt:** Bairiki (auf der Insel Tarawa) **Lage:** 1,25° Nord, 173° Ost, im zentralen Pazifik **Fläche:** 811 km^2 **Bevölkerung:** 110.356 **Staatsform:** Republik Staats- und **Regierungschef:** Anote Tong **Außenminister:** Anote Tong **Sprachen:** Kiribatisch, Englisch (Amtssprache) **Religionen:** 52% Katholiken, 40% Protestanten (Kongregationalisten) (1999) **Währung:** Australischer Dollar **Mitgliedschaften in internationalen Organisationen:** ACP, ADB, C, FAO, IBRD, ICAO, ICRM, IDA, IFAD, IFC, IFRCS, ILO, IMF, IMO, IOC, ITU, ITUC, OPCW, PIF, Sparteca, SPC, UN, UNCTAD, UNESCO, UPU, WHO, WMO.

***

Einleitung

Der moderne Staat Kiribati ist eine koloniale Gründung der Briten. Atolle und Inseln, die vormals nicht miteinander oder nur in losem Kontakt zueinander standen, wurden in eine administrative Einheit zusammengeführt. Kern dieses Staatswesens bilden die 16 Atolle der Gilbert Gruppe, im Englischen kurz Gilberts genannt. Angeblich wurden diese 16 Atolle traditionell von den Einheimischen auch Tungaru genannt. Diese Bezeichnung fand erstmals in den 1940er Jahren in den Quellen Verendung. Eine echte Tradition des Namens muss daher angezweifelt werden. (Werber, 2003: 6) Die 16 Atolle von Butaritari und Little Makin im Norden bis Tamana im Süden standen seit jeher in regem Kontakt zueinander. Die Bewohner sahen sich auch vor den ersten Kontakten mit Westlern als ein Volk, das die gleichen Götter anbetete, die gleichen kultischen und politischen Traditionen hatte, und eine gemeinsame Sprache, wenn auch mit deutlich unterschiedlichen Dialekten. Auch die Verwandtschaftsbindungen gingen über die Atolle hinweg. An die sechzehn Atolle umfassende Inselgruppe, welche 1892 zum Schutz vor deutschen und amerikanischen Handels- und Großmachtsinteressen von Großbritannien, gemeinsam mit den Inseln des heutigen Tuvalu, zum Gilbert and Ellice Islands Protectorate erklärt worden waren, wurde in den folgenden Jahren der britischen kolonialen Administration weitere Inselgruppen angegliedert. 1916 wurde das Protektorat annektiert und zur Gilbert and Ellice Islands Colony umstrukturiert.

Der Verwaltungssitz des britischen Resident Commissioners war zu Beginn auf der Insel Betio, am Südwest-Ende des Tarawa-Atolls, wurde jedoch 1908 nach Ocean Island verlegt. Der Phosphatreichtum, der von den Einheimischen Banaba, von den Europäern Ocean Island genannten Insel, stellte die hauptsächliche Einnahmequelle und den Hauptgrund für die kolonialen Interessen der Briten dar. Als nach dem Zweiten Weltkrieg die Bevölkerung Banabas nach Rabi (sprich Rambi), zwischen Taveuni und Vanua Levu in der Fidschigruppe gelegen, abgewandet war, wurde auch der Verwaltungssitz der Kolonie wieder nach Tarawa zurück verlegt. Somit ist auch die Wahl Süd-Tarawas als „Hauptstadt" und Verwaltungszentrum der unabhängigen Republik ein Relikt britischer Kolonialpolitik.

Am 12. Juli 1979 erlangten die drei Inselgruppen, Gilbert-, Phönix- und Line-Inseln gemeinsam mit der entvölkerten Phosphatinsel Banaba/Ocean Island die Unabhängigkeit von Großbritannien unter dem Namen Kiribati, der phonetischen indigenen Schreibweise des Wortes Gilberts. Die Elliceinseln waren im Jahr zuvor als Tuvalu ein unabhängiger Staat geworden. Die 33 Inseln und Atolle Kiribatis, die gemeinsam nur über eine relativ geringe Landfläche verfügen (ca. 820 km²) sind über ein extrem großes Seegebiet, ca. 3,5 Mio. km² (unter Heranziehung des seerechtlich relevanten, mit 200 Seemeilen begrenzten, „Exklusiven Wirtschaftsraumes") im Zentrum des Pazifischen Ozeans verstreut. Die 820 km² teilen sich auf die drei Inselgruppen wie folgt auf: 278 km² Gilbertinseln, 29 km² Phönixinseln und 516 km² Lineinseln, wobei Kiritimati/Christmas Island mit alleine 388 km² fast die Hälfte des terrestrischen Staatsgebietes ausmacht. (Wilson, 1994: 5)

Alle 16 Atolle der Gilbertgruppe sind bewohnt. Jedoch sind nur zwei Inseln der Line-Gruppe bewohnt. Auf Kiritimati/Christmas Island leben laut Volkszählung 2005 ca. 5.000 und auf Tabuaeran/Fanning Island ca. 2.500 Menschen. Abgesehen von den 41 Personen, die auf der einzigen bewohnten Insel in der Phönixgruppe leben, befinden sich alle anderen der ca. 100.000 Einwohner Kiribatis in der Gilbertgruppe. Die Hälfte davon, gut 50.000 Menschen leben auf Süd-Tarawa. Aus diesen geographischen und demographischen Begebenheiten ergeben sich deutliche Konsequenzen – nicht nur für die Innenpolitik der jungen Republik, sondern letztlich auch für die Außenpolitik – muss doch der großen Heterogenität in zahlreichen Bereichen, sowie der Transport- und Kommunikationsproblematik Rechnung getragen werden.

Rahmenbedingungen der Außenpolitik

Die Außenpolitik ist in Kiribati verfassungsgemäß dem Präsidenten, Te Beretitenti, zugeordnet, der gleichzeitig Staats- und Regierungschef ist. Das Land hatte bis heute vier Präsidenten, die somit auch für die außenpolitische Ausrichtung verantwortlich waren, erlebt: Tem (Herr) Ieremia Tabai (1979 – 91), Tem Teatao Teannaki (1991 – 94), Tem Teburoro Tito (1994 – 2003) und seit 2003 (2007 wiedergewählt) Tem Dr. Anote Tong. Seit der Präsidentschaft Dr. Anote Tongs änderte sich zum Beispiel die Ausrichtung der Außenpolitik in Hinblick auf China grundlegend. Somit kommt der Persönlichkeit des Präsidenten und seinen Präferenzen bei der außenpolitischen Gestaltung eine besondere Rolle zu. Jedoch gibt das politische System in Kiribati dem Präsident rein formal bei weitem nicht so viel Macht wie die Form der Präsidialrepublik vermuten lassen würde. Die Zustimmung sowohl der Minister als auch des Parlaments ist für die Politik des Präsidenten genauso maßgeblich, wie die kiribatische Tradition der Konsensentscheidung, einem Relikt der vorkolonialen Weisen- bzw. Ältestenräte (Krüger, 2005: 117). Der Mangel an politischen Parteien sowie die Fehlende Ausrichtung von Wahlwerbung und Politik an Ideologien und grundlegenden Wertesystemen, muss ebenfalls mit berücksichtigt werden.

Ein weiteres zentrales Moment der Außenpolitik ist der Umstand, dass Kiribati, aufgrund seiner Lage und Größe niemals die völkerrechtliche Forderung nach souveräner Kontrolle seines Land-, See- und Luftraumes garantieren kann. Eine Anbindung an starke Partner, welche durch ihre militärische Präsenz diese Kontrollaufgabe übernehmen können, ist somit zwingend nötig. Nach dem Abschluss des Freundschaftsabkommens mit den USA in Folge der Unabhängigkeitserklärung 1979, dass auch die Übertragung des militärischen Schutzes beinhaltete, wurde vom ersten Präsidenten Ieremia Tabai die kiribatischen Verteidigungseinheiten abgeschafft.

Die Abhängigkeit von finanzkräftigen Sponsoren für mögliche wirtschaftliche Entwicklungsprojekte und die Problematik der Transportlogistik, -zeiten und -kosten rundet das Bild der prägenden Faktoren der Außenpolitik ab und setzt den handelnden Personen enge Grenzen. Ein zentrales Problem stellt die Importabhängigkeit bei fast allen Gütern (bis hin zu einem Großteil der Nahrungsmittel) dar. Die Handelsbilanz ist dementsprechend negativ. Einem Exportvolumen von gut 6,3 Mio. US-$ im Jahre 2006 stehen ca. 63,4 Mio. US-$ an Importen gegenüber (STAT-USA). Aber auch in Fragen des Transports dieser Importe und Exporte ist Kiribati vom Ausland abhängig, da der Staat über kein Containerschiff verfügt und auch die Luftverbindung lange Zeit von Nachbarstaaten aufrechterhalten wurde. Als frühere britische Kolonie, die ohne Unabhängigkeitskämpfe aus dem britischen Weltreich entlassen worden war, ergab sich fast zwingend eine Weiterführung der guten Beziehungen zu London. Daneben gewannen die beiden pazifischen „Großen" des Commonwealth of Nations, Australien und Neuseeland, durch ihre relative geographische Nähe an Bedeutung für die Außenpolitik. Doch auch die Vereinigten Staaten, Japan und China erkannten die geostrategische und ökonomische Bedeutung der Inselgruppe im Herzen des Pazifischen Ozeaniens. Durch die Übernahme des australischen Dollars als Landeswährung ergab sich in fiskalischer Hinsicht eine deutliche Anbindung an den großen Nachbarn. Australien ist auch aus versorgungs-technischen Überlegungen der wichtigste internationale Partner.

Aufgrund der wirksamen und erfolgreichen Einbindung in das postkoloniale britische Herrschaftsmodell des Commonwealth of Nations sowie die geographische Umrahmung mit den von den USA dominierten Marschallinseln im Norden und den ehemals britischen Kolonien Tuvalu, Fidschi, Samoa, Solomonen Inseln und den weiterhin französisch dominierten Territorien, konnte die Sowjetunion in Kiribati nicht Fuß fassen. Auch der Mangel an politischen Ideologien, die Verwurzelung der konservativen Bevölkerung in christlichen Religionen, und die Tradition der konsens-orientierten Inselverwaltungen in vorkolonialen Zeit verhinderten das Einsickern oppositioneller Tendenzen und revolutionärer Bewegungen (Talu, 1984: 126). Ein Fischereiabkommen, das Anfang 1980er Jahre zwischen Kiribati und der Sowjetunion geschlossen worden war, brachte den damaligen Präsidenten Ieremia Tabai innenpolitisch stark unter Druck (Krüger, 2005: 119). In Folge dieser starken Ablehnung der Sowjetunion innerhalb der Bevölkerung und der daraus resultierenden Bedeutungslosigkeit als außenpolitischer Partner ergab sich, durch den Untergang der Sowjetunion als Staat und

Weltmacht und den Wegfall des Ostblocks, somit auch keine bemerkenswerte Veränderung in der außenpolitischen Gestaltung Kiribatis seit den 1990er Jahren.

Bilaterale Partner

Die wichtigsten bilateralen Partner Kiribatis sind die USA, Australien und Neuseeland. Darüber hinaus sind die pazifischen Nachbarstaaten sowie Japan, China und Großbritannien/Europäische Union außenpolitisch von Bedeutung. Eine Sonderrolle nehmen die Nachbarstaaten innerhalb Ozeaniens ein. Die restlichen Anrainerstaaten des Pazifiks haben hingegen eine eher untergeordnete außenpolitische Bedeutung für Kiribati, und der Rest der Welt liegt wohl zu weit entfernt um eine bedeutende Rolle zu spielen.

Von Beginn der Unabhängigkeit an bemühte sich Kiribati um ein enges und freundschaftliches Verhältnis zu den USA. Das 1979 zwischen den beiden Staaten abgeschlossene Freundschaftsabkommen war unter anderem nötig zur Klärung der Besitzansprüche Kiribatis auf die Inseln der Line- und Phönixgruppe, welche aus strategischen Gründen von den USA beansprucht worden waren. Aus diesem Abkommen ergibt sich ein Konsultationsrecht der USA bei militärischen Zugeständnissen an Drittstaaten und das Recht der USA eigene militärische Einrichtungen auf den Inseln der Republik Kiribati zu errichten. Im Gegenzug garantieren die USA die staatliche Souveränität Kiribatis und übernehmen die militärische Schutzfunktion. Seit 1967 ist das U.S.-Peace Corps auf fast allen bewohnten Inseln Kiribatis durchgehend präsent. Die amerikanischen Freiwilligen sind hauptsächlich im Bildungs- und Gesundheitsbereich tätig. Da die USA keine eigene Botschaft in Kiribati unterhalten, übernehmen die Führungskräfte des Peace Corps repräsentative Aufgaben im Dienste der US-amerikanischen Regierung. Ferner sind die USA ein wichtiges Emigrationsland, sowohl für die temporäre, lohnarbeitsbedingte Auswanderung als auch für die permanente Abwanderung.

Australien und Neuseeland teilen diese Bedeutung für die Bewohner Kiribatis mit den USA. Beide Länder nehmen auch militärische Verteidigungsverpflichtungen für Kiribati wahr. Neben der Versorgungsfunktion mit fast allen Gütern des täglichen Lebens, mit Ausnahme von Kokosnussprodukten (Kopra, Holz, Fasern für Seile) und Fischen werden diese beiden Länder als primäre Fluchtländer angesehen, sollte der Meeresspiegel weiter ansteigen und die flachen Atolle unbewohnbar werden. Durch die australische und neuseeländische Entwicklungszusammenarbeit wird ein Großteil der staatlichen Kosten für Infrastrukturmaßnahmen und Gebäudeerhaltung finanziert. Auch in diplomatischen Belangen übernehmen diese beiden Länder häufig die Vertretung des kleinen Nachbarn. Durch die Übernahme des australischen Dollars als Landeswährung hat sich Kiribati in fiskalischer Hinsicht gänzlich an Australien angebunden. Die Beziehungen zu diesen beiden Ländern sind traditionell sehr gut und ein internationales „Überleben" wäre ohne sie für die Republik Kiribati nur schwer möglich. Um aber diesen drei westlichen Industriestaaten nicht gänzlich ausgeliefert zu sein, bemühten sich die Präsidenten Kiribatis von Beginn der Unhängigkeit an um gute Kontakte zu anderen Industriestaaten und einflussreichen Nationen.

Seit den 1980er Jahren intensivierte Japan seine Bemühungen im Pazifik an Einfluss zu gewinnen. So wurden auch in Kiribati die Entwicklungshilfezahlungen systematisch erhöht (Kreisel, 1991: 205). Dai Nippon, die staatliche japanische Entwicklungshilfe-Gesellschaft, gehört heute zu den wichtigsten Hilfsorganisationen im Land. Das vorerst jüngste Großprojekt, das neue Parlament, Maneabe Ni Maungatabu genannt, in Eita, auf Süd-Tarawa wurde von Dai Nippon und somit mit japanischen Finanzmitteln errichtet. Im Hintergrund stehen handfeste japanische Wirtschaftinteressen, die mit der als „strategische Hilfe" bezeichneten Entwicklungszusammenarbeit versucht, Einfluss auf die lokalen Regierungen auszubauen. Im Falle von Kiribati bedeutet dies im Augenblick die Erlaubnis in der riesigen ökonomischen Exklusivnutzungszone Fischfang betreiben zu dürfen, sowie Kiribati als willigen Parteigänger in internationalen Kommissionen, wie zum Beispiel der Wahlfangkommission, zu instrumentalisieren. In weiterer Folge werden jedoch auch die Bodenschätze, die in Manganknollen auf dem Ozeanboden gelagert sein sollen, von größtem Interesse für die Industriestaaten werden. Ohne die Hilfe der Industriestaaten wären Staaten wie Kiribati wohl nicht in der Lage die Bodenschätze zu nutzen und den Reichtum zu heben, woraus sich ein großes Interesse der Regierung ablesen lässt, diese Partner für sich zu gewinnen.

Die Volksrepublik China ist heute in Ozeanien der Gegenspieler westlicher Interessen unter der Führung der USA. Die Errichtung der Satellitenkontroll- und -überwachungsanlage in Tamaiku, am westlichen Ende Süd-Tarawas, war Ausdruck dieser Bemühungen. Er kann als Reaktion auf den Ausbau der US-amerikanischen Raketenbasis auf Kwajalein (Marschallinseln), als Teil des strategischen „forward-bases" mit Yap (Sende- und Überwachungsanlage für atomare U-Boote), gesehen weren. Diese Basen sind geschickt in das Netz der Flottenstützpunkte Guam, Midway-Atoll, Pearl Harbor (Hawaii) und Pago Pago (Amerkanisch-Samoa) eingebettet (Kreisel, 1991: 201-204). Das Engagement der Chinesen und die Beziehungen zur Volksrepublik China wurden weder von der Bevölkerung noch von den strategischen Partnern, allen voran den USA, gerne gesehen, und werden für die Niederlage Dr. Harry Tongs, des Nachfolgekandidaten Teburoro Titos bei den Präsidentenwahlen 2003, mit verantwortlich gemacht.

Mit der Präsidentschaft Dr. Anote Tongs kam es zu einem außenpolitischen Wechsel in Hinblick auf die Chinapolitik. War sein Vorgänger Teburoro Tito noch voll der Zugeständnisse zur VR China, so änderte Dr. Anote Tong die Ausrichtung hin zur Republik China/Taiwan. Seit 7.11.2003 gibt es offizielle diplomatische Beziehungen zwischen den beiden Staaten und Dr. Anote Tong war bereits zweimal auf offiziellem Staatsbesuch in Taiwan. In Folge dieses Wandels wurde auch die Satellitensteuerungsanlage der Volksrepublik China in

Tamaiku geschlossen. Jedoch verblieben zumindest bis ins Jahr 2006 chinesische Beamte auf Tarawa. Von der neuen bilateralen Zusammenarbeit mit Taiwan verspricht sich Kiribati vor allem wirtschaftliche Impulse (The China Post, 22.5.2006).

Die Beziehungen des Vereinigten Königreiches sind historisch bedingt sehr eng und gut, auch wenn Kiribati als einziger Staat einen Entschädigungsprozess gegen seine frühere Kolonialmacht erfolgreich durchkämpfen konnte. Durch die Einbindung Kiribatis in das Commonwealth of Nations bestehen bis heute sehr enge politische, strategische und wirtschaftliche Verflechtungen mit dem Vereinigten Königreich. Aber auch Großbritannien unterhält keine eigene Botschaft bzw. High-Commission in Tarawa. Jedoch sind die Briten durch ihre internationale Freiwilligenorganisation „Volunteers Services Overseas" (VSO) präsent und unterstützen den Staat auch in logistischen Belangen. Die Führungskräfte des VSO übernehmen ebenfalls repräsentative Aufgaben, wie zum Beispiel im Rahmen von Unabhängigkeitsfeiern oder der Gedenkfeier an die Errichtung des britischen Protektorates.

Die Europäische Union war und ist vor allem als strategischer Partner für Entwicklungsprojekte wichtig. Sowohl in den Bereichen Erziehung und Gesundheit, aber auch in wirtschaftlichen Angelegenheiten, bestehen Kooperationen. Als AKP-Staat hat Kiribati Zugang zu den Vergünstigungen und Vorteilen des Cotonou-Abkommens. Im Zuge dessen wurde 2003 erstmals ein Fischereiabkommen zwischen der EU und Kiribati unterzeichnet und 2006 um weitere sechs Jahre verlängert. Das Abkommen sieht ausschließlich den Thunfischfang für die spanische Fischfangflotte vor. Die Zahlungen sind mit Bedingungen über nachhaltige Planung und Entwicklung des Erhaltes der Biosphäre der Gewässer im Einflussbereich Kiribatis verbunden (EU IP/06/1039).

Das Kiribati Maritim Training Institut, ein deutsches Entwicklungszusammenarbeitsprojekt zur Ausbildung von Seeleuten für deutsche Handelsschiffe und bezahlt von sechs deutschen Reedereien, ist seit vielen Jahren ein wichtiger Bestandteil der lokalen Lohnverdienstmöglichkeiten. Durch diese Ausbildung werden ca. 2.000 Arbeitsplätze pro Jahr geschaffen. Von den weiteren außenpolitischen Partnern, wie den Anrainerstaaten des Pazifiks, sei hier nur Korea erwähnt. Mit Korea besteht ebenfalls ein Fischereiabkommen und die einheimische Luftlinie wird mit Piloten und Ausbildungskursen versorgt. Der aufstrebende asiatischer Tiger ist ein Hoffnungsträger für die kiribatische Wirtschaft, um sich nicht zu sehr den westlichen Industrienationen anbiedern zu müssen. Die restlichen asiatischen und lateinamerikanischen Staaten sind nur von marginaler Bedeutung für Kiribati.

Eine ganz andere Art der außenpolitischen Partnerschaft ergibt sich jedoch mit vielen der Inselstaaten Ozeaniens. Sie sind häufig in ähnlichen Situationen wie Kiribati selbst, können aber gewisse Maßnahmen gemeinsam ergreifen. So ist das Projekt der zwölf Staaten und Territorien einbeziehenden University of the South Pacific (USP) ein positiver Ansatz. Ohne Zusammenarbeit mit den anderen ozeanischen Staaten könnte Kiribati wohl kaum eine Universität unterhalten. Durch dieses Modell mit drei zentralen Campus-Universitäten und seinen

Extention Centers in jeder Hauptstadt der Partnerstaaten kann eine gute tertiäre Ausbildung ermöglicht werden. Kiribati ist im Pacific Islands Forum vertreten und stellte mit seinem früheren Staatspräsidenten Ieremia Tabai von 1992 bis 1998 den Generalsekretär dieser Organisation. Darüber hinaus ist Kiribati Mitglied der Pacific Community, der Asian Development Bank, der Weltbank und des Weltwährungsfonds sowie seit 1999 Vollmitglied der UNO. Seit 2003 besteht zwar nun auch die Absichterklärung, einen Botschafter zur UNO zu entsenden, doch konnte dieser Plan bislang nicht umgesetzt werden. Somit werden die Belange Kiribatis weiter hin von der diplomatischen Mission Neuseelands wahrgenommen. Auch in den meisten Ländern der Welt wird die diplomatische Vertretung Kiribatis zumeist durch befreundete Hochkommissionen wahrgenommen. Nur in Suva auf den Fidschi-Inseln gibt es eine eigene Hochkommission. Darüber hinaus gibt es Honorarkonsulate in Honolulu (Hawaii), Auckland, Canberra, Hamburg und London. Welche Bedeutung dem Inselstaat international beigemessen wird, ergibt sich aus der Liste der diplomatischen Vertretungen in Kiribati. Nur Australien, Neuseeland, Taiwan und Kuba unterhalten eine Botschaft bzw. eine Hochkommission. Selbst die wichtigen Partner USA und Japan sind nur durch ihre jeweiligen entwicklungspolitischen Organisationen U.S.-Peace Corps und Dai Nippon vertreten.

PERSPEKTIVEN

Kiribati ist von seinen außenpolitischen Beziehungen abhängig. Dementsprechend breit gestreut wurden daher seit der Unabhängigkeit die Partner ausgewählt. Sind in militärischen Belangen die USA von zentraler Bedeutung, so stellen Japan und Australien die Haupthandelpartner dar. Exportiert wird in erster Linie Kopra (zwei Drittel der Exporte), Haiflossen und Seegraß, wobei die Importe die Exporteinnahmen um das zehnfache übersteigen. Die wichtigste Einnahmequelle des Staates sind die Gelder aus der Verpachtung der Fischereilizenzen, mit denen pro Jahr ca. 20 bis 35 Mio. US-$ verdient werden. Die im Ausland verdienten Löhne sind extrem wichtig für die Familien in Kiribati, da nur knapp 12% der Bevölkerung in Lohnarbeitsverhältnissen steht. Von diesen Lohnempfängern sind wiederum gut 80% beim Staat angestellt. Der große Rest der Bevölkerung lebt von der Subsistenzlandwirtschaft und vom Fischfang.

Kiribati wird die eingeschlagene Richtung in Bezug auf seine außenpolitischen Strategien weiter gehen müssen. Eine friedliche und freundschaftliche Koexistenz mit allen Staaten der Welt und ein möglichst breit geknüpftes Netz an unterstützenden Staaten sowie vielfältige Handelbeziehungen können ein Garant der Unabhängigkeit sein. Sollte der Meeresspiegel weiterhin so rasant ansteigen und die flachen Atolle durch die Zerstörung der Süßwasserlinse unbewohnbar werden, wird dem jungen Staat jedoch seine Lebensgrundlage genommen werden und die staatliche Existenz als solche in Frage gestellt. Nicht zuletzt deshalb bemüht sich Präsident Dr. Anote Tong bei jeder sich bietenden Gelegenheit auf diese Gefahr hinzuweisen und ein Zufluchtsland-Abkommen mit Australien oder Neuseeland zu schließen, wohin die Bewohner Kiribatis im schlimmsten Falle abwandern, ihre kulturelle Identität und eine Form von innerer Souveränität bewahren können (Reuters, 14.02.2008; Associate Press, 09.06.2008).

BIBLIOGRAPHIE

Abott, David: Kiribati : monetization in an atoll society ; managing economic and social change. Asian Development Bank. Manila 2002

Dixon, Keith: : Economic and political reforms in the central Pacific Republic of Kiribati, in: Accounting and accountability in emerging and transition economies. 2004, S. 21-53

Krüger, Coerw: Transformation zur Demokratie in der pazifischen Inselwelt. Eine Vergleichsstudie des politischen Systemwechsels in Kiribati. Papua-Neuguinea und Samoa, Marburg 2005.

Korauaba, Taberannang: Wählen in: Kiribati, in: Zeitschrift für Kultur-Austausch. Bd. 57.2007, 3, S. 11

Macdonald, Barrie: Cinderellas if the Empire. Towards a History of Kiribati and Tuvalu. Canberra, 1983.

Talu, Alaima Sr.: Aspects of History. Suva, 1984.

Van Trease, Howard: Atoll Politics. The Republic of Kiribati. Christchurch, Suva, 1993.

Wilson, Craig: Kiribati. State of the Environment Report, Apia, 1994.

Zeitungsartikel:
Kiribati president asks for climate change help, Associate Press, 09.06.2008
Kiribati creates world's largest marine reserve, Reuters, 14.02.2008

Internetlinks:
STAT-USA – Länderkundliche Informationen des U.S. Departments of State. April 2008. http://www.state.gov/r/pa/ei/bgn/1836 (25.06.2008)

Interviews:
Dr. Anote Tong, in mehreren Interviews Mai bis Juli 2000

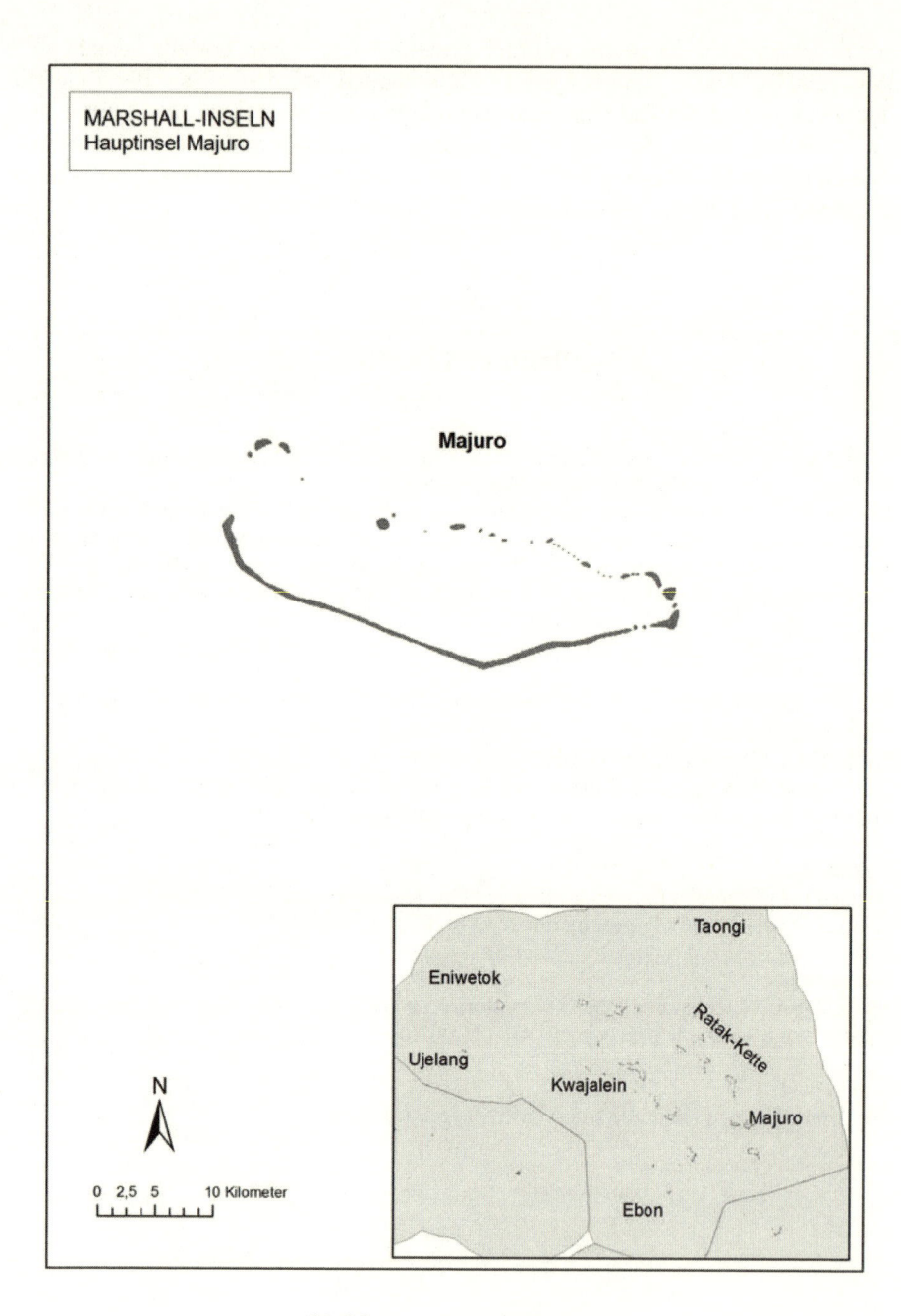

Abbildung 4: Marshallinseln

MARSHALLINSELN

Martin Schneider

HISTORISCHE GRUNDDATEN

1920	Japan erhält ein Mandat des Völkerbundes zur Verwaltung des Landes.
1943	Besetzung durch amerikanische Truppen.
1947	USA erhalten ein UN-Mandat zur Verwaltung der Marshallinseln.
1976	Ablehnung einer gesamt-mikronesischen Verfassung durch die Bewohner Palaus und der Marshallinseln im Rahmen einer Volksabstimmung.
1979	Marshallinseln erhalten eine eigene Verfassung.
1986	Erklärung der Unabhängigkeit und Compact of Free Association mit den USA.
1991	Marshallinseln werden Mitglied der Vereinten Nationen.
2000	Das Parlament wählte Kessai H. *Note* zum Präsidenten.
2008	Litokwa *Tomeing* wird als Nachfolger Notes zum neuen Staatsoberhaupt der Marshallinseln gewählt.

Offizieller Name: Republik Marshallinseln (Republic of the Marshall Islands) **Hauptstadt:** Dalap-Uliga-Darrit auf dem Majuro-Atoll **Lage:** 9° Nord, 168° Ost, im westlichen Pazifik, nördlich von Nauru **Fläche:** 181,3 km^2 **Bevölkerung:** 63.174 **Staatsform:** Republik **Staats- und Regierungschef:** Litokwa Tomeing **Außenminister:** Tony deBrum **Sprachen:** Marshallisch und Englisch (beide Amtssprachen) **Religionen:** 54,8% Protestanten, 25,8% Assembly of God, 8,4% Katholiken (Census 1999) **Währung:** US-Dollar **Mitgliedschaften in internationalen Organisationen:** ACP, ADB, FAO, G-77, IAEA, IBRD, ICAO, ICCt, IDA, IFC, ILO, IMF, IMO, IMSO, Interpol, IOC, ITU, OPCW, PIF, Sparteca, SPC, UN, UNCTAD, UNESCO, WHO.

***

Sozio-geographische und politische Rahmenbedinungen

Die Republik der Marshallinseln befindet sich geographisch am Ostrand Mikronesiens im nördlichen Zentralpazifik zwischen 5° und 15° nördlicher Breite und 160° und 175° östlicher Länge. Die Landfläche ist verteilt auf 29 Atolle und fünf Inseln mit einer Gesamtfläche von 181,3 km². Abgesehen von der maritimen Vielfalt bieten die nur wenige Meter über dem Meer gelegenen Atolle relativ wenige wirtschaftliche Ressourcen. Die Bevölkerung hat sich im Laufe der vergangenen Dekaden verdoppelt. Statistische Angaben über die Bevölkerungszahlen in der Region schwanken sehr häufig, belaufen sich aber laut jüngsten Schätzungen auf derzeit knapp 62.000 Einwohner. Ein Großteil der Marshallesen lebt in Majuro (Hauptstadt, Majuro-Atoll) und dem zweiten urbanen Zentrum Ebeye (Kwajalein-Atoll). Die Geburtenrate beträgt jährlich etwa 32 Geburten pro 1.000 Einwohner. Knapp 40% der Bevölkerung sind jünger als vierzehn Jahre. Die Arbeitslosenquote pendelt um die 30%-Marke (The World Factbook, 2008). Das Import/Export-Verhältnis liegt bei einer ungleichgewichtigen Rate von etwa 9:1 (ADB, 2001: 212; Hezel, 2007: 18). Bedeutsam ist in diesem Zusammenhang auch die vorherrschende traditionelle Gesellschaftsorganisation. Diese marshallesische Gesellschaft setzt sich aus mehreren Klans zusammen und gründet sich unter anderem auf ein hierarchisches Verhältnis einer „Adelsklasse" (Iroij) und einer Volksschicht (Kajur oder Commoner). Klanzugehörigkeit und hierarchische Stellung in diesem System werden matrilinear vererbt (Spoehr, 1949). Die genannten geographischen und demographischen Faktoren bilden den Ausgangspunkt für die schwierige sozio-ökonomische Lage und begrenzen die wirtschaftliche Entwicklung und ihre Potentiale. Eine grundlegende (außen-) politische Herausforderung besteht somit in den gesellschaftlichen Veränderungen, welche die rasant verlaufenden globalen Entwicklungen im technischen, medialen und wirtschaftlichen Bereich mit sich bringen.

Nach dem Zweiten Weltkrieg waren die Marshallinseln Teil des Trust Territory of the Pacific Islands (TTPI), welches den USA im Auftrag der UNO übertragen wurde. Nach langwierigen Verhandlungen mit den USA spalteten sich die Marshallinseln von diesem Treuhandgebiet ab und wurden am 21. Oktober 1986 politisch unabhängig. Fortan verstehen sich die Marshallinseln als Demokratie in freier Assoziierung mit den USA. Das Zweikammernsystem setzt sich aus dem Parlament der Nitijela (Legislative) und einem Gremium aus zwölf Iroij (Council of Iroij) zusammen. Letzteres übt beratende Funktionen aus. Die Nitijela besteht aus 33 gewählten Senatoren der einzelnen Atolle bzw. Verwaltungsdistrikte, welche aus ihren Reihen den Präsidenten wählen und anschließend dessen Regierungskabinett bestätigen. Es gibt zwei parteiähnliche Vereinigungen. Diese zeichnen sich jedoch weniger durch die Trennschärfe ihrer politischen Ausrichtung aus, sondern spiegeln eher das vorhandene Sozialgefüge wider. Während die United Democratic Party (UDP) die Volksschicht reprsentiert, wird „Aelon Kein Ad" (AKA, „Unsere Atolle") vorwiegend mit der „Adelsklasse" assoziiert. Nach den Präsidentschaftswahlen wurde am 7. Januar 2008 Präsident

Kessai Note (Commoner, UDP) von Litokwa Tomeing (Iroij, AKA) abgelöst. Tony deBrum wurde zum Außenminister ernannt. Wesentliche Änderungen in der Außenpolitik sind durch diesen Regierungswechsel jedoch nicht zu erwarten.

AUßENPOLITISCHE INHALTE UND ZIELE

Friedliche und freundschaftliche Beziehungen zu anderen Staaten sind grundsätzliche Determinanten der marshallesischen Außenpolitik. Darüber hinaus hat die marshallesische Regierung in einem politischen Rahmenplan ihre außenpolitischen Ziele konkretisiert (Republic of the Marshall Islands, 2001: 54-55). In Verbindung mit den genannten wirtschaftlichen und sozialen Aspekten lassen sich jene Interessen bestimmen, verstehen und zusammenfassen:

1. Bemühungen um Zugang zu internationalen Entwicklungsprogrammen sowie zu Finanzmitteln zur Förderung der heimischen Wirtschaft und Infrastruktur hauptsächlich im Bereich des Gesundheits- und Bildungswesens.
2. Erschließung von Techniken und Know-how, die neue Einnahmequellen ermöglichen, wie sie beispielsweise die Tourismusbranche bieten könnte.
3. Zusammenarbeit und Abstimmung mit anderen pazifischen Staaten in Fragen, die sich in jüngster Zeit auf die Problematik des Klimawandels und die mögliche Bedrohung durch einen steigenden Meeresspiegel konzentrieren.

Die Umsetzung der genannten außenpolitischen Zielsetzungen erfolgt sowohl in einer Reihe von bilateralen Beziehungen - die Marshallinseln unterhalten diplomatische Beziehungen zu 58 anderen Nationen, als auch durch eine Mitgliedschaft in den nachfolgenden internationalen Institutionen und Organisationen: ACP, ADB, FAO, G-77, IAEA, IBRD, ICAO, ICCt, IDA, IFC, ILO, IMF, IMO, IMSO, Interpol, IOC, ITU, OPCW, PIF, Sparteca, SPC, UN, UNCTAD, UNESCO, WHO.

Bilaternale Beziehungen zu den USA

Nicht nur wegen des TTPI, sondern auch aufgrund der Missionsarbeit protestantischer amerikanischer Missionare (seit 1857) ist das Verhältnis zu den USA traditionell sehr eng und vielschichtig. Hier nimmt der „Compact of Free Association" eine bedeutende Stellung ein. In diesem 1986 zur Unabhängigkeit entworfenen und zu beidseitigem Vorteil entwickelten Vertragswerk sind die jeweiligen Interessen der Marshallinseln und der USA ausgeführt und die gegenseitigen Rechte und Pflichten dargelegt. Für die USA liegen diese insbesondere in der Umsetzung militärischer Interessen im Pazifik begründet. Demzufolge sichert der Compact den USA die Nutzung marshallesischer

Gewässer für militärische Zwecke zu. Auch Fragen und Aufgaben der Verteidigungspolitik unterstehen letztlich amerikanischer Hoheit. Darüber hinaus gewährt der Compact das Nutzungsrecht des Kwajalein-Atolls. Hier unterhalten die USA eine Militärbasis für Raketenabwehrtests.

Im Gegenzug erhalten die Marshallinseln Mittel zur Finanzierung des Staatsapparates und für die Festigung demokratischer Strukturen und Institutionen, sowie für den Ausbau und Erhalt der Infrastruktur. Das „Office of Insular Affairs" (mit Sitz in Majuro) ist Teil des amerikanischen Innenministeriums und koordiniert in Zusammenarbeit mit der marshallesischen Regierung die jährlichen Zahlungen. Darüber hinaus ermöglicht der Compact auch Zugang zu weiteren bundesstaatlichen Fördergeldern und Hilfsprogrammen, die für die Entwicklung unterschiedlichster Bereiche (Öffentlicher Dienst, Gesundheit, Bildung etc.) vorgesehen sind. Für den Einzelnen gewährt der Compact die zeitlich unbegrenzte und visafreie Einreise in die USA sowie den Zugang zum amerikanischen Arbeitsmarkt. Die Zahlungsperiode des jetzigen, 2004 in Kraft getretenen und erneuerten Compact endet 2024. Fraglich bleibt, ob eine dritte Auflage folgen wird. Dieser Umstand unterstreicht die Dringlichkeit und das Interesse an nachhaltigen alternativen Finanzierungsmöglichkeiten der staatlichen Institutionen und wirtschaftlichen Einnahmequellen.

Seit dem Ende des Kalten Krieges ist ein Rückgang der militärischen Aktivitäten auf dem Testgelände auf Kwajalein zu verzeichnen. Erst kürzlich gab der Kommandant der Basis weitere Einschnitte bekannt (MIJ, 2007: 9). Die damit verbundene geplante Kürzung von Personal gefährdet die Arbeitsplätze vieler Marshallesen auf Ebeye. Washington möchte sich noch im Verlauf dieses Jahres über die langfristige Zukunft der Testbasis äußern (MIJ, 2008: 2). Die Absicht einer kompletten Schließung scheint aber angesichts der Terrorproblematik und der unsicheren weltpolitischen Lage unwahrscheinlich. Zwar ermöglicht der Compact den USA das Nutzungsrecht Kwajaleins bis 2086, jedoch gibt es ein sogenanntes „Land Use Agreement" (LUA) zwischen den traditionellen Landeigentümern und der marshallesischen Regierung, welches 2016 endet. Dieser Vertrag regelt die Ausgleichszahlungen an die Eigentümer für ihr zur Verfügung gestelltes Land und muss verlängert werden, sollten die USA die Basis weiter nutzen wollen. Dieser noch ungelöste Konflikt wirft juristische Probleme auf und führte in jüngster Vergangenheit zu diplomatischen Irritationen (MIJ, 2007: 3).

Zwischen 1946 und 1958 testete das amerikanische Militär insgesamt 67 atomare Sprengköpfe auf den Atollen Bikini und Enewetak (Niedenthal, 2001: 214-215). Die Langzeitfolgen der radioaktiven Verstrahlung sind nach wie vor spürbar. Bis heute kommt es auf den Marshallinseln häufig zu Fehlgeburten, Missbildungen, Krebs- und Schilddrüsenleiden. Im Rahmen des Compact wurden auf nationaler und lokaler Ebene verschiedene Entschädigungsleistungen ausgehandelt. Diese beinhalten die Dekontamination verstrahlter Flächen, die Verbesserung der medizinischen Versorgung, aber auch einen finanziellen Ausgleich für verlorenes Land und körperliche Schäden. Abgewickelt und koordiniert werden diese Leistungen über das hierfür eingerichtete Nuclear Claims Tribunal in der Hauptstadt Majuro.

Die bisher getroffenen Vereinbarungen über Entschädigungsleistungen verstehen sich als endgültig, solange keine neuen Erkenntnisse über weitere Folgeschäden der Atombombentests vorliegen. Zwischenzeitlich wurde allerdings bis dato geheimes Material über die radioaktive Verschmutzung freigegeben, zudem liegen neuere wissenschaftliche Studien über Langzeitschäden vor (Barker, 2004: 38-49; Advisory Committee on Human Radiation Experiments, 1995). Seit einigen Jahren bemüht sich deshalb die marshallesische Regierung in Zusammenarbeit mit einzelnen Atoll-Regierungen unter Berufung auf entsprechende Klausel im Compact und der neuen Datenlage um die Aufnahme neuer Verhandlungen beziehungsweise zusätzliche Entschädigungsleistungen (bekannt ist dieses Unternehmen auch als „Changed-Circumstances-Petition" bezüglich Section 177 des Compact). Die zuständigen amerikanischen Stellen zeigten sich bisher weder sehr kooperativ noch zahlungswillig. Der US-Kongress, Senat und involvierte Gerichte schieben sich gegenseitig die Verantwortung zu (MIJ, 2007: 1-2; MIJ 2007: 1). Erschwerend kommt hinzu, dass dieses Thema aus den Weltmedien ausgeblendet ist und somit jenseits der Marshallinseln keine Resonanz findet.

Obwohl sich kritische Stimmen mehren, sind keine nennenswerten antiamerikanischen Tendenzen zu verzeichnen. Im Gegenteil: Die Marshallinseln verstehen sich als Alliierte der USA im Kampf gegen den Internationalen Terrorismus. Relativ viele junge Marshallesen gehen auf die lukrativen Angebote ein und lassen sich von der US-Armee rekrutieren. Abenteuerlust und finanzielle Absicherung führen unter anderem zu Einsätzen in Afghanistan und im Irak. Der gute Ruf der USA gründet sich aber hauptsächlich auf das historische Erbe und die seit dem Zweiten Weltkrieg geleistete wirtschaftliche Unterstützung, welche die Differenzen in den Hintergrund rücken lassen. Die USA werden von der marshallesischen Bevölkerung, wie sich aus ethnologischen Studien schließen lässt, als ein moderner Iroij wahrgenommen, der sich gemäß der kulturellen Tradition um das Land kümmert und somit auch respektiert wird (Carucci, 1997; Walsh, 2003).

Bilaterale Beziehungen zu Taiwan

Seitdem Taiwan versucht sich von der Volksrepublik China zu lösen, werben beide Länder um die Gunst der Pazifischen Staaten. Im Vordergrund des Interesses stehen für beide die Erschließung neuer Märkte und der Zugang zu maritimen Ressourcen. Taiwan erhofft sich zudem Fürsprache und Anerkennung in internationalen Organisationen wie beispielsweise der UNO. Zwar gibt es auch Handelsbeziehungen zur VR China, die Marshallinseln haben sich jedoch für eine engere politische Allianz mit Taiwan entschieden. Die Note-Administration hat die politischen und wirtschaftlichen Beziehungen gefestigt. Im zurückliegenden Wahlkampf wurde über eine intensivere Kooperation mit der Volksrepublik nachgedacht, jedoch kam es zu Protesten seitens der Bevölkerung und der mittelständischen Unternehmen, so dass sich der neue Präsident Litokwa Tomeing für eine Fortsetzung der bis dato fruchtbaren Beziehungen mit Taiwan ausgesprochen hat. Die Marshallinseln profitieren von dieser Allianz hauptsächlich durch großzügige Entwicklungsgelder. Taiwan unterstützt besonders die marshallesische Fluggesellschaft, engagiert sich im Gesundheitswesen und ist um stabile Handelsstrukturen bemüht (Johnson, 2008: 5; Johnson, 2008: 2).

Zusammenarbeit mit anderen Staaten des Pazifiks

Neben zahlreichen bilateralen Beziehungen, welche die Marshallinseln zu ihren Nachbarstaaten pflegen, bietet das „Pacific Islands Forum" (PIF) in Fidschi wohl eine der wichtigsten Plattformen für außenpolitische Kooperation. Ziel und Absicht der Mitgliedsstaaten auf den regelmäßigen Konferenzen ist es, sich über aktuelle Themen auszutauschen, Ressourcen und Energien zu bündeln und gemeinsame Strategien sowie Entwicklungsprogramme zu entwerfen und umzusetzen. Die Diskussionsgegenstände dieser Koordinationsbemühungen bilden vor allem die Auswirkungen der globalen ökonomischen und ökologischen Umbrüche der letzten Jahre auf die Region. Im Vordergrund der gemeinsamen Bestrebungen der Mitgliedsstaaten steht somit eine abgestimmte und effizientere Politik, unter anderem in den Bereichen Energie, Transport und Verkehr sowie Fischereiwesen.

Das Forum bietet ebenso Kontaktmöglichkeiten zu internationalen Partnern, etwa zur EU oder zur Welthandelsorganisation. Eine weitere Gruppierung innerhalb des PIF sind die sogenannten „Smaller Island States" (SIS), zu denen auch die Maschallinseln gehören. Insbesondere die kleineren Inselstaaten sind bestrebt international Gehör zu finden, indem sie auf den drohenden Klimawandel aufmerksam machen, da sie von einem steigenden Meeresspiegel direkt betroffen sind (PIF, 2008). Weitere bedeutende außenpolitische Handlungsfelder bestehen in der Förderung von Kultur und Bildung. Hauptsächlich in Partnerschaften mit anderen mikronesischen Staaten lassen sich diesbezüglich rege Aktivitäten anführen, beispielsweise die Teilnahme am „Pacific Art Festival" 2004 in Palau oder an der „Pacific Educational Conference" 2005 in Majuro.

Bilaterale Zusammenarbeit mit Japan und der EU

Als ehemalige Kolonialmacht spielt Japan heute eine weniger gewichtige Rolle in den außenpolitischen Beziehungen als die USA. Erwähnenswert ist jedoch das erfolgreiche Engagement verschiedener marshallesischer Behörden (darunter die „Marshall Islands Visitor Authority") und der japanischen Fluggesellschaft (JAL) zur Förderung des Tourismus. Seit wenigen Jahren bringt die JAL mit mehreren Charterflügen pro Jahr überwiegend Tauchtouristen ins Land und unterstützt dadurch positive Impulse in der marshallesischen Wirtschaft. Nennenswert ist auch die Zusammenarbeit des marshallesischen Bildungsministeriums mit der Organisation JOCV (Japan Overseas Cooperation Volunteers). JOCV unterstützt, ähnlich wie die im mikronesischen Raum bekanntere amerikanische Peace Corps- oder World-Teach-Organisation, das staatliche Erziehungssystem mit Lehrkräften und Bildungsexperten in Schul- und Ausbildungsprogrammen.

Deutschland, vormals ebenfalls Kolonialmacht, spielt im Wesentlichen nur als Teil der EU eine Rolle in der Außenpolitik. Im Rahmen der Entwicklungszusammenarbeit stellt die EU den Marshallinseln eine Reihe von Hilfsgeldern und technische Expertisen für NGOs sowie für kleinere Entwicklungsprojekte zur Verfügung. Der Fokus dieser Partnerschaft richtet sich besonders auf den Ausbau alternativer Energien, respektive der Lieferung und Installation von Solartechnik (MIJ, 2006: 6).

BIBLIOGRAPHIE

Advisory Committee on Human Radiation Experiments: Final Report. Pittsburgh, U.S. Government Printing Office, 1995.
Asian Development Bank: Marshall Islands Meto 2000. Economic Report and Statement of Development Strategies, Manila ADB, 2001.
Barker, Holly M.: Bravo for the Marshallese: Regaining Control in a Post-Nuclear, Post Colonial World. Belmont, Thomson Wadsworth, 2004.
Carucci, Laurence M.: Nuclear Nativity: Rituals of Renewal and Empowerment in the Marshall Islands. DeKalb, Northern Illinois University Press, 1997.
Graham, Benjamin: A Report on the State of the Islands. Ohne Ort; U.S. Department of the Interior: Office of Insular Affairs, 1999.
Hezel, Francis X.: Is that the best you can do? A Tale of two Micronesian Economies. Honolulu, East-West Center, 2007.
Johnson, Giff: Tomeing stresses RMI's friendship to ROC's Lu' Marshall. Islands Journal 39 (6), 08.02.2008, S. 5.
Johnson, Giff: Tony to Taiwan: „We're still pals". Marshall Islands Journal 39 (3), 18.01.2008, S. 2.
MIJ: Tony: „We are not anti-America". Marshall Islands Journal 39 (3), 18.01.2008, S. 2.
MIJ: Cutting back at Kwaj. Marshall Islands Journal 38 (51), 21.12.2007, S. 9.
MIJ: Skunk ignored at garden party. Marshall Islands Journal 38 (39), 28.09.2007, S. 1-2.
MIJ: Ouch! Judge drops a bomb on Bikini. Marshall Islands Journal 38 (32), 10.08.2007, S. 1.
MIJ: US likes use of Kwaj. Marshall Islands Journal 38 (25), 22.06.2007, S. 3.
MIJ: NGOs get a $625k boost. Marshall Islands Journal 37 (52), 29.12.2006, S. 6.
Niedenthal, Jack: For the Good of Mankind. Majuro, Bravo Publishers, 2001.
Republic of the Marshall Islands: Vision 2018: The strategic development plan framework 2003-2018. Majuro, Republic of the Marshall Islands, 2001.
Spoehr, Alexander: Majuro: A Village in the Marshall Islands. Chicago, Natural History Museum, 1949.
Walsh, Julianne: Imagining the Marshalls: Chiefs, tradition and the state on the fringes of U.S. empire. Ph.D. diss., University of Hawai'i at Mānoa, August 2003. (Anthropology). Call no. UH Mānoa Hawaiian Collection AC1.H3 no.4369, 2003.

Internetlinks:
Auswärtiges Amt, 06.03.2008, unter: http://www.auswaertiges-amt.de/diplo/de/ Laenderinformationen/01-Laender/Marshallinseln.html
http://www.yokwe.net
http://www.rmigovernment.org/index.jsp
http://www.rmiembassyus.org/index.htm
http://www.bikiniatoll.com
http://www.uscompact.org
Pacific Islands Forum Secretariat (PIFS), 06.03.2008, unter: http://www.forumsec.org
The World Factbook, 06.03.2008, unter: https://www.cia.gov/library/publications/the-world-factbook/geos/rm.html

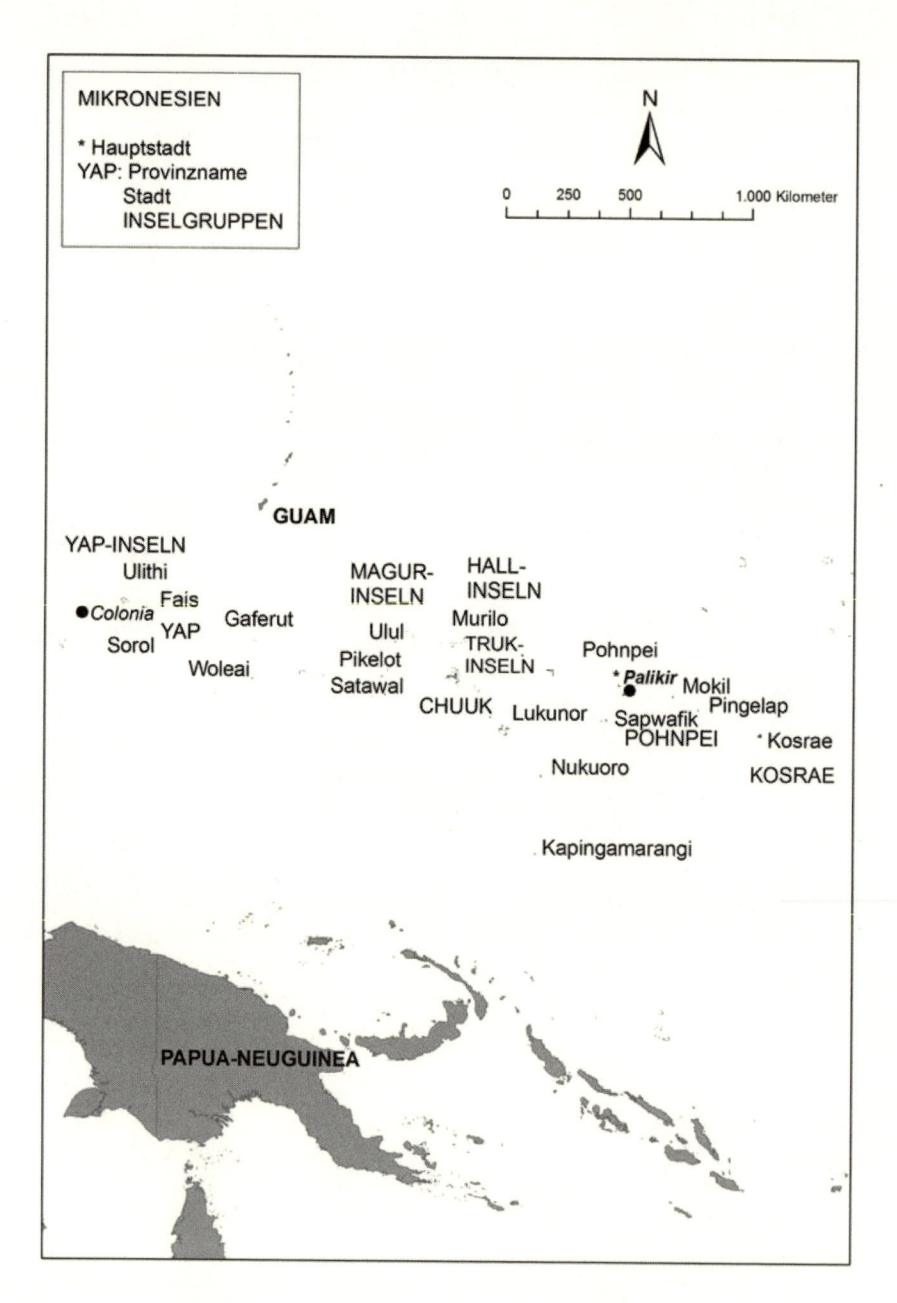

Abbildung 5: Föderierte Staaten von Mikronesien

FÖDERIERTE STAATEN VON MIKRONESIEN

Kerstin Maelicke-Werle

HISTORISCHE GRUNDDATEN

1978	Die vier Trusteegebiete Yap, Pohnpei, Chuuk und Kosrae votieren für einen eigenen Staat innerhalb Mikronesiens.
1979	Yap, Pohnpei, Chuuk und Kosrae und verabschieden eine eigene Verfassung.
1983	Ein Referendum ergab eine Mehrheit für die Vereinbarung einer freien Assoziierung der Inseln mit den USA.
1986	Yap, Pohnpei, Chuuk und Kosrae unterzeichnen nach Abstimmungen einen Compact of Free Association mit den USA, der auf 15 Jahre festgelegt wird.
1991	Mikronesien wird Mitglied der Verinten Nationen.
2004	Der Compact of Free Association wird für weitere 20 Jahre erneuert.
2007	Manny *Mori* wird Staats- und Regierungschef.

Offizieller Name: Föderierte Staaten von Mikronesien (Federated States of Micronesia) **Hauptstadt:** Palikir (auf der Insel Pohnpei) **Lage:** 6,55° Nord, 158,15° Ost, im westlichen Pazifik, nördlich von Papua-Neuguinea **Fläche:** 702 km² **Bevölkerung:** 107.665 **Staatsform:** Republik **Staats- und Regierungschef:** Emanuel Mori **Außenminister:** Lorin Robert **Sprachen:** Englisch (Amtssprache), Chuukese, Kosrean, Pohnpeian, Yapese, Ulithian, Woleaian, Nukuoro, Kapingamarangi **Religionen:** 50% Katholiken, 47% Protestanten **Währung:** US-Dollar **Mitgliedschaften in internationalen Organisationen:** ACP, ADB, FAO, G-77, IBRD, ICAO, ICRM, IDA, IFC, IFRCS, IMF, IOC, ITSO, ITU, MIGA, OPCW, PIF, Sparteca, SPC, UN, UNCTAD, UNESCO, WHO, WMO.

***

Staatenbildung und Außenpolitik in den FSM: Unabhängigkeit von den USA?

Die Föderierten Staaten von Mikronesien (FSM) bezeichnen einen Bundesstaat mit 702 km² Landfläche und 107.862 Einwohnern (Schätzung von Juli 2007), dessen Teilstaaten ihre kulturelle und politische Eigenständigkeit behaupten. Die Inselgruppe nördlich von Papua-Neuguinea liegt zwischen zwischen 0° und 10° nördlicher Breite sowie 140°30' und 161° östlicher Länge. In der Verfassung der FSM werden bestimmte Aufgaben und Funktionen der nationalen Regierung zugewiesen. Jedoch liegt die Entscheidungsmacht für alle anderen Bereiche bei den Lokalregierungen der einzelnen Teilstaaten (Duncan, 2004: 6). Nachdem sich in den 1960er Jahren im amerikanisch regierten Trust Territory of the Pacific Islands (TTPI) Eigenständigkeitsbewegungen formiert hatten, bemühte sich der „Congress of Micronesia" zunächst um einen gesamtmikronesischen Staat (Bird, 1994: 45-47). Doch Eigenheiten der einzelnen Gebiete, unterschiedliche Rohstoff- und Versorgungsbedingungen sowie sozialhistorische Entwicklungen führten zu individuellen Lösungsansätzen und Verhandlungen mit der Weltmacht USA. Die US-Navy und nach ihr das amerikanische Innenministerium hatten ihre treuhändlerische Verantwortung für die Dekolonisierung sowie wirtschaftliche und soziale Entwicklung des TTPI nach dem Ende des Zweiten Weltkriegs zu nutzen gewusst: Auf die Nukleartests in den Marshall Islands und die militärische Rückfalllinie mit Fokus auf Palau folgten die Anpassung der Mikronesier an den „American Way of Life" (gefördert durch die massive Entsendung von Peace-Corps-Volontären) und der Geldfluss nach Mikronesien aus amerikanischer Hand, um den Fortschritt auch sichtbar zu machen. Die vier Trusteegebiete Yap, Pohnpei, Chuuk und Kosrae votierten am 12. Juli 1978 für einen eigenen Staat innerhalb Mikronesiens und verabschiedeten am 10. Mai 1979 ihre Verfassung.

Die USA schlugen den verschiedenen Inselgruppen Mikronesiens einen „Compact of Free Association" vor. Die Marianen-Gruppe wurde mit Commonwealth-Status in die USA integriert. Sowohl die Marshall Islands als auch die palauische Republik akzeptierten nach vielen Verhandlungsrunden den Compact. Die Verhandlungsführer der FSM unterzeichneten den Vertrag 1982 und legten sich am 3. November 1986, nach Abstimmungen in den Teilstaaten Yap, Pohnpei, Chuuk und Kosrae, auf 15 Jahre Compact of Free Association mit den USA fest. In diesem Vertragswerk verpflichteten sich die USA zur alleinigen (militärischen) Verteidigung der FSM, während die FSM Zahlungen von rund 1,339 Milliarden US-$ bis 2001 annahmen. Daran schlossen sich erneute Verhandlungen an, auch weil bis zu diesem Zeitpunkt in den FSM keine eigenständige Wirtschaftsstruktur hatte aufgebaut werden können. Der 2004 für weitere 20 Jahre erneuerte Compact „soll Mikronesien zu einer offenen und effizienten Marktwirtschaft verhelfen, die dann ohne weitere Unterstützungs-leistungen auskommt" (Auswärtiges Amt, 2007) und wird mit einem Transfervolumen von 1,8 Milliarden US-$ beziffert (Grieco, 2003: 3).

Zwischen lokaler Tradition und globaler Wirtschaft

Die mikronesische Gesellschaft kann zu den in den 1980ern als MIRAB-Ökonomien definierten Gesellschaften gezählt werden (Bertram & Watters, 1985: 497): Sie wird bestimmt durch Migration (MI), vor allem in die USA (eingeschlossen das Commonwealth of the Mariana Islands), Geldzahlungen (remittances) von den ins Ausland emigrierten Verwandten (R), Hilfs- und Ausgleichszahlungen (aid), zum Beispiel von ehemaligen Kolonial- und Imperialmächten (A), und dem bürokratischen Apparat (B). Die Migranten behalten nach Bertram und Watters (1985: 499) ihre kulturelle Identität bei und bilden ein ökonomisches Verhalten aus, welches heimische Wirtschaftsweisen beläßt und gleichzeitig fremde Märkte nutzt, um das „transnationale Verwandtschaftsunternehmen" zu stärken. Die lokale Regierung wird von ausländischen Kräften, zum Beispiel den USA, finanziert, so dass die Gelderwerbstätigkeit in Regierungsjobs teilweise mehr als 90% des Geldeinkommens auf den Inseln ausmacht. Kapitalinvestitionen in lokale Wirtschaftszweige sind dagegen verschwindend gering.

Diese Muster von Emigration des Humankapitals und Leben auf der Basis von Hilfszahlungen sind historisch gewachsen: Die Mikronesier haben bei den Deutschen gesehen, dass ferne Länder Interesse an ihren Erzeugnissen hatten. Sie lernten von den Japanern, die eine effiziente Infrastruktur zur Kopragewinnung aufbauten und mit japanischen Arbeitskräften bestückten, dass der erwirtschaftete Wert gänzlich in Japan zu verzeichnen war. Sie mussten erfahren, dass ihre soziale und kulturelle Einheit im Angesicht einer globalisierten Politik in den Hintergrund tritt (Henry Kissinger soll 1969 im Zusammenhang mit Unabhängigkeitsbestrebungen im TTPI geäußert haben: „Da draußen gibt's nur 90.000 Leute. Wer schert sich auch nur einen Dreck darum?" (Bello, 1986: 91). Und sie genießen Zugang zum amerikanischen Bildungssystem, welches sie auf Berufe vorbereitet, die von ihnen nur im Ausland (vornehmlich – durch die Öffnung des amerikanischen Arbeitsmarkts für Mikronesier – in den USA) ausgeübt werden können, da ihr heimischer Arbeitsmarkt fast ausschließlich auf Subsistenzwirtschaft und Regierungstätigkeit begrenzt ist. Bertram und Watters (1986: 501) resümieren 1986, dass Modernisierung im Pazifik mit Abhängigkeit einhergeht.

Mikronesische Außenpolitik heute

Die Außenpolitik der Föderierten Staaten von Mikronesien steht auf zwei Säulen: Zum einen sind die FSM daran interessiert einen festen Platz innerhalb der pazifischen Gemeinschaft einzunehmen, der lokale Traditionen würdigt und festigt sowie im Rahmen einer „pazifischen Identität" für entwicklungspolitische Sicherheit sorgt; zum anderen ist der Wirtschaftsraum in einem solchen Maße auf die Zahlungen der USA, Japans und zunehmend Chinas angewiesen, dass die guten Beziehungen zu diesen Staaten als zentrale diplomatische Aufgabe gelten.

Die FSM haben bisher immer die Seite der USA in der Generalversammlung der Vereinten Nationen eingenommen, zu denen sie seit 1991 gehören. Außerdem unterstützen sie Israel in internationalen Angelegenheiten (und unterhalten seit 1988 stetige diplomatische Beziehungen dorthin. In den Anfängen des jungen unabhängigen Bundesstaates wurden Beziehungen zu den wichtigen pazifischen Staaten Neuseeland und Australien geknüpft und man verbündete sich mit anderen Inselstaaten Ozeaniens. Japan (1988), die Philippinen (1989) und China (1989) kamen bald hinzu. Seit 1992 haben die FSM ihre diplomatischen Bemühungen auf Europa und Südamerika ausgeweitet, ab 1996 auf Afrika. Insgesamt muss festgehalten werden, dass die Eigenständigkeit des Landes erst mit dem Ende des Kalten Krieges zu erlangen war, als die USA ihre militärische Stellung im Pazifik nicht mehr gefährdet sahen. Ob eine wirkliche Souveränität der Föderierten Staaten von Mikronesien besteht, ist fraglich. Da die USA volle Verfügungsgewalt in allen Fragen der Verteidigungspolitik halten und ihnen diese im Compact 2 (2004) für weitere 20 Jahre zugesichert wird - darüber hinaus verwalten sie die Luftverkehrssicherheit, den Post- und Fernmeldedienst sowie den meteorologischen Dienst in den FSM (Holtz, 2006: 86).

Öffnung nach außen: Tourismus auf Kosrae

Die „schlafende Lady" Kosrae ist der östlichste Teilstaat der FSM und gilt (ähnlich wie Yap) als kulturell konservative Gemeinschaft. Nachdem die Bevölkerung in den 1880er Jahren durch von Walfängern eingeschleppte Krankheiten nahezu ausgelöscht war, liegt ihre Anzahl heute bei etwa 7.700 Menschen – so viele wie nie zuvor. Fast 80 % der Menschen auf Kosrae sind jünger als 15 Jahre - der FSM-Durchschnitt dieser Altersgruppe liegt im übrigen Teil der FSM bei 46 %; (Segal, 1989: 362; Gorenflo, 1993: 72-89; FSM National Census Bureau, 1995: 1-4). Der Teilstaat unterliegt einem rapiden sozialen Wandel, wobei die Menschen von den Küstenregionen nun auch ins Hinterland ausweichen, um Häuser zu bauen, die Landwirtschaft auszudehnen und eine Infrastruktur für Touristen zu schaffen (Ringer, 2004: 137).

Kosrae wurde seit 1992 von den FSM als Zielort eines wachsenden Marineökotourismus angepriesen, ein Flughafen nach internationalen Standards wurde gebaut und die Angebote für Tauchtouristen wurden verbessert. Doch die mangelnde Einbindung der Insel in die Hauptflugverkehrsrouten sowie der Wettbewerb zwischen den Gebieten innerhalb der FSM behindern längerfristig die Entwicklungen (Ringer, 2004: 139). Hinzu kommt die Uneinigkeit über den Tourismus an sich: Lokale Führer protestierten gegen die Pläne eines von Japan finanzierten Golfplatzes zwischen Malem und Utwa; das Ferienverhalten der Touristen wird als weder den kulturellen Vorstellungen der Kosraeaner angemessen noch als der christlichen Religion zuträglich beklagt. Dennoch sehen Experten die Tourismusindustrie als eine der wenigen, vielleicht die einzige

Möglichkeit, Kosraes Wirtschaft zu beleben und das Land in Zeiten der Globalisierung überlebensfähig zu halten (ebd.; Milne, 1990: 16; Bank of Hawaii, 2000:7).

Globale Verantwortlichkeit und lokale Identität: Pohnpei und Chuuk

Palikir auf Pohnpei ist der Sitz der mikronesischen Regierung. In wirtschaftlicher Hinsicht ist Pohnpei der am weitesten entwickelte Teilstaat der FSM, auch wenn der Haushalt keine so positive Bilanz aufweist wie der Yaps. Kosrae und Chuuk leiden unter extremen Gegensätzen zwischen Subsistenz und globalisierter Wirtschaft sowie unter einem bürokratischen Apparat. In der bisherigen Geschichte der FSM galt das ungeschriebene Gesetz der turnusmäßigen Besetzung des Präsidentenamtes durch Vertreter der vier Teilstaaten. Mit dem amtierenden Präsidenten Emanuel Mori, der aus Chuuk stammt, wurde Kosrae ausgelassen und kann sich nicht in der Liste der Herkunftsländer der Präsidenten wieder finden. Das Verhältnis der Teilstaaten ist gespannt und kreist um folgende Problemfelder: Das mikronesische Einzelkammerparlament hat 14 direkt gewählte Abgeordnete, wovon 4 je Vertreter eines Einzelstaates für 4 Jahre und die anderen 10 nach dem Verhältnis der Bevölkerungszahlen der Einzelstaaten für 2 Jahre berufen werden.

Trotz dieser Disparitäten im innenpolitischen Bereich hat Präsident Emanuel Mori in einer Rede beim „High-level event on climate change" in New York am 24. September 2007 die wesentliche Grundlinnie der aktuelle mikronesischen Außenpolitik beschworen, in dem alle Teilstaaten völlig übereinstimmen: Wenn die mikronesischen Atolle durch den Anstieg des Meeresspiegels zerstört werden sollten, wäre das ein großer Verlust für die gesamte Menschheit. „Therefore, the least measure of success of the Climate Change Convention should be the protection of the people of the low-lying islands, and other most vulnerable societies. Negotiators in Bail must keep that in mind: that is the least common denominator in the climate change process and in meeting the objectives of the Convention" (Mori, 2007). In diesem Sinne sieht Deutschland in den FSM einen Verbündeten: „Für unsere globale Umweltpolitik sind die pazifischen Inselstaaten besonders aufgeschlossene Partner, da einige von ihnen ihre territoriale Existenz durch die Klimaerwärmung physisch bedroht sehen". (Auswärtiges Amt, 2002: 11).

Subsistenz und diplomatische Raffinessen in internationalen Beziehungen: Yap

Da die landwirtschaftliche Nutzfläche in Mikronesien begrenzt ist, muss jegliches Entwicklungspotential in den Meeresressourcen gesucht werden. Pohnpei verfügt über 37.675 ha Land für die Landwirtschaft, Yap über 12.115 ha, Chuuk stehen 11.751 ha zur Verfügung und Kosrae hält 7.632 ha vor. (Moos, 1983: 376). Der Phosphatabbau, der vor allem unter den Japanern intensiv betrieben wurde, erweist sich als nicht mehr wirtschaftlich lukrativ. Für die Kopraproduktion sind zum einen die Umweltbedingungen zu wechselhaft - durch Taifune ist die Ernte regelmäßig und für längere Zeitspannen gefährdet. Andererseits basiert ein Großteil der Subsistenz auf Produkten der Kokospalme und zum Dritten fehlt eine der modernen Wirtschaft angepasste Infrastruktur in Mikronesien. Umgeben sind die Inseln aber von 7,8 Millionen km^2 Meeresfläche, deren Nutzung sich verschiedene Gruppen zuwenden. Regional starkes Bevölkerungswachstum und Nutzung von modernen Fischereimethoden, zum Beispiel unter Einsatz von Motorbooten und der Speargun sowie GPS-Geräten, haben dazu geführt, dass heute viele kleine Lagunen überfischt sind. Die Hochseefischerei innerhalb der 200-Meilen-Zonen um pazifische Inselgebiete bringt den FSM zwar finanzielle Einnahmen durch japanische, koreanische und indonesische Großfischer, beschränkt aber auch den Zugriff der Inselbewohner auf wandernde Thunfischschwärme. Das Ocean-Farming beginnt gerade erst sich zu entwickeln. Nachdem um Yap und in den Outer Islands von Yap Seegurken im Meer geerntet und nach Korea und China vermarktet wurden, ist die Seegurkenpopulation dort mittlerweile fast ausgerottet. Es gibt einzelne Versuche, diese wieder anzusiedeln beziehungsweise zu züchten.

Von anderer Seite betrachtet, ist das Meer nicht nur Produktionsfläche, sondern auch Transportweg. Die Menschen auf den einzelnen Inseln in Mikronesien sind vor allem durch den Schiffsverkehr mobil; zum Beispiel reisen Schulkinder mit dem Schiff zu weiterführenden Schulen in verschiedene Inselzentren oder Kranke ins Krankenhaus in ein Verwaltungszentrum wie Colonia auf Yap. Die Beziehungen zu China haben im Jahr 2007 die Transportroute zwischen Yap und seinen Outer Islands auf besondere Weise geprägt: die chinesische Regierung schenkte den FSM ein Passagierschiff für den Teilstaat Yap. An den Umständen dieser Schenkung lässt sich der Prozess der öffentlichen Meinungsbildung in der Region nachzeichnen. Yaps Gouverneur hatte bei einem China-Besuch über die Transportsituation im Heimatstaat geklagt. Die Beziehungen zwischen den FSM und China hatten sich intensiviert, nachdem China 2006 den FSM Entwicklungsgelder in Höhe von zwei Millionen US-$ zugesagt hatte. Ein Passagierschiff chinesischen Fabrikats schien Ehrensache, auch um in der mikronesischen Bevölkerung eine Wertschätzung chinesischer Produkte zu bewirken. Jedoch verzögerte sich die Auslieferung des Schiffs, so dass die mikronesische Öffentlichkeit begann, der chinesischen Wertarbeit zu misstrauen – das bisherige Versorgungsschiff war nach amerikanischen Plänen in Japan gebaut worden und hatte in der Region 30 Jahre lang gute Dienste geleistet. Auf Druck der Bevölkerung hin versuchten die yapesischen Politiker nun, die Lieferung zu beschleunigen – und China lieferte auch, allerdings wurden gleich nach Ankunft des Schiffs in Yap Reparaturen fällig. Inzwischen bedient die Hapilmahoal I Yap und die Outer Islands im Wechsel mit der alten Micro Spirit.

Perspektiven mikronesischer Außenpolitik

Die Perspektiven der mikronesischen Außenpolitik sind durch den Compact of Free Association sowie den Klimawandel vorgezeichnet. Der Compact sieht vor, dass mit Unterstützung der USA eine lebensfähige Volkswirtschaft aufgebaut werden soll. Dazu gehören vor allem ein Ausbau der Fischerei und des Ocean-Farming sowie ein Reformprogramm zur Verbesserung des Staatshaushalts. Die diplomatischen Beziehungen zu den USA stehen demnach weiterhin im Zentrum der mikronesischen Außenpolitik. In diesem Zusammenhang sind auch die Unterzeichnungen von Konventionen zur Terrorismusbekämpfung zu sehen, die die FSM seit 2002 geleistet haben und die auf der Regierungshomepage im Internet nachzulesen sind (Government of the Federated States of Micronesia, 2007). Nicht zuletzt in kriegerischen Auseinandersetzungen unterstützen die Mikronesier US-amerikanische Ziele.

Besonders auf den flachen Atollen im Gebiet der FSM sorgen sich die Menschen um ihre Zukunft: Wie lange wird ihnen der Ozean noch ein Leben auf dem Land gewähren, das ihre Ahnen bewohnten und im besten kulturellen Wissen an sie vererbten? Und wenn die Inseln einmal im Meer versinken sollten, wo finden die Mikronesier dann Aufnahme und eine neue Heimat? Für manche bleibt die Lösung die Integration in die amerikanische Kultur. Gerade die Älteren, die in der japanischen Zeit groß geworden sind, sehen in den USA eine Kolonialmacht, die sich die Inseln früher oder später einverleiben wird. Es ist innenpolitisch schwer vermittelbar, dass die Reparatur von und der Schutz vor weiteren Umweltzerstörungen, die in fernen Ländern ausgelöst worden sind, unter deren Auswirkungen aber die Menschen vor Ort leiden, nicht auch ein Anliegen dieser fernen Länder sein sollen. Gerade diese Diskrepanz von Schuld und Verantwortung jedoch veranlasst die Mikronesier, zunehmend auch nach anderen Partnern für die Lösung solch globaler Probleme zu suchen. Auf diesem Gebiet wird es in den kommenden Jahren und Jahrzehnten interessant zu beobachten sein wie die Bürger der Föderierten Staaten von Mikronesien, geprägt durch ein amerikanisches Bildungssystem, (Wirtschafts-) Beziehungen in den asiatischen Raum hinein und einem kulturellen Erbe in der ozeanischen Inselwelt ihren Platz in der globalen Öffentlichkeit finden.

BIBLIOGRAPHIE

Bello, Walden: Der große Insel-Klau im Pazifik, in Informationszentrum Dritte Welt (Freiburg) & Südostasien Informationsstelle (Bremen) (Hg.) Die Militarisierung des Pazifik. Gießen, Prolit Vertriebs GmbH, 1986, S. 89-100.
Bertram, I. Geoffrey & Ray F. Watters: The MIRAB Economy in South Pacific Microstates. Pacific Viewpoint 26 (3), 1985, S. 497-519.
Bird, Dave: Yap Regains Its Sovereignty. The Story of the First Yap State Constitutional Convention. Colonia, Yap State Government & Betelnut Press, 1994.
FSM National Census Bureau: 1994 Census of Population and Housing. Pohnpei, Government of the Federated States of Micronesia, 1995.
Gorenflo, Larry J.: Demographic Change in Kosrae State, Federated States of Micronesia. Pacific Studies 16, 1993, S. 67-118.

Holtz, Andreas: Vereinigte Staaten von Mikronesien. In Werner Kreisel (Hg.): Mythos Südsee. Länderprofile Ozeaniens zu Wirtschaft und Gesellschaft. Hamburg, Merus Verlag, 2006, S. 82-88.
Milne, Simon: The Impact of Tourism Development in Small Pacific Island States: An Overview. New Zealand Journal of Geography 89, 1990, 16-21.
Moos, Felix: Pazifisches Treuhandgebiet der USA. In Dieter Nohlen & Franz Nuscheler (Hg.) Handbuch der Dritten Welt, Band 8: Ostasien und Ozeanien. Unterentwicklung und Entwicklung. Hamburg, Hoffmann & Campe, 1983, S. 374-396.
Ringer, Greg: Geographies of Tourism and Place in Micronesia: The "Sleeping Lady" Awakes. The Journal of Pacific Studies 26 (1-2), 2004, S. 131-150.
Segal, Harvey G.: Kosrae: The Sleeping Lady Awakens. Tofol, Kosrae State Government, 1989.

Internetlinks:
Bank of Hawaii: Federated States of Micronesia, Economic Report, July 2000 unter http://www.boh.com/econ/reports/pacFSM0007.pdf.
Duncan, Ron: An Overview of Decentralisation and Local Governance Structures in the Pacific Region. Paper presented to the Pacific Regional Symposium "Making Local Governance Work", organised by the Commonwealth Local Government Forum Pacific Project, held in Suva, Fiji Islands, December 4-8, 2004,
unter
http://www.usp.ac.fj/fileadmin/files/Institutes/piasdg/governance_papers/duncan_decentralisation.pdf.
Government of the Federated States of Micronesia: Treatises/ Conventions regarding Terrorism, 2007 unter http://www.fsmgov.org/cgi/treatises.cgi?t.
Grieco, Elizabeth M.: The Federated States of Micronesia: The "Push" to Migrate. Migration Information Source, 2003,
unter
http://migrationinformation.org/Profiles/display.cfm?ID=143.
Mori, Emanuel: Statement by President Emanuel Mori at the High-level event on climate change. New York, September 24, 2007, unter http://www. fsmgov.org/ fsmun/ ga62_02.htm.

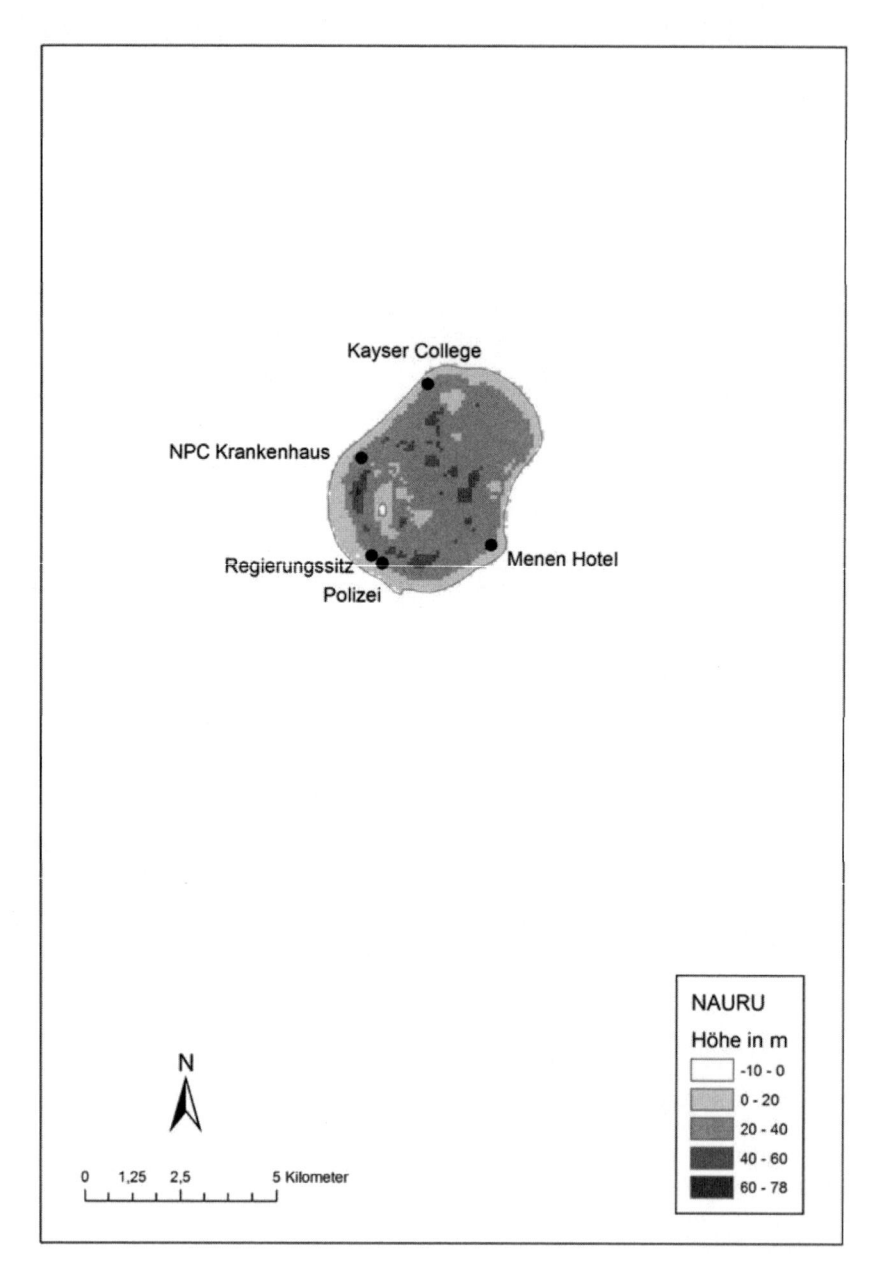

Abbildung 6: Nauru

NAURU

Pascal Dumas

(aus dem Französischen übersetzt von Matthias Kowasch)

HISTORISCHE GRUNDDATEN

1888	Deutsches Kaiserreich nimmt Nauru in Besitz.
1920	Nauru wird britische Kolonie.
1942	Japan besetzt die Insel.
1947	Die UN unterstellen Nauru erneut dem britischen Empire.
1968	Unabhängigkeitserklärung.
1989	Nauru verklagte wegen des Raubbaus an den Phosphatvorkommen die ehemalige Mandatsmacht Australien beim Internationalen Gerichtshof in Den Haag auf Schadenersatz.
1993	Beide Staaten beschliessen einen außergerichtlichen Vergleich. Seit Mitte der 1990er Jahre kam es auf Grund von innenpolitischen Instabilitäten zu häufigen Wechseln im Präsidentenamt.
2007	Marcus *Stephen* wird Staatspräsident.

Offizieller Name: Republik Nauru (Republic of Nauru, Naoero auf Nauruisch) **Hauptstadt:** Yaren **Lage:** 0,32° Süd, 166,55°, östlich der Nördlichen Marianen Ost **Fläche:** 21 km^2 (kleinster unabhängiger Staat der Erde) **Bevölkerung:** 13.770 **Staatsform:** Republik **Staats- und Regierungschef:** Marcus Stephen **Außenminister:** Kieren Keke **Sprachen:** Nauruisch (Amtssprache) und Englisch **Religionen:** 35,4% Nauru Congregational Church, 33,2% Katholiken, 10,4% Nauru Independent Church (Census 2002) **Währung:** Australischer Dollar **Mitgliedschaften in internationalen Organisationen:** ACP, ADB, C, FAO, ICAO, ICCt, Interpol, IOC, ITU, OPCW, PIF, Sparteca, SPC, UN, UNCTAD, UNESCO, UPU, WHO.

***

Nauru: Eine kleine, isolierte Insel in Mikronesien

Der Staat Nauru, der zur Inselwelt Mikronesiens zählt, besteht aus einer einzigen Insel. Diese liegt relativ isoliert etwa 50 km südlich vom Äquator. Seine geographisch nächsten Nachbarn sind die Marshallinseln im Norden, Papua-Neuguinea in ca. 2.000 km Entfernung im Südwesten sowie die Insel Banaba, welche zum Staat Kiribati gehört, in ca. 3.000 km Entfernung im Osten. Nauru ist eine gehobene Koralleninsel von ovaler Form, 21,3 km^2 groß und vollständig von einem Korallenriff umgeben. Der winzigen Landfläche steht eine extrem große maritime Wirtschaftszone von 320.000 km^2, d.h. etwa 15.000 Mal so groß wie die Landfläche, gegenüber. Bei Nauru handelt es sich um einen erloschenen Vulkan, bedeckt von Korallenkalk, der ein zentrales Hochplateau geringer Höhe (die höchste Erhebung beträgt 71 m) bildet, welches etwa 80% der Gesamtfläche der Insel ausmacht. Auf diesem korallinen Hochplateau finden sich Ablagerungen, die sehr reich an Guano (Vogelkot) sind. Guano wiederum enthält einen Phosphat, der als einer der reinsten auf der Erde angesehen wird. Eine sehr schmale Küstenebene von 120 bis 300 m Breite umgibt die Insel wie ein Gürtel. Hier konzentriert sich die große Mehrheit der Bevölkerung sowie die landwirtschaftliche, industrielle, öffentliche und verkehrstechnische Infrastruktur.

Mit einer Einwohnerzahl von etwa 13.000 im Jahr 2006 ist die Insel Nauru relativ dicht besiedelt, die Bevölkerungsdichte beträgt 630 Einwohner pro km^2, wodurch sich Nauru im weltweiten Vergleich auf dem 9. Platz wieder findet. Die Nauruer stellen 58% der Bevölkerung, 26% kommen von anderen Inseln des Pazifiks (Kiribati, Tuvalu, etc.). Daneben sind 8% der Bevölkerung chinesischen Ursprungs, weitere 8% kommen aus westlichen Industrieländern. Die nauruische Bevölkerung sieht sich heutzutage mit gravierenden Problemen der öffentlichen Gesundheitsversorgung konfrontiert, eine Folge des Lebens im Überfluss der letzten Jahrzehnte. So haben 90% der Erwachsenen mit Übergewicht zu tun, die nauruische Bevölkerung hat den höchsten Prozentsatz an Fettleibigkeit und Diabetes auf der Welt. Die Lebenserwartung ist auf 63 Jahre gesunken.

Eine am Phosphatabbau ausgerichtete Gegenwartsgeschichte

Die Insel Nauru wurde ursprünglich von Melanesiern und Mikronesiern besiedelt. Erst wesentlich später, im Jahr 1798, erreichte der erste Europäer, der Engländer John Fearn, die Insel. Vor ihrer Kolonialisierung versuchten Deserteure und Schmuggler eine autoritäre Herrschaft zu errichten. Sie begannen jedoch, sich gegenseitig zu bekämpfen, und wurden letztendlich auf die Nachbarinsel Banaba verbannt. Die Einführung von Feuerwaffen durch Europäer löste in dieser tribalen Gesellschaft einen Bürgerkrieg aus, der die nauruische Bevölkerung um ein Drittel dezimierte. Im Jahr 1888 nimmt das Deutsche Kaiserreich die Insel in Besitz und beendete die Kämpfe. Am Ende des Ersten Weltkrieges wird Nauru, wie auch der Rest der deutschen Kolonien, von den Alliierten konfisziert. 1920 wird es eine britische Kolonie, die von Australien verwaltet wird. Während des Zweiten Weltkrieges übernehmen die Japaner für drei Jahre die Kontrolle über die Insel (1942-1945). Insgesamt 1.200 Nauruer werden in andere Länder Mikronesiens deportiert (u.a. auf die Truk-Insel, um dort eine Landebahn für Flugzeuge zu bauen). Nur 700 kehren nach Ende des Krieges zurück nach Nauru. 1947 unterstellen die Vereinten Nationen Nauru erneut dem britischen Empire und seiner australischen Verwaltung. Diese Situation sollte bis zur Unabhängigkeit 1968 andauern.

Die Geschichte und die wirtschaftliche Entwicklung der Gegenwart sind in Nauru eng mit dem Abbau seiner wichtigsten Ressource verbunden: dem Phosphat, welches per Zufall im Jahr 1900 von einem neuseeländischen Geologen entdeckt worden ist. Von 1906 an baut die „Pacific Phosphate Company" (PPC) den Rohstoff ab. Arbeiter strömen auf die kleine Insel, der Phosphatabbau erreicht schnell, um 1900, die 100.000t-Marke pro Jahr. Während der gemeinsamen Verwaltungsübernahme durch Neuseeland, Großbritannien und Neuseeland entsteht die „British Phosphate Corporation" (BPC), mit dem Ziel die Phosphat-Lagerstätten weiter auszubeuten. Die BPC bleibt bis zum Verkauf ihrer Rechte an die nationale „Nauru Phosphate Corporation" bestehen, die im Jahr der Unabhängigkeit gegründet wird. Obwohl zu jener Zeit bereits zwei Drittel der Ressourcen von den ehemaligen Kolonialmächten ausgebeutet waren, sollte das Phosphat den Wohlstand der kleinen Inselbevölkerung sichern.

Nauru wurde auf schnell reich, wobei es nach der Erschöpfung der Phosphat-Vorkommen auf Makatéa (Tuamoto-Archipel) und auf Banaba (Kiribati) im pazifischen Raum von seiner Monopolstellung in Bezug auf Phosphat sowie vom Höhenflug des Weltmarktpreises in den 1970er Jahren profitierte. Das BIP pro Kopf lag bei über 50.000 US-$, d.h. fast dreimal so hoch wie das der USA zu jener Zeit. Nauru war folglich die mit großem Abstand wohlhabendste Insel des pazifischen Raumes. Die Nauruer wollten auf nichts verzichten.

Nach dem Vorbild der Industrieländer statteten sie ihre Insel mit internationalen Prestigeobjekten aus: Konferenzzentrum, Luxushotel, internatio-naler Flughafen, die Fluggesellschaft „Air Nauru". Nauru kopiert das Modell der westlichen Konsumgesellschaft, die Bevölkerung kauft sich große Autos mit extrem hohem Verbrauch, stattet sich mit allem materiellen Komfort aus und wird insbesondere von importierten Nahrungsmitteln abhängig. Die Naruer profitieren auch von einer Vielzahl sozialer Vorzüge: weder Abgaben noch Steuern; Bildung, medizinische Versorgung, Strom, Telefon und Wohnungen sind vom Staat finanziert. Ab 1989 jedoch – der Großteil des Phosphats ist ins Ausland verschifft worden – sinken die Einkommen der Nauruer, und im Innern der Insel bleibt nur eine Wüste aus Korallenkalk zurück. Die finanzielle Lage ist aufgrund riskanter Kapitalanlagen, einem schlecht geplanten Abbau der Ressourcen sowie der Veruntreuung von Geldern durch Politiker katastrophal.

EIN VON POLITISCHER INSTABILITÄT GEKENNZEICHNETER MIKRO-STAAT

Mit seinen 21 km^2 ist Nauru einer der kleinsten unabhängigen Staaten der Welt. Seine politische Unabhängigkeit erlangte die Republik am 21.Januar 1968. Bei Nauru handelt es sich um eine parlamentarische Demokratie, deren Grundlagen von einer für die Unabhängigkeit geschriebenen und immer noch bestehenden Verfassung bestimmt werden. Was die Innenpolitik anbelangt wird Naurus Legislative vom Parlament, das aus 18 Mitgliedern besteht und alle drei Jahre nach allgemeinem direktem Wahlrecht gewählt wird, eingesetzt. Das Parlament, das sich aus einer Koalition von insgesamt 10 Parlamentariern zusammensetzt, hat auch die Aufgabe einer Wählerschaft, da es in direkter Wahl den Präsidenten aus seinen eigenen Reihen bestimmt.

Der Präsident ist sowohl Staats- als auch Regierungschef. Er ernennt die Minister der Regierung, die dementsprechend die Exekutive bildet. Letztendlich teilen sich zwei große Parteien die Macht: die Partei Naurus und die Demokratische Partei. Dabei muss angemerkt werden, dass Naurus Politik im Grunde genommen stärker von familiären Bündnissen als von politischen Parteien beeinflusst wird.

Die katastrophale ökonomische Lage der letzten Jahre ist die Ursache für eine politische Instabilität, die geprägt von einem Duzend Wechsel an der Staatsspitze zwischen 1997 und 2007 anhielt. Nach einer Serie von Misstrauensanträgen und Wahlen wurde das Land zwischen 1999 und 2003 wechselseitig von Bernard Dowiyogo und René Harris regiert. Die Zeit der politischen Instabilität schien mit der Wahl von Ludwig Scotty am 29. Mai 2003 ein Ende zu nehmen. Aber bereits im August desselben Jahres kam René Harris wieder an die Macht, die er bis Juni 2004 nicht mehr abgab. Dann wurde er von Ludwig Scotty geschlagen. Scotty, erneut Präsident, erklärte den Ausnahmezustand, löste das Parlament auf und rief vorgezogene Neuwahlen für den 23. Oktober 2004 aus, die er ohne Probleme gewann, indem er sich und seiner Partei 16 der 18 möglichen Parlamentssitze sicherte.

Die Regierung setzte im Folgenden einen Reformprozess in Gang, indem ein Haushalt der „nationalen Sanierung", der das Land aus seiner beispiellosen Finanzkrise herausführen sollte, verabschiedet wurde. Gestärkt durch gute

Wahlergebnisse löste Scotty im Juli 2007 das Parlament erneut auf, zwei Monate vor Ende der Legislaturperiode. Die am 25. August 2007 abgehaltenen Wahlen bringen ihm eine Mehrheit, die ihn am 27. August 2007 als Staatspräsidenten bestätigt. Seit dem 19. Dezember 2007 heißt der Präsident der Republik Nauru jedoch Marcus Stephen, der den Posten okkupiert seit sein Vorgänger Ludwig Scotty nach einem erfolgreichen Misstrauensantrag seines Amtes enthoben worden ist. Marcus Stephen bekleidet auch die Ämter des Ministers für den Öffentlichen Dienst, des Innenministers sowie des Chefs der „Nauru Phosphate Royalties Trust".

Ein winziger Staat auf der internationalen Bühne

Trotz seiner Abgeschiedenheit, der geringen Größe und der überschaubaren Zahl seiner Einwohner ist Nauru auf der regionalen, aber auch auf der internationalen Bühne präsent. In der Tat unterhält Nauru diplomatische Beziehungen mit unterschiedlichen Ländern und ist Mitglied mehrerer internationaler Organisationen. Das Land ist seit seiner Unabhängigkeit Mitglied im Commonwealth und 1999 den Vereinten Nationen beigetreten. Auf regionaler Ebene wird Nauru 1969 Mitglied in der Pazifischen Gemeinschaft („Secretariat of the Pacific Community", SPC) und etwas später im Forum der Pazifischen Inseln („Pacific Islands Forum"). Das Land tritt ebenfalls dem „South Pacific Regional Trade and Economic Cooperation Agreement" (Sparteca) bei, bei dem es sich um ein regionales Abkommen handelt, welches die regionale Zusammenarbeit in Wirtschaft und Handel zwischen Australien, Neuseeland und den kleinen Inselstaaten des Südpazifiks zu verbessern sucht und das von mehreren ozeanischen Staaten unterzeichnet wurde. Daneben ist Nauru auch Mitglied der AKP-Staaten, der Asiatischen Entwicklungsbank (AsDB), der Wirtschafts- und Sozialkommission für Asien und den Pazifik, der Weltgesundheitsorganisation (WHO), der UNESCO (Organisation der Vereinten Nationen für Bildung, Wissenschaft, Kultur und Kommunikation), der Internationalen Walfang-kommission, des Internationalen Olympischen Komitees (IOC), der Internationalen Zivilluftfahrt-Organisation (ICAO). Nauru hat sich auf das internationale Satellitensystem INTELSAT eingestellt und ist Mitglied bei Interpol, in der Internationalen Telekommunikationsunion (ITU), in der Organisation zum Verbot chemischer Waffen sowie in der Internationalen Postunion (UPU).

In anderen Ländern ist Nauru durch seine Botschaften und anderen öffentlichen Einrichtungen vertreten. Nauru besitzt eine Vertretung in Australien (Generalkonsulat), in Fidschi (Hochkommissariat), in Taiwan (Botschaft), in Thailand (Generalkonsulat) und in den USA (Botschaft bei den Vereinten Nationen in New York). Auf nauruischem Boden besitzt nur eine Land eine Botschaft: die Republik China (Taiwan). Australien ist durch ein Generalkonsulat, einen Vize-Konsul, einen Repräsentanten des Entwicklungs-programms für

Überseegebiete der australischen Regierung sowie durch zwei Mitarbeiter der Einwanderungsbehörde vertreten. Der Hochkommissar Australiens in Fidschi ist gleichzeitig nauruischer Hochkommissar, der aber nicht in Nauru residiert. Über die privilegierten Beziehungen zu Australien und Taiwan hinaus unterhält die Republik Nauru offiziell diplomatische Beziehungen zu Großbritannien, Frankreich, Spanien, Russland, Kanada, den USA, Japan, der Republik Korea, Südafrika, Indien sowie neuerdings zu Kuba (seit 2002), zu Brasilien (seit 2005) und zu Vietnam (seit 2006). Die Zusammenarbeit mit anderen ozeanischen Staaten ist aufgrund der Einbindung Naurus in die regionalen Organisationen sehr eng.

Außenpolitisch versucht Nauru stets Partner zu finden, die den Inselstaat finanziell unterstützen. Das beste Beispiel für diese Politik ist das diplomatische Hin- und Herwechseln zwischen Bejing und Taipeh während der letzten Jahrzehnte als Antwort auf deren Entwicklungshilfeversprechen. Von 1980 an nahmen Taiwan und Nauru diplomatische Beziehungen auf. Doch 2002 wurden die Beziehungen unterbrochen, als der nauruische Premierminister René Harris erklärte, „dass es nur ein China auf der Welt gibt, dass die Regierung der Volksrepublik China die einzige legitime Regierung ist und sie Gesamt-China repräentiert, und dass Taiwan ein unveräußerlicher Teil des chinesischen Territoriums ist".

Nachdem Nauru 20 Jahre lang ein traditioneller Verbündeter Taiwans war, ist diese politische Wende die Folge eines 135 Mio. US-$-Versprechens von Seiten Bejings. Da die Hoffnungen auf eine substanzielle Finanzhilfe jedoch schon bald enttäuscht wurden, (Nauru hatte Schulden in Höhe von 15,3 Mio. US-$ gegenüber der EXIM-Bank), nimmt die kleine Insel im Jahr 2005 seine diplomatischen Beziehungen zu Taiwan wieder auf. Taipeh hat Nauru seitdem mit 13 Mio. US-$ unterstützt und brachte die bescheidene Fluggesellschaft Air Nauru wieder auf die Beine. Nauru eröffnete infolgedessen eine Botschaft in Taiwan und Taiwan tat dergleichen in Nauru. Indem Nauru zum Nachteil der Volksrepublik China die Republik China (Taiwan) erneut anerkennt, unterstützt das Land den Antrag auf internationale Anerkennung Taipehs bei den Vereinten Nationen. Die diplomatischen Beziehungen zur Volksrepublik China werden selbstverständlich unterbrochen.

Nauru unterhält darüber hinaus freundschaftliche Beziehungen zu Australien, welches der wichtigste Handelspartner ist. Auf der anderen Seite muss angemerkt werden, dass der nauruische Staat 1989 vor dem Internationalen Gerichtshof Anklage gegen Australien erhoben hat. In dem Gerichtsverfahren forderte Nauru eine Entschädigungszahlung für die Zerstörung der zentralen Inselebene, die durch den von Australien geleiteten Phosphatabbau in der ersten Hälfte des 20. Jahrhunderts verursacht wurde. Im außergerichtlichen Vergleich erhielt Nauru von Australien 107 Mio. Australische Dollar, ebenso wie 2,5 Mio. Australische Dollar, verteilt auf 20 Jahre, zur Finanzierung der Renaturierung jener Inselebene. In Anbetracht des Umfangs der Aufgabe diente das Geld letztendlich der Modernisierung der Infrastruktur.

In Bezug auf Australien muss auch an die Umsetzung der „Pazifischen Lösung" aus dem Jahre 2001 erinnert werden. Dieser bilaterale Vertrag, entworfen von John Howard (australischer Premierminister von 1996 bis 2007), sah das Festhalten von Asylbewerbern, insbesondere von Afghanen, auf nauruischem Boden vor. Die Asylbewerber wurden in Erwartung einer Bearbeitung ihres Asylantrags in Australien von Nauru aufgenommen. Als Gegenleistung erhielt Nauru entwicklungspolitische Hilfeleistungen. Diese in der Öffentlichkeit stark umstrittene „Pazifische Lösung" wurde aufgegeben, als 2007 der neue Premierminister, der linksgerichtete Kevin Rudd, in Australien an die Macht kam. Das australische Aufnahmelager auf Nauru wurde geschlossen.

Seit Beginn des 21. Jahrhunderts war Nauru bereits mehrfach ein Gesprächsthema auf der internationalen Bühne. Aus dem Bankrott des nauruischen Staates wurde ein kleiner „Schurkenstaat". Das Land ist von der OECD und den USA angeklagt worden, als Drehscheibe für internationale Geldwäscheoperationen und für die Finanzierung des internationalen Terrorismus zu dienen. Nauru wurde von der „Financial Action Task Force" (FATF) auf die schwarze Liste der „nichtkooperativen Staaten und Territorien" gesetzt. Allein im Jahr 1998 wurden, laut Aussage der Russischen Zentralbank, nicht weniger als 70 Mio. aus Russland stammende US-Dollar auf der Insel gewaschen, und zwar dank eines mit 400 Stammsitze gut entwickelten Offshore-Finanzplatzes. Im Jahr 2002 verbieten die USA in ihrem Patriot Act, dem Antiterror-Gesetz, den amerikanischen Banken jeglichen Kontakt mit Nauru. Erst im Oktober 2005 wird Nauru von der schwarzen Liste der FATF gestrichen, nachdem der Offshore-Standort geschlossen worden ist.

Ebenfalls 2002 klagt Washington die nauruische Regierung an, mehr als 1.000 Reisepässe für horrende Preise (bis zu 35.000 US-$ pro Pass) illegal verkauft zu haben. Im Februar 2003 wurden zwei Turkmenen in Malaysia festgenommen werden, die in Verdacht stehen, Verbindungen zum Terrornetzwerk Al-Qaida zu pflegen und die nauruische Pässe bei sich trugen. Die verantwortlichen Politiker Naurus schließlich werden regelmäßig verdächtigt, ihre Stimmen bei den Vereinten Nationen oder bei der Internationalen Walfangkommission zu verkaufen – eine nicht ungewöhnliche Methode, um an einige Millionen Dollar für die eigene Tasche zu gelangen. Heute scheint die Lage Naurus mit Schulden in Höhe von 33 Mio. US-$ hoffnungslos zu sein. Die Bevölkerung ist von einer Situation des Überflusses in die wirtschaftliche Armut abgeglitten. Seit 2004 wird die Arbeitslosenquote auf mehr als 90% beziffert.

Das Land überlebt nur dank der beträchtlichen australischen Entwicklungshilfe: 12,6 Mio. US-$ im Jahr 2003, 12 Mio. in 2004 und 33 Mio. in 2006. Hinzu kommen die Entsendung von hohen australischen Finanzbeamten nach Nauru und der Unterhalt einiger öffentlicher Versorgungsnetze durch Canberra, wie das für Wasser und das für Strom. Die Europäische Union (EU) zählt mit einer Unterstützung von 2,7 Mio. US-$ im Rahmen des IX. FED, von denen 85% für erneuerbare Energien bestimmt sind, ebenfalls zu den wenigen Geberländern. Das Pacific Islands Forum schließlich hat im Juli 2005 einen Nothilfeplan zugunsten von Nauru lanciert, den PRAN („Pacific Regional Assistance to Nauru"), und kümmert sich nun darum, die ausländische Hilfe auf der Insel zu koordinieren. Um keine Phantom-Insel zu werden, bemüht sich das Land die Ausbeutung der sekundären Phosphat-Lagerstätten wieder aufzunehmen. Der Abbau begann 2008 und soll in den nächsten 20 bis 30 Jahren 550 Mio. US-$ an Einnahmen in die Staatskassen spülen.

BIBLIOGRAPHIE

Angleviel F., (Hrsg.): Violences océaniennes. L'Harmattan, Paris, 2004.
Antheaume B., Bonnemaison J.: L'Océanie des Etats. In Brunet R. (Hg.) Géographie Universelle, Asie du Sud-Est, Océanie, Paris, Belin-Reclus, 1995, S. 320-452.
Bonnemaison J. Antheaume B. (in Zusammenarbeit mit B. Antheaume): Atlas des îles et des États du Pacifique Sud. Publisud-Reclus, Paris, 1988, S. 126
Doumenge F.: La dynamique géopolitique du Pacifique Sud (1965-1990). Les Cahiers d'Outre-Mer, n°170, 1990, S. 113-188.
Doumenge J.P.: Enjeu géopolitique et intérêt scientifique des espaces insulaires. In Cret-Institut de géographie Nature et hommes dans les îles tropicales, réflexions et exemples. Coll. Iles et Archipels, t.3, Université Michel de Montaigne, Bordeaux III, 1984, S. 1-6.
Fabricius, Wilhelm: Nauru 1888-1900 : an account in German and English based on official records of the Colonial Section of the German Foreign Office held by the Deutsches Zentralarchiv in Potsdam. Canberra: Division of Pacific and Asian History, Research School of Pacific Studies, Australian National University, 1992.
Hannesson, Rögnvaldur: Investing for sustainability : the management of mineral wealth. Boston 2001.
Karl, Ferdinand; Mückler, Hermann: Oasen der Südsee : die größten "Kleinstaaten" der Welt ; Ostmikronesien: Marshall-Inseln, Gilbert-Inseln, Nauru. Gnas: Weishaupt, 2002
Regnault J.M.: Une zone d'instabilité: le Pacifique insulaire intertropical, Cahier d'Histoire immédiate. Université de Toulouse, n° 25, 2004, S. 87-100.

Internetlinks:
Ministère australien des Affaires étrangères et du Commerce:
http://www.dfat.gov.au/geo/nauru/nauru_brief.html
Offizielle Internetauftritt des Commonwealth - Nauru: http://www.thecommonwealth.org/
Université Laval Québec: http://www.tlfq.ulaval.ca/AXL/pacifique/nauru.htm
Ministère français des affaires étrangères:
http://www.diplomatie.gouv.fr/fr/pays-zones-geo_833/nauru_586/index.html

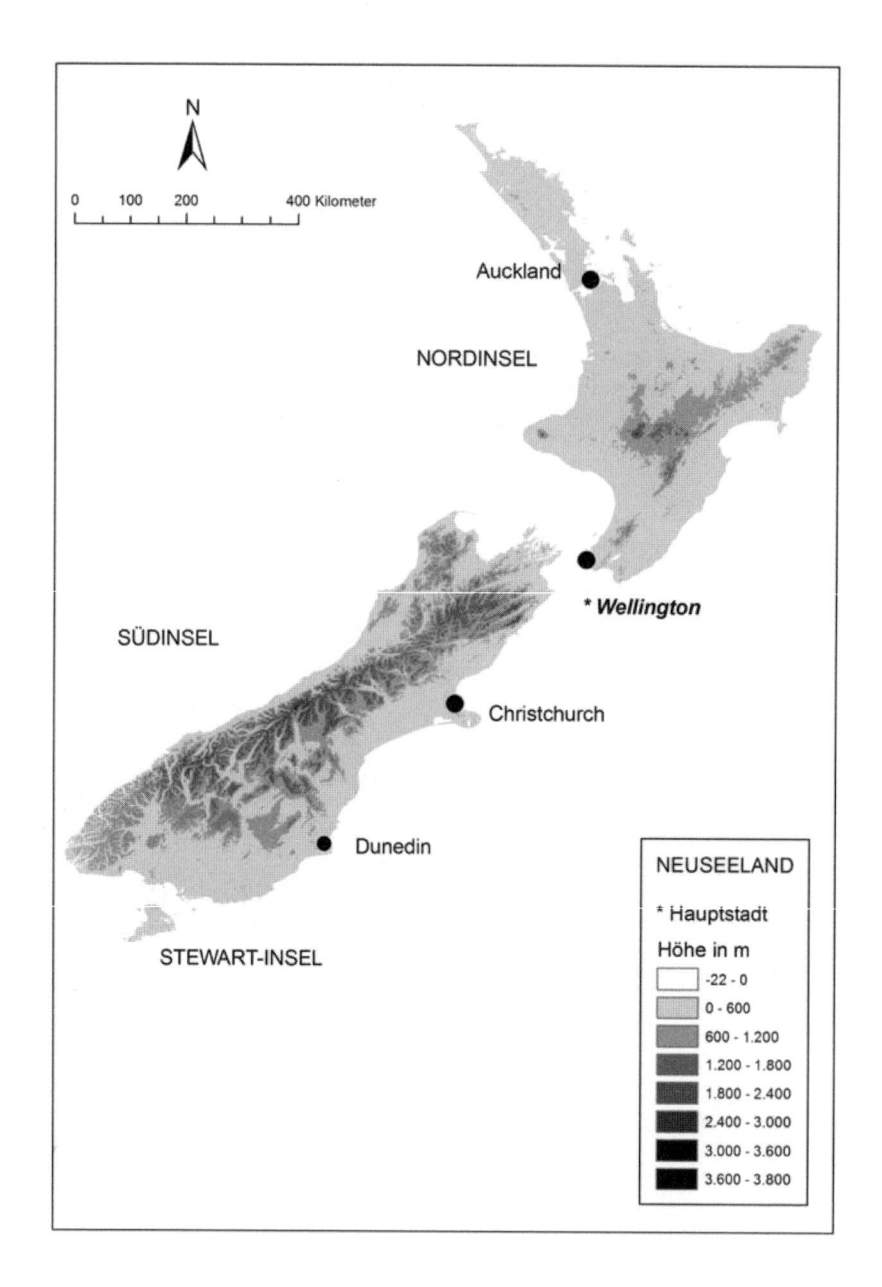

Abbildung 7: Neuseeland

NEUSEELAND

Ismail Dalay & Supriyo Bhattacharya

HISTORISCHE GRUNDDATEN

1840	Neuseeland wird dem britischen Empire angegliedert.
1840	Vertrag von Waitangi, der den Maori die Bürgerrechte zusichert und die Anbindung an die britische Krone bestätigt.
1867	Männliche Maori erhalten das Wahlrecht.
1893	Neuseeland führt als erstes Land der Welt das Frauenwahlrecht ein.
1915	30.000 Neuseeländer und Australier werden in der Schlacht von Gallipoli in der Streitmacht des britischen Empires eingesetzt.
1935	Wahlsieg der ersten Labour-Regierung.
1943	Aufbau eines Departement of External Affairs.
1947	Aufbau eines eigenen Parlaments und vollständige Unabhängigkeit des Landes von Großbritannien (Unterzeichnung des Statuts von Westminster).
1951	ANZUS-Vertrag zwischen Neuseeland, Australien und den USA.
1985	„Ban on nuclear ships" bedeutet Bruch mit den USA, ANZUS-Vertrag wird inoperativ.
1986	Neue vom Parlament abgesegnete Verfassung.
2007	Das kleine Atoll Tokelau entscheidet sich in einer Volksabstimmung weiterhin für eine freie Assoziierung mit Neuseeland.
2008	Neuseeland entschädigt Maoris mit Waldgebieten.

Offizieller Name: Neuseeland (New Zealand) **Hauptstadt:** Wellington **Lage:** 41° Süd, 174° Ost **Fläche:** 270 534 km² **Bevölkerung:** 4,173 Millionen **Staatsform:** Parlamentarische Monarchie **Staatschef:** Königin Elizabeth II. von Neuseeland **Premierminister:** John Key **Außenminister:** Murray Mc Cully **Sprachen:** Englisch, Maori und Sign Language (alle drei Amtssprachen) **Religionen:** 14,9% Anglikaner, 12,4 Katholiken, 10,9% Presbyterianer, 2,9% Methodisten (Census 2001) **Währung:** Neuseeland-Dollar **Mitgliedschaften in internationalen Organisationen:** ADB, ANZUS (USA setzen ihre Sicherheitsverpflichtungen gegenüber Neuseeland am 11. August 1986 aus), APEC, ARF, ASEAN (Partnerschaft), Australia Group, BIS, C, CP, EAS, EBRD, FAO, IAEA, IBRD, ICAO, ICC, ICCt, ICRM, IEA, IFAD, IFC, IFRCS, IHO, ILO, IMF, IMO,

IMSO, Interpol, IOC, IOM, IPU, ISO, ITSO, ITU, ITUC, NAM (Gast), NSG, OECD, OPCW, PCA, PIF, Sparteca, SPC, UN, UNCTAD, UNESCO, UNHCR, UNIDO, UNMIS, UNMIT, UNTSO, UPU, WCO, WFTU, WHO, WIPO, WMO, WTO.

***

Historische Grunddaten zur Aussenpolitik

Neuseeland ist ein unabhängiger, demokratischer Staat und parlamentarische Monarchie. Queen Elizabeth II gilt zwar als konstitutionelles Staatsoberhaupt des Landes wird allerdings vom Generalgouverneur Anand Satyanand vor Ort vertreten. Vergleichbar anderer parlamentarischen Monarchien hat das Staatsoberhaupt oder dessen Vertreter lediglich eine repräsentative Funktion. Amtierender Premierminister ist seit 2008 John Key (National Party), der damit die 1999 ins Amt gewählte Helen Clark ablöste. Aufgrund des Kolonialverhältnisses bestanden lange Zeit intensive außenpolitische Bindungen zu Großbritannien. Infolgedessen waren neuseeländische Truppen zur britischen Unterstützung in verschiedene militärische Konflikte involviert, wie z.B. im Zweiten Burenkrieg (1902), im Ersten und Zweiten Weltkrieg sowie in der Suezkrise (1956). Im Zuge der Einsetzung von Neuseeländer und Australier in der Schlacht um Gallipoli 1915 wurde der ANZAC (Australian and New Zealand Army Corps) als Streitmacht des britischen Empires gegründet.

Seit den 1930er Jahren wurden die ersten Stimmen nach einer autonomen neuseeländischen Außenpolitik laut. Der Wahlsieg der ersten Labour-Regierung 1935 kann auf ihr Streben nach eben dieser eigenständigen Außenpolitik zurückgeführt werden. Der eigentliche Prozess der Loslösung vom „Mutterland" vollzog sich nicht punktuell, sondern war vielmehr ein Prozess, der sich über den Zeitraum von mehr als 50 Jahren erstreckte. Dazu gehörten zunächst verstärkte Unabhängigkeitsbemühungen wie eine eigene Kriegserklärung an Deutschland (1939) der Aufbau des Departement of External Affairs 1943 und letztendlich der Aufbau eines eigenen Parlaments nach dem Westminster-Modell 1947 (Westminster Act 1947). Die Loslösung von Großbritannien wurde 1940 zusätzlich vorangetrieben, indem Großbritannien signalisierte, dass es nicht in der Lage sei, Neuseeland vor japanischen Angriffen zu schützen. Bis zur Implementierung des Westminster Acts durch das neuseeländische Parlament und dem damit verbundenen Aufbau eines Außenministeriums spielte eine eigenständige Außenpolitik in Neuseeland, insbesondere hervorgerufen durch die isolierte geostrategische Lage, eine untergeordnete Rolle. Außenpolitische Interaktionen bis zu diesem Zeitpunkt können als Einsätze für das britische Empire gedeutet werden. Im Jahre 1948 kam es schließlich zur Einführung der neuseeländischen Staatsangehörigkeit. „Historically, governments of all stripes have seen New Zealand`s isolated geographic position as a vulnerability, and sought to counter it by alliances with friendly „great powers", first Britain and then the United States." (McCraw: 221)

Nach dem Zweiten Weltkrieg orientierte sich das Land verstärkt an der aufstrebenden Weltmacht USA. Aufgrund der größeren räumlichen Nähe versprachen die Vereinigten Staaten mehr Schutz als die ehemalige britische Kolonialmacht. Diese Orientierung in Richtung USA gipfelte 1951 im ANZUS-Vertrag, benannt nach den teilnehmenden Staaten (Australien, Neuseeland und USA). 1972 wurde das Verhältnis zu den USA jedoch empfindlich gestört. Der Wahlgewinn der Labour-Partei zog einen politischen Kurswechsel nach sich, der sich stark von dem Kurs der USA unterschied. Die neue sozialliberale Mitte-Links-Partei verurteilt sowohl den Einsatz neuseeländischer Soldaten im Ersten Weltkrieg als auch ihren Einsatz in dem in seine blutige Endphase getretenen Indochinakrieg. Außerdem nimmt sie diplomatische Beziehungen zur Volksrepublik China und zur Demokratischen Republik Vietnam auf. Schließlich setzte die neuseeländische Labour-Partei die vom Volk angesprochenen Wünsche um und zog sämtliche Truppen aus Vietnam und Indochina zurück.

Ab 1973 musste sich das Land ökonomisch umorientieren: Mit dem Eintritt Großbritanniens in die Europäische Gemeinschaft ging einer seiner wichtigsten Exportmärkte verloren, dies führte zu einer schweren Wirtschaftskrise. Seit diesem Zeitpunkt war der neuseeländische Export bemüht, sich verstärkt nach Asien und dem Mittleren Osten zu orientieren. Im Land wuchs die Einsicht: „NZ must take a independent stance in negotiations with ‚friends, allies and trading partners'." (McKinnon 1993: 10) Zum Bruch mit den USA kam es schließlich im Jahr 1985, da Neuseeland keine nuklear bestückten Kriegsschiffe mehr in seinen Häfen duldete – seitdem ist der ANZUS-Vertrag inoperativ. Die diplomatischen Beziehungen zu den USA sind seitdem nachhaltig beeinträchtigt und konnten das Verhältnis, welches sie vor 1984 hatten, bis heute nicht mehr erreichen (Engels: 1098ff.). Im Bereich der Außenwirtschaftspolitik gilt seit den 1970er Jahren die neuseeländischen Devise „Our foreign policy is trade" (McKinnon 1997: 216). Neuseeland schloss sich deswegen einer Reihe wirtschaftlicher Zweckbündnisse an.

APEC

1989 wird die „Asia Pacific Economic Cooperation" gegründet. Sie soll die Handelsbeziehungen von zunächst 18 Staaten im Pazifikraum liberalisieren. Der Pazifik erbringt mehr als die Hälfte der Weltwirtschaftsleistung und ist eine der am schnellsten wachsenden Wirtschaftsregionen der Welt. Die drei größten Wirtschaftsgesellschaften Japan, China und die USA sind APEC-Mitglieder. Für Neuseeland ist der Eintritt hilfreich, um neue wirtschaftliche Absatzmärkte zu gewinnen, besonders im asiatischen Raum. Japan wird drittgrößter Handelspartner, China der fünftgrößte. Heute ist Japanisch die wichtigste Fremdsprache an neuseeländischen Schulen. (Engels: 1099) Mehr als 70% seines bilateralen Handels betreibt Neuseeland mit den APEC-Staaten.

CER

1990 werden die Handelbeziehungen mit Australien speziell noch einmal durch das „Closer Economic Relations and Trade Agreement" intensiviert. Es bewirkt den freien Warenverkehr zwischen Australien und Neuseeland. Denn mit Australien besteht in ökonomischen, politischen, sozialen und sicherheitspolitischen Bereichen eine äußerst enge Zusammenarbeit. Neben den übereinstimmenden Grundanschauungen und der ähnlichen historischen Entwicklung ist die fortschreitende Entwicklung der Wirtschaftsräume von entscheidender Bedeutung. 2004 wurde das Ziel der Etablierung eines gemeinsamen Binnenmarktes in den nächsten zehn Jahren aufgestellt. Etwa 800.000 Neuseeländer leben und arbeiten in Australien. Knapp 20% des neuseeländischen Außenhandels werden mit Australien abgewickelt. Die WTO bezeichnet das CER-Abkommen als „the world's most comprehensive, effective and mutually compatible free trade agreement". (Engels: 1099)

ASEAN

Die Association of South East Asian Nations wurde bereits 1967 gegründet und bildet eine Interessengruppe von zehn Staaten, dazu gehören u.a. die Gründungsmitglieder Indonesien, Malaysia, Philippinen, Singapur und Thailand. Ein Ziel von ASEAN ist die Errichtung der Freihandelszone AFTA (ASEAN Free Trade Association) bis zum Jahre 2010. Australien und Neuseeland haben Verhandlungen über dieses Freihandelsabkommen mit der ASEAN aufgenommen.

Auch im neuen Jahrtausend ist ein entscheidender Faktor für die neuseeländische Außenpolitik die starke Abhängigkeit vom Außenhandel. Besondere außenpolitische Bedeutung stellt dabei die Durchsetzung der so genannten Doha-Entwicklungsagenda dar. Diese Agenda, benannt nach dem ersten Versammlungsort dieser Arbeitsgruppe, ist ein von der WTO ins Leben gerufenes Programm, welches unter anderem die Handelsbedingungen für Entwicklungsländer verbessern soll, indem diese z.B. Landwirtschaftreformen vornehmen und Subventionen abschaffen. Neuseeland fungiert hierbei als Muster: „New Zealand's policy recognises that expanding trade flows and liberalisation can help reduce poverty and substantially stimulate development worldwide". (http://www.mfat.govt.nz/Media-and-publications/Publications/ Trade-matters/0-trade-development.php) Die Verhandlungen sind bis dato nicht abgeschlossen, sondern immer nur weiter vertagt worden; zuletzt im Juli 2006 in Genf. Aus neuseeländischer Perspektive ist das bisherige Scheitern dieser Konferenz eine Enttäuschung, da das Land auf erweiterte liberale Freihandelszonen und Reformen in der Landwirtschaft hofft.

Die Eckpunkte der heutigen neuseeländischen Außenpolitik

Die derzeitige neuseeländische Außenpolitik wird im Wesentlichen durch folgende Faktoren geprägt: die Grundsätze des Multilateralismus und des Völkerrechts (Als Gründungsmitglied der Vereinten Nationen unterstützt Neuseeland Friedensmissionen weltweit). Denn aus dem Grundsatz des Vorrangs des Multilateralismus zur Lösung internationaler Fragen folgt, dass der Inselstaat sich bereitwillig in den Dienst internationaler Konfliktlösungen stellen muss. Den Wunsch nach einer fortschreitenden Liberalisierung des Welthandels und der Errichtung von Free Trade Areas zu Gunsten der hauptsächlich landwirtschaftlichen neuseeländischen Exporte; in diesem Zusammenhang bemüht sich Neuseeland auch um den Ausbau der außen(-wirtschafts)politischen Beziehungen zu südostasiatischen Staaten und den Anrainerstaaten des Pazifik, insbesondere zu Japan, um an den asiatischen Märkten zu partizipieren. Die engen politischen und wirtschaftlichen Beziehungen zu Australien werden von der guten Zusammenarbeit der beiden Regierungen sowie von der wirtschaftlichen Zusammenarbeit und der Kooperation in Sicherheitsfragen getragen. Die beiden Staaten haben außerdem ein umfassendes Freihandels-abkommen. Ferner sollen die Außenhandelsbeziehungen zu Großbritannien und dem Commonwealth, den USA, EU-Mitglieds- und anderen westlichen Staaten wiederbelebt bzw. intensiviert werden. Dies betrifft insbesondere die traditionellen Beziehungen zu den südpazifischen Inselstaaten.

Außenpolitische Entscheidungsprozesse

Neuseeländische Außenpolitik und Multilateralismus

„Small states are alleged to give greater importance to international institutions in their foreign policies than larger powers, and it is true that all New Zealand governments have been conscientious supporters of the United Nations." (McCraw: 220) Kurz nachdem 1999 die Regierung unter der ehemaligen Premierministerin Helen Clark an die Macht kam, versprach der ehemalige Außenminister Phil Goff einen Prioritätenwechsel in der Außenpolitik; diese Veränderung liege in der größeren Betonung der Menschenrechtsangelegenheiten. Tatsächlich hat noch keine andere Labour-Regierung die Werte des „Liberal Internationalism" so deutlich umgesetzt wie diese: „The government was strong in its defence of both democracy in Fiji and human rights in Zimbabwe, and it spoke out firmly for Tibetan rights, although New Zealand has an important relationship with China. […] The Labour government demonstrated its antimilitarism by radically restructuring the New Zealand defence force to focus on peacekeeping and disaster relief, and its commitment to free trade has been shown in its negotiation of free trade agreements with some fellow APEC members." (McCraw: 224)

Dennoch war es auch dieser Labour-Regierung nicht möglich, im Einklang mit den eigenen Ansprüchen zu bleiben. Sie bot trotz ihrer antimilitaristischen Einstellung den Vereinigten Staaten militärische Unterstützung im Kampf gegen die Taliban an und steuerte einer multinationalen Marineeinheit im Kampf gegen terroristische Bewegungen im persischen Golf eine Fregatte bei. Auch für die Handelsbeziehungen zu bestimmten asiatischen Ländern wurde die neuseeländische Außenpolitik kritisiert. Besonders die Beziehung zu Handelspartnern die in Zusammenhang mit Kinderarbeit gebracht werden. (McCraw: 224) Der Irakkrieg 2003 hat die politischen Parteien Neuseelands noch mehr gespalten, als sie es ohnehin schon waren. Die Labour-Regierung, welche von den meisten kleineren Parteien des Landes sowie dem größten Teil der Bevölkerung unterstützt wird, sprach sich dafür aus, erst im Irakkrieg zu intervenieren, wenn die UN dies anordnet. Die National Party und ihr traditioneller Verbündeter, die liberale ACT Party hingegen, drängten zu einem Zusammenhalt mit den USA. Dieser Konflikt symbolisiert die traditionellen Unterschiede zwischen der Außenpolitik der zwei Hauptparteien des Landes (National Party und Labour Party). Die Clark-Regierung blieb der UN-Haltung treu und beschloss nicht mit dem früheren Verbündeten in den Krieg zu ziehen. (Yang: 18) Die National Party erhält gegenüber dieser UN-Treue eine gewisse Skepsis aufrecht und würde gerne verstärkt auf Bündnisse mit Alliierten setzen. „The Labour Party's perspective follows the liberal internationalist paradigm very closely, whereas National's outlook has a lesser fit with the realist model." (Yang: 24)

Entwicklungszusammenarbeit und Einwanderungspolitik

Im Jahr 2005 lag die neuseeländische Entwicklungszusammenarbeit bei 274 Mio. US-Dollar, womit Neuseeland einen der letzten Plätze unter den OECD-Staaten einnahm. Neuseeland konzentriert seine bilaterale Entwicklungspolitik vor allem auf den südostasiatischen und südpazifischen Raum (ca. 90%). Politische und wirtschaftliche Stabilität in den Nachbarländern kommt dabei auch dem neuseeländischen Außenhandel zugute. Die meisten Entwicklungsprojekte sind im Bildungsbereich angesiedelt. Laut einer Schätzung von Nichtregierungsorganisationen finden davon 63% in Neuseeland selbst in Form von Weiterbildungen, Sprachkursen usw. für Migranten statt. Neuseeland ist auf Immigration angewiesen, um sein Wirtschaftswachstum zu halten (Engels: 1065).

Das von der Regierung beauftrage Immigration Policy Review über die Migrationspolitik im Jahre 1986 symbolisierte einen grundlegenden Einschnitt in den bis dahin geltenden Einwanderungsregularien, die sich hauptsächlich an den Nationalitäten und der ethnischen Herkunft der Immigranten orientieren. Stattdessen fokussierte man sich nun auf Personen die spezielle Bildungs-, Geschäfts-, Berufs,- oder Altersvoraussetzungen hatten. Dies führte zum Immigration Act von 1987. Es wurde in diesem Sinne eine Liste der Beschäftigungsprioritäten erstellt nach der die Einwanderung eines jeden Migranten bewertet wurde. Seit 2000 gibt es eine neue Tendenz in der Migrationspolitik die den Fokus auf Migranten legt die besondere Fähigkeiten vorweisen können, welche in erster Linie auf dem neuseeländischen Arbeitsmarkt benötigt werden. Eigens hierfür wurde in den Migrationsgesetzen eine „Skilled Migrant Category" angelegt. Im Jahre 2001 beschränkte Neuseeland dann schließlich die maximale Einwanderungszahl auf 45.000 Personen pro Jahr. Diese Beschränkung sollte zunächst für die kommenden 3 Jahre gelten. Darüber hinaus wurde im selben Jahr auch das „Talent Visa" eingeführt. Eine Einwanderungskategorie, die besonders „talentierten" Menschen die leichtere Einwanderung ermöglichen soll. In welchen Maßstäben das Talent gelten und gemessen werden soll, bleibt in diesem Rahmen weiterhin ungeklärt. Im Jahre 2006 wurde das Migrationsgesetz abermals eingeschränkt, in dem es für Kinder, die in Neuseeland geboren wurden und die eine neuseeländische Staatsbürgerschaft haben wollen, Voraussetzung ist, dass mindestens ein Elternteil Neuseeländer ist.

Im Jahre 2008 schloss Neuseeland das „New Zealand-China Free Trade Agreement (FTA)" ab. Damit ist das Land der erste OECD Mitgliedsstaat, der ein Freihandelsabkommen mit China unterzeichnet hat. Von diesem Abkommen wird ein großer Zuwachs im Bereich der Agrarexporte erwartet. Bis 2019 wollen beide Staaten zudem die Einfuhrzölle auf Produkte des jeweils anderen Landes weitestgehend abschaffen. Diese Vereinbarung soll eine vereinfachte Zuwanderung für beide Länder ermöglichen. So stellt Neuseeland z.B. Aufenthalts- und Arbeitserlaubnisse für 1.800 chinesische Facharbeiter zur Verfügung. Darüber hinaus sollen 1.000 junge Chinesen jedes Jahr die Möglichkeit erhalten ein „Working-Holiday" Visa zu beantragen. Diese Einwanderungsregelung bringt dem Land einen positiven „Brain Drain" qualifizierter Arbeitskräfte, der sich jedoch nachteilig auf die umliegenden südpazifischen Staaten auswirkt.

NZAID ist die „New Zealand's International Aid and Development Agency" der Regierung. Diese hat drei Schwerpunkte: Aufbau erfolgreicher Gesellschaften in wirtschaftlich ärmeren Ländern, Hilfe beim Wiederaufbau nach Katastrophen wie Wirbelstürmen sowie die Schaffung von Handelsmöglichkeiten um Armut zu bekämpfen.

Sicherheitspolitik: Anti-Atom-Politik und Anti-Militarismus

Die Basis zur Lösung von internationalen Fragen stellt in Neuseeland der Multilateralismus dar. Aus diesem Grundsatz ist es für das Land eine logische Konsequenz, dass es sich selbst bereitwillig in den Dienst internationaler Konfliktlösungen stellen muss. Neuseeland unterstützt den Wiederaufbau und den EUPOL-Einsatz in Afghanistan, es hatte Pioniere für den Wiederaufbau des Irak bereitgestellt und unterhält Friedenstruppen in Bosnien, Kosovo, Nahost, Afghanistan, Sudan, Osttimor und auf den Salomonen.

a.) Nuclear free zone

Bereits seit den 1950er Jahren bestand innerhalb der neuseeländischen Gesellschaft eine kritische Haltung gegenüber Atomtests im südpazifischen Raum. Aus dieser Haltung heraus entstanden verschiedene Protestbewegungen wie die „Campaign for Nuclear Disarment". Im Zuge dieses umweltbewussten Klimas eröffnete David McTaggart, Mitbegründer von Greenpeace, in Auckland das erste Greenpeace-Büro außerhalb Kanadas. Die anti-nukleare Einstellung der Bevölkerung hat neben umweltpolitischen auch grundsätzlich pazifistische Ursprünge. Aus diesem Grund wird der „Ban on nuclear ships" im Jahr 1985 von weiten Teilen der neuseeländischen Bevölkerung begrüßt, auch wenn damit freundschaftliche und ökonomisch sinnvolle Beziehungen zu den USA und anderen Ländern beeinträchtigt werden. 1986 versenkt der französische Geheimdienst die „Rainbow Warrior", ein Greenpeace-Schiff, das zum Protest gegen die Tests im Mururoa-Atoll im Einsatz war und deswegen in Auckland vor Anker lag. Sowohl dieses Ereignis als auch die breite Unterstützung für den „Ban on nuclear ships" beschleunigten die Verhandlungen zur Einführung einer nuklearfreien Zone. 1987 tritt schließlich der „New Zealand Nuclear Free Zone, Disarmament and Arms Control Act" im Südpazifik in Kraft – bis zur Gegenwart gehört die Anti-Atom-Politik zum Selbstverständnis der neuseeländischen Identität. „New Zealanders are proud of the stands our country takes on international issues. Our nuclear-free policy is an important symbol of New Zealand's values in the twenty-first century. It is too important to be put at risk", so die Premierministerin in einer Pressemitteilung im September 2005.

b.) Disarment

Ein weiteres Ziel der ehemaligen Clark-Regierung war die Abrüstung. Seit der Nachkriegszeit hat Neuseeland durch seine isolierte geographische Lage keine militärischen Angriffe zu befürchten. Deswegen vertraut die Regierung im Notfall auf die australischen Truppen und setzt selbst auf Peacekeeping-Aktionen. Da innerhalb der Regierung der Konsens herrschte, die Finanzmittel für den Verteidigungshaushalt auf den Stand von 2002 zu begrenzen, findet seit einigen Jahren eine Umstrukturierung der neuseeländischen Streitkräfte statt. Zugunsten der Army werden Navy und Airforce schrittweise die finanziellen Mittel gekürzt, bspw. werden keine neuen Kampfjets und Fregatten mehr angeschafft. Sowohl Australien als auch die USA haben diese Entscheidung kritisiert. Sie hatten gehofft, ihre eigenen Streitkräfte durch Koalitionen mit Neuseeland stärken zu können (McCraw: 221). Die Clark-Regierung äußerte sich jedoch zu den Vorwürfen, indem sie darauf verwies, das Land könne sich eine kostenintensive Ausstattung der Streitkräfte gar nicht leisten. Zudem seien sie überflüssig, da der militärische Weg nicht der richtige sei (McCraw: ebd.). Stattdessen plädierte die Labour-Regierung für regionale Stabilität im Pazifikraum durch Diplomatie, Handelsbeziehungen, Entwicklungszusammenarbeit sowie der Verfolgung der Ziele der Waffenkontrolle und Abrüstung. Aus diesem Grund hat die Labour-

Regierung auch kein Interesse an einem weiteren Fortbestand des militärischen Bündnisses mit den USA oder dem ANZUS-Bündnis. Clark bezeichnete das Bündnis als „out of time", und es habe „no relevance to New Zealand`s security needs today". (McCraw: ebd.)

Perspektiven neuseeländischer Außenpolitik

Gemeinsam mit Australien bemüht sich Neuseeland um die politische und wirtschaftliche Entwicklung der pazifischen Region. Neuseeland ist insbesondere deshalb Mitglied des Pacific Islands Forum (PIF). In diesem Rahmen können die außenpolitischen Beziehungen der PIF-Mitgliedsstaaten untereinander und ihre wirtschaftliche Situation verbessert werden. Die Länder Australien und Neuseeland sind dabei allerdings flächenmäßig wesentlich größer, dicht besiedelter und wirtschaftlich wohlhabender als die anderen PIF-Staaten. Neuseeland konnte in den letzten Jahren seine Stellung innerhalb der pazifischen Region durch den vehementen Einsatz gegen die französischen Atombombentests und im Gegensatz zu Australien durch eine zurückhaltende Südpazifikpolitik verbessern. 1998 konnte Neuseeland mit einer erfolgreichen Vermittlerrolle im Bürgerkrieg in Papua-Neuguinea mit der Aushandlung des Bougainville-Friedensprozesses einen außenpolitischen Erfolg verbuchen (Engels: 1101).

Bedingt durch seine geographischen Rahmenbedingungen als kleiner und abgelegener Inselstaat wird Neuseeland auch perspektivisch darauf angewiesen sein, auf Wandlungen bzw. Veränderungsprozesse in seiner internationalen Umwelt zu reagieren. Profitieren kann das Land in Zukunft sicherlich von einer Stärkung internationaler Organisationen und Regime. Somit kann eine weiterhin enge Zusammenarbeit mit den Vereinten Nationen – insbesondere in den Bereichen Umwelt und Menschenrechte – prognostiziert werden. Die starke Affinität zu den Vereinten Nationen und zu deren Themen lässt sich exemplarisch an folgendem Zitat von Ex-Regierungschefin Helen Clark verdeutlichen: „Through its long history, Labour Party has consistently been internationalist in outlook. We will continue to press for policies which promote peace, prosperity and stability, and to promote advances in the mutually dependent areas of development, nuclear disarmament, security, and human rights,"

Historisch betrachtet war der wichtigste außenpolitische Ansprechpartner Neuseelands lange Zeit Großbritannien nach der Devise: „Where Britain stands we stand" (McKinnon 1997: 138). Das Selbstverständnis neuseeländischer Bürger – mit Ausnahme der Maori – war stark von der britischen Kultur geprägt, von der Kolonialzeit über den darauf folgenden Ablösungsprozess bis zum Streben nach politischer Unabhängigkeit. Sicherheitspolitische und ökonomische Zurückweisungen durch das Mutterland wurden als schmerzliche Vernachlässigung empfunden. Nicht zuletzt deswegen orientierte sich Neuseeland in die Richtung der aufstrebenden Weltmacht USA, die mehr Sicherheit versprach. Doch der das

Land bestimmende Kurs der Labour Party mit seiner Schwerpunktsetzung auf Multilateralismus, Anti-Militarismus und Anti-Atompolitik ließ sich langfristig nicht mit den außenpolitischen Konzeptionen der USA vereinen.

Neben dem Multilateralismus ist der Außenhandel die zweite große Maxime neuseeländischer Außenpolitik. Nachdem in den 1960er Jahren aufgrund des Beitritts Großbritanniens in die Europäische Gemeinschaft das Wirtschaftswesen zusammenbrach, fand eine ausgedehnte Liberalisierung der Wirtschaft statt. Seit Mitte der 1990er Jahre hat diese Strategie gegriffen und Neuseeland an den Gipfel der Industrienationen gebracht. Kritik am hemmungslosen Liberalismus kam während der Ostasienkrise Ende der 1990er Jahre auf, als sich die negativen Folgen dieser Politik zeigten. Dabei orientiert sich die Entwicklung verstärkt in den asiatischen Raum.

Neuseeland bleibt auch in Zukunft als kleiner Inselstaat auf den Export angewiesen. Es gibt keine Anzeichen dafür, dass die Bedeutung der Landwirtschaft entscheidend diversifiziert werden könnte. Daher wird sich die Außenwirtschaftspolitik mittelfristig insbesondere darauf konzentrieren, agrarische Absatzmärkte zu sichern und neue zu erschließen. Primär liegt dabei der Schwerpunkt auf dem Abbau von Handelshemmnissen mit den hochgeschützten Märkten der EU, Japans und der USA. Auch in der Region ist man sehr an einer weiteren Liberalisierung der Märkte interessiert, wird doch der meiste Handel dort abgewickelt. Perspektivisch wird sich die Bedeutung des Handels mit Australien erhöhen, sollten die Bestrebungen beider Regierungen um eine Intensivierung der Wirtschaftsbeziehungen fortgeführt werden. Mittelfristig kann für Neuseeland ein Fachkräftemangel prognostiziert werden, so dass der Bereich der Migrationspolitik zunehmend an außenpolitischer Bedeutung gewinnen wird. Beim Betrachten der neuseeländischen Außenpolitik muss die besondere geographische Lage des Landes berücksichtigt werden. Aus diesem geographischen Prärogativ lassen sich zahlreiche außenpolitische Entscheidungen und deren Prozesse erklären, wie beispielsweise die Vielzahl der Bündnisse und die Orientierung an Weltmächten.

BIBLIOGRAPHIE

Birks, Stuart / Chatterjee, Srikanta (Hg.): The New Zealand Economy. Issues and Policies, 4. Auflage, Palmerston North 2001.

Brummet, Carolin: Die Reform des neuseeländischen Wahlsystems – Ursachen, Prozess, Auswirkungen, Frankfurt a.M. 2000.

Draguhn, Werner / Hofmeier, Rolf / Schönborn, Mathias: Politisches Lexikon Asien, Australien, Pazifik, München 1989.

Dölling, Cristina Anette: Neuseeland - "a nation of immigrants" : Immigration und Immigrationspolitik im Südpazifikstaat in Gegenüberstellung zum kolonialen Mutterland Großbritannien. Baden-Baden 2008.

Duncan, Grant: Society and politics : New Zealand social policy. Auckland 2007.
Engels, Jan: Neuseeland, in: Jürgen Bellers / Thorsten Benner / Ines M. Gerke (Hg.): Handbuch der Außenpolitik: von Afghanistan bis Zypern, München / Wien 2001, S. 1061ff.
Goldfinch, Shaun: Remaking New Zealand and Australian Economic Policy.Ideas, Institution and Policy Communities, Washington 2000.
Hawke, Gary R.: The Making of New Zealand.An Economic History, Cambridge / New York 1985.
Henderson, David: Economic Reform.New Zealand in International Perspektive, Wellington 1996.
Hüttermann, Armin: Neuseeland, München 1992.
Hou-fu Liu, James: New Zealand identities : departures and destinations. Wellington 2005.
Kelsey, Jane: Reclaiming the Future. New Zealand and the Global Economy, Wellington 1999.
Lynch, Brian: New Zealand and the world : the major foreign policy issues, 2005 - 2010. Wellington 2006.
McKinnon, Malcolm (Ed.): New Zealand Historical Atlas Ko Papatuanuku e Taakoto Nei. David Batemann, Auckland 1997.
McKinnon, Malcolm: Independence and Foreign Policy – New Zealand in the World since 1935, Auckland 1993.
Mulgan, Richard: Politics in New Zealand, Wellington 1994.
Maitra, Priyatosh: The Globalisation of Capitalism and Economic Transition in New Zealand, in: Chris Rudd / Brian Roper (Hg.): The Political Economy of New Zealand, Auckland 1997.
Maxwell, Gabrielle M. (Hrsg.): Restorative justice and practices in New Zealand : towards a restorative society. Wellington 2007.
Rainbow, Stephen: Green Politics, Auckland 1993.
Richter, Steffanie: Modell Aotearoa – Der Prozess der Wahlsystemreform in Neuseeland, Berlin 1999.
Shaw, Richard: Public policy in New Zealand : institutions, processes and outcomes. Rosedale 2008.
Smith, Anthony L.: Southeast Asia and New Zealand : a history of regional and bilateral relations. Institute of Southeast Asian Studies. Singapore 2005.
Pettman, Ralph: New Zealand in a globalising world. Wellington 2005.
Van Meijl, Tom: Neuseeland, in: Wolfgang Gieler (Hrsg.): Handbuch der Ausländer- und Zuwanderungspolitik. Von Afghanistan bis Zypern, Münster 2003, S. 401 – 408.
Yang, Jian: New Zealand's Foreign Policy: Independence, realism and idealism. New Zealand International Review, Vol.28 (2003)

Internetquellen:
Auswertiges Amt. Neuseeland Außenpolitik. in: <http://www.auswaertigesamt.de/diplo/de/Laenderinformationen/Neuseeland/Aussenpolitik.html>, [Stand: 09.01.2009].
New Zealand's International Aid and Development Agency. Who is NZAID, in: <http://www.nzaid.govt.nz/about/>, [Stand: 09.01.2009].
New Zealand Ministry of Foreign Affairs. Trade and Development, in: http://www.mfat.govt.nz/Media-and-publications/Publications/Trade-matters/0-tradedevelopment.php, [Stand: 09.01.2009].
McCraw, David: New Zealand Foreign Policy under the Clark Government: High Tide of Liberal Internationalism? In: Pacific Affairs, Volume 78, No.2 (2005). S. 217-235.

<http://www.ingentaconnect.com/content/paaf/paaf/2005/00000078/00000002;jsessionid=1tht7assibt1p.alexandra> [Stand: 09.01.2009]

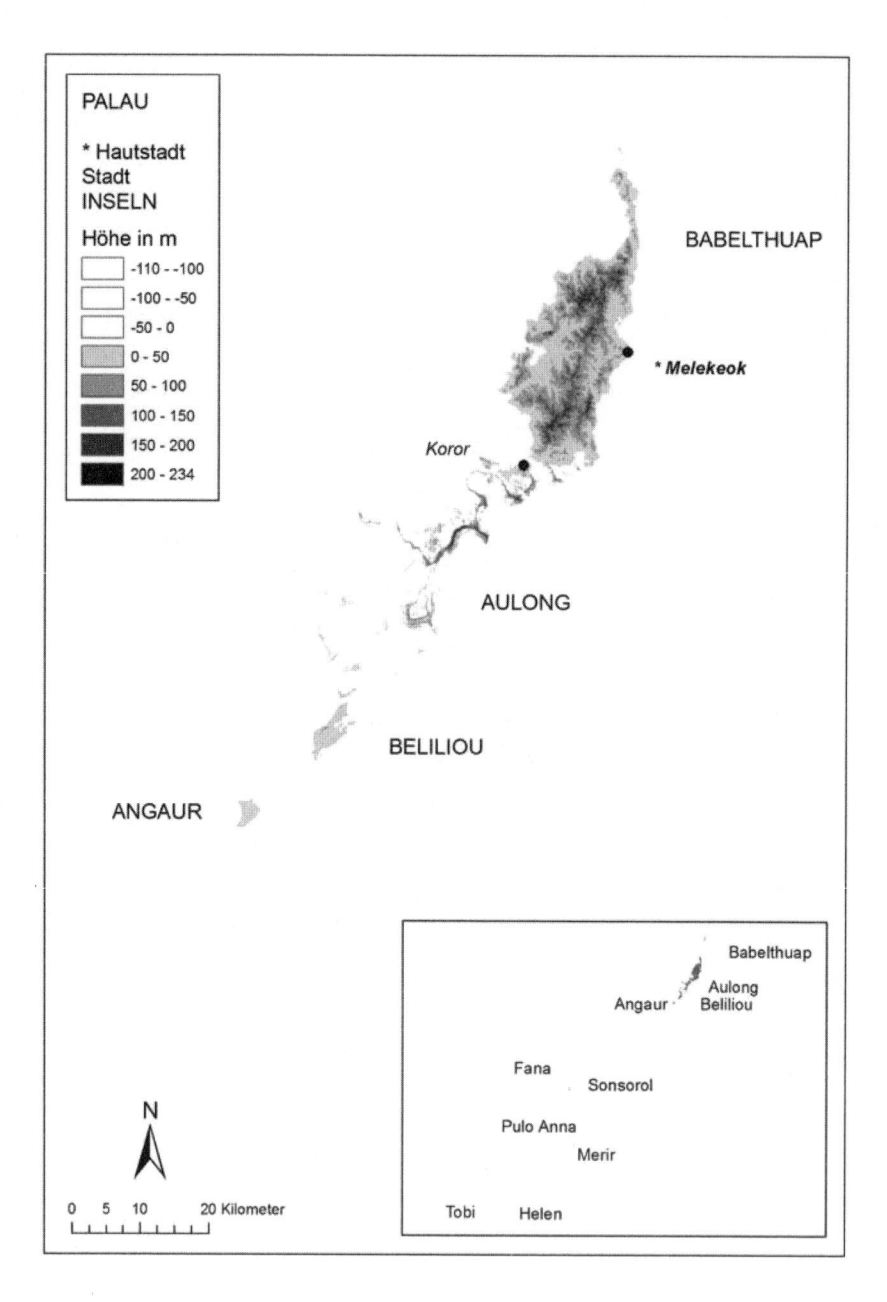

Abbildung 8: Palau

PALAU

Kerstin Maelicke-Werle

HISTORISCHE GRUNDDATEN

1543	Spanien nimmt die Inseln in Besitz, die spanische Präsenz hält sich jedoch in Grenzen.
1899	Spanien verkauft die Inseln an das Deutsche Reich. In dieser Zeit wurden Kokosnussplantagen angelegt.
1914	Palau wird von Japan besetzt.
1944	Schlacht von Peleliu zwischen amerikanischen und japanischen Truppen.
1947	Palau wird Teil des US-verwalteten Trust Territory of the Pacific Islands.
1976	Ablehnung einer gesamt-mikronesischen Verfassung durch die Bewohner Palaus und der Marshallinseln im Rahmen einer Volksabstimmung.
1981	Eigene bundesstaatlich-präsidiale Verfassung tritt in Kraft.
1994	Vollständige Unabhängigkeit Palaus, Festlegung des Compact of Free Association mit den USA auf 50 Jahre.
2001	Wahl von Thomas *Remengesau* zum Staats- und Regierungschef.
2004	Dieser wird im Amt bestätigt.
2007	Das britische Time Magazine zeichnete im Oktober Präsident Thomas *Remengesau* für sein Engagement gegen den Klimaschutz als „Held des Umweltschutzes" aus.
2008	Am 13.05. wurde der Export von lebenden Riff-Fischen verboten, um die Artenvielfalt zu erhalten und das empfindliche Ökosystem der Korallenriffe zu schützen.

Offizieller Name: Republik Palau (Republic of Palau, Beluu er a Belau) **Hauptstadt:** Melekeok **Lage:** 7,3° Nord, 134,3° Ost, im westlichen Pazifik, östlich der Philippinen **Fläche:** 458 km^2 **Bevölkerung:** 21.093 **Staatsform:** Republik **Staats- und Regierungschef:** Tommy Esang Remengesau, Jr. **Außenminister:** Tommy Esang Remengesau, Jr. **Sprachen:** 64,7% Palauisch, 13,5% Philippinisch, 9,4% Englisch. Amtssprachen sind Palauisch und Englisch außer auf den Inseln Sonsoral (Amtssprachen Sonsoralesisch und Englisch), Tobi (Tobi und Englisch sind Amtssprachen) und Angaur (Angaur, Japanisch und Englisch sind Amtssprachen) (Census 2000) **Religionen:** 41,6% Katholiken,

23,3% Protestanten, 8,8% Modekngei (nur auf Palau) (Census 2000) **Währung:** US-Dollar **Mitgliedschaften in internationalen Organisationen:** ACP, ADB, FAO, IAEA, IBRD, ICAO, ICRM, IDA, IFC, IFRCS, IMF, IOC, IPU, MIGA, OPCW, PIF, Sparteca, SPC, UN, UNCTAD, UNESCO, WHO.

***

Historische Entwicklung

Die Republik Palau liegt südöstlich der Philippinen auf 7°30' nördlicher Breite und 134°30' östlicher Länge im Nordpazifik. Sie umfasst eine Landfläche von 494 km² und ein Ozeangebiet von 629 000 km². Zurzeit leben etwa 21.000 Menschen in der Republik, wobei 15% davon auf die größte Einwanderungs-gruppe der Filipinos entfallen. Die Außenpolitik wird seit der Unabhängigkeit des Landes 1994 von den Beziehungen zu den USA geprägt. Mit dem Umzug eines großen Teils der Regierung von Koror nach Melekeok ist diesem Umstand symbolisch zusätzlich Geltung verliehen worden: Das neue Regierungsgebäude ist in seiner Architektur an das Weiße Haus in Washington D.C. und das Capitol Building angelehnt (Bank of Hawaii, 2003: 1). Allerdings ist in diesem Vorgang auch ein kulturelles Prinzip tradiert worden, denn die Gewaltenteilung ist in Palau (Belau) seit jeher dualistisch organisiert. Das nördlich gelegene Melekeok war traditionell Sitz des Reklai, während das südlich gelegene Koror dem Ibedul unterstand und nicht erst seit der japanischen Kolonisierung (japanisches) Verwaltungszentrum wurde. Ibedul konnte sich durch Waffenhandelsbeziehungen zum schiffbrüchigen britischen Kapitän Wilson 1783 Vorteile in kriegerischen Auseinandersetzungen mit dem Norden verschaffen (Krämer, 1917: 106 ff.; Parmentier, 1987: 42).

Palau gehörte nach dem Zweiten Weltkrieg zum Trust Territory of the Pacific Islands (TTPI) unter US-amerikanischer Führung. Seit den 1960er Jahren regten sich Unabhängigkeitsbestrebungen im TTPI, die von den USA mit der Bildung des „Congress of Micronesia" unterstützt wurden. Allerdings wurde bald deutlich, dass keine Einigung unter allen mikronesischen Inselgebieten erzielt werden konnte; besonders Palau, die Marshallinseln und mit pro-amerikanischen Interessen die Marianen suchten Individuallösungen für ihre Staatenbildung. Palau nahm eigene Verhandlungen mit den USA auf, in denen es um eine freie Assoziierung unter der Zusicherung einer Eigenständigkeit Palaus ging. Gleichzeitig verabschiedete Palau dann als Reaktion auf die amerikanischen Atomtests im Pazifik die weltweit erste nuklearfreie Verfassung. Auch hierin zeigt sich die besondere und selbstbewusste politische Haltung der palauischen Bevölkerung.

Es folgte eine Serie von Volksabstimmungen, denn die USA wollten sich auf palauischem Gebiet eine militärische Rückfalllinie sichern und sich in ihren Militäroperationen nicht von der palauischen Verfassung einschränken lassen. Die Verfassung und der Compact of Free Association wurden einander gegenübergestellt und als unvereinbar deklariert. Der palauische Anti-Atomwaffen-Aktivist Roman Bedor fasst stolz zusammen: „Als Ergebnis des Kampfes in Palau haben wir eine atomwaffenfreie Verfassung. Vanuatu ist ebenfalls mit einer atomwaffenfreien Verfassung herausgekommen. In neuester Zeit leisten Neuseeland und alle anderen Inseln einen sehr starken Widerstand gegen atomare Bewaffnung. Seit 1980 beginnen wir unser eigenes unabhängiges Netzwerk zur Verwirklichung eines unabhängigen und atomwaffenfreien Pazifik aufzubauen" (1986: 218).

COMPACT OF FREE ASSOCIATION

Durch eine Verfassungsänderung, die in den Volksabstimmungen statt der Zweidrittelmehrheit nur noch eine absolute Mehrheit vorsah, stimmte die palauische Bevölkerung 1992 dem Compact zu, der vorsieht, dass Palau ein unabhängiger Staat ist, aber den USA die Verteidigungsgewalt zuspricht. Die USA dürfen in Absprache mit der Regierung auf palauischem Gebiet Militärübungen und andere Operationen abhalten, die Infrastruktur des Landes ist an amerikanisches Kriegsgerät angepasst. Zum Beispiel musste die Japan-Palau-Friendship Bridge, die Koror mit der großen Insel Babeldaob verbindet, hoch genug gebaut werden, damit sie von US-Kriegsschiffen passiert werden kann. Im Verteidigungsfall, entscheiden amerikanische Militärs wie die Region verteidigt wird. 1993 konnte auch die palauische Verfassung endgültig ratifiziert werden und das Land wurde 1994 vollständig in die Unabhängigkeit entlassen.

Der Compact of Free Association wurde auf 50 Jahre festgelegt (Moos, 1983: 389), die USA verpflichteten sich im Gegenzug für ihre militärischen Rechte auf Palau für die ersten 15 Jahre bis 2009 zu Unterstützungszahlungen in Höhe von etwa 20 Millionen US-Dollar jährlich. Mit dem Ende des Kalten Krieges sah es zunächst so aus, als ob die USA ihr strategisches Interesse an Palau verloren hätten, doch wurden die Militärstützpunkte Subic Bay und Clarks Airbase in den Philippinen abgebaut. Damit bleibt Palau die zentrale Basis nahe der ostasiatischen Küste. Obwohl das Land das höchste Pro-Kopf-Einkommen aller pazifischen Inselstaaten hat, ist es doch auf die Compact-Zahlungen angewiesen: Einem jährlichen Export-Volumen von 20 Millionen US-Dollar stehen Importe in Höhe von 100 Millionen US-Dollar gegenüber. Haupthandelspartner sind die USA mit Guam, Japan und Singapur.

Die Aussenpolitik der Republik Palau

Die wesentliche Grundlinie der Außenpolitik Palaus, ist im Verständnis begründet dass die Republik in den entscheidenden internationalen Organisationen vertreten sein soll. Diese Teilhabe an globaler Politik schafft wiederum einen Ausgleich zu der ansonsten übermächtigen Bindung an die USA. Der junge Staat ist Mitglied in den Vereinten Nationen (UN), im Pacific Islands Forum (PIF) und dem Secretariat of the Pacific Community (SPC). Die zunehmenden Handelsaktivitäten Chinas im pazifischen Raum beunruhigen zwar die USA, die Palauer sind aber für Kontakte auch zu China offen (Nakamura, 2001: 80-81). Gleichzeitig unterhält Palau diplomatische Beziehungen zu Taiwan. Weitere außenpolitische Partner Palaus sind Japan, Australien und die Philippinen sowie die Mitgliedstaaten der Europäischen Union. Mit den Philippinen und Indonesien wird über die Grenzziehung der Hoheitsgebiete im pazifischen Ozean verhandelt. Die Terrorismus-Bekämpfung spielt in Palau keine herausgehobene Rolle, auch nicht nach dem 11. September 2001. Die Palauer unterstützen die USA in politischer Hinsicht und sind Befürworter der Golfkriege.

In enger Verbindung mit dem Tourismus auf Palau stehen der Umweltschutz und das Engagement des Landes, weltweit z.B. zum Bewusstsein für den Treibhauseffekt beizutragen. Neben Ökotourismus gibt es in der Republik auch eine breite Zustimmung für die internationalen Abkommen, die die Regierung bereits unterzeichnet hat. Dazu zählen Verträge zum Schutz der Artenvielfalt, zum Klimawandel, zum Schutz der Ozonschicht, gegen Walfang sowie das Kyoto-Protokoll. 2004 unterzeichneten die Gouverneure der mikronesischen Staaten in Koror einen Pakt (beim „Fourth Micronesian Presidents" Summit), um sich mit den drängenden Problemen des Klimawandels, der Müllentsorgung, des Gesundheitswesens, der Förderung des Tourismus in der Region, des Thunfischfangs, der marinen Grenzen und des Bildungssektors auseinanderzusetzen. Der Umweltschutz ist die größte Aufgabe für Palaus innenpolitische sowie außenpolitische Zukunft.

Bibliographie

Bedor, Roman: Wenn zwei Krokodile kämpfen – Das Beispiel Balau. Auszüge aus einer Rede. In Informationszentrum Dritte Welt (Freiburg) & Südostasien Informationsstelle (Bremen) (Hg.) Die Militarisierung des Pazifik (Gießen, Prolit Vertriebs GmbH), 1986, S. 209-219.

Hijikata, Hisakatsu: Gods and religion of Palau. Tokyo : The Sasakawa Peace Foundation, 1995.

Krämer, Augustin: Palau. 1. Teilband: Abteilung I. Entdeckungsgeschichte & II. Geographie' in Georg Thilenius (Hg.) Ergebnisse der Südsee-Expedition 1908-1910. Hamburg, L. Friederichsen & Co., 1917.

Lauterbach, Claudia: : Von Frauen, Machtbalance und Modernisierung : das etwas andere Geschlechterverhältnis auf der Pazifikinsel Palau. Opladen 2001.

Leibowitz, Arnold H: Embattled island : Palau's struggle for independence. Westport, Conn.: Praeger, 1996

Moos, Felix: Pazifisches Treuhandgebiet der USA. In Dieter Nohlen & Franz Nuscheler (Hg.) Handbuch der Dritten Welt, Band 8: Ostasien und Ozeanien. Unterentwicklung und Entwicklung. Hamburg, Hoffmann & Campe, 1983, S. 374-396.

Nakamura, Kuniwo: From the Grassroots. Koror, Kuniwo Nakamura, 2001.

Parmentier, Richard: The Sacred Remains. Myth, History, and Polity in Belau. Chicago & London, The University of Chicago Press, 1987.

Smith, Roy H.: The Nuclear Free and Independent Pacific Movement : after Mururoa. London 1997.

Wilson, Lynn B.: Speaking to power : gender and politics in the western Pacific. New York 1995.

Internetlinks:

Bank of Hawaii: Republic of Palau, Economic Report, April 2003. Unter http://166.122.164.43/jcc/reports/palau_2003.pdf.

Fourth Micronesian Presidents Summit (2004) Joint Communique. The Federated States of Micronesia, the Republic of the Marshall Islands and the Republic of Palau, July 19, 2004, unter http://www.paulaugov.net/president/speeches/fourthpressummit.htm.

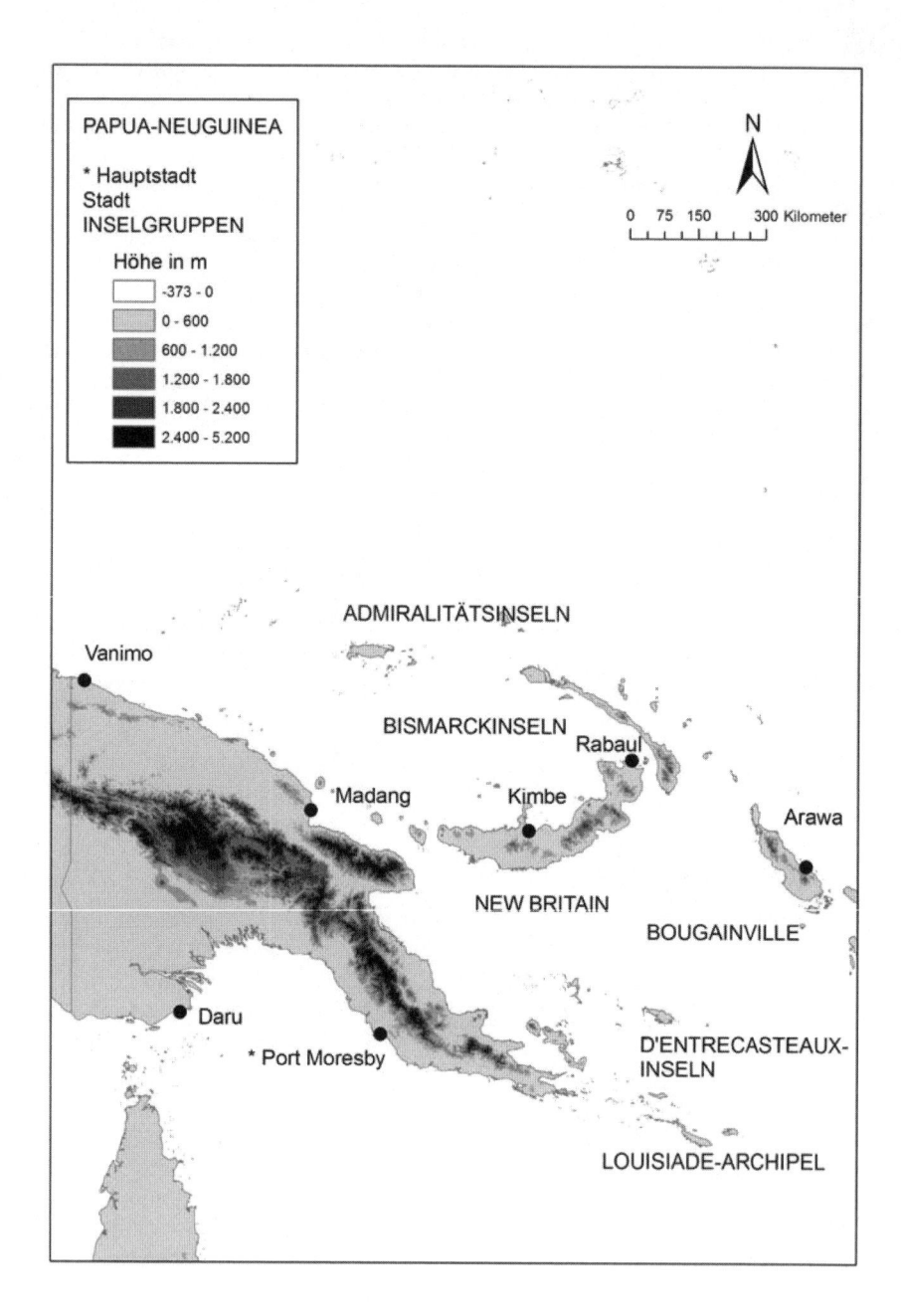

Abbildung 9: Papua-Neuguinea

PAPUA-NEUGUINEA

Roland Seib

HISTORISCHE GRUNDDATEN

1828	Die Niederlande nehmen den Westteil der Hauptinsel „Neuguinea" als Teil Niederländisch-Indiens in Besitz.
1884	Der Ostteil der Hauptinsel wird zwischen dem Vereinigten Königreich und dem Deutschen Reich aufgeteilt.
1906	Australien übernimmt das britische Protektorat als „Territorium Papua".
1920	Australien erhält die deutschen Besitzungen als Völkerbundsmandat.
1939	Japan besetzt weite Landesteile.
1946	Australien erhält für die ehemals deutschen Besitzungen ein UN-Treuhandmandat.
1949	Zusammenschluss beider Landesteile zum Territorium „Papua und Neuguinea".
1964	Autonomiebestrebungen führen 1964 zur Schaffung einer parlamentarischen Versammlung.
1972	Erste Parlamentswahlen.
1973	Grenze zwischen Papua-Neuguinea und Indonesien wird in einer australisch-indonesischen Vereinbarung festgelegt.
1975	Vollständige Unabhängigkeit.
1988	An Landrechtsfragen bezüglich einer großen Kupfermine entzündet sich auf der Insel Bougainville ein bürgerkriegsartiger Konflikt.
2001	Unterzeichnung eines Friedensabkommens.
2005	Wahlen zum ersten Parlament der neu geschaffenen autonomen Provinz Bougainville.

Offizieller Name: Papua-Neuguinea (Papuaniugini) **Hauptstadt:** Port Moresby **Lage:** 6° Süd, 147° Ost, östlich von Indonesien **Fläche:** 462.840 km^2 **Bevölkerung:** 5,932 Millionen **Staatsform:** Parlamentarische Monarchie **Staatschef:** Königin Elizabeth II, vertreten durch den Generalgouverneur Sir Paulius Matane **Premierminister:** Michael Somare **Außenminister:** Sam Abal **Sprachen:** Englisch (Amtssprache), Tok Pisin (Pidgin-Englisch, Verkehrssprache), Hiri Motu und etwa 800 verschiedene einheimische Sprachen **Religionen:** 27% Katholiken, 19,5% Protestanten (evangelisch-lutherisch), 11,5% United Church (Methodisten und Presbyterianer), 10% Siebenten-Tags-

Adventisten, 8,6% Pfingstkirche, 5,2% Evangelical Alliance, 3,2 % Anglikaner (Census 2000) **Währung:** Kina **Mitgliedschaften in internationalen Organisationen:** ACP, ADB, APEC, ARF, ASEAN (Beobachterstatus), C, CP, FAO, G-77, IBRD, ICAO, ICRM, IDA, IFAD, IFC, IFRCS, IHO, ILO, IMF, IMO, Interpol, IOC, IOM (Beobachterstatus), IPU, ISO (Korrespondent), ITSO, ITU, MIGA, NAM, OPCW, PIF, Sparteca, SPC, UN, UNCTAD, UNESCO, UNIDO, UNWTO, UPU, WCO, WFTU, WHO, WIPO, WMO, WTO.

***

HISTORISCHE ENTWICKLUNG

Papua-Neuguinea (PNG) stellt mit 6,5 Millionen Einwohnern - 70% der Gesamtbevölkerung Ozeaniens - und einer Fläche von 462.840 km² den mit Abstand größten und bevölkerungsreichsten Inselstaat im Südpazifik dar (Secretariat of the Pacific Community, 04.06.2008). Er bildet die geographische Brücke zu den benachbarten südostasiatischen Nationen. Mit über 830 eigenständigen Sprachen gehört das Land zu den kulturell und linguistisch heterogensten Staaten der Erde. Noch bis in die 1950er Jahre war PNG eine von globalen Einflüssen weitgehend unberührte egalitäre Agrargesellschaft. Am 16. September 1975 wurde die ehemals britische (bis 1906) bzw. deutsche Kolonie (bis 1914 bzw. 1921) von Australien in die Unabhängigkeit entlassen. Die Führung des neuen Staates ging an eine kleine im Entstehen begriffene Bildungselite.

Das Land unterhält diplomatische Beziehungen mit 56 Staaten (US Department of State, 2008), besitzt selbst aber nur 18 Auslandsmissionen bei den Nachbarstaaten und wichtigsten Handelspartnern sowie den USA (Außenstaatssekretär Gabriel Pepson, National 15.01.2008). Bis Ende der 1980er Jahre konnte PNG im pazifischen Raum an außenpolitischer Reputation gewinnen. Obwohl das politische Gewicht auf internationaler Ebene eher marginal ist, gelang es dem jungen Staat, über die Mitgliedschaft in den wichtigsten regionalen und internationalen Organisationen zumindest teilweise pazifische Interessen zur Geltung zu bringen. Das Land ist seit 1974 eines der führenden Mitglieder in der Regionalorganisation „Pacific Islands Forum" (bis zur Namensänderung 2000 „South Pacific Forum"), gehört seit 1975 der Südpazifikkommission (heute „Secretariat of the Pacific Community") an und ist Mitglied der Regionalorganisationen wie dem „South Pacific Regional Environmental Program" (SPREP). Eine aktive Mitarbeit erfolgt in den intra- und interregionalen Kooperationsgremien.

PNG ist seit der Unabhängigkeit Mitglied im britischen Commonwealth of Nations. Als Mitglied der AKP-Staatengruppe trat das Land im Jahr 1978 der Lomé-Konvention bei, die 2000 durch das Cotonou-Abkommen abgelöst wurde. Seit 01.01.2008 ist ein Interims-EPA („Economic Partnership Agreement") mit der Europäischen Union (EU) wirksam, das Handelsbarrieren beseitigen und eine mit den Regeln der „World Trade Organization" (WTO) konsistente Kooperation intensivieren soll. PNG ist seit 1996 WTO-Mitglied. An weiteren Handelspräferenzabkommen bestehen mit Zugang zu Australien und Neuseeland das „South Pacific Regional Trade and Economic Cooperation Agreement" von 1981 (SPARTECA), das seit 2002 als Grundlage einer weiterführenden Handelskooperation fungierende „Pacific Agreement on Closer Economic Relations" (PACER) und das bisher nur ratifizierte „Pacific Island Countries Trade Agreement" (PICTA). Ein subregionales Handelsabkommen besteht seit 1993 auch unter den vier Mitgliedern der „Melanesian Spearhead Group".

Seit den 1990er Jahre bemüht sich PNG, die bi- und multilateralen Beziehungen zu den asiatischen Nachbarländern zu intensivieren. Das Land hat seit 1981 Beobachterstatus in der „Association of the South-East Asian Nations" (ASEAN) und nimmt seit 1994 regelmäßig an den Sicherheitsforen der Staatengruppe teil. Seit 1993 ist PNG erstes pazifisches Mitglied des „Asia Pacific Economic Cooperation" (APEC) Forums. Aufgrund der wirtschaftlichen Probleme, der innenpolitischen Instabilität sowie der hohen Korruption und Kriminalität hat PNGs Außenpolitik seit Beginn der 1990er Jahre beständig an Bedeutung verloren. Der Staat hat zudem an regionalem Ansehen und Glaubwürdigkeit eingebüßt.

UNIVERSALISMUS UND DIVERSIFIZIERTE AUßENPOLITISCHE BEZIEHUNGEN

Mit der Unabhängigkeit erhielt die Außenpolitik geringe Relevanz, ging es der ersten Regierung unter Premierminister Michael Somare primär um die institutionelle Etablierung eines souveränen Staates. Außenminister Albert Maori Kiki skizzierte eine am Konzept des Universalismus orientierte Politik, die unter der Maxime „friends to all and enemies to none" (DFAT 1976) bis heute Gültigkeit hat (Gabriel Pepson, National 15.01.2008). Ausgeschlossen waren damit die Zugehörigkeit zu militärischen und ideologischen Blöcken sowie diplomatische Beziehungen zu Ländern mit rassistischer Politik (etwa Südafrika). Es galt das Prinzip der Gleichbehandlung, worunter die Aufnahme blockunabhängiger bzw. übergreifender bilateraler Beziehungen verstanden wurde. Eine Debatte der Relevanz der außenpolitischen Beziehungen ist allerdings erst seit Ende der 1970er Jahre zu belegen. Sie mündete in der Übernahme von Empfehlungen eines 1980 veröffentlichten Weißbuches durch den zweiten Regierungschef Julius Chan. Das Dokument sprach sich für ein aktiveres wie auch selektiveres internationales Engagement aus, das sich an den nationalen Interessen und Prioritäten orientieren sollte, worunter primär die Nützlichkeit für die eigene wirtschaftliche Entwicklung verstanden wurde. Betont wurden auch die Konsolidierung der engen Verbindungen zu Australien und die verbesserte Kooperation mit den pazifischen Nachbarstaaten. Eine Umsetzung dieser Politik begann erst mit der Regierungsübernahme durch Paias Wingti (1985-88), der als junger Nachwuchspolitiker auf eine stärkere Neuorientierung der dominanten (Wirtschafts-)Beziehungen zu Australien setzte.

Weitere Bestrebungen, der Außenpolitik mehr programmatisches Gewicht zu verleihen, sind erst in der zweiten Amtszeit Paias Wingtis (1992-94) zu belegen. Dieser diversifizierte die bi- und multilateralen Beziehungen, die unter dem Begriff der „look north policy" (DFAT, 1999: 2) Eingang in den Sprachgebrauch gefunden haben. Mit der Öffnung gegenüber den ASEAN-Staaten erhoffte sich die Regierung Multiplikatoreffekte durch deren boomende Ökonomien. Wingtis Nachfolger als Regierungschef, Julius Chan, nahm dessen Vorstoß auf und erweiterte ihn um eine pazifische Komponente. Die im Parlament vorgestellte Strategie „looking north and working the Pacific" (ebd.) betonte neben den ASEAN-Staaten die Bedeutung der Kooperation mit den pazifischen Nachbarstaaten. Im Juni 1996 erlebte das obige Konzept eine Neuauflage, das diesmal unter der Direktive „reinforcing our core relationships" (ebd., 3) präsentiert wurde. Seitdem immer wieder öffentlichkeitswirksam angekündigte programmatische Neuüberlegungen zur Außenpolitik wie zuletzt im Januar 2008 verliefen bisher ohne greifbare Resultate (vgl. Post-Courier, 15.01.2008).

Zur Kontinuität bi- und multilateraler Beziehungen

Australien nimmt aufgrund der historischen Beziehungen, der geographischen Nähe von gerade 160 Kilometern zum Festland des fünften Kontinents sowie der engen wirtschaftlichen und entwicklungspolitischen Kooperation in den außenpolitischen Beziehungen PNGs seit der Unabhängigkeit eine Sonderstellung ein. Bis heute ist Australien PNGs wichtigster Handelspartner. Auf Grund der florierenden Wirtschaftsbeziehungen arbeiten heute wieder 8.000 Australier im Land (die Zahl war von 50.000 zur Unabhängigkeit auf zwischenzeitlich 5.000 zurückgegangen). Die vielfältigen Beziehungen zwischen Canberra und Port Moresby wurden im Dezember 1987 in der „Joint Declaration of Principles Guiding Relations Between Australia and Papua New Guinea" erstmals umfassend geregelt, die 1992 und 1993 überarbeitet worden ist. An weiteren relevanten Staatsverträgen sind das „Torres Strait Treaty" (1985), das „Double Taxation Agreement" (1989), das „Papua New Guinea-Australia Trade and Commercial Relations Agreement" (1991), das „Agreement for the Promotion and Protection of Investment" (1991), das „Treaty on Development Cooperation" (zuletzt 1999 modifiziert) und das „Joint Agreement on Enhanced Cooperation" vom July 2004 zu nennen. Das jährlich stattfindende, mit Kabinettsmitgliedern besetzte „Australia-Papua New Guinea Ministerial Forum" ist das höchstrangige Konsultationstreffen zwischen beiden Ländern, das zuletzt im April 2008 auf Außenministerebene in der PNG-Küstenstadt Madang stattfand. Hinsichtlich der gemeinsamen Sicherheitskooperation ging die Joint Declaration von 1987, die im September 1991 durch ein „Agreed Statement on Security Co-operation" bestätigt wurde, erstmals auch über die bisher bestehende finanzielle, technische und personelle Unterstützung der 1973 gegründeten Streitkräfte (PNG Defence Force, PNGDF) hinaus, deren Personalstärke bis 2008 mit australischer Unterstützung von einst über 3.000 auf 2.000 Soldaten reduziert worden ist. Die Vereinbarung betonte die gemeinsamen Sicherheitsinteressen sowie die aktive militärische Zusammenarbeit im Falle der Bedrohung der nationalen Souveränität des jeweiligen Nachbarn. Vergleichbar der Außenpolitik hatte auch die Sicherheitspolitik in Port Moresby nur geringe Bedeutung. PNG besitzt zwar aufgrund seiner geographischen Lage für Australien zentrale strategische Bedeutung. Canberra vermied es jedoch, eine militärische Verteidigungsverpflichtung gegenüber dem Nachbarn einzugehen. Es galt ein im Januar 1977 abgeschlossenes „Agreement between Australia and Papua New Guinea regarding the Status of Forces of each State in the Territory of the other State", das die gegenseitigen Sicherheitsinteressen anerkannte. Das Übereinkommen sah im Falle eines militärischen Angriffs beidseitige Konsultationen mit dem Ziel der Ergreifung von Abwehrmaßnahmen vor.

Erst die Neubestimmung der strategischen Prioritäten Canberras ab 1986 hatte für PNG Konsequenzen. Statt weitreichender militärischer Präsenz sollte die Verteidigungskapazität Australiens künftig auf eng umfasste Gebiete von strategischer Bedeutung begrenzt werden. PNG nahm damit in der Sicherheitskonzeption Australiens eine Schlüsselrolle ein. Die Joint Declaration von 1987 vermied zwar auch diesmal eine präzise Stellungnahme bezüglich eines militärischen Beistands, betonte aber das gemeinsame Krisenmanagement und damit implizit die gegenseitige Verteidigungswilligkeit. Die Sicherheits-partnerschaft wurde zuletzt 1997 bestätigt, von australischer Seite zudem im Verteidigungs-Weißbuch des Jahres 2000 (Australian Department of Defence, Defence Updates). Während sich Port Moresby von Canberras Engagement im „war against terror" im Irak distanzierte, beteiligt sich PNG seit Juli 2003 an der australisch geführten „Regional Assistance Mission to Solomon Islands" (RAMSI).

Die Entwicklungszusammenarbeit stellt einen weiteren zentralen Arbeitsschwerpunkt zwischen beiden Ländern dar. Australien ist für PNG mit weitem Abstand der wichtigste Kooperationspartner. Allein im Haushaltsjahr 2008-09 werden von Canberra 389 Mio. AUS-$ (235 Mio. Euro) für die Projekthilfe bereitgestellt, nachdem im Haushaltsjahr 1998-99 letztmalig ein Budgetzuschuss nach Port Moresby überwiesen worden ist. Allein bis 2005 wurden von Australien insgesamt real 14 Mrd. AUS-$ gezahlt, die in die Effizienzsteigerung des Bildungs- und Gesundheitssektors, den Infrastruktur-ausbau sowie die Governance-Förderung (Stärkung der Regierungs-, Verwaltungs- und Justizstrukturen auf allen staatlichen Ebenen) geflossen sind.

Die Beziehungen PNGs zu seinem Nachbarn Indonesien verliefen bis Mitte der 1980er Jahre wenig harmonisch. Beide Staaten verbindet eine gemeinsame 750 km lange, weitgehend unmarkierte und unkontrollierte Grenze, die 1973 in einer australisch-indonesischen Grenzvereinbarung festgelegt wurde. Die 1969 vollzogene, völkerrechtlich anerkannte, indonesische Annexion der früheren niederländischen Kolonie West-Neuguinea (auch Niederländisch-Neuguinea oder Westpapua, heute die beiden Provinzen Papua und Papua-West) durch einen dubiosen „Act of Free Choice" sowie die Okkupation Ost-Timors im Jahr 1975, dem Jahr der Unabhängigkeit PNGs, lösten im Land Ängste vor Expansionsbestrebungen Jakartas über die gesamte Insel Neuguinea aus. Die Politik Indonesiens wurde in Port Moresby als Bedrohung der Existenz PNGs wahrgenommen.

Die Zunahme der anti-indonesischen Aktivitäten der indigenen Befreiungsbewegung OPM („Organisasi Papua Merdeka") in Irian Jaya seit Beginn der 1980er Jahre verschlechterte die Kontakte beider Staaten. 1984 eskalierten die Spannungen, als 12.000 westpapuanische Flüchtlinge jenseits der Grenze Zuflucht suchten. Grenzverletzungen durch indonesische Militäreinheiten bei der Verfolgung so genannter OPM-Rebellen auf dem Territorium von PNG führten zu scharfen Protesten Port Moresbys in Jakarta sowie bei den Vereinten Nationen. Trotz Sympathien der PNG-Bevölkerung für die Lage der „melanesischen Brüder" im Westteil der Insel, die allerdings aufgrund der unterschiedlichen historischen Entwicklung und des sozio-ökonomischen Gefälles die Vorstellung einer (Re-)Union mit dem Westteil der Insel ausschließt, war Port Moresby daran gelegen, das Grenzproblem zu entschärfen und die beidseitigen Beziehungen auf eine partnerschaftliche Basis zu stellen.

Hintergrund der bilateralen Annäherung war die sich in Port Moresby in der Wingti-Regierung durchsetzende pragmatische Überzeugung, Indonesien und damit auch der asiatische Kontinent offeriere erhebliche wirtschaftliche Chancen. Die Annäherung beider Staaten mündete schließlich trotz der Kritik von Oppositionspolitikern, dies sei der schnellste Weg passiven Völkermords und sanktioniere zudem Menschenrechtsverletzungen, in dem im Oktober 1986 abgeschlossenen „Treaty of Mutual Respect, Friendship and Cooperation". In dem Vertrag erkannte PNG die indonesische Souveränität über Irian Jaya an (sowie, völkerrechtlich kaum vertretbar, über Ost-Timor). Zwei Jahre später bestätigte der damalige Außenminister PNGs, Akoka Doi, die Grenzziehung als „a mistake done by the colonial powers so let it stay as it is" (Islands Business, April 1988: 26).

Seit der Vertragsunterzeichnung vergewissern sich beide Regierungen bei jährlich stattfindenden Konsultationen „herzlicher" Beziehungen, auch wenn kurzzeitige bilaterale Spannungen nicht auszuschließen sind. So führten zahlreiche Grenzübertritte indonesischer Soldaten in der Provinz Sandaun Mitte 2008 zu einer Protestnote Port Moresbys, in der damit gedroht wurde, die illegalen Übergriffe vor die Regionalforen ASEAN und Pacific Islands Forum sowie die Vereinten Nationen zu bringen. Indonesiens Außenminister Hassan Wirajuda versicherte daraufhin, dass es keine Grenzverletzungen durch das eigene Militär mehr geben werde. Man sei der PNG-Regierung zudem dankbar für die ausgeübte Zurückhaltung in dieser Angelegenheit. Treffen gemeinsamer Grenzkomitees sollen nun häufiger stattfinden, zudem der bilaterale Dialog auf Außenministerebene intensiviert wird (National 24.07. und 28.07.2008).

Eine klare Position der PNG-Regierung gegenüber den 10.003 Westpapua-Flüchtlingen („United Nations High Commission for Refugees", Statistical Yearbook 2007), davon allein 2.500 im Lager East Awin im Grenzgebiet der Provinz Western, gab und gibt es bisher nicht. Sie dürfen sich zwar in PNG aufhalten, eine Ausreise in ein Drittland ist aber nur nach erfolgreicher Vermittlung durch den UNHCR möglich. Mit dessen Hilfe wurden 2004 1.217 in PNG geborenen Flüchtlingen erstmals Geburtsurkunden ausgehändigt. Ihnen sind nun eine legale Identität und der Zugang zu öffentlichen Leistungen gesichert (UNHCR, 10.5.2004).

Beziehungen zu den Pazifischen Inselstaaten

Während die Beziehungen zu den Nachbarstaaten Australien und Indonesien heute eher auf Kontinuität angelegt sind, stellte der Pazifik die regionale Sphäre dar, in der alle Regierungen PNGs seit der Unabhängigkeit außenpolitisches Profil zu gewinnen suchten. Angesichts des geographischen und demographischen Potentials sah man sich verpflichtet, eine aktive Rolle bei der Zusammenführung der kleinen Inselstaaten zu spielen und die kollektiven Interessen dieser Länder zu vertreten. Mehr noch bestand seit Anfang der 1980er Jahre besonders bei dem damaligen Premier Chan die Auffassung, PNG könne sich gegenüber den pazifischen Mikrostaaten als Machtfaktor bzw. regionale Mittelmacht etablieren. Dem Dominanzstreben Port Moresbys wurde von Seiten der kleinen polynesischen Staaten mit erheblichem Misstrauen begegnet.

Anlass dazu bot 1980 die Entsendung eines PNGDF-Kontingents in das gerade unabhängig gewordene Vanuatu, um eine sezessionistische Rebellion europäischer Siedler auf der Insel Espiritu Santo niederzuschlagen. Die militärische Hilfe erfolgte auf Bitten des dortigen Regierungschefs Walter Lini. Während Somare gute Beziehungen zu Fidschis nationalen Führern pflegte, um das Image der pazifischen Unabhängigkeitsführer zu kultivieren, setzte Chan stärker auf eine Politisierung des 1971 von den unabhängigen Inselstaaten gegründeten South Pacific Forum. Es sollte das Instrument zur Einforderung des Rechts der noch abhängigen Staaten auf Selbstbestimmung sein. Forumthemen waren der französische Kolonialismus, die Atomtests, die Ausrufung des Pazifik als atomwaffenfreie Zone sowie die gemeinsamen Fischereirechte. Eine weitere Kooperation erfolgt auf den Feldern Kommunikation, Transport, Tourismus und Umwelt (Klimawandel und globale Erwärmung). Die wirtschaftliche Zusammenarbeit der Inselstaaten untereinander ist dagegen bis heute weitgehend unbedeutend.

Das fischereiwirtschaftliche Engagement der Sowjetunion mit Kiribati und Vanuatu, die seinerzeit behauptete libysche Einflussnahme in Vanuatu, der

Thunfischkrieg mit den USA sowie die beiden Militärputsche in Fidschi von 1987 führten nicht nur zu einer bisher ungekannten Destabilisierung der Region seit Mitte der 1980er Jahre. Sie boten PNG auch die Gelegenheit, Kritik an der Politik der Pazifikstaaten unter Verweis auf die regionale Hauptherausforderung des französischen Kolonialismus zurückzuweisen. Entsprechend erkannte PNG ungeachtet der Kritik Canberras als erstes Land überhaupt das neue Regime in Fidschi an.

Da die melanesischen Staaten trotz Größe und Ressourcenreichtums den eher konservativen polynesischen Staaten im Südpazifikforum zahlenmäßig unterlegen waren, denen sich zudem trotz melanesischer Zugehörigkeit Fidschi zuordnete, initiierte Premier Wingti im März 1988 zusammen mit den Salomonen und Vanuatu die „Melanesian Spearhead Group" (MSG). Der Block trat an, melanesische Interessen wie die Unterstützung der indigenen kanakischen Befreiungsfront FLNKS („Front de Libération Nationale Kanak et Socialiste") in Neukaledonien im Forum mit mehr Nachdruck verfolgen zu können. Innenpolitisch wurde der Vorstoß in PNG als rassistisch und spalterisch kritisiert. Politiker wie Somare präferieren stattdessen eine Fortsetzung der pazifikweiten Zusammenarbeit. Fidschi trat der Subregionalgruppe und dessen Freihandels-abkommen 1996 bei (FAO, 2003). Im Mai 2008 wurde in Vanuatus Hauptstadt Port Vila ein neues (chinesisch finanziertes) Sekretariatsgebäude eröffnet, der erst geschaffene Posten eines Generaldirektors besetzt und die MSG-Verfassung modifiziert, womit nun die Prioritäten Melanesiens intensiver verfolgt werden sollen. Allerdings wurde Westpapuanern der Beobachterstatus in der MSG verweigert. PNG-Premier Somare sprach im Unterschied zur FLNKS von einer internen Angelegenheit Indonesiens (Radio New Zealand International, 28.05., 31.05. und 11.06.2008). Auch hinsichtlich der Rückkehr Fidschis zur zivilen Herrschaft überwog die kritiklose Solidarität, die – im scharfen Kontrast zur Außenpolitik Australiens und Neuseelands – immer mehr zum Charakteristikum der politischen Kooperation unter den unabhängigen Südpazifikstaaten wird. Fidschis Putsch- und Übergangspremier Kommodore Voreqe Bainimarama ließ gar verlauten, er genieße die Unterstützung der Gruppe hinsichtlich des Staatsstreichs vom Dezember 2006 gegen Australien, Neuseeland, die USA, Großbritannien und die EU (ebd., 06.06.2008).

DER BEDEUTUNGSZUWACHS CHINAS

Mit der Volksrepublik China wurden bereits am 12.10.1976 diplomatische Beziehungen aufgenommen. In einem gemeinsamen Kommuniqué erkannte PNG den Alleinvertretungsanspruch der VR über Gesamtchina an („One China Policy"). Seit 1992 bestehen zwischen beiden Ländern reguläre Konsultationen. Diese spiegeln die wachsende Bedeutung Chinas in den Handelsbeziehungen, den Direktinvestitionen sowie in der Entwicklungskooperation wider. Obwohl niemals Kritik an China geäußert wurde, das Tiananmen-Massaker in Peking ist vom damaligen Außenminister Jack Genia mit dem Hinweis kommentiert worden, die eigene Politik sei „(...) guided by the principle of non-interference in the internal affairs of other nations" (PNG Foreign Affairs Review, 9 (2) 1989: 2), verliefen die bilateralen Beziehungen nicht immer konfliktfrei. Mehrere Geheim-treffen von PNG-Außenministern mit hohen taiwanesischen Regierungsvertretern in Taipeh mit dem Ziel, kommerzielle Kredite zum Ausgleich der angeschlagenen Haushaltslage zu erhalten, hatten Proteste Pekings zur Folge.

Zum Eklat führte Anfang Juli 1999 die diplomatische Anerkennung Taiwans (offiziell Republik China) durch PNG, für die, nach dem damaligen Premier Bill Skate, als Gegenleistung bis zu 2,3 Milliarden US-$ an finanzieller Hilfe zugesagt worden sein sollen. Der nur neun Tage später im Kontext eines angedrohten Misstrauensvotums ins Amt gewählte neue Regierungschef Mekere Morauta revidierte umgehend die von Peking heftig kritisierte „large-scale dollar diplomacy" seines Vorgängers, so dass Port Moresbys Beziehungen zu Taiwan nun wieder wie bisher als ausschließlich kommerziell und nicht politisch definiert werden (Post-Courier 07.07.1999, National 22.07.1999), auch wenn dies, wie zuletzt im November 2002, den Besuch einer Handelsdelegation in Taipeh nicht ausschließt (Post-Courier, 27.11.2002).

Dass die Scheckbuch-Diplomatie Taiwans, das derzeit weltweit nur von 23 Staaten diplomatisch anerkannt wird, darunter allein sechs Südpazifikstaaten, damit nicht der Vergangenheit angehört, belegt der versuchte Kauf von PNG-Politikern des Jahres 2008. Der taiwanesische Vize-Premierminister Chiou I-Jen hatte in Taipeh die Auszahlung von 30 Mio. US-$ an zwei Personen empfohlen, die ihren Einfluss zum diplomatischen Seitenwechsel in Port Moresby geltend machen sollten. Die Mittel wurde zwar ausgezahlt, Chiou aber betrogen. Die beiden Männer, Passinhaber Singapurs und der USA, verschwanden mit dem Bargeld, auch wenn in PNGs Hauptstadt nachweislich darüber Gespräche stattgefunden hatten. Chiou musste daraufhin von seinem Amt zurücktreten und sieht sich nun selbst einer möglichen Korruptionsklage ausgesetzt (Foreign Policy online, Juli 2008).

War die Volksrepublik in den vergangenen Dekaden ein aktiver und verlässlicher Partner in der Entwicklungszusammenarbeit, haben spätestens seit 2005 die Direktinvestitionen in PNG exponentiell zugenommen, was ein wirtschaftliches Engagement vergleichbar mit Afrika widerspiegelt. So ist die staatseigene chinesische „Metallurgical Construction Corporation" nicht nur mit 85% an der in der Madang-Provinz gebauten 700 Mio. US-$ teuren Ramu Nickel- und Kobaltmine beteiligt, sondern auch deren Betreiber. Schon jetzt wird mit dem Projekt eine Verrohung der bisher von westlichen transnationalen Konzernen weitgehend gewährleisteten Arbeits- und Sozialbedingungen assoziiert, ist gar von Sklavenhandel mit dem chinesischen Festland die Rede. Auch in der Forstwirtschaft, die von einem malaysischen Konzern kontrolliert wird, gingen 2007 erstmals 89% aller Rundholzexporte nach China, wo bisher Malaysia und Südkorea als Abnehmer dominierten. In Madang ist zudem eine chinesische Industriezone zur Weiterverarbeitung von Agrar- (Ölplantagen) und Holz-produkten geplant. Derzeit wird mit mehr als 20.000 Chinesen im Land gerechnet (Hegarty, 2007). Hinzu kommt die Anwesenheit von Illegalen ebenso wie die Existenz von Festland-Syndikaten, die mit der rasch ansteigenden Schwer-kriminalität (Rauschgift-, Waffen- und Menschenhandel sowie bewaffnete Raubüberfälle) in Verbindung gebracht werden (Age, 19.2.2005).

Mit Japan und Deutschland, mit dem am 16.09.1976 und damit genau ein Jahr nach der Unabhängigkeit diplomatische Kontakte aufgenommen wurden, bestehen etablierte bilaterale Beziehungen, welche die Bedeutung der beiden Länder als Absatzmärkte für die Rohstoffexporte PNGs widerspiegeln. Insbesondere die Europäische Union und Japan sind zudem bedeutende Entwicklungshilfegeber. Die diplomatischen Beziehungen zu den USA hingegen sind von geringer Relevanz, sieht man von der gewährten humanitären Hilfe und der Rehabilitationsförderung auf der Insel Bougainville ab. Im Land leben über 2.000 US-Bürger, von denen viele mit christlichen Missionen verbunden sind. Aus beider Länder Sicht erfolgreich verläuft der 1987 mit der „Forum Fisheries Agency" abgeschlossene multilaterale Thunfischvertrag zwischen den USA und 17 pazifischen Inselstaaten einschließlich Australien und Neuseeland („Treaty on Fisheries between the Governments of Certain Pacific Island States and the Government of the United States of America"). Die jährliche Zahlung von insgesamt 21 Mio. US-$ gestattet derzeit 45 US-Fangschiffen freien Zugang zu den Fischgründen innerhalb der jeweiligen Ausschließlichen Wirtschaftszonen („Exclusive Economic Zone" von 200 Seemeilen) (Australian Department of Agriculture, Fisheries and Forestry, 15.09.2006).

Innenpolitische Instabilität und außenpolitischer Bedeutungsverlust

Seit den 1990er Jahren hat die Zuspitzung der innenpolitischen Probleme den diplomatischen Handlungsspielraum PNGs eingeschränkt. Nicht nur ist das Bestreben, eine pazifische Vorreiterrolle einzunehmen, erheblich diskreditiert, das Land selbst wird zunehmend als Unsicherheitsfaktor bezüglich der regionalen Stabilität wahrgenommen. Ein wichtiger Auslöser dieser Dynamik war der Sezessionskonflikt auf der Insel Bougainville, der mittlerweile befriedet ist, auch wenn bis heute im Zentrum und Süden der Insel so genannten „no-go zones" weiter existieren. Die Bevölkerung von PNGs östlichster Region steht kulturell den Salomonen näher als dem eigenen Staat.

Der Konflikt um die Umweltzerstörung und Beteiligung an der auf der Insel gelegenen, volkswirtschaftlich wichtigen Kupfermine Panguna eskalierte zur ethnischen Rebellion und zum Bürgerkrieg, in dem nach UN-Schätzungen zwischen 1988 und 1998 15.000 Opfer zumeist unter der Zivilbevölkerung zu beklagen waren. Der Versuch Port Moresbys, den Konflikt militärisch zu lösen, führte zu erheblichen Menschenrechtsverletzungen durch Einheiten der kaum disziplinierten PNG-Streitkräfte wie auch der Rebellen der „Bougainville Revolutionary Army" (BRA). Mehrere Übergriffe von Soldaten auf das Territorium der Salomonen bei der Verfolgung flüchtender Guerillas hatten dort Tote, Verletzte und Zerstörungen zur Folge und führten zu erheblichen Spannungen zwischen beiden Ländern. Port Moresby sah sich gezwungen, aufgrund der internationalen Proteste vor der Menschenrechtskommission der Vereinten Nationen sowie gegenüber der Europäischen Union Stellung zu beziehen. Auch Australien wurde von den Salomonen aufgrund der anfänglichen materiellen Unterstützung des PNG-Militärs Komplizenschaft bei der Verletzung von Menschenrechten vorgeworfen.

Durch Vermittlung Neuseelands konnte im April 1998 ein Waffenstillstandsabkommen zwischen der Zentralregierung in Port Moresby und der BRA abgeschlossen werden gefolgt von einem formellen Friedensabkommen im August 2001, das durch unbewaffnete Mitglieder einer aus der Region des Südpazifiks stammenden „Peace Monitoring Group" und einer Beobachter-kommission der Vereinten Nationen (UNOMB gefolgt von UNPOB, 1998 bis 2005) unterstützt wurde. Zudem ist in den Verfassungen PNGs und Bougainvilles der Insel die weitgehende Autonomie zugestanden worden, die auch ein künftiges, zwischen 2015 und 2020 abzuhaltendes Unabhängigkeitsreferendum der Inselbewohner über den künftigen völkerrechtlichen Status beinhaltet. Mit den erfolgreich abgeschlossenen Wahlen des Präsidenten und der Abgeordneten des „House of Representatives" ist im Juni 2005 die erste autonome Region innerhalb des Staates PNG schließlich Realität geworden.

Die Krise offenbarte auch die fundamentale Schwäche des Staates PNG, die Autorität gegenüber den weiterhin starken ethnischen Gemeinschaften durchzusetzen. Sie belegte zudem die wachsende Legitimitätskrise des politischen Systems in PNG. Korruption, Nepotismus und Missmanagement haben nicht nur die politische Elite diskreditiert, sondern auch den Öffentlichen Dienst bis hin zur Dysfunktionalität durchdrungen. Das Risiko sei hoch, so zwei Beobachter, dass „the systemically weakened institutions of governance in PNG might collapse" (White/Wainwright, 2004: 3). Da ein Zusammenbruch staatlicher Strukturen vergleichbar den benachbarten Salomonen („the first ‚failed state' in the Pacific", Asian Development Bank, 2004) auch von der australischen Regierung nicht mehr ausgeschlossen wurde, politische und akademische Kreise identifizierten einen regionalen „arc of instability", der von der Christmas Island bis Fidschi reicht (vgl. Rumley et al., 2006), sah sich Canberra 2004 dazu veranlasst, sich auch personell noch stärker im Nachbarland zu engagieren.

Die Finanzierung des Einsatzes von 296 Experten in den Kernbereichen des Staates (Polizei- und Justizbehörden sowie die öffentliche Verwaltung) im Rahmen des so genannten „Enhanced Cooperation Program" sollte dazu beitragen, Recht und Ordnung wiederherzustellen, Rechtsbrüche und Korruption effektiver zu verfolgen sowie generell die Bediensteten in einem an „good governance" orientierten Handeln zu unterstützen. Das vom damaligen australischen Außenminister Alexander Downer auch als Rettungsplan für PNG (BBC, 15.12.2004) bezeichnete Programm markierte „a significant change in the form of Australian aid delivery to PNG" (AusAID, 2004), da die Experten nun in die jeweilige Behördenhierarchie eingebunden waren. Das Engagement der australischen Polizisten fand allerdings schon im Mai 2005 ein schnelles Ende, nachdem der Supreme Court PNGs die von Port Moresby zugesicherte Immunität vor Strafverfolgung als unvereinbar mit der Verfassung erklärt hatte.

Die folgenden Neuverhandlungen mündeten im Oktober 2006 mit der so genannten Motigate-Affäre in einer bis heute einmaligen Eiszeit in den diplomatischen Beziehungen zur australischen Regierung. Die Umstände des auf Bitten der Regierung der Salomonen in einer Geheimaktion durch die PNG-Luftwaffe nach Honiara ausgeflogenen Australiers Julian Moti harren bis heute der gerichtlichen Aufarbeitung. Trotz internationalen Haftbefehls wegen Kindesmissbrauchs war Moti dann vom salomonischen Premier Manasseh Sogavare zum wichtigsten nationalen Rechtsberater berufen worden. Erst die Neuwahl des Labor-Premiers Kevin Rudd als Folge der australischen Parlamentswahlen vom November 2007 führte zu einer schnellen Normalisierung der beidseitigen Beziehungen. Die erste Auslandsreise Rudds nach PNG, die „Papua New Guinea's significance as a power within the South Pacific Region" (Rudd, Post-Courier 07.03.2008) anerkennt, die dortige Verkündung der „Port Moresby Declaration", die den Beginn einer „new era of cooperation" mit den Pazifikstaaten verspricht (Rudd, 2008), die nun größere außenpolitische Gewichtung Ozeaniens durch Ernennung eines parlamentarischen Staatssekretärs für pazifische Inselangelegenheiten sowie die Beendigung der als menschen-verachtend kritisierten Politik der „Pacific Solution", mit der Flüchtlinge mit dem Ziel Australien seit 2001 in Internierungslagern auf der PNG-Insel Manus und auf Nauru untergebracht wurden, lassen seitdem einen respektvolleren und konsultativeren Umgang Canberras nicht nur mit PNG erkennen. Premier Howards herablassender „big brother"-Ansatz der letzten Jahre könnte damit der Vergangenheit angehören.

PERSPEKTIVEN

Abgesehen von den auf Kontinuität und Solidarität angelegten guten Beziehungen zu den insularen Nachbarstaaten der Südpazifikregion wird die Außenpolitik PNGs auch in Zukunft durch endogene Faktoren bestimmt. An nationalen Interessen manifestiert sich primär eine Außenwirtschaftspolitik, die auf die Sicherstellung von Direktinvestitionen, Absatzmärkten und Entwicklungs-hilfe zielt. Australien wird weiterhin der wichtigste bilaterale Bezugspunkt bleiben. Canberra stellt für PNG die ungeliebte Konstante dar, der an regionaler Sicherheit, politischer Stabilität und guten Investitions- und Wirtschafts-bedingungen gelegen ist. Die diesbezügliche Entwicklungskooperation bleibt ein wichtiger Einflussfaktor, der eine weitere Marginalisierung der Bevölkerungs-mehrheit im Nachbarland verhindern helfen soll.

Der neue dynamische Akteur im Land und damit ein außenpolitisch immer wichtiger werdender Faktor ist spätestens seit Mitte dieses Jahrzehnts die VR China, deren Engagement in PNG ähnlich Afrika auf die Sicherstellung der eigenen Rohstoffzufuhr zielt. Eine politische Komponente ist hier bisher weitgehend zu vernachlässigen. Hinzu kommen Unternehmen der wirtschaftlich aufstrebenden Nationen Asiens wie etwa Malaysia und Südkorea, aber auch in der Region bisher unbekannte Staaten wie die Türkei, die angekündigt hat, ihre Handelsbeziehungen zu PNG und dem Pazifik zu intensivieren (The Financial Express, 19.06.2008). Die mit dem Rohstoffboom verbundenen Investitionen bergen allerdings innenpolitisch ein hohes Konfliktpotential. Ein ungebändigter Frühkapitalismus chinesischer Provenienz verbunden mit großflächiger Umweltzerstörung und ausufernder politischer Korruption könnte die tiefgreifenden sozialen und wirtschaftlichen Widersprüche der fragilen Nation anheizen, die es gerade aus australischer Sicht in der ersten Hälfte des Jahrzehnts hin auf eine gute Regierungsführung aufzufangen und einzuebnen galt, um einen weiteren scheiternden Staat im Südpazifik zu verhindern. Auch die gegen chinesische Minderheiten gerichteten Unruhen auf den Salomonen und Tonga des Jahres 2006 werfen hier ihre Schatten voraus.

BIBLIOGRAPHIE

Jebens, Holger: Kago und kastom: Zum Verhältnis von kultureller Fremd- und Selbstwahrnehmung in West New Britain (Papua-Neuguinea), Stuttgart, Kohlhammer 2007.
Papua New Guinea Department of Foreign Affairs and Trade (DFAT); Universalism: Guidelines to the Foreign Policy of Papua New Guinea. Port Moresby, Government Printer, November 1976.
Papua New Guinea Department of Foreign Affairs and Trade (DFAT): Papua New Guinea Foreign Policy. Fax an den Autor, Waigani 18. März 1999, S. 5.
Rathgeber, Theodor: Wirtschaftliche, soziale und kulturelle Rechte in West-Papua : soziale Realität und politische Perspektiven. Wuppertal 2005.
Rumley, Dennis, Vivian Louis Forbes und Christopher Griffin (Hg.): Australia's Arc of Instability. The Political and Cultural Dynamics of Regional Security. Dordrecht, Springer, 2006.
Seib, Roland: Papua-Neuguinea. In: Jürgen Bellers, Thorsten Benner und Ines M. Gerke (Hg.): Handbuch der Außenpolitik. Von Afghanistan bis Zypern. München/Wien, Oldenbourg, 2001, S. 1067-1072.
Seib, Roland: Staatsreform und Verwaltungsmodernisierung in Entwicklungsländern. Der Fall Papua-Neuguinea im Südpazifik. Frankfurt, Peter Lang 2008 (in Vorb.).
Singh, Bilveer: Papua : geopolitics and the quest for nationhood. New Brunswick 2008.
UWhite, Hugh; Wainwright, Elsina: Strenghtening Our Neighbour: Australia and the Future of Papua New Guinea. Canberra: Australian Strategic Policy Institute, Dezember 2004.

Internetlinks:

Australian Government, Department of Foreign Affairs and Trade: Papua New Guinea Country Brief – June 2008. Unter http://www.dfat.gov.au/geo/png/png_brief.html.

Department of State, Bureau of East Asian and Pacific Affairs: Background Note: Papua New Guinea. March 2008. Unter http://www.state.gov/r/pa/ei/bgn/2797.htm.

Rudd, Kevin: The Port Moresby Declaration. Media Release Prime Minister of Australia. Canberra 6. März 2008.

Unter http://www.pm.gov.au/media/Release/2008/media_release_0118.cfm.

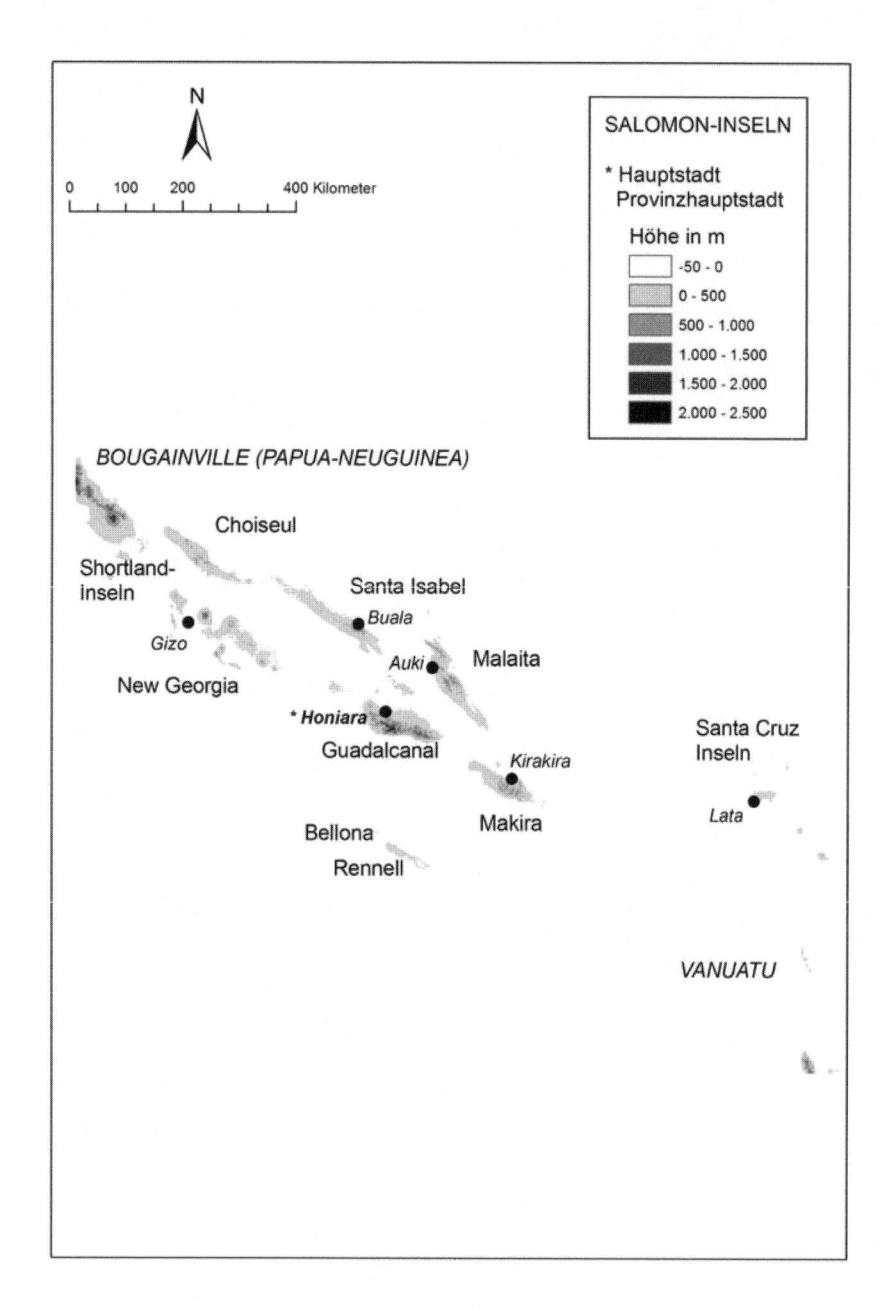

Abbildung 10: Salomonen

SALOMONEN

Pascal Dumas

(aus dem Französischen übersetzt von Stefanie Berling und Matthias Kowasch)

HISTORISCHE GRUNDDATEN

1885	Das Deutsche Reich und das britische Empire teilen sich die Inselgruppe.
1890	Britisches Protektorat über die Salomonen, mit Ausnahme der Inseln Bougainville, Choiseul und Isabelle, die vom Deutschen Reich verwaltet werden.
1920	Australischer Bund wird von den Vereinten Nationen zur Verwaltung von Bougainville und den Bismarckinseln bevollmächtigt, Choiseul und Isabelle laufen unter britischer Verwaltung.
1942	Japanische Streitkräfte erobern die Salomonen.
1943	Ende der Schlacht von Guadalcanal, die Japan verliert.
1976	Salomonen erhalten innere Autonomie.
1978	Vollständige Unabhängigkeit im Rahmen des Commonwealth.
1999	Beginn des gewaltsamen Konflikts zwischen Einwohnern der Insel Guadalcanal und der Nachbarinsel Malaita.
2000	Geiselnahme des Premierministers Bart Ulufa'alu durch die Malaitan Eagle Force (MEF).
2003	Internationale Friedensoperation RAMSI („Regional Assistance Mission to Solomon Islands") beginnt.
2007	Der seit 2006 regierende Premierminister Manasseh *Sogavare* (SCP) wurde 2007 durch ein Misstrauensvotum des Parlaments gestürzt. Die Abgeordneten bestimmten David Derek *Sikua* zu seinem Nachfolger.

Offizieller Name: Salomonen **Hauptstadt:** Honiara **Lage:** 8° Süd, 159° Ost, im westlichen Pazifik, östlich von Papua-Neuguinea **Fläche:** 28.450 km^2 **Bevölkerung:** 581.318 **Staatsform:** Parlamentarische Monarchie **Staatschef:** Königin Elizabeth II, vertreten durch den Gouverneur General Nathaniel Waena **Premierminister:** Derek Sikua **Außenminister:** William Haomae **Sprachen:**

Tok Pidgin (Pidgin-Englisch, Verkehrssprache), Englisch (Amtssprache), 120 weitere Sprachen **Religionen:** 32,8% Church of Melanesia (Anglikaner), 19% Katholiken, 17% Südsee-Protestanten, 11,2% Siebenten-Tags-Adventisten, 10,3% United Church (Methodisten und Presbyterianer) (Census 1999) **Währung:** Salomonen-Dollar **Mitgliedschaften in internationalen Organisationen:** ACP, ADB, C, ESCAP, FAO, G-77, IBRD, ICAO, ICCt (Vertragspartner), ICRM, IDA, IFAD, IFC, IFRCS, ILO, IMF, IMO, IOC, ITU, MIGA, OPCW, PIF, Sparteca, SPC, UN, UNCTAD, UNESCO, UPU, WFTU, WHO, WMO, WTO.

***

DIE INSELGRUPPE DER SALOMONEN: DER ZWEITGRÖßTE
GEOGRAPHISCHE KOMPLEX MELANESIENS

Die Salomonen sind eine Inselgruppe in Melanesien, 2.500 km nordöstlich von Australien und 1.600 km östlich von Papua-Neuguinea. Mit einer Landfläche von fast 28.500 km² ist diese Inselgruppe nach Papua-Neuguinea (462.000 km²) die zweitgrößte Ozeaniens. Sie umfasst 12 Hauptinseln: Guadalcanal (mit 6.500 km² die größte der Salomonen), Malaita, San Cristobal, die Inseln von Choiseul, Santa Isabel, Vella Lavella, die Inselgruppe Neu-Georgiens, das Archipel von Santa Cruz (die östlichste Inselgruppe), die Floridainseln, das kleine Archipel der Russellen, Sikaiana, Maramasike, Ulawa und eine Vielzahl weiterer kleiner Inseln. Die im äußersten Nordwesten gelegenen Inseln (Buka und Bougainville) sind politisch dem Staat Papua-Neuguineas unterstellt, obwohl sie geographisch zu den Salomonen gehören. Das Land befindet sich in einer Region mit starker seismischer, vulkanischer und zyklonischer Aktivität sowie extremer Flutwellen (Tsunamis). In diesem Zusammenhang sei der Tsunami erwähnt, der im April 2007 die westlichen Ufer der Inselgruppe zerstörte. Insbesondere die Insel Gizo), wo etwa 30 Menschen starben, 5.000 Bewohner ihre Häuser verloren und 13 Dörfer zerstört wurden.

Demographisch betrachtet erreichte die Inselgruppe im Jahr 2007 beinahe die 560.000-Einwohner-Zahl. Die Bevölkerungsdichte ist somit relativ gering (19 Einwohner pro km²), vor allem im Vergleich zu den mikronesischen Inseln (Nauru: 630 Einwohner pro km²). Die salomonische Bevölkerung setzt sich zum größten Teil aus Melanesiern (94%) sowie aus Minderheiten zusammen: 3% der Bevölkerung sind Polynesier, 1% Mikronesier und 1% Europäer. Mit nahezu 146.000 Einwohnern ist Malaita (4.900 km²) bei weitem die am dichtesten bevölkerte Insel des Archipels.

Die Hauptstadt Honiara mit 54.600 Einwohnern befindet sich auf der Insel Guadalcanal. Der Boden der Salomonen ist sehr fruchtbar und von einer üppigen Vegetation bedeckt. Die höchsten Gebirge verfügen über dichte Wälder, in denen wertvolle Hölzer wachsen. Der Großteil der Bevölkerung lebt von der Landwirtschaft, der Fischerei und der Forstwirtschaft. Der industrielle Sektor ist kaum entwickelt, die meisten industriellen Erzeugnisse und das Erdöl müssen importiert werden. Die Inseln sind reich an mineralischen Ressourcen (Blei, Zink, Nickel und Gold), die jedoch kaum erschlossen sind. In den letzten Jahren hatten ethnische Auseinandersetzungen, die Schließung großer Unternehmen und leere Staatskassen schwerwiegende wirtschaftliche Probleme zur Folge, bis hin zum drohenden Zusammenbruch des Staatswesens. Aufgrund dessen ist die Inselgruppe der Salomonen heute eines der wirtschaftlich ärmsten Länder Ozeaniens.

Ein ehemaliges deutsches und britisches Protektorat

Historisch betrachtet sind die Salomonen zu Beginn des 1. Jahrtausends zunächst von melanesischen Einwohnern bevölkert worden. Der spanische Seefahrer Mendana entdeckt sie im Jahr 1568 und versucht, dort eine Kolonie zu gründen. Im Jahr 1885 teilen sich Deutschland und England die Inselgruppe. Deutschland erhält die Inseln Bougainville, Choiseul und Isabelle, die dann zum Bismarck-Archipel zusammengeschlossen werden, welches es seit 1883 besetzt hält. England errichtet im Jahr 1890 ein Protektorat über alle anderen Inseln des Südens und Südostens. Nach dem ersten Weltkrieg sieht Deutschland sein koloniales Kaiserreich zerschlagen. Australien wird daraufhin vom Völkerbund bevollmächtigt, Bougainville und das Bismarck-Archipel zu verwalten, während Choiseul und Isabelle unter britische Verwaltung gestellt werden. Während des Zweiten Weltkriegs besetzen die Japaner den größten Teil der Inselgruppe, der zum Schauplatz gewaltsamer Kämpfe wird.

In der Tat erlebt die Insel Guadalcanal eine lange Schlacht, die vom 7. August 1942 bis zum 9. Februar 1943 dauert und mit der die Alliierten einen für die Zukunft des Konflikts entscheidenden Sieg davontragen. Die Vereinigten Staaten verlieren 1.600 der 29.000 freiwilligen Marineinfanteristen, während die Japaner den Verlust von 24.000 ihrer insgesamt 30.000 Soldaten beklagen mussten. Nach dem Krieg übernehmen die Briten erneut die Kontrolle eines Teils der Salomonen, entwickeln die lokalen Einrichtungen und führen sie zu einer internen Autonomie, die im Jahre 1976 wirksam wird. Das ehemalige Protektorat erlangt seine völlige Unabhängigkeit im Jahre 1978 im Rahmen des Commonwealth. Was die nördlichen Salomonen betrifft, die zunächst von Australien verwaltet wurden, erhalten diese ihre Unabhängigkeit innerhalb Papua-Neuguineas im Jahr 1975. Seit dieser Zeit kommt es immer wieder zu Spannungen zwischen den Salomonen und Papua-Neuguinea im Streit um die Hoheit über die Insel Bougainville.

Eine Inselgruppe mit ethnischem Konfliktpotential

Die Salomonen gehören zum britischen Commonwealth. Der politische Status des Landes ist eine parlamentarische Monarchie, bei der die Exekutivgewalt in Händen der Regierung liegt, während sich Parlament und Regierung die Legislativgewalt teilen. 50 Mitglieder bilden das Parlament. Sie werden nach allgemeinem Wahlrecht in Wahlkreisen mit jeweils einem Parlamentssitz für vier Jahre gewählt. Chef des Staates ist die Königin von England, Elisabeth II. Sie wird vertreten durch einen Generalgouverneur, der vom Parlament gewählt wird. Seit dem 7. Juli 2004 hat Nathaniel Waena dieses Amt inne und handelt gemäß dem Rat des Kabinetts sowie des Premierministers. Dieser, ebenfalls vom Parlament gewählt, ist der Regierungschef. Seit dem 20.Dezember 2007 steht Derek Sikua an der Spitze der Regierung. Er benennt wiederum die Kabinettsmitglieder, von denen jedes einzelne ein Ministerium leitet. Auf den Salomonen gibt es ein Dutzend politischer Parteien, aber keine von ihnen ist so mächtig, dass sie allein die Politik des Landes beeinflussen könnte. Diese Situation erklärt die häufigen Regierungswechsel als Antwort auf die dauernden Veränderungen der parlamentarischen Koalitionen.

In den letzten Jahren wurde die politische Situation auf den Salomonen von gewaltsamen ethnischen Konflikten bestimmt. Von Juni 1999 bis Oktober 2000 standen sich die Einwohner der Insel Guadalcanal und die der Nachbarinsel Malaita in einem Streit um Grundbesitz feindlich gegenüber. Diese Situation hat ihre Ursache in der massiven Immigration der Einwohner Malaitas auf die Insel Guadalcanal, zunächst auf Einladung der amerikanischen Truppen (seit dem Ende des Zweiten Weltkriegs), um bessere wirtschaftliche Möglichkeiten zu erzielen. Diese Immigration stieß auf Ablehnung seitens der Melanesier von Guadalcanal, als Konsequenz eines starken Zugehörigkeitsgefühls der Bevölkerung zu ihrer Herkunftsinsel. Die Situation verschlimmerte sich mit einer Terror- und Einschüchterungskampagne gegen die malaitische Bevölkerung der Insel Guadalcanal, die von der militanten melanesischen Gruppe „Isatabu Freedom Movement" (IFM), die Ende der 1990er Jahre gegründet worden war, geführt wurde. Diese Aktion hatte den Tod von etwa 100 Menschen und die Vertreibung von mehr als 20.000 Malaiten zur Folge. Die etwa 700 Australier und Neuseeländer, die die forstwirtschaftlichen Ressourcen und eine Goldmine ausbeuteten, wurden in ihre Heimatländer ausgeflogen. Als Reaktion hierauf wurde im Jahr 1999 die malaitische Miliz „Malaitan Eagle Force" (MEF) gegründet. Die Milizen rieben sich daraufhin in einer Gewalteskalation gegenseitig auf, die ihren Höhepunkt in der Geiselnahme des Premierministers Bart Ulufa'alu erreichte, welche am 5. Juni 2000 von der MEF verübt wurde.

Um nach mehreren erfolglosen Versuchen der Konfliktlösung dem Klima des Chaos, der Korruption und der starken Kriminalität entgegen zu wirken, genehmigten die führenden Persönlichkeiten der 16 Staaten des Pacific Islands Forum schließlich den Aufmarsch einer regionalen Hilfstruppe auf den Salomonen. Am 24. Juni 2003 beginnt die Truppe, angeführt von Australien (2.000 Soldaten), die auch aus Kontingenten aus Neuseeland, Papua-Neuguinea, den Fidschi-Inseln, Vanuatu, den Cook-Inseln und dem Königreich Tonga besteht, die Operation RAMSI („Regional Assistance Mission to Solomon Islands").

Nach dieser Intervention, deren Hauptziele es waren, die Anführer der militanten Gruppen festzunehmen und den durch die Auseinandersetzungen vertriebenen Bevölkerungsgruppen zu helfen, verbesserte sich die Sicherheit schnell. Trotz einer mehrere Jahre anhaltenden gewissen Stabilität des Archipels verschärfte sich die Situation durch die allgemeinen Wahlen im April 2006 erneut. Die Ernennung Snyder Rinis, der am 18. April vom Parlament an die Spitze der Regierung gewählt wird, führt zu noch nie dagewesenen Tumulten in der Hauptstadt. 90% des chinesischen Viertels wurden zerstört, die Schäden auf mehrere Millionen Dollar geschätzt. Diese Reaktion folgte auf die Behauptungen über die Nutzung von Vermögen von taiwanesischen Unternehmen oder aus taiwanesischen Zinsen. Snyder Rini tritt von seinem Amt zurück, der Oppositionskandidat Manasseh Sogavare wird am 4. Mai 2006 zum Premierminister gewählt.

In diesem Sinne ist die Einschätzung eines Spezialisten der Region unwiderruflich: „Die traditionelle salomonische Gesellschaft gliedert sich in winzig kleine Einheiten, die nach linguistischen Merkmalen unterteilt sind, selten mehr als 500 Personen umfassen und von Big Men („Paten") geführt werden. Es gibt keine Einheit, die über eine Insel hinausgeht, meistens umfassen sie noch nicht einmal eine ganze Insel. Es ist also nicht überraschend, dass der Begriff einer nationalen Regierung, einer Nation, dort unbekannt ist" (Darrel Tryon: S. 47-60).

Ein Staat in Abhängigkeit von Entwicklungszusammenarbeit

Auf regionaler Ebene sind die Salomonen dem Generalsekretariat der Pacific Communauty (CPS) und dem Pacific Islands Forum (PIF) beigetreten. Die Salomonen sind neben Papua-Neuguinea und Vanuatu auch eines der drei Gründungsmitglieder der Melanesian Spearhead Group (MSG). Die MSG ist ein Bündnis melanesischer Länder, die neben den drei Gründungsmitgliedern Fidschi und die FLNKS (Die „Front de libération nationale, kanak et socialiste" ist ein Zusammenschluss mehrerer politischer Parteien Neukaledoniens, die auf dem Auflösungskongress der „Front indépendantiste" vom 22. bis 24. September 1984 gegründet wurde) umfasst, und 1988 in Port-Vila gegründet wurde. Es handelt sich bei der MSG in erster Linie um ein Abkommen zur wirtschaftlichen Zusammenarbeit, bestärkt durch einen zwischenmelanesischen Solidaritäts-gedanken. Die Salomonen unterstützen diese subregionale Organisation in ihrem Willen sich gegenüber Australien und Neuseeland, Länder die in ihrer Entwicklungspolitik als zu interventionistisch angesehen werden, behaupten zu können.

Die Salomonen sind Mitglied der AKP-Gruppe (Asien-Karibik-Pazifik-Gruppe), der Asiatischen Entwicklungsbank, der „Economic and Social Commission for Asia and the Pacific" (ESCAP, der „South Pacific Regional Trade and Economic Cooperation Agreement" (Sparteca), der Welthandels-organisation (WTO), des Internationalen Währungsfonds (IWF), der Weltgesundheitsorganisation (WHO), des Entwicklungsprogramms der Vereinten Nationen (UNDP), dem Kinderhilfswerk der Vereinten Nationen (UNICEF), dem Flüchtlingswerk der Vereinten Nationen (UNHCR), der Internationalen Walfangkommission, dem Internationalen Olympischen Komitee (IOC), der Organisation der Vereinten Nationen für Bildung, Wissenschaft, Kultur und Kommunikation (UNESCO), der Internationalen Zivilluftfahrt-Organisation (ICAO), der Internationalen Telekommunikationsunion (ITU), der Organisation zum Verbot chemischer Waffen und schließlich der Internationalen Postunion (UPU). Einige dieser Institutionen sind direkt in Honiara vertreten: UNDP, WHO, UNICEF, UNHCR, Weltbank.

Die salomonische Außenpolitik dreht sich hauptsächlich um die Beziehungen zu den Geldgebern. Diese sind in erster Linie Australien, Japan, Taiwan und Neuseeland. Australien und Neuseeland unterhalten jeweils eine Botschaft auf den Salomonen. Obwohl die Beziehungen zurzeit angespannt sind, ist Australien der wichtigste Geldgeber. Japan spielt ebenfalls eine wichtige Rolle, in erster Linie beim Wiederaufbau der im Bürgerkrieg zerstörten Infrastruktur. Die Insel Taiwan (Republik China, von Peking nach der Abspaltung im Jahr 1949 als abtrünnige Provinz angesehen) wird seit gut 20 Jahren im Bestreben nach offizieller Anerkennung von den Salomonen unterstützt, ebenso wie dies andere ozeanische Staaten wie z.B. Nauru tun. In diesem Sinne ist Taiwan auch ein wichtiger Geldgeber und finanziert insbesondere Programme zur Schweineaufzucht und zum Reisanbau. Taiwan besitzt auf den Salomonen eine offizielle Vertretung in Form eines Repräsentationsbüros. Die Europäische Union schließlich bemüht sich immer stärker um eine Stabilität der Region und unterstützt die Salomonen mit einer konsequenten Entwicklungszusammenarbeit (angekündigte 85 Mio. € für den Zeitraum 2005-10: 44 Mio. für die ländliche Entwicklung, 22 Mio. für die Bildung und 19 Mio. für die Regierungsführung). Die Beziehungen zu Papua-Neuguinea, welche in den 1990er Jahren aufgrund der Unabhängigkeitsbestrebungen der Insel Bougainville konfliktreich waren, haben sich spürbar verbessert. Ein Grenzvertrag zwischen den beiden Ländern wurde im Juli 2004 unterzeichnet, der die begonnenen Gemeinschaftsprojekte stärkte (Investitionen Papua-Neuguineas auf den Salomonen, Ausbildung von Polizisten in Papua-Neuguinea, etc.). Papua-Neuguinea ist das dritte Land, welches eine Botschaft in der Hauptstadt Honiara unterhält.

BIBLIOGRAPHIE

Angleviel F. (Hrsg.): Violences océaniennes. L'Harmattan, Paris, 2004.

Antheaume B., Bonnemaison J.: L'Océanie des Etats. In R. Brunet (Hg.) Géographie Universelle, Asie du Sud-Est, Océanie. Paris, Belin-Reclus, 1995, S. 320-452.
Berthemet T.: Les îles Salomon renouent avec la violence. Le Figaro, Nummer 19195, 20. April 2006, S.3.
Bonnemaison J., Antheaume B.: Atlas des îles et des États du Pacifique Sud. In Zusammenarbeit mit B. Antheaume). Publisud-Reclus, Paris, 1988, S. 126.
Doumenge F.: La dynamique géopolitique du Pacifique Sud (1965-1990). Les Cahiers d'Outre-Mer, Nr. 170, 1990, S. 113-188.
Doumenge J.P.: Enjeu géopolitique et intérêt scientifique des espaces insulaire. In Cret-Institut de géographie, Nature et hommes dans les îles tropicales, réflexions et exemples, coll. Iles et Archipels, t.3, Université Michel de Montaigne, Bordeaux III, 1984, S. 1-6.
Le monde: Violentes émeutes après l'élection du Premier ministre. 21. April 2006, S.7.
Regnault J.M.: Une zone d'instabilité: le Pacifique insulaire intertropical. Cahier d'Histoire immédiate, Université de Toulouse, Nr. 25, 2004, S. 87-100.

Internetlinks:
Australian Departement of Foreign Affairs: Solomon Islands: Country Information unter: http://www.dfat.gov.au/geo/solomon_islands/solomon...
Commonwealth: http://www.thecommonwealth.org/
Université Laval Québec: http://www.tlfq.ulaval.ca/AXL/pacifique/salomon.htm
Ministère français des affaires étrangères: http://www.diplomatie.gouv.fr/fr/pays-zones-geo_833/iles-salomon_579/index.html
Wikipédia: http://fr.wikipedia.org/wiki/Salomon

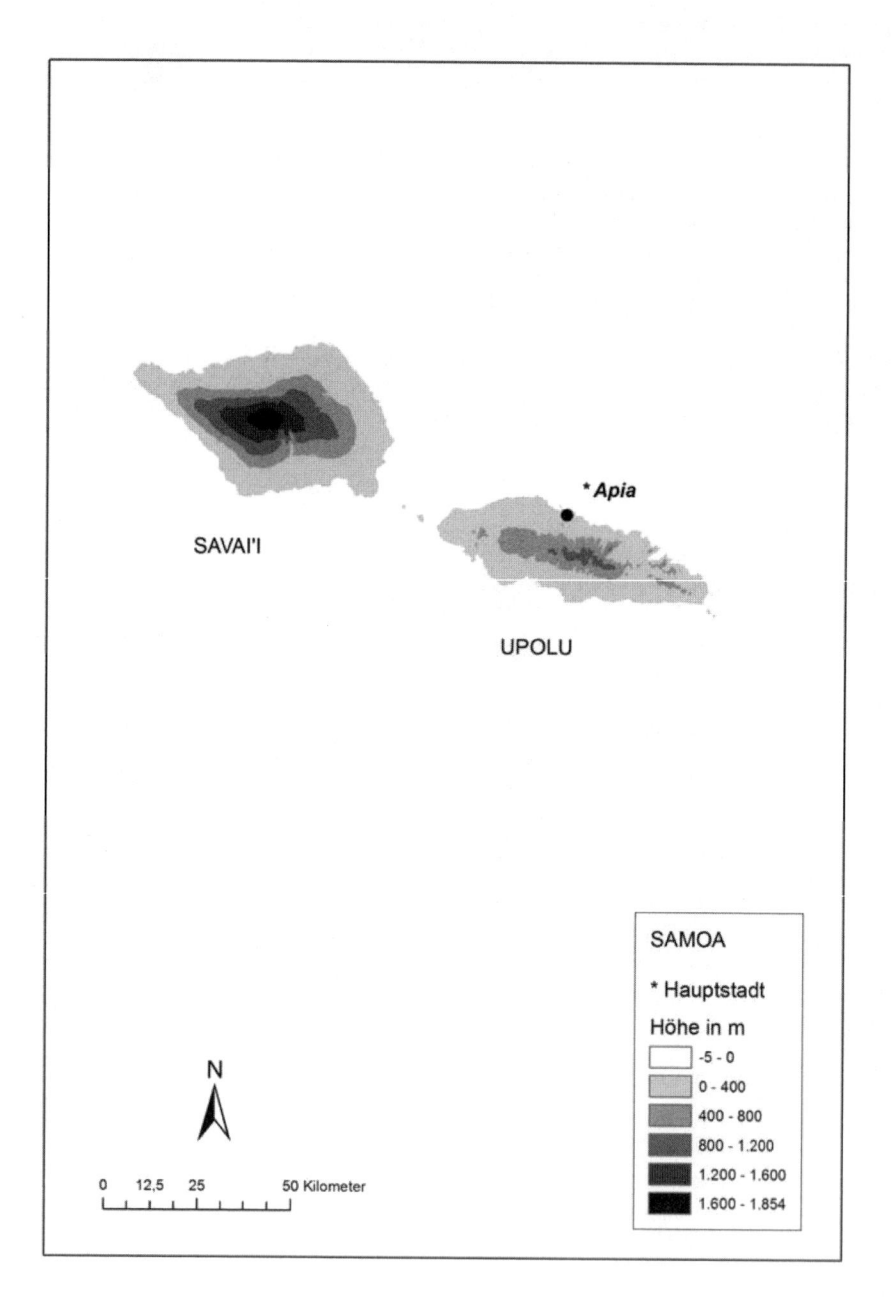

Abbildung 11: Samoa

SAMOA

Viola Carmilla

(aus dem Englischen übersetzt von Yvonne Beckmann)

HISTORISCHE GRUNDDATEN

1899	Samoa wird zwischen den USA (Amerikanisch-Samoa) und dem Deutschen Reich aufgeteilt.
1919	Völkerbund erteilt Neuseeland ein Mandat zur Verwaltung des deutschen Teils von Samoa.
1962	Vollständige Unabhängigkeit.
1970	Samoa tritt dem Commonwealth of Nations bei.
1971	Samoa unterstützt die Bildung des South Pacific Forum (heute „Pacific Islands Forum").
1976	Mitgliedschaft im Rahmen der Vereinten Nationen.
1985	Samoa ist einer der wichtigsten Unterstützer des Vertrags von Roratonga, der eine nuklearfreie Zone vorsieht („South Pacific Nuclear Free Zone").
1991	Erstmals finden Parlamentswahlen auf Basis des allgemeinen aktiven Wahlrechts statt.
1997	wird das Land von West-Samoa in Samoa umbenannt.
1998	Premierminister wird *Tuilaepa Sailele Malielegaoi* (HRPP), der nach den Siegen der HRPP bei den Parlamentswahlen 2001 und 2006 in seinem Amt bestätigt wird.

Offizieller Name: Unabhängiger Staat Samoa (Malo Sa'oloto Tuto'atasi o Samoa) **Hauptstadt:** Apia **Lage:** 13,35° Süd, 172,2° West, im zentralen Pazifik, nördlich von Tonga **Fläche:** 2.944 km² **Bevölkerung:** 217.083 **Staatsform:** Parlamentarische Monarchie **Staatschef:** Tuiatua Tupua Tamasese Efi **Premierminister:** Sailele Malielegaoi Tuila'epa **Außenminister:** Sailele Malielegaoi Tuila'epa **Sprachen:** Samoanisch, Englisch **Religionen:** 34,8% Kongregationalisten, 19.6% Katholiken, 15% Methodisten, 12,7% Latter-Day Saints, 6,6% Assembly of God, 3,5% Siebenten-Tags-Adventisten (Census 2001) **Währung:** Tala **Mitgliedschaften in internationalen Organisationen:** ACP,

ADB, C, FAO, G-77, IBRD, ICAO, ICCt, ICRM, IDA, IFAD, IFC, IFRCS, ILO, IMF, IMO, IOC, IPU, ITU, ITUC, MIGA, OPCW, PIF, Sparteca, SPC, UN, UNCTAD, UNESCO, UPU, WCO, WHO, WIPO, WMO, WTO (Beobachterstatus).

***

Im Januar 1962 wurde die neuseeländische Herrschaft über West-Samoa offiziell beendet und die Inseln bildeten unter dem Namen „Unabhängiger Staat von West Samoa" den ersten polynesischen Staat. „West" wurde später gestrichen und der neue Name zu „Unabhängiger Staat von Samoa" oder nur „Samoa" verkürzt. Seitdem wird die samoanische Außenpolitik durch verhältnismäßig große Offenheit und Kooperationsgeist bestimmt. Nach der politischen Unabhängigkeit strebte man in erster Linie Kooperationen im regionalen Bereich an, indem bi- und multilaterale Beziehungen mit anderen Staaten im Süd-Pazifik aufgebaut wurden, die ebenfalls kürzlich die Unabhängigkeit erlangt hatten. In der ersten Dekade nach der Unabhängigkeit wurde West-Samoa Mitglied der South Pacific Commission, der South Pacific Conference und der Pacific Islands Producers Association, die es neben Fidschi und Tonga im Jahre 1962 mitbegründete. Der Staat unterstützte 1971 auch die Gründung des South Pacific Forum.

Gleichzeitig wurden die Beziehungen zu den alten Kolonialverwaltern aufrechterhalten und Samoa behielt eine besondere Verbindung zu Neuseeland bei. Tatsächlich wurde im Jahr 1962 ein Freundschaftsvertrag zwischen den beiden Ländern unterzeichnet, der noch heute besteht. Der Vertrag bekräftigt das Konzept einer besonderen Beziehung zwischen den beiden Ländern und unterstützt die gegenseitige Konsultation hinsichtlich einer Vielzahl von Themen, insbesondere solcher, die Staatsbürgerschaft und Immigration betreffen. Das ist eine äußerst wichtige Besonderheit, da Neuseeland heute das Hauptziel samoanischer Emigranten ist. Zudem sichert der Vertrag Samoa, dem kein eigenes offizielles Militär zur Verfügung steht, zu, von Neuseeland Verteidigungshilfe zu erbitten – eine Anfrage, die Neuseeland zu berücksichtigen hat. Eine andere Art der fortwährenden Beziehung mit den einstigen Kolonialherren ist die Mitgliedschaft im Commonwealth of Nations, dem West Samoa 1970 beitrat.

Außenpolitische Entscheidungen sind auf offizieller Ebene vom Premierminister abhängig, der gleichzeitig auch das Amt des Außenministers bekleidet. Seit ihrem Regierungsantritt 1998, ist die Human Rights Protection Party (HRPP) die führende samoanische Partei. Die 49 im Parlament vertretenen Minister werden durch die Anwendung eines allgemeinen Wahlrechts innerhalb eines demokratischen Systems gewählt, das dem britischen Modell nachempfunden ist, wobei die „traditionelle" Autorität nicht vom Entscheidungs-prozess ausgeschlossen wird. Die Verfassung besagt, dass nur die Matai oder traditionelle Häuptlinge, berechtigte Kandidaten seien. Diese Regelung umfasst 47 der 49 Sitze im Parlament, die verbleibenden zwei Sitze sind für Bürger nicht-samoanischer Herkunft oder solche, die nicht zum traditionellen System gehören, reserviert.

Die Matai tragen einen von den Vorfahren ererbten Titel. Sie werden unter den möglichen Erben von den Ältesten einer Familie gewählt, und ihre Macht stützt sich zum großen Teil auf der Kontrolle des familiären Grundbesitzes sowie der Organisation von zeremoniellem Austausch zwischen den Haushalten. Dieses „duale System", demokratisch und traditionell, hat interessante und komplizierte Auswirkungen auf die Politik (Meleisa, 1987: 208). Hinsichtlich der internationalen Beziehungen sind die vielen Bemühungen, die seitens der Politiker unternommen werden um ausländische Investoren für die Inseln zu begeistern, ein Grund für Komplikationen, da diese Politiker gleichzeitig die Vertreter der traditionellen Autorität sind, die den Landbesitz unter Kontrolle halten möchten. Die Hartnäckigkeit wird von vielen westlichen Beobachtern und Beratern als das wichtigste Hindernis für ausländische Investitionen erachtet. Dennoch stellt es gleichzeitig einen Schutz für die Samoaner dar, die so teilweise das Schicksal anderer postkolonialer Staaten im Pazifik vermeiden, d.h. wirtschaftliche Ausbeutung und/oder Neokolonisierung.

Die direkte Teilnahme der Familienoberhäupter am politischen Geschehen vermeidet eine Kluft zwischen der lokalen und nationalen Ebene und die meisten politischen Themen werden in den Dörfern sowohl von gewöhnlichen Leuten als auch von Häuptlingen niederen Ranges angeregt diskutiert. Die Außenpolitik ist hierbei keine Ausnahme. Es gibt jedoch eine Art praktische Selektion, die bewirkt, dass die meist diskutierten Themen, diejenigen mit Alltagsbezug sind. Hinsichtlich der Außenpolitik werden Entscheidungen über Migrationsquoten, Unterstützung von Dorfprojekten, Export- und Handelsankommen oder der Bereitschaft fremder Investoren in Samoa zu investieren sehr viel Aufmerksam-keit entgegengebracht.

Ende der 1970er führte die Frage nach der Führungsrolle in der Südpazifik Region zu wachsenden Spannungen. Die Konzentration von zahlreichen UN-Organisationen sowie anderer regionaler Verbände und Zusammenschlüsse in Fidschi führten dazu, dass jene von den westlichen Ländern als Vertreter der gesamten Region betrachtet wurden. Samoa war das einzige Land der pazifischen Staatenwelt, welches sich sehr deutlich dagegen aussprach. In einigen Fällen äußerte sich der Widerstand als Forderung Samoas auf eine gleichwertige Führungsrolle. Dies führte zu einer größeren Einbindung des Landes in die Aktivitäten internationaler Vertretungen und regionaler Verbände, von denen sich heute einige auf Samoa befinden. Die bedeutendsten Beispiele sind die UN-Organisationen FAO, UNESCO und das South Pacific Regional Environment Programme (SPREP). Dies war nicht das einzige Mal, dass Samoa versuchte seine zentrale Rolle im Pazifik geltend zu machen. Das Bestreben wurde in gewisser Weise durch den wirtschaftlichen Wohlstand in den 1990er Jahre unterstützt, als eine besonders geschickte Verwaltung von Ressourcen und Subventionen Samoa bei anderen pazifischen Inselstaaten und westlichen

Beobachtern den Ruf einer „Musterdemokratie" und Beispiel „guter Regierungsführung" einbrachten.

Während des Kalten Krieges behielt Samoa eine offene Haltung und Bereitschaft zur Kooperation bei. Die besondere Beziehung zu Neuseeland und die Teilnahme in Verbänden und Organisationen zusammen mit Australien und den Vereinigten Staaten (innerhalb der South Pacific Commission und den Vereinten Nationen) bestimmten die selbstverständliche Allianz Samoas mit dem Westblock. Dies bedeutete jedoch nicht, dass die samoanische Regierung bedingungslos pro-westlich agierte. Zwar ist es richtig, dass das vorherrschende Verständnis im Lande, westlich und christlich war bzw. ist, dennoch sollte berücksichtigt werden, dass Samoa einer der pazifischen Inselstaaten war, der diplomatische Beziehungen mit der Sowjetunion unterhielt (1976). Samoa empfing auch eine diplomatische Gesandtschaft aus China (1976), und das frühere Staatsoberhaupt, Malietoa Tnumafili II, akzeptierte auch eine Einladung nach Peking.

Die Problematik der Atomwaffentests im Pazifik führte in den 1980ern zu einer stark anti-amerikanischen und anti-französischen Haltung der samoanischen Regierung. Samoa lehnte das französische Vorhaben von Nukleartests in Polynesien entschieden ab und war einer der wichtigsten Unterstützer der South Pacific Nuclear Free Zone (SPBFZ, 1985 mit dem Vertrag von Rarotonga ins Leben gerufen).

Seit Ende des Kalten Krieges ist die samoanische Außenpolitik durch die Bemühungen geprägt, Kapital von Geldgebern aus Übersee zu erlangen. Der Grund dafür ist sehr offensichtlich: Die internationalen Finanzzuwendungen stellen neben Tourismus, Fischerei, Landwirtschaft und Geldsendungen samoanischer Bürger aus dem Ausland eine der wichtigsten Einnahmequellen für den Staat dar. In zahlreichen Fällen haben die fremden Geldgeber aufgrund ihres Wettbewerbs mit anderen Investoren Samoa Unterstützung zugesagt, um die Vorherrschaft im Pazifik zu sichern. Die fortwährende Hilfe und Investitions-tätigkeit aus der VR China ist in diesem Zusammenhang sicherlich mit der zunehmenden ökonomischen Aktivität Taiwans im Pazifikraum zu sehen.

Andererseits wurde die Hilfe aus den USA nach Ende des Kalten Krieges drastisch reduziert. Heute manifestiert sich die einzige amerikanische Unterstützung Samoas in Form eines Friedenskorps. Samoa hat seinerseits in vielen Fällen stolz seine Autonomie gegenüber den Vereinigten Staaten demonstriert. So brachte beispielsweise die Entscheidung von 1997, das Wort „West" aus seinem Namen zu streichen und so der Unabhängige Staat von Samoa zu werden, einen Anspruch auf Überlegenheit über das nahegelegene Amerikanisch-Samoa, ein „nicht eingegliedertes amerikanisches Territorium", zum Ausdruck. Die implizite Erklärung war, dass nur das Unabhängige Samoa das „wahre" Samoa sei.

Ein weiterer großzügiger Geldgeber ist Japan, das immer schon daran interessiert war, den Seezugang für seine Fischereiflotten zu sichern. Das Land war einer der Sponsoren für die Errichtung der National University of Samoa in der Nähe von Apia. Die japanische Firma Yazaki Samoa, die Kraftfahrzeugteile für den

Transport nach Australien herstellt, ist Samoas größter privat-wirtschaftlicher Arbeitgeber mit mehr als 2.000 Beschäftigten.

Die Beziehungen zu Neuseeland sind in den letzten Jahren gestärkt worden. 2005 wurden mehrere Initiativen ins Leben gerufen, um den Freundschaftsvertrag zu bekräftigen, u.a. die Treffen des Joint Ministerial Councils (gemeinsamer Ministerrat).

Die relative Abhängigkeit von Hilfen und Subventionen resultiert nicht in eine passive Haltung gegenüber bilateralen und multilateralen Auswärtsbeziehungen. Im Gegenteil, Samoas Rolle im Pazifik ist eine ausgesprochen aktive. Zunächst übernahm Samoa die Rolle des Spenders gegenüber einiger seiner Nachbarn und stellte Hilfe für die Cookinseln, Tokelau und Amerikanisch-Samoa bereit, nachdem vernichtende Zyklone diese Länder 2005 heimgesucht hatten. Hilfe wurde ebenfalls, über die Vereinten Nationen asiatischen Ländern zur Verfügung gestellt, die durch den Tsunami verwüstet worden waren. Die samoanische Polizei hat im Namen der Vereinten Nationen und anderen internationaler Friedensmission mitgewirkt, einschließlich in Ost-Timor, Liberia und den Solomonen.

Es ist wichtig hervorzuheben, dass Samoas Rolle im South Pacific Islands Forum, der wichtigsten internationalen Organisation in Ozeanien, eine sehr aktive und prominente ist. Die vielen Beziehungen und Abkommen mit starken nicht-regionalen Mächten schließen fortwährende Bemühungen um Kooperation mit Pazifikstaaten und Selbstbestimmung nicht aus. Im Jahre 2000 nahm Samoa an Verhandlungen über ein Handelsabkommen zwischen den pazifischen Inselstaaten (Pacific Islands Countries Trade Agreement) teil. Dieses Vorhaben war schon zuvor in den 1970er Jahren von der Pacific Islands Producers Association (PIPA) vorgeschlagen aber nie umgesetzt worden.

In der Vergangenheit sind unterschiedliche Pläne entworfen worden um die Landwirtschaft auf den Inseln zu entwickeln (die Western Samoa Five-Year Development Plans). Im Allgemeinen mit kläglichen Ergebnissen. Teils wurde der Erfolg dieser Pläne durch das Phänomen der Massenemigration, die in den 1960er Jahren – unmittelbar nach der Unabhängigkeit – begann, behindert. Durch die Geldsendungen samoanischer Staatsbürger aus Übersee an ihre Verwandten im Heimatland schuf die Emigration eine neue Quelle für Staatseinnahmen. Es wurde beobachtet, dass mit einer solch reichhaltigen und einfach verfügbaren Bargeldquelle nur sehr wenige Leute bereit waren, härter zu arbeiten als vor der Entwicklung der intensivierten Landwirtschaft. Dies ist einer der Gründe, warum es nicht gelang, die Landwirtschaft zu einem führenden Wirtschaftssektor zu entwickeln (MacPherson 1990; Shankman 1993; Spoonley 2001). Nichtsdestotrotz wurde zwischen 2000 und 2005 ein leichter Anstieg der landwirtschaftlichen Produktion erreicht, der zum Wachstum der samoanischen Wirtschaft beigetragen hat. Andere Faktoren für das Wachstum waren öffentliche Investitionen und Tourismus.

2006 schrumpfte das Wachstum, teilweise aufgrund der finanziellen Belastungen durch die Organisation und die Ausrichtung der South Pacific Games 2007. Jedoch profitierte Samoa, als Gastgeber der Spiele auch von finanziellen Unterstützungen und Investitionen diverser Länder. Eine gute Verwaltung der Gelder und die effiziente Organisation des Ereignisses führten zu einem massiven Anstieg des Tourismus und Popularität. In diesem Sinne verbleibt die Infrastruktur, die mit ausländischer Hilfe errichtet wurde, dem Land als Ressource.

Grundsätzlich haben wirtschaftliche Erwägungen und Subventionen, die internationalen Beziehungen Samoas schon immer stärker beeinflusst als ideologische Gründe. Gleichzeitig existiert eine Vielzahl von Themen, in denen ethische Prinzipien und Gemeinsinn der samoanischen Regierung wirtschaftliche Erwägungen hintenan stehen lassen. Ein klassisches Beispiel hierfür ist der Umweltschutz wie bereits am Beispiel der samoanischen Ablehnung der Atomwaffentests im Pazifik in den 1980er Jahren gezeigt wurde. Dieser ist eines der Themen, in dem Samoa derzeit am stärksten involviert ist. Durch die Aktivität des South Pacific Regional Environment Programme (SPREP), mit derzeitigen Hauptsitz auf Samoa, befand sich das Land an der Spitze der Auseinandersetzungen um die Reduzierung von Gasemissionen, die Nutzung erneuerbarer Energien, den Schutz des Pazifik und gegen die globale Erderwärmung.

Die Zukunft der samoanischen Außenpolitik wird zumindest mittelfristig von der Abhängigkeit internationaler Finanzzuwendungen und ausländischen Investitionen geprägt bleiben. Gleichzeitig entwickelt sich der Tourismus als eine neue und sehr viel versprechende Einkommensquelle im Land. Obschon gefährdet durch Zyklone und andere Naturkatastrophen, die auf den Inseln sehr häufig sind, hat der Tourismus 2007 einen Anteil von 18% an der jährlichen Wachstumsrate erreicht. Im gleichen Jahr war Samoa eines der ersten Reiseziele im Raum der Pazifikinseln, zusammen mit Französisch-Polynesien, Fidschi und Neukaledonien. Premierminister Tuilaepa Sailele Malielegaoi hielt im November 2007 vor dem Pacific Islands Forum eine Rede über die Relevanz des Tourismus für die Inselwirtschaft und die Notwendigkeit, diesen Sektor durch öffentliche Investitionen zu unterstützen.

Die Fischerei stellt einen weiteren Wachstumssektor der samoanischen Wirtschaft dar. Die samoanische Regierung ist derzeit, zusammen mit anderen pazifischen Inselstaaten, an Verhandlungen über die Frage beteiligt, ob Zugangsgebühren oder Nutzungsgebühren für diejenigen erhoben werden sollen, die in den Gewässern von Küstenstaaten fischen wollen. Das Anliegen wurde beim WTO-Treffen im Dezember 2007 vorgebracht. Falls der Text akzeptiert würde, könnte dies eine weitere Einkommensquelle für das Land darstellen.

Die Tatsache, dass Geldsendungen von Samoanern aus Übersee im Jahr 2007 zurückgegangen sind, zeigt den signifikant schwindenden Grad der Abhängigkeit von Geldsendungen. Insbesondere die Definition Samoas als Beispiel einer „MIRAB"-Wirtschaft sollte neu überdacht werden. Diese Bezeichnung wird für viele pazifische Inselstaaten benutzt, die auf Migration (MIgration), Geldsendungen (Remittances), Hilfe (Aid) und Verwaltung/Bürokratie (Bureaucracy) basieren. Diese reduzierte und westlich-orientierte Kategori-sierung, die anderen „traditionellen" Quellen von Staatseinnahmen, wie der der bedarfsdeckenden Landwirtschaft und der Kultur des Schenkens eine untergeordnete Bedeutung beimisst, ist stark kritisiert worden.

BIBLIOGRAPHIE

Ball, M. Margaret: Regionalism and the Pacific Commonwealth, in Pacific Affairs. Vol. 46, No. 2, Summer 1973, S. 232-253.

Boobbyer, Philip C.: Soviet Perceptions of the South Pacific in the 1980s. In Asian Survey. Vol. 28, No. 5, May 1988, S. 573-593.

Fry, Gregory E.: Regionalism and International Politics of the South Pacific. In Pacific Affairs. Vol. 54, No. 3, Autumn 1981, S. 455-484.

Huffer, Elise and So'o, Asofou (Hrsg.): Governance in Samoa, Asia Pacific Press, Canberra, Australia 2000.

Jackson, Cherelle: Remittance Level Drops for Samoa. Islands Business, December 2007.

MacPherson, Cluny: Stolen Dreams. Some consequences of dependency for Western Samoan Youth. In J. Connell Migration and Development in the South Pacific. The Australian University, Canberra 1990.

Malielegaloi, Tuilaepa Sailele: Why tourism is important to the islands. Islands Business, November 2007.

Meleisea, Malama: The Making of Modern Samoa. Traditional Authority and Colonial Administration in the Modern History of Western Samoa. Institute of Pacific Studies of the University of South Pacific, Suva, Fiji 1987; Chap. 9, The Legacy of the Century after Independence, S. 208-235.

McGoldrick, Will: Islands to push for emission reductions. Islands Business. December 2007.

Global Investment and Business Inc (edited by): Samoa Foreign Policy and Government Guide. International Business Publications, USA, February 2004.

Shankman, Paul: The Samoan Exodous. In Contemporary Pacific. Studies in Development and Change. Edited by V. S. Lockwood, T. G. Harding, B. J. Wallace, Prentice Hall, New Jersey 1993.

Sisilo, Robert: Fisheries: access fees get the nod in WTO Chair's text. Islands Business, January 2008.

Soma Foreign Policy and Government Guide, Global Investment and Business Inc (Hrsg.), International Business Publications, USA, February 2004.

Spoonley, Paul: Transantional Pacific Communities: Transforming the Politics of Place and Identity, in Tangata o Te Moana Nui. The Evolving Identities of Pacific Peoples in Aotearoa/New Zealand. Edited by C. MacPherson, P. Spoonley and M. Anae, Dunmore Press, Palmerston North, New Zealand 2001.

Internetlinks:
The Samoa Government official web site: www.govt.ws
The New Zealand Ministry of Foreign Affairs and Trade web site: www.mfat.govt.nz
The Pacifc Islands Forum Secretariat web site: www.forumsec.org

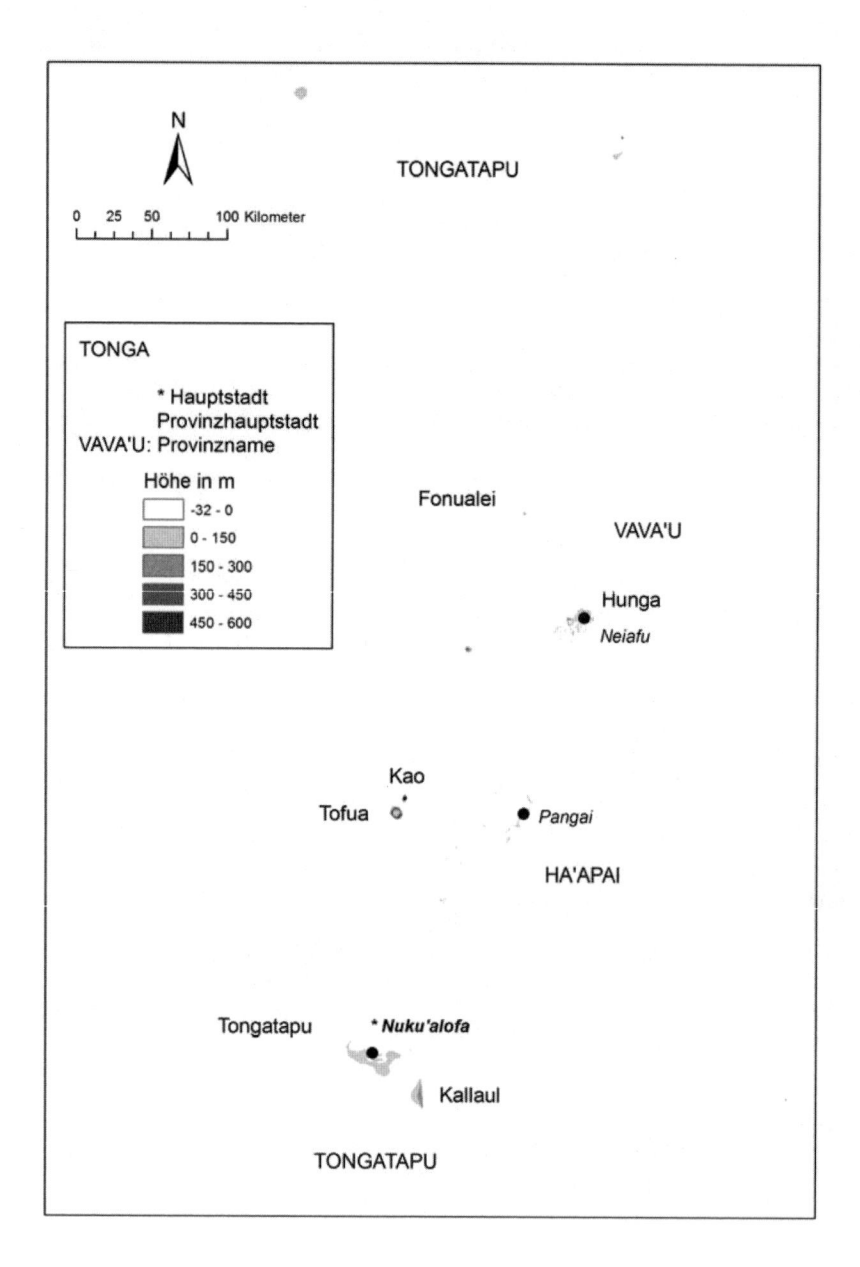

Abbildung 12: Tonga

TONGA

Marcus Wolf & Paul Wagner

HISTORISCHE GRUNDDATEN

1845	Georg Tupou I. eint die Tongaer, wird König von Tonga und richtet ein christliches Königreich ein.
1862	Leibeigenschaft wird aufgehoben.
1875	Erste kodifizierte Verfassung, in der eine legislative Kammer eingerichtet wird.
1876	Abschluss eines immerwährenden Freundschaftsvertrages mit dem Deutschen Reich (1977 mit der Bundesrepublik Deutschland erneuert).
1900	Tonga wird britisches Protektorat.
1965	Taufa'ahau Tupou IV. besteigt den Thron Tongas.
1970	Tonga wird vollständig unabhängig und Mitglied im Commonwealth of Nations.
1999	Tonga tritt den Vereinten Nationen bei.
2006	Unruhen in Nuku'alofa aufgrund der Verzögerungen bei den Reformen zur Demokratisierung.

Offizieller Name: Königreich Tonga (Pule'anga Tonga) **Hauptstadt:** Nuku'alofa **Lage:** 20° Süd, 175° West, im zentralen Pazifik, süd-östlich von Fidschi **Fläche:** 748 km^2 **Bevölkerung:** 119.009 **Staatsform:** Konstitutionelle Monarchie **Staatschef:** König George Siaosi Tupou V. **Premierminister:** Feleti Sevele **Außenminister:** Sonatane Tu'akinamolahi Taumoepeau-Tupou **Sprachen:** Tonganisch, Englisch **Religionen:** fast ausschließlich Christen (die meisten von ihnen sind Mitglieder der Free Wesleyan Church) **Währung:** Pa'anga (auch Tonga-Dollar) **Mitgliedschaften in internationalen Organisationen:** ACP, ADB, C, FAO, G-77, IBRD, ICAO, ICRM, IDA, IFAD, IFC, IFRCS, IHO, IMF, IMO, Interpol, IOC, ITU, ITUC, OPCW, PIF, Sparteca, SPC, UN, UNCTAD, UNESCO, UNIDO, UPU, WCO, WHO, WIPO, WMO, WTO.

***

Tonga als singulärer Staat im Südpazifik

Tuvalu ist das flächenmäßig viertkleinste und gemessen an der Zahl seiner Einwohner, nach dem Vatikan, gar zweitkleinste Land der Welt. Auf seinen knapp 26 km², wovon ohnehin nur 70% bewohnbar sind, drängen sich Tuvalus geschätzte 11.000 Einwohner. Die periphere Lage, 20° Süd und 175° West im zentralen Pazifik, verursacht Versorgungsschwierigkeiten, hohe Arbeitslosigkeit, mangelnde medizinische Versorgung und Ausbildungsmöglichkeiten, Alkoholis-mus, Überbevölkerung und geringe Lebenserwartung, eine der höchsten Bevölkerungsdichten und –wachstumsraten im Südpazifik, karge Böden und Armut, sowie Müllentsorgungsprobleme und Ressourcenknappheit prägen das heutige Bild des polynesischen Mikrostaates. Das Atoll Funafuti gilt nicht nur als geographisches, sondern ebenso als politisches und wirtschaftliches Zentrum des isolierten Inselstaates und stellt somit die „Hauptstadt" dar. In der Hoffnung auf eine bezahlte Arbeit und ein besseres Leben haben sich in den vergangenen 15 Jahren viele Bewohner der Außeninseln auf den Weg nach Funafuti gemacht und zu einer Verdopplung der Einwohnerzahl auf der Hauptinsel beigetragen. Nächster Nachbar ist das 1.000 Kilometer südlich gelegene Fidschi, das sowohl für Tuvaluaner als auch Besucher das „Tor zur Welt" darstellt, ist es doch die einzige Verbindung sowohl über Luft als auch über Wasser von und nach Tuvalu.

Eine Kette von neun Korallenatollen bildet die Inselgruppe, wobei man zwischen fünf echten (mit einer Lagune) Atollen (Nanumea, Nui, Nukufetau, Funafuti und Nukulaelae) und vier Inselatollen (Nanumaga, Niutao, Vaitupu und Niulakita) unterscheiden muss. Aufgrund des Anspruchs auf eine exklusive Wirtschaftszone stehen Tuvalu rund 900.000 km² (das entspricht in etwa der Fläche Brasiliens) Hoheitsgewässer zu. Der Verkauf von Fischereilizenzen an vorwiegend japanische, koreanische und taiwanesische Konzerne stellt daher nicht nur eine der wenigen Einnahmequellen dar, sondern verschaffte Tuvalu auch gute diplomatische Beziehungen zu diesen Ländern, die wiederum Entwicklungshilfeprojekte starteten. Auch die USA, mit denen 1979 ein Freundschaftsvertrag abgeschlossen wurde, ist im Besitz von Fischereilizenzen in tuvaluanischen Gewässern. Tuvalu ist ein ressourcenarmes Land und musste die Produktion des einzigen marktfähigen Exportproduktes – Kopra (getrocknetes Kokosnussfleisch) – Anfang des 21. Jahrhunderts aufgrund des niedrigen Weltmarktpreises vorerst einstellen. Aufgrund der Rückläufe im Export und dem Anstieg der Importe vergrößert sich das Handelsbilanzdefizit kontinuierlich. Spätestens seitdem ist

Tuvalu zu beinahe 100% von internationaler Entwicklungshilfe abhängig, denn die wenigen exotischen Briefmarken, die jährlich an Touristen verkauft werden, sowie der Verkauf der Internetdomain .tv an eine nordamerikanische Multimediafirma sind nicht ausreichend für den Erhalt des Landes.

Vor etwa 2.000 Jahren wurde Tuvalu von Samoa, Tokelau und Tonga aus besiedelt. Gemeinsam mit den Gilbert Islands (dem heutigen Staatsgebiet von der Republik Kiribati), wurde Tuvalu (damals Ellice Islands) 1892 britisches Protektorat, ehe 1915 die offizielle Annexion der Gilbert and Ellice Islands Colony erfolgte. Stark geprägt durch Missionierung, Kolonialismus und westlichen Einfluss, stellten die Briten während des Zweiten Weltkrieges Tuvalus Inseln den amerikanischen Streitkräften als Stützpunkte zur Verfügung. Diese flogen von Funafuti, Nanumea und Nukufetau aus Angriffe auf japanische Einrichtungen. Für die Errichtung der Fluglandebahn musste in Funafutis Zentrum ein Drittel der Palmen abgeholzt und Boden „ausgeborgt" werden, wobei Löcher in der Größe von Swimmingpools zurückblieben. Anstelle von Erde wurden diese Gruben von den Tuvaluanern als Deponie genutzt und mit Müll aufgefüllt, der in weiterer Folge das Grundwasser verseuchte. In Kombination mit der Überbeanspruchung des Bodens aufgrund der wachsenden Bevölkerung in Funafuti, bereiten diese „borrow pits" eine ernsthafte Angriffsfläche für den Anstieg des Meeresspiegels.

Am 1. Oktober 1978 erklärte Tuvalu seine Unabhängigkeit von Großbritannien hin zu einer konstitutionellen Monarchie mit einer parlamentarischen Demokratie und wurde Teil des Commonwealth. Staatsoberhaupt des Landes ist nach wie vor Queen Elizabeth II., Königin von Großbritannien und Nordirland, welche vor Ort durch einen Governor General (seit April 2005 Rev. Filoimea Telito) repräsentiert wird. Beraten wird dieser vom Regierungschef und Premierminister (seit August 2006 Hon. Apisai Ielemia), welcher wiederum alle vier Jahre von einem 15-köpfigen Gremium im Parlament ernannt wird. In einem Land ohne politische Parteien, beeinflussen Nepotismus, individuelle und kommunale (also inselbezogene) Beziehungen jede Wahl politischer Funktionsträger.

Da Tuvalus flache Korallenatolle an keinem Punkt höher als fünf Meter über den Meeresspiegel hinausragen, sieht das kleine Land im Südpazifik, ähnlich wie seine Nachbarn Kiribati, Tokelau oder die Marshallinseln sowie andere Gebiete (z.B. die Malediven, Bangladesch und die Niederlande), dem Klimawandel und damit einem Anstieg des Meerespegels mit Sorge entgegen und steht in Zukunft vor einem weiteren Problem. Bis auf Niulakita, die höchste Insel, weisen alle Atolle eine ähnliche Charakteristik in Bezug auf ihre Ökologie auf. Durch das poröse und nährstoffarme Korallengestein drückt das Hochwasser der täglichen Flut Meerwasser hoch auf die bewohnten Inselflächen. Häuser, Wege und Felder stehen unter Wasser, Anbaukulturen und Kokosnussplantagen sterben ab. Neben dem erkennbarsten Phänomen des Treibhauseffekts, dem Landverlust durch Küstenerosion, sowie spürbaren Veränderungen in Temperatur, Gezeiten und Wetter (statt Regenzeit Dürre, etc.) verursachen die regelmäßigen Überschwemmungen einen zu hohen Salzgehalt sowohl auf den Feldern, als auch in der Frischwasserlinse. Das erschwert nicht nur den Anbau einiger Pflanzen, sondern versalzt zudem das Trinkwasser. Als alternative Trinkwasserversorgung wurden

Tanks, die mit Regenwasser gefüllt werden, sowie abgepacktes Wasser aus Fidschi importiert.

BESTIMMUNGSFAKTOREN AUßENPOLITISCHER ENTSCHEIDUNGSPROZESSE

Tuvalus Regierung hat diese Umstände erkannt und tritt seit einigen Jahren sehr engagiert auf regionalen und internationalen Foren auf, um auf seine ungewisse Zukunft aufmerksam zu machen. Mit seiner lauten Stimme und der Drohung zwei der größten Kohlendioxidproduzenten der Welt, die USA und Australien, zu verklagen, hilft Tuvalu der gesamten pazifischen Region bzw. jenen Ländern, die ebenfalls vom Anstieg des Meeresspiegels betroffen sind. Unterstützung genießen Tuvalus Politiker, die ihren Fokus auf die globale Erwärmung konzentriert haben, dabei von internationalen Medien, welche Tuvalu längst zum „ersten Opfer des Klimawandels" oder dem „modernen Atlantis" erklärt haben. Die Bevölkerung verspürt derartige Existenzängste nicht. Die Klimawandel-Opferrolle ist eine geeignete Gelegenheit für Tuvalus Regierung weltpolitisch auf sich aufmerksam zu machen und Unterstützung in jeglicher Form zu erhalten.

Internationale Beziehungen sind aufgrund der geringen Größe und geographischen Lage zwar sehr begrenzt, aber das kleine Land pflegt sie vor allem wegen der Klimawandelpolitik mit vielen anderen Ländern in der Pazifikregion und darüber hinaus. Die intensivste Beziehung besteht zu Taiwan, das im Austausch gegen eine Stimme im Streit um eine taiwanesische UN-Mitgliedschaft auch der größten Geldgeber ist. Regelmäßige Staatsbesuche von Botschaftern asiatischer, europäischer und ozeanischer Vertretungen sowie Auslandsaufenthalte diverser tuvaluanischer Minister und anderer politischer Vertreter sind daher nicht mehr ungewöhnlich für die tuvaluanische Bevölkerung. Tuvaluanische Botschaften gibt es außerhalb des Landes nicht, jedoch ist Tuvalu im September 2000 den Vereinten Nationen beigetreten und unterhält eine ständige Vertretung im UN-Hauptquartier in New York, sowie im Hochkommissariat in Suva (Fidschi). In Deutschland ist Tuvalu durch einen Honorarkonsul vertreten. Einige hundert tuvaluanische Seefahrer arbeiten auf Frachtschiffen unter deutscher Flagge. Bilaterale Verträge bestehen außerdem mit der Schweiz und den Vereinten Nationen. Gute Handelsbeziehungen pflegt das Land zu den pazifischen Staaten, vor allem zum Haupthandelspartner Fidschi.

Als viertkleinster Staat der Welt ist Tuvalus Beitrag zur Umweltverschmutzung bzw. dem Verbrauch an industriellen und privaten Treibhausgasen sehr gering. Andererseits verschafft die Situation als Mikrostaat dem Land einen wichtigen Vorteil gegenüber den großen Verbraucherländern, um als besonders stark unter der globalen Umweltveränderung belasteter Staat aufzutreten. Tuvalus Regierung will in erster Linie international Aufmerksamkeit erregen sowie finanzielle Entschädigung erhalten, um die ungewisse Zukunft seiner Bevölkerung zu sichern. Dabei wird im Ernstfall auch eine Gesamtevakuierung nicht ausgeschlossen.

Neuseeland nimmt über das Pacific Access Category (PAC) Programm jährlich bis zu 75 Bewohner von Tuvalu auf, wenn diese alle notwendigen finanziellen, gesundheitlichen und strafrechtlichen Kriterien erfüllen. Obwohl die Anzahl der verfügbaren Plätze selten ausgefüllt wird, leben bereits knapp 3.000 Tuvaluaner in Neuseeland, viele davon illegal.

SICHERHEITSPOLITIK UND POLITIK IM RAHMEN INTERNATIONALER ORGANISATIONEN

Tuvalu ist kein Mitglied militärischer Bündnisse und unterhält keine eigene Armee. Eine Polizeieinheit von rund 30 Beamten ist verantwortlich für die Sicherheit in Funafuti, während es auf den meisten Außeninseln keine Polizei gibt und Vergehen „traditionell" geahndet werden. Die Hoheitsgewässer werden in Anbetracht seiner begrenzten Möglichkeiten in unregelmäßigen Abständen vom einzigen Patrouillenboot bzw. durch gelegentliche Kontrollflüge der neuseeländischen Armee überwacht. Tuvalu ist zahlreichen regionalen und internationalen Organisationen beigetreten, u.a. dem Pacific Islands Forum, dem South Pacific Regional Environment Programme (SPREP), der South Pacific Applied Geoscience Commission (SOPAC), dem Forum Fisheries Agency, dem Secretariat of the Pacific Community (SPC), der UN Economic and Social Commission for Asia and the Pacific (ESCAP) sowie der University of the South Pacific (USP) mit einer Campus-Niederlassung in Funafuti, wo mittels Fernstudium einzelne Kurse belegt werden können. Darüber hinaus zählt Tuvalu zu den AKP-Staaten (Afrikanischen, Karibischen und Pazifischen Staaten), denen durch das Abkommen von Lomé und Cotonou finanzielle Unterstützung im Austausch von Exportprodukten mit der ehemaligen Kolonialmacht Großbritannien gewährleistet wird.

PERSPEKTIVEN

Da vorwiegend die wenigen gut ausgebildeten Tuvaluaner die finanziellen Mittel aufbringen können Tuvalu zu verlassen und auch die Möglichkeit haben die umständlichen und bürokratischen Aufnahmebedingungen der Hauptemigrationsländer Australien und Neuseeland zu bewältigen, findet bereits jetzt in Tuvalu ein „brain drain" – ein Austrocknen des öffentlichen und industriellen Sektors – statt. Ausgebildete Lehrer, Ärzte und Techniker gibt es praktisch nicht. Sie werden durch importierte „palagi" (Fachkräfte aus dem Westen) ersetzt.

Erstmals in seiner jungen Geschichte kann Tuvalu von sich behaupten, international auf sich aufmerksam gemacht zu haben durch seinen intensiven Einsatz in Bezug auf den Klimawandel. Tuvalus Regierung wird diese erfolgreiche Strategie genauso zielgerichtet fortsetzen wie bisher. Ein nationaler Provident Trustfund, der 1988 gegründet wurde um Entwicklungsprojekte zu finanzieren, beläuft sich derzeit auf rund 100 Mio. AUS-$. Bei einer Gesamtbevölkerung von 11.000 Menschen ist das ein erheblicher Betrag, der mit hoher Wahrscheinlichkeit in den kommenden Jahren durch Entwicklungshilfe-gelder aus Taiwan, Großbritannien, Australien, Neuseeland und der EU weiter steigen wird. Über die tatsächlichen Auswirkungen des Klimawandels gibt es nach wie vor nur Spekulationen.

BIBLIOGRAPHIE

Campbell, David: Island Kingdom. Tonga Acient and Modern. Christchurch 2001.
Fensterseifer, Christel: Tonga. In Dieter Nohlen; Franz Nuscheler (Hg.), Handbuch der Dritten Welt. Band 8: Ostasien und Ozeanien, Bonn, Dietz, 1994, S.437-453.
Fischer, Steven Roger: A History of the Pacific Islands. Hampshire; New York, Palgrave, 2002.
Van der Grijp, Peter: Identity and Development. Tongan Culture, Agriculture, and the Perenniality of Gift. Leiden 2004.
Larmour, Peter: Democracy without Development in the South Pacific. In Adrian Leftrich (Hg.), Democracy and Development. Theory and Practice. Cambridge, Blackwell Publishers, 1996, S.230-247.
Lawson, Steven: Tradition Versus Democracy in the Soth Pacific. Fiji, Tonga and Western Samoa. Cambridge 1996.
Mückler, Hermann: Tonga. In: Kreisel, W. (Hg.): Mythos Südsee. Länderprofile Ozeaniens zu Wirtschaft und Gesellschaft. Hamburg 2006, S. 185-192.
Otter, Mark: From regional power to microstates. The island states of the Pacific. In Peter Burnell und Vicky Randall (Hg.): Politics in the Developing World. New York, Oxford University Press, 2005, S.229-239.
Small, Christopher: Voyages from Tongan Villages to American Suburbs. Ithaka/London 1997.

Internetlinks:
Auswärtiges Amt: Tonga, Außenpolitik, 2008, unter http://www.auswaertiges-amt.de/diplo/de/Laenderinformationen/Tonga/Aussenpolitik.html
Ferguson, Emma/Sugden, Craig/Huang, Anqian/Lucich, Milovan/Knapman, Bruce: Small Pacific countries. In Asian Development Bank, Asian Development Outlook 2008. Workers in Asia (Hong Kong, China), 2008, S.246-258.
Unter http://www.adb.org/Documents/Books/ADO/2008/ado2008.pdf.
New Zealand ministry of foreign affairs and trade: Kingdom of Tonga, key facts. 2008. Unter:http://www.mfat.govt.nz/Countries/Pacific/Tonga.php.

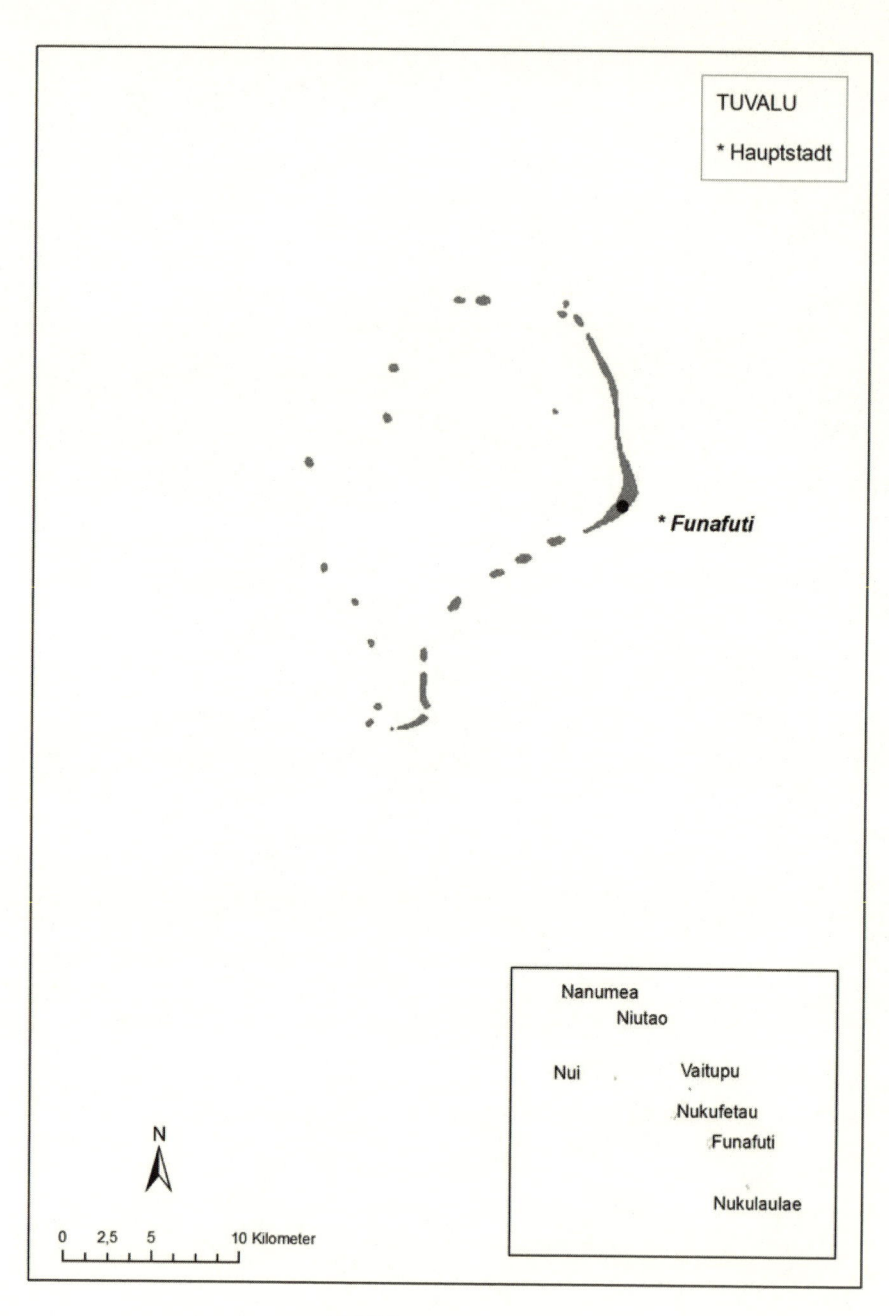

Abbildung 13: Tuvalu

TUVALU

Martin Zinggl

HISTORISCHE GRUNDDATEN

1892	Als Ellice-Inseln britisches Protektorat.
1915	Bestandteil der britischen Kronkolonie Gilbert and Ellice Islands.
1974	Referendum über die administrative Abtrennung von den Gilbert-Inseln
1975	Umbenennung in Tuvalu.
1978	Tuvalu erklärt seine Unabhängigkeit und wird Mitglied im Commonwealth of Nations.
2000	Tuvalu wird Mitglied der Vereinten Nationen.
2007	Vor der UN-Generalversammlung in New York forderte Vize-Premierminister Tavau Teii am 01.10. im Hinblick auf den UN-Klimagipfel in Bali im Dez. 2007 neue rechtliche Regelungen bezüglich des Klimaschutzes.
2008	Das Land wird 182. Mitglied der Internationalen Arbeitsorganisation ILO.

Offizieller Name: Tuvalu („Tuvalu" bedeutet „Gruppe der acht", was sich auf die acht traditionell unbewohnten Inseln bezieht) **Hauptstadt:** Funafuti **Lage:** 8° Süd, 178° Ost, im zentralen Pazifik, nördlich von Fidschi **Fläche:** 26 km² **Bevölkerung:** 12.177 **Staatsform:** Parlamentarische Monarchie **Staatschef:** Königin Elizabeth II., vertreten durch den Generalgouverneur Filoimea Telito **Premierminister:** Apisai Ielemia **Außenminister:** Apisai Ielemia **Sprachen:** Tuvaluisch, Englisch, Samoanisch, Kiribatisch (auf dem Nui-Atoll) **Religionen:** 97% Church of Tuvalu (Kongregationalisten) **Währung:** Australischer Dollar **Mitgliedschaften in internationalen Organisationen:** ACP, ADB, C, FAO, IFRCS (Beobachterstatus), IMO, IOC, ITU, OPCW, PIF, Sparteca, SPC, UN, UNCTAD, UNESCO, UPU, WHO.

***

Tuvalu ist das flächenmäßig viertkleinste und bevölkerungstechnisch, nach dem Vatikan, gar zweitkleinste Land der Welt. Auf seinen knapp 26 km², wovon ohnehin nur 70% bewohnbar sind, drängen sich Tuvalus geschätzte 11.000 Einwohner. Versorgungsschwierigkeiten aufgrund einer peripheren Lage, hohe Arbeitslosigkeit, mangelnde medizinische Versorgung und Ausbildungsmöglichkeiten, Alkoholismus, Überbevölkerung und geringe Lebenserwartung, eine der höchsten Bevölkerungsdichten und –wachstumsraten im Südpazifik, karge Böden und Armut, sowie Müllentsorgungsprobleme und Ressourcenknappheit prägen das heutige Bild des polynesischen Mikrostaates. Das Atoll Funafuti gilt nicht nur als geographisches, sondern ebenso als politisches und wirtschaftliches Zentrum des isolierten Inselstaates und stellt somit die „Hauptstadt" dar. In der Hoffnung auf eine bezahlte Arbeit und ein besseres Leben haben in den vergangenen 15 Jahren etliche Bewohner der Außeninseln ihren Weg nach Funafuti gefunden und damit zu einer Verdopplung der Einwohnerzahl auf der Hauptinsel beigetragen. Nächster Nachbar ist das 1.000 Kilometer südlich gelegene Fidschi, das sowohl für Tuvaluaner als auch Besucher das „Tor zur Welt" darstellt, ist es doch die einzige verkehrstechnische Verbindung sowohl über Luft als auch über Wasser von und nach Tuvalu. Eine Kette von neun Korallenatollen bildet die Inselgruppe, wobei man zwischen fünf echten (mit einer Lagune) Atollen (Nanumea, Nui, Nukufetau, Funafuti und Nukulaelae) und vier Inselatollen (Nanumaga, Niutao, Vaitupu und Niulakita) unterscheiden muss. Aufgrund des Anspruchs auf eine exklusive Wirtschaftszone stehen Tuvalu rund 900.000 km² (das entspricht in etwa der Fläche Brasiliens) Hoheitsgewässer zu. Der Verkauf von Fischereilizenzen an vorwiegend japanische, koreanische und taiwanesische Konzerne stellt daher nicht nur eine der wenigen Einnahmequellen dar, sondern verschaffte Tuvalu auch gute diplomatische Beziehungen zu diesen Ländern, die wiederum Entwicklungshilfeprojekte starteten. Auch die USA, mit denen 1979 ein Freundschaftsvertrag abgeschlossen wurde, ist im Besitz von Fischereilizenzen in tuvaluanischen Gewässern. Tuvalu ist ein ressourcenarmes Land und musste die Produktion des einzigen marktfähigen Exportproduktes – Kopra (getrocknetes Kokosnussfleisch) – Anfang des 21. Jahrhunderts aufgrund des niedrigen Weltmarktpreises vorerst einstellen. Aufgrund der Rückläufe im Export und dem Anstieg der Importe vergrößert sich das Handelsbilanzdefizit kontinuierlich. Spätestens seitdem ist Tuvalu zu beinahe 100% von internationaler Entwicklungshilfe abhängig, denn die wenigen exotischen Briefmarken, die jährlich an noch viel weniger Touristen verkauft werden, sowie der Verkauf der Internetdomain .tv an eine nordamerikanische Multimediafirma sind nicht ausreichend für den Erhalt des Landes.

Vor ca. 2000 Jahren fand die Besiedlung Tuvalus von Samoa, Tokelau und Tonga aus statt. Gemeinsam mit den Gilbert Islands (dem heutigen Staatsgebiet von der Republik Kiribati), wurde Tuvalu (damals Ellice Islands) 1892 britisches Protektorat, ehe 1915 die offizielle Annexion der Gilbert and Ellice Islands Colony erfolgte. Stark geprägt durch Missionierung, Kolonialismus und westlichen Einfluss, stellten die Briten während des Zweiten Weltkrieges Tuvalus Inseln als Stützpunkt den amerikanischen Streitkräften zur Verfügung. Diese flogen von Funafuti, Nanumea und Nukufetau aus Angriffe auf japanische Einrichtungen. Für die Errichtung der Fluglandebahn musste in Funafutis Zentrum ein Drittel der Palmen abgeholzt und Boden „ausgeborgt" werden, wobei Löcher in der Größe von Swimmingpools zurückblieben. Anstelle von Erde wurden diese Gruben von den Tuvaluanern als Deponie genutzt und mit Müll aufgefüllt, der in weiterer Folge das Grundwasser verseuchte. In Kombination mit der Überbeanspruchung des Bodens aufgrund der wachsenden Bevölkerung in Funafuti, bereiten diese „borrow pits" eine ernsthafte Angriffsfläche für den Anstieg des Meeresspiegels.

Am 1. Oktober 1978 erklärte Tuvalu seine Unabhängigkeit von Großbritannien hin zu einer konstitutionellen Monarchie mit einer parlamentarischen Demokratie und wurde Teil des Commonwealth. Staatsoberhaupt des Landes ist nach wie vor Queen Elizabeth II., Königin von Großbritannien und Nordirland, welche vor Ort durch einen Governor General (seit April 2005 Rev. Filoimea Telito) repräsentiert wird. Beraten wird dieser vom Regierungschef und Premierminister (seit August 2006 Hon. Apisai Ielemia), welcher wiederum alle vier Jahre von einem 15-köpfigen Gremium im Parlament ernannt wird. In einem Land ohne politische Parteien, wo ohnehin jeder mit jedem verwandt ist, beeinflussen Nepotismus, individuelle und kommunale (sprich inselbezogene) Beziehungen jede Wahl politischer Funktionsträger.

Da Tuvalus flache Korallenatolle an keinem Punkt höher als fünf Meter über den Meeresspiegel hinausragen, sieht das kleine Land im Südpazifik, ähnlich wie seine Nachbarn Kiribati, Tokelau oder die Marshallinseln sowie andere Gebiete (z.B. die Malediven, Bangladesch und die Niederlande), dem Klimawandel und damit einem Anstieg des Meeresspegels mit Sorge entgegen und steht in Zukunft vor einem weiteren Problem. Bis auf Niulakita, die höchste Insel, weisen alle Atolle eine ähnliche Charakteristik in Bezug auf ihre Ökologie auf. Durch das poröse und nährstoffarme Korallengestein drückt das Hochwasser der täglichen Flut Meerwasser hoch auf die bewohnten Inselflächen. Häuser, Wege und Felder stehen unter Wasser, Anbaukulturen und Kokosnussplantagen sterben ab. „Wasser aus der Erde" ist ein Phänomen, das nicht nur Ratlosigkeit bei den meisten Tuvaluanern auslöst, sondern auch unzählige Journalisten aus aller Welt anlockt – vor allem zu Beginn des Jahres, wenn king tides ganze Teile Funafutis unter Wasser setzen. Neben dem erkennbarsten Phänomen des Treibhauseffekts, dem Landverlust durch Küstenerosion, sowie spürbaren Veränderungen in Temperatur, Gezeiten und Wetter (statt Regenzeit Dürre, etc.) verursachen die regelmäßigen Überschwemmungen einen zu hohen Salzgehalt sowohl in den Feldern, als auch in der Frischwasserlinse. Das erschwert nicht nur den Anbau einiger Pflanzen, sondern versalzt zudem das Trinkwasser. Als alternative

Trinkwasserversorgung wurden Tanks, die mit Regenwasser gefüllt werden, sowie abgepacktes Wasser aus Fidschi importiert.

Bestimmungsfaktoren außenpolitischer Entscheidungsprozesse

Tuvalus Regierung hat diese Umstände erkannt und tritt seit einigen Jahren sehr engagiert auf regionalen und internationalen Foren auf, um auf seine ungewisse Zukunft aufmerksam zu machen. Mit seiner lauten Stimme und der Drohung zwei der größten Kohlendioxidproduzenten der Welt, die USA und Australien zu verklagen, hilft Tuvalu der gesamten pazifischen Region bzw. jenen Ländern die ebenfalls vom Anstieg des Meeresspiegels betroffen sind. Während Australien nach der neu gewählten Regierung Ende 2007 bei der UN-Klimakonferenz in Bali das Kyoto-Protokoll unterzeichnet hat, weigern sich die USA aus Angst vor wirtschaftlichen Verlusten nach wie vor das Protokoll zu ratifizieren. Unterstützung genießen Tuvalus Politiker, die ihren Fokus auf die globale Erwärmung konzentriert haben, dabei von internationalen Medien, welche Tuvalu längst zum „ersten Opfer des Klimawandels" oder dem „modernen Atlantis" erklärt haben. Die Bevölkerung verspürt derartige Existenzängste nicht, sondern die Klimawandel-Opferrolle ist eine geeignete Gelegenheit für Tuvalus Regierung weltpolitisch auf sich aufmerksam zu machen und Unterstützung in jeglicher Form zu erhalten.

Internationale Beziehungen sind aufgrund der geringen Größe und geographischen Lage zwar sehr begrenzt, aber das kleine Land pflegt sie vor allem wegen der Klimawandelpolitik mit vielen anderen Ländern in der Pazifikregion und darüber hinaus. Die intensivste Beziehung besteht zu Taiwan, das im Austausch gegen eine Stimme im Streit um eine taiwanesische UN-Mitgliedschaft auch den größten Geldgeber darstellt. Regelmäßige Staatsbesuche von Botschaftern asiatischer, europäischer und ozeanischer Vertretungen sowie Auslandsaufenthalte diverser tuvaluanischer Minister und anderer politischer Vertreter sind daher nicht mehr ungewöhnlich für die tuvaluanische Bevölkerung. Tuvaluanische Botschaften gibt es außerhalb des Landes keine, jedoch ist Tuvalu im September 2000 den Vereinten Nationen beigetreten und im Besitz einer ständigen Vertretung im UN-Hauptquartier in New York, sowie eines Hochkommissariats in Suva (Fidschi). In Deutschland ist Tuvalu durch einen Honorarkonsul vertreten. Einige hundert tuvaluanische Seefahrer arbeiten auf Frachtschiffen unter deutscher Flagge. Bilaterale Verträge bestehen außerdem mit der Schweiz als auch mit den Vereinten Nationen. Gute Handelsbeziehungen pflegt das Land zu den pazifischen Staaten, vor allem dem Haupthandelspartner Fidschi.

Als viertkleinster Staat der Welt liegt Tuvalus Beitrag zur Umweltverschmutzung bzw. der Verbrauch an industriellen und privaten Treibhausgasen sehr gering und verschafft im Kampf David gegen Goliath einen wichtigen Vorteil gegenüber den großen Verbraucherländern, um als hilfloses und unschuldiges Opfer aufzutreten. Tuvalus Regierung will in erster Linie international Aufmerksamkeit erregen sowie finanzielle Entschädigung erhalten, um die ungewisse Zukunft seiner Bevölkerung zu sichern. Dabei wird im Ernstfall auch eine Gesamtevakuierung nicht ausgeschlossen. Neuseeland nimmt über das Pacific Access Category (PAC) Programm jährlich bis zu 75 Bewohner von Tuvalu auf, wenn diese alle notwendigen finanziellen, gesundheitlichen und strafrechtlichen Kriterien erfüllen können. Obwohl die Anzahl der verfügbaren Plätze selten ausgefüllt wird, leben bereits knapp 3.000 Tuvaluaner in Neuseeland, viele davon illegal.

SICHERHEITSPOLITIK UND POLITIK IM RAHMEN INTERNATIONALER ORGANISATIONEN

Da Tuvalu kein Mitglied militärischer Bündnisse ist, verfügt es auch über keine eigene Armee. Eine Polizeieinheit von rund 30 Beamten ist verantwortlich für die Sicherheit in Funafuti, während es auf den meisten Außeninseln überhaupt keine Polizei gibt und Strafmassnahmen „traditionell" geregelt werden. Die Hoheitsgewässer werden in Anbetracht seiner begrenzten Möglichkeiten in unregelmäßigen Abständen vom einzigen Patrouillenboot bzw. durch gelegentliche Kontrollflüge der neuseeländischen Armee überwacht. Tuvalu ist zahlreichen regionalen und internationalen Organisationen und Verbünden beigetreten, u.a. dem Pacific Islands Forum, dem South Pacific Regional Environment Programme (SPREP), der South Pacific Applied Geoscience Commission (SOPAC), dem Forum Fisheries Agency, dem Secretariat of the Pacific Community (SPC), der UN Economic and Social Commission for Asia and the Pacific (ESCAP) sowie der University of the South Pacific (USP) mit einer Campus-Niederlassung in Funafuti, wo mittels Fernstudium einzelne Kurse belegt werden können. Darüber hinaus zählt Tuvalu zu den AKP-Staaten (Afrikanischen, Karibischen und Pazifischen Staaten), denen durch das Abkommen von Lomé und Cotonou finanzielle Unterstützung im Austausch von Exportprodukten mit der ehemaligen Kolonialmacht Großbritannien gewährleistet wird.

PERSPEKTIVEN

Da vorwiegend die wenigen gut ausgebildeten Tuvaluaner die finanziellen Mittel aufbringen können Tuvalu zu verlassen und auch die Möglichkeit haben die umständlichen und bürokratischen Aufnahmebedingungen Australiens und Neuseelands (Hauptemigrationsländer) zu bewältigen, findet bereits jetzt in Tuvalu ein brain drain – ein Austrocknen des öffentlichen und industriellen Sektors – statt. Ausgebildete Lehrer, Ärzte und Techniker gibt es praktisch nicht und werden durch importierte „palagi" (Fachkräfte aus dem Westen) ersetzt.

Erstmals in seiner jungen Geschichte kann Tuvalu von sich behaupten, international auf sich aufmerksam gemacht zu haben durch seinen intensiven Einsatz in Bezug auf den Klimawandel. Tuvalus Regierung wird diese erfolgreiche Strategie genauso zielgerichtet fortsetzen wie bisher. Ein nationaler Provident Trustfund, der 1988 gegründet wurde um Entwicklungsprojekte zu finanzieren, beläuft sich derzeit auf rund 100 Mio. AUS-$. Bei einer Gesamt-bevölkerung von 11.000 Menschen ist das ein erheblicher Betrag, der mit hoher Wahrscheinlichkeit in den kommenden Jahren noch stetig wachsen wird durch Entwicklungshilfegelder aus Taiwan, Großbritannien, Australien, Neuseeland und der EU. Über die tatsächlichen Auswirkungen des Klimawandels gibt es nach wie vor nur Spekulationen. Die tatsächlichen Auswirkungen des Baubooms auf der Hauptinsel Funafuti – aufgrund der zugezogenen Insulaner – sind allerdings bereits ersichtlich und werden bei gleich bleibender Tendenz dem Land irreparablen Schaden zufügen.

BIBLIOGRAPHIE

Connell, John: Losing Ground? Tuvalu, the Greenhouse Effect and the Garbage Can. Asia Pacific Viewpoint 44(2), 2003, S. 89-107.

Gillespie, Alexander: Climate change in the South Pacific. Impacts and responses in Australia, New Zealand, and small island states. Dordrecht, Kluwer Academic Publishers Group, 2000.

Laracy, Hugh (Hg.): Tuvalu – A History. Suva, Institute of Pacific Studies and Extension Services, University of the South Pacific, 1983.

Macdonald, Barrie: Cinderellas of the Empire: Towards a History of Kiribati and Tuvalu. Canberra, Australian National University Press, 1982.

Schindlbeck, Markus & von Gizycki, Renate: Von Kokos zu Plastik. Südseekulturenim Wandel (Berlin, Reimer), 1993.

Tesfaghiorghis, Habtemariam: The Implications of Population Growth for Tuvalu. Economics Division Working Papers 94/1. Canberra, Research School of Pacific and Asian Studies, ANU, 1994.

Warne, Kennedy: That Sinking Feeling. New Zealand Geographic (November- December) 70, 2004, S. 40-61.

Wit, Nico: Migration and Socio-Economic Change: The Case of Tuvalu. Groningen Demographic Reports, No.8. Groningen, Geographical Institute, Groningen State University, 1984.

Internetlinks:
Levine, Mark: Tuvalu Toodle-oo. Outside Magazine (December), 2002. Unter http://outside.away.com/outside/features/200212/200212_tuvalu_1.html

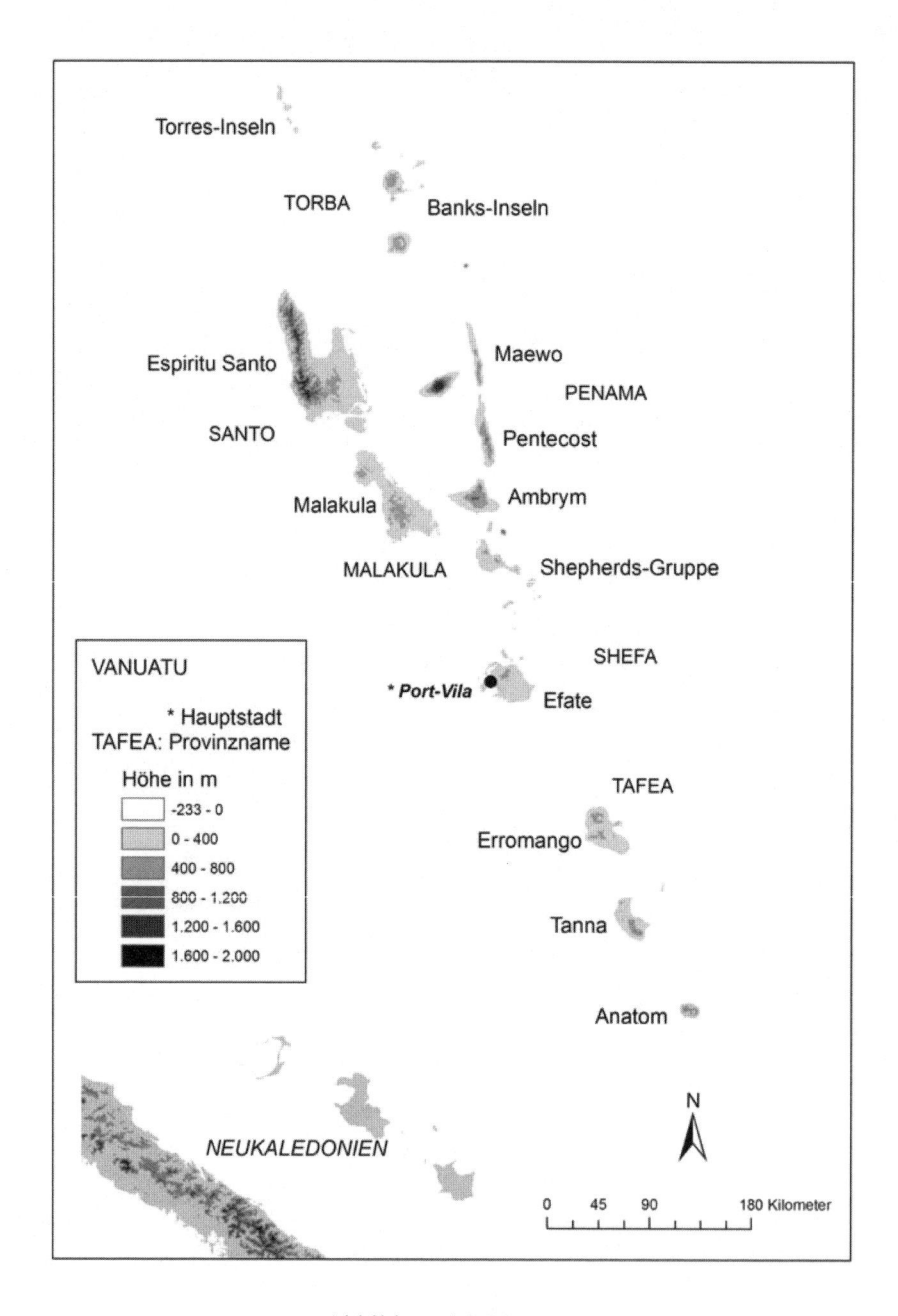

Abbildung 14: Vanuatu

VANUATU

Hermann Mückler

HISTORISCHE GRUNDDATEN

1774 James Cook benennt die Inselgruppe in „Neue Hebriden".
1906 Einrichtung eines französisch-britischen Kondominiums auf den Neuen Hebriden, was in weiten Bereichen zu einer Zweigleisigkeit führt.
1980 Unabhängigkeit der Neuen Hebriden, die unter dem Namen „Vanuatu" eine unabhängige Republik innerhalb des Commonwealth werden.
1980 Erfolglosen Sezessionsversuch der Insel Espiritu Santo.
1981 Vanuatu tritt den Vereinten Nationen bei.
1983 Vanuatu erklärt sich per Gesetz zur atomwaffenfreien Zone.
1983 Beitritt Vanuatus zur Bewegung der Blockfreien.
1993 Vanuatu ist entscheidend an der Gründung der sogenannten Melanesian Spearhead Group (MSG) beteiligt, der neben Vanuatu zunächst Papua-Neuguinea und die Salomonen angehören.
2004 Staatspräsident wurde Kalkot *Mataskelekele.*
2008 Premierminister wird Edward *Natapei.* Am 06.05. kündigt die Vanuatu Financial Services Commission die Abschaffung des Gesetzes über Geschäftsgeheimnisse zum Jahresende 2008 an, das Inhabern von Firmen und Konten weitreichende Annonymität zusichert.

Offizieller Name: Republik Vanuatu (Ripablik blong Vanuatu) **Hauptstadt:** Port Vila **Lage:** 16° Süd, 167° Ost, nördlich von Neukaledonien **Fläche:** 12.200 km² **Bevölkerung:** 215.446 Staatsform: Republik **Staatschef:** Kalkot Matas Kelekele **Premierminister:** Edward Natapei **Außenminister:** Pakao Kaltongga **Sprachen:** mehr als 100 verschiedene einheimische Sprachen, Bislama (Pidgin-Englisch), Englisch, Französisch **Religionen:** 31,4% Presbyterianer, 13,4% Anglikaner, 13,1% Katholiken, 10,8% Siebenten-Tags-Adventisten, 13,8% andere Christen, 5,6% Naturreligionen (darunter der Jon-Frum-Cargo-Kult) (Census 1999) **Währung:** Vatu **Mitgliedschaften in internationalen Organisationen:** ACCT, ACP, ADB, C, FAO, G-77, IBRD, ICAO, ICRM, IDA, IFC, IFRCS, ILO, IMF, IMO, IOC, ITU, ITUC, MIGA, NAM, OIF, OPCW, PIF, Sparteca, SPC, UN, UNCTAD, UNESCO, UNIDO, UPU, WFTU, WHO, WMO, WTO (Beobachterstatus).

***

Früher unter dem Namen Neue Hebriden bekannt, ist der Staat Vanuatu 1980 aus einem gemeinsam von Großbritannien und Frankreich verwalteten Condominium hervorgegangen. Aufgrund der Vielzahl der Inseln, die in vorkolonialer Zeit abgeschlossene Einheiten bildeten, sowie die auch heute noch nachvollziehbare Zweiteilung der Einflußbereiche durch die beiden Kolonial-mächte, ist eine gewisse Fragmentierung der Gesellschaft gegeben, die ursächlich für die Mehrheit der rezenten Probleme verantwortlich sind. Neben den englisch und französisch geprägten Landesteilen, spiegelt die Zahl von rund vierzig Regionalsprachen und zahlreichen Dialekten die linguistische und kulturelle Vielfalt der Inselgruppe wider. Bislama nennt sich die Amtssprache, die eine Mischung aus Pidgin-Englisch, französischen Elementen und verschiedenen einheimischen Ausdrücken ist und das sprachliche Bindeglied der heterogenen Gesellschaft darstellt. Somit beherrschen die Bewohner Vanuatus oft bis zu vier Sprachen – neben der lingua franca und der Lokalsprache, Englisch und/oder Französisch – um sich in den verschiedenen Landesteilen verständigen zu können. Zentrum des Landes bildet die Hauptstadt Port Vila auf der Insel Efate im südlichen Landesteil gelegen. Santo (Luganville) auf Espiritu Santo im Norden ist die einzige weitere Stadt des Landes.

Geographie und Historische Entwicklung

Die meisten der über achtzig Inseln, die sich im Wesentlichen in nord-südlicher Richtung über eine Entfernung von ca. 1.000 Kilometer erstrecken und in etwa die Form eines „Y" darstellen, sind überwiegend vulkanischen Ursprungs, von dichter tropischer bis subtropischer Vegetation bewachsen sowie von Korallenriffen umgeben. Die wichtigsten und größten Inseln sind folgende: Ambrym, Anatom, Aniwa, Aoba, Efate, Emae, Epi, Erromango, Espiritu Santo, Futuna, Maewo, Malakula, Pentecost, Tanna, die Torres Inseln, die Banks Inseln mit Vanua Lava, sowie die Shepherds Gruppe. Die mit einiger Entfernung zu den restlichen Inseln im Süden befindlichen unbewohnten Kleininseln Matthew und Hunter werden sowohl von Vanuatu, als auch von Neukaledonien beansprucht und waren wiederholt Ursache außenpolitsicher Konfrontation.

Die Landfläche aller Inseln beträgt 12.190 km². Manche der Inseln weisen hohe Berge auf, die für die Kleinkammerung und Isolation mancher Gemeinwesen verantwortlich sind. Der höchste Gipfel befindet sich auf der nördlichen Insel Espiritu Santo, der Mount Tabwemsana mit 1.879 m. Auf einigen Inseln ist aktiver Vulkanismus zu beobachten, so auf Ambrym, Tanna, Ambae und Lopevi. Die gesamte Inselgruppe befindet sich in einem erdbeben-gefährdeten Gebiet. Schwache Beben gehören zum Alltag der Ni-Vanuatu, der Bewohner Vanuatus. Ursache für die seismischen Bewegungen sind das Aufeinandertreffen der australischen Platte mit der Pazifischen Platte, unter die sich erstere aufgrund ihres höheren Eigengewichts schiebt. Das Klima ist auf den nördlichen Inseln überwiegend tropisch und wird nach Süden zunehmend subtropisch. Tropischer Regenwald im Norden wird entsprechend durch Savannenvegetation und Trockenwälder im Süden ergänzt. Die Gesamt-bevölkerung betrug 2007 rund 212.000 Einwohner, bei einer Geburtenrate von 1,46% und einer Bevölkerungsdichte von 16 Einwohner/km². Die Bevölkerungs-verteilung ist unterschiedlich.

Die demographische Entwicklung der vergangenen Jahrzehnte war einerseits durch eine deutliche Abwanderung von Europäern und Chinesen geprägt, die seit der Unabhängigkeit in großer Zahl das Land verließen, andererseits durch einen Wandel der Migrationsdynamiken der Ni-Vanuatu selbst. Vanuatu kannte und kennt eine starke Binnenmigration. Seit der Kontaktsituation mit den Europäern wurde traditionelle oszillierende Migration im Rahmen prestigerelevanten Gütertauschs zwischen einzelnen Inseln und interinsulärer Handel zuerst durch überseeische Arbeitsmigration (nach Queensland, Fidschi, Samoa, Neukaledonien) ersetzt und später in befristete Migration innerhalb Vanuatus im Rahmen der Plantagenarbeit transformiert. Die letzten Jahre waren durch eine deutliche Zunahme der Zuwanderung in das größte urbane Zentrum, die Hauptstadt Port Vila, gekennzeichnet, dessen Attraktivität bezüglich Arbeitsmöglichkeiten, Ausbildung und Entertainment groß ist. Dabei werden die Kontakte zwischen den auf den peripheren Inseln verbliebenen Familien-angehörigen und den im „Zentrum", der Hauptstadt, Lebenden in der Regel aufrechterhalten. Eine zirkulierende zeitlich begrenzte job-bezogene Mobilität zwischen den zunehmend unter Bevölkerungsdruck leidenden „Außen"-Inseln und dem städtischen Zentrum des Landes kennzeichnen zusammengefasst die Situation.

Dabei kann die Hauptstadt (derzeit ca. 35.000 Einwohner) die Zuwanderung nur bedingt auffangen. Die tatsächliche Arbeitslosenrate für Port Vila und Luganville wird realistisch auf bis zu 85% geschätzt. Am Rande von Port Vila sind in den letzten fünfzehn Jahren sogenannte „squatter settlements" entstanden und Banden desillusionierter Jugendlicher bilden zunehmend ein Problem für die Sicherheit in der Stadt. Die Stadtverantwortlichen müssen auch das zeitweise und örtlich begrenzte gespannte Verhältnis von Zuwanderern und lokaler Bevölkerung durch entsprechende Mediationsmaßnahmen ausgleichen. Eine signifikante Emigration von Ni-Vanuatu ist (abgesehen von zeitlich begrenzter Arbeits-migration zu den Nickelabbaustätten Neukaledoniens) nicht nachweisbar. Über dreißig Prozent der Bevölkerung gehören der presbyterianischen Kirche an, ca. 13,5% der anglikanischen Kirche; 13 Prozent der Einwohner sind römisch-katholisch und 10,8% sind Siebenten-Tags-Adventisten. Die restlichen Bewohner gehören anderen Glaubensrichtungen an, wobei Cargokulte, wie die seit den 1940er Jahren bestehende John Frum-Bewegung, die von Tanna ihren Ausgang nahm und die heute auch politisch im Rahmen einer Partei agiert, sowie verschiedene synkretistische indigene Glaubensrichtungen nach wie vor zumindest lokal eine bedeutende Rolle spielen.

Die archäologische Fundsituation läßt auf eine Besiedlung der Inseln vor mindestens 1.500 Jahren schließen. Keramikfragmente, die vor allem auf den nördlichen und zentralen Inseln gefunden wurden, belegen die Besiedlung und technologische sowie künstlerische Fertigkeiten der melanesischen Siedler, die auf Subistenzbasis wirtschafteten. Auf Malo befinden sich Reste der ältesten Siedlung Vanuatus, die auf ca. 2.000 v.Chr. datiert wird. Die traditionellen Gesellschaften zeichneten sich durch relativ kleine Gruppen aus, die als Clane und Familienverbände organisiert, häufig voneinander isoliert lebten, was die von den europäischen Entdeckern vorgefundene linguistische und kulturelle Vielfalt bei den Einheimischen erklärt. Zentrale Bedeutung für die Identifikation und Orientierung des Individuums in der Gruppe hatte die Ahnenverehrung, die sowohl eine genealogische Verortung des Einzelnen ermöglichte, als auch gleichzeitig das religiöse Leben bestimmte. Komplexe Rituale der Ahnenverehrung, totemistische Rituale und schließlich die nur in bestimmten Regionen vorkommende Zugehörigkeit zu Geheimbünden, aber auch Menschenopfer, bestimmten die gesellschaftlichen Strukturen, in denen Reziprozität und z.B. Schweine als Prestigeware eine große Rolle spielten.

Als erster Europäer gelangte der portugiesische Seefahrer Pedro Fernández de Quirós am 3. Mai 1606 nach Espiritu Santo. Im Glauben, den südlichen Kontinent gefunden zu haben, nannte er die Insel „Terra Australis del Espiritu Santo" und nahm sie für das spanische Königreich in Besitz. 1768 segelte der französische Entdecker Louis Antoine de Bougainville auf der Fregatte „La Boudeuse" zwischen Espiritu Santo und Malakula und widerlegte damit die Theorie, dass die Insel Espiritu Santo Teil eines südlichen Kontinents sei. Der Engländer James Cook besuchte auf seiner zweiten Reise 1774 die Inselgruppe und benannte sie in Neue Hebriden um. Nachdem bereits Sandelholzhändler und Walfänger die Inseln besucht und ausgebeutet hatten, kamen ab 1839 europäische Siedler, die sich auf den Inseln niederließen. Mit ihnen gelangten Missionare auf die Neuen Hebriden, die Kannibalismus und indigene religiöse Vorstellungen bekämpften, sich aber auch gegen den exzessiven Arbeitskräftehandel („blackbirding") wandten, der dazu geführt hatte, dass tausende Ni-Vanuatu freiwillig oder zwangsweise nach Fidschi, Queensland und Neukaledonien gebracht worden waren, um dort unter widrigsten Bedingungen Schwerstarbeit auf den Plantagen zu verrichten.

Begehrlichkeiten mehrerer europäischer Mächte auf die Inselgruppe ließen die beiden unmittelbar um die Insel ringenden Staaten England und Frankreich 1887 nach langem Ringen eine pragmatische Lösung finden, die Neuen Hebriden gemeinsam zu verwalten. Franzosen und Engländer einigten sich 1906 auf die Gründung eines gemeinsamen Kondominiums auf den Neuen Hebriden. Die gemeinsame Verwaltung gestaltete sich häufig nicht friktionsfrei und mündete in weiten Bereichen in einer Zweigleisigkeit, die sich vor allem in der Hauptstadt Port Vila bemerkbar machte: Französische und englische Schulen, Krankenhäuser, Verwaltungsbüros, etc. trieben die Kosten der Kolonialmächte in ungewöhnliche Höhen. Gleichzeitig gab es jeweils anglophon und frankophon geprägte Landesteile bzw. Inseln im Inselarchipel, was sich u.a. auch in der parallel laufenden katholischen bzw. protestantischen Missionstätigkeit niederschlug. Die Existenz zweier kompletter, parallel agierender Verwaltungs-apparate und zweier kulturell unterschiedlich durchformter Sphären schufen ein Konfliktpotential, welches sich unmittelbar nach der Unabhängigkeit entlud. Von den Ni-Vanuatu wurde die Zeit der Doppelverwaltung auch als „Pandemonium", als Versammlung der Geister, bezeichnet.

Während des Zweiten Weltkrieges wurden die Inseln Efate und Espiritu Santo von den Alliierten als Militärbasen genutzt. In den 1960ern drängte die Bevölkerung im Zuge der allgemeinen Entkolonisierung der Region zu mehr Selbstbestimmung und schließlich nach Unabhängigkeit, die vor allem von Seiten der Briten unterstützt wurde, während Frankreich aufgrund seiner ökonomischen Interessen im Bereich der Plantagenwirtschaft und strategischer Erwägungen wegen der Nähe zum französischen Neukaledonien nur zögerlich die Inselgruppe aus seinem Kontrollbereich entlassen wollte. Volle Souveränität erlangte der Inselstaat am 30. Juli 1980 durch die Zustimmung der beiden europäischen Schutzmächte, stürzte jedoch unmittelbar danach in einen Sezessionskrieg, die sogenannte „Santo Rebellion", die durch die versuchte Abspaltung von Espiritu Santo und der Unterstützung französischer Siedler für die sogenannte Nagriamel-Bewegung, zu einer ersten Bedrohung für den Zusammenhalt des neuen Staates wurde. Die Nagriamel-Bewegung, die seit den 1960er Jahren unter ihrem Führer Jimmy Stevens, der viele Jahre die Unabhängigkeit von den Kolonialmächten gefordert hatte, politisch aktiv war, sprach sich klar für eine Sezession der nördlichen Inseln aus. Die an den Unruhen und der Ausrufung des unabhängigen Staates Vemerama mitbeteiligten französischen Siedler (bzw. indirekt auch kurzfristig Frankreich) versuchten dabei die Erhaltung ihrer Pfründe und vor allem landrechtliche Vorteile zu bewahren. Von der jungen Regierung um Hilfe gebetene Interventionstruppen, deren Soldaten aus Papua-Neuguinea stammten und die unter einem britisch-französischem Kommando standen, konnten den Sezessionsversuch rasch niederschlagen. Die Zweiteilung des Landes sollte aber als eine Herausforderung an die Politik für die kommenden Jahrzehnte bestehen bleiben. Im Erkämpfen der Unabhängigkeit spielte die von dem anglikanischen Priester und später wiederholt als Premierminister agierenden „Father" Walter Lini von den 1970er Jahren bis 1991 geführte Vanua'aku Pati (VP; davor „Nationalpartei") eine zentrale Rolle. Linis Ablöse hing damit zusammen, daß er einzelne Parteimitglieder der Korruption beschuldigt hatte. Fünf Jahre später kehrte Lini jedoch in der Regierung von Serge Vohor (Union of Moderate Parties/UMP) als Justizminister und Vizepremier wieder in die Regierung zurück.

Vanuatu ist eine parlamentarische Republik mit einem Präsidenten als Staatsoberhaupt. Der Präsident, der hauptsächlich repräsentative Funktionen ausübt, wird alle fünf Jahre von einem Gremium aus Mitgliedern des Parlaments und den Präsidenten der Regionalparlamente gewählt. Der Regierungschef Vanuatus ist der Premierminister, der vom alle vier Jahre zu wählenden Parlament mit Dreiviertelmehrheit gewählt wird. Der Premierminister bestimmt selbst die Mitglieder seines Kabinetts. Vanuatu hat ein Einkammersystem. Das Parlament hat 52 Mitglieder, die alle vier Jahre in Mehrpersonenwahlkreisen direkt gewählt werden. Neben dem Parlament existiert als Konsultativorgan ein Häuptlingsrat (National Council of Chiefs), der in Angelegenheiten der Ni-Vanuatu-Kultur und Tradition anzuhören ist (Winter, 2007: 205). Bei den Wahlen im Jahr 2004 kandidierten zehn Parteien, deren wichtigste und historisch am längsten bestehende folgende sind: National Unity Party (NUP), Union of Moderate Parties (UMP), Vanua'aku Pati (VP) und die Vanuatu Republican Party (VRP). Die Innenpolitik wird seit den 1970er Jahren durch das Ringen der britisch (VP) und französisch (u.a. UMP) geprägten Fraktionen bestimmt. Seit dem 11. Dezember 2004 ist Ham Lini Premierminister des Landes. Er stützt sich auf ein Bündnis von National Unity Party und Vanua'aku Party. 1981 war Vanuatu den Vereinten Nationen beigetreten und 1983 der Bewegung der blockfreien Staaten. Die 1990er Jahre waren wiederholt von politischer Instabilität geprägt, die sich ursächlich sowohl mit der Kleinkammerung des Staates, partikularer Interessen der Inselgesellschaften, nicht erfüllten Erwartungen an die Souveränität und Mißmanagement erklären lassen, aber auch mit der grassierenden Korruption und Veruntreuungen einzelner Politiker. Eine größere Dezentralisierung des politischen Systems und der Einbau von Kontrollmechanismen als Antwort auf diese Probleme hat nur zum Teil Abhilfe geschaffen.

AKTUELLE WIRTSCHAFTLICHE UND POLITISCHE ENTWICKLUNGEN

Im Vergleich zu anderen pazifischen Inselstaaten hat Vanuatu außenpolitisch wiederholt für Aufsehen gesorgt. Aufgrund der speziellen Geschichte Vanuatus, insbesondere im Zuge der Erringung der Souveränität, die sich Vanuatu regelrecht erstreiten mußte – nicht nur im Konflikt mit der Sezessionsbewegung, sondern auch gegen den Widerstand Frankreichs, das sich aus der Befürchtung heraus, damit einen Präzedenzfall für andere Territorien zu liefern, der Unabhängigkeit lange Zeit widersetzte. Vanuatu wurde durch sein Vorgehen tatsächlich zum Vorbild für die neukaledonischen Kanak und deren Kampf um Selbstständigkeit. Vanuatu hatte ein doppeltes Interesse an der baldigen Selbstständigkeit des benachbarten französischen Territoriums: erstens aufgrund seiner prinzipiellen und moralisch engagierten Unterstützung der „melanesischen Brüder", zweitens um einen potentiellen Gefahrenherd für Vanuatus Selbständigkeit zu beseitigen: Nach dem Ende der Santo-Rebellion hatten rund 700 französische Siedler das Land verlassen müssen und sich in Neukaledonien angesiedelt. Ein Teil davon trug sich mit dem Gedanken einer Revanche, etwa in Form einer Destabilisierung Vanuatus (zit.n. Leidhold, 1991: 422-423).

Die Außenpolitik Vanuatus kann als im Vergleich zu den meisten melanesischen und polynesischen Nachbarstaaten als am wenigsten konfliktscheu betrachtet werden. Vanuatu unterstützte seit 1981 energisch die Unabhängigkeitsbestrebungen der Kanaken, wurde jedoch im Pacific Forum, der gemeinsamen

Plattform aller pazifischen Inselstaaten zur Koordinierung der Regionalpolitik sowie ökonomische und kultureller Kooperation von Fidschi, Samoa und den Salomonen-Inseln, gebremst. Die Konfrontation mit Frankreich erleichtert nicht die Lösung des Dauerkonfliktes um die umstrittenen Kleininseln Matthew und Hunter, die zwischen Neukaledonien und Vanuatu liegen und die zukünftig aufgrund vermuteter Rohstoffe (am und unter dem Meeresboden) deutlich an Bedeutung gewinnen könnten. Ebenso hatte Vanuatu durch seine Anti-Atompolitik Frankreich wiederholt vor den Kopf gestoßen, indem es eine (ähnlich wie Neuseeland) strikte Ablehnung aller französischen Nuklearversuche äußerst prononciert formuliert hatte. Der Beitritt Vanuatus zur Bewegung der Blockfreien im Jahr 1983 markierte einen weiteren Schwenk in der Politik, indem das Land diplomatische Beziehungen zu einer untypischen Palette von Staaten aufnahm. Die Beziehungen zum sozialistischen Kuba erregten ebenso Aufmerksamkeit, wie der Abschluß eines Fischereivertrages im Jahr 1987 mit der Sowjetunion, der jedoch 1988 wieder auslief. Diplomatische Beziehungen wurden auch, zumindest zeitweise, zu Nordkorea, Libyen und anderen Staaten mit sozialistischen bzw. autoritären Regimen geknüpft. Vanuatu forcierte innerhalb des Pacific Forum die Zusammenarbeit der pazifischen Inselstaaten insbesondere innerhalb Melanesiens. Die Unterstützung für die Unabhängigkeitsbestrebungen von Westpapua und die dortige OPM (Organisasi Papua Merdeka, Bewegung für ein Freies Papua) durch die Regierung Vanuatus brachte das Land in diplomatische Konfrontation zu Indonesien. Im Jahr 2002 sprach sich der damalige Premier Serge Vohor für eine politische Abspaltung der indonesischen Provinz Irian Jaya (Westpapua) aus.

In den 1980er Jahren gab es auch zeitweilig Kontakte zu Libyen, die weltweit medial beachtet wurden. Vanuatu hatte Soldaten zum Training nach Libyen entsandt und auch die Eröffnung eines libyschen Büros in Port Vila angekündigt. Letzteres wurde, aufgrund des Drucks von Staaten wie Australien, kurzfristig abgesagt. Weitere Beziehungen zu Libyen bezogen sich überwiegend auf überschaubare finanzielle Transaktionen und die Aufnahme diplomatischer Beziehungen. Vanuatu engagierte sich vor allem im Bereich der Kooperation mit den melanesischen Nachbarstaaten (deshalb auch das Engagement für die „Brüder" in Westpapua) und war entscheidend an der Gründung der sogenannten Melanesian Spearhead Group (MSG) beteiligt. Die MSG wurde am 22. Juli 1993 zunächst von den drei Staaten Vanuatu, Papua-Neuguinea, Salomonen aber ohne Fidschi gegründet, welches erst am 14. April 1998 in Honiara aufgenommen wurde. Das regionale Abkommen dient der Stimulierung der ökonomischen Entwicklung und garantiert einen politischen Rahmen für reguläre regelmäßige Konsultationen, um den Export und Import von Waren in der Region unter der Maxime der melanesischen Solidarität abzuwickeln und zu forcieren. Bei der Suche nach einem spezifischen „Melanesian Way" als Sonderform des in der Region wiederholt postulierten „Pacific Way", spielte Vanuatu eine Vorreiterrolle.

Das Verhältnis zu China ist dadurch geprägt, dass Vanuatu in letzter Zeit verstärkt Entwicklungshilfe von der Volksrepublik China erhält. Traditionell enge Verbindungen bestehen zu Großbritannien, Frankreich, Australien und Neuseeland. Die genannten Staaten tragen mit erheblichen Mitteln zur Entwicklung des Landes bei. Zu den benachbarten südpazifischen Inselstaaten Fidschi, Nauru, Salomonen und Kiribati bestehen traditionell gute Beziehungen. Vanuatu unterhält zu insgesamt 74 Ländern diplomatische Beziehungen. Davon haben vier Länder Vertretungen in der Hauptstadt Port Vila: Australien, Neuseeland, Frankreich und die Volksrepublik China. Die Inselrepublik wird im Ausland bei den Vereinten Nationen in New York, in Nouméa, der Hauptstadt Neukaledoniens, sowie durch eine Anzahl von Honorarkonsuln vertreten. Vanuatu zeigt sein regionales Engagement auch durch die Teilnahme von Polizeikräften und Soldaten an friedenserhaltenen Missionen der Vereinten Nationen. Angehörige der Vanuatu Police Force und der Vanuatu Mobile Force waren an den Friedensmissionen in Timor-Leste (Osttimor), Bosnien und Herzegowina sowie an den Internationalen Truppenkontingenten zur Friedenssicherung auf den Salomonen (RAMSI, Regional Assistant Mission to the Solomon Islands) und in Bougainville (Papua-Neuguinea) beteiligt.

Das unter Premier Walter Lini in den 1980er Jahren proklamierte Bekenntnis zum sogenannten „melanesischen Sozialismus" hat nichts mit einer orthodoxen Adaption sozialistischen Gedankenguts sowjetischer oder kubanischer Provenienz zu tun, sondern war primär der Versuch, die eigene Identität vermittels einer Vokabel zu definieren, die sich als Kontrast zum landläufigen Begriff westlich-kapitalistischer Gesellschaften verwenden lässt (Leidhold 1991: 425). Gleichwohl erregte Vanuatu damit international Aufsehen und wurde u.a. wegen dieses Umstands sowie aufgrund seiner zeitweise unorthodoxen Außenpolitik als „Enfant terrible" der Region bezeichnet. Allein schon die wachsende ökonomische Rolle des kapitalistischen Sektors widerspricht jedoch unmittelbar dieser scheinbar ideologischen Komponente der Politik Vanuatus.

Der Staat Vanuatu hat sich auf der Suche nach Einnahmemöglichkeiten in den vergangenen Jahren in einen „Tax Heaven" für sogenannte „Off-shore-Banken" verwandelt. Eine äußerst günstige Steuergesetzgebung (keine Einkommens- und Kapitalsteuern) und Erleichterungen im Veranlagungssektor haben zahlreiche Briefkastenfirmen entstehen lassen. Die fast ausschließlich in Port Vila angesiedelten Unternehmen sind auch Ursache für die Anwesenheit einer kleinen Anzahl von Ausländern in der Hauptstadt, die hier ihren Geschäften nachgehen. Für die Beschäftigungssituation in der Stadt insgesamt hat dieser Erwerbszweig jedoch kaum Bedeutung. Die Zukunft wird hier deutliche Veränderungen bringen, da sich aufgrund internationalen Drucks (vor allem von den USA) die Regierung Vanuatus bereit erklärt hat, der Geldwäsche Einhalt gebieten zu wollen und die entsprechenden Gesetze zu ändern. Neben der Einführung des Schiffahrtsregisters und der damit verbundenen Attraktivität Vanuatus als Anbieter von Billig-Flaggen („flag of convenience") sind in den letzten Jahren durch eine zeitweise großzügige Ausgabe von Aufenthalts- und Arbeitsgenehmigungen Einnahmen in die Staatskasse gespült worden. Dabei kam es wiederholt zu Unregelmäßigkeiten, die zur Suspendierung von Beamten führten. Auch der Vorwurf des illegalen Verkaufs von Pässen ist gegen Politiker erhoben worden. 1997 soll unbewiesenermaßen sogar der damalige Premierminister Serge Vohor in den

Verkauf von 150 Pässen, vor allem an asiatische Geschäftsleute, involviert gewesen sein. Tatsache ist, dass sich eine größere und in den Zeitungsmeldungen stark schwankend angegebene Zahl (sie reichen von einigen Dutzend bis mehrere hundert) an illegalen bzw. irregulären chinesischen Einwanderern im Land aufhält.

Die vor allem im Raum um Port Vila ansässigen Chinesen, die überwiegend im Handel tätig sind, werden von der lokalen Bevölkerung als Gefahr für den ohnehin beschränkten Arbeitsmarkt gesehen. Nach Angaben der Behörden benutzen manche der irregulären Migranten Vanuatu als Sprungbrett, um von dort nach Australien, dem eigentlichen Zielland, zu kommen. Das „Immigration and Labor Department" hat bereits im September 2001 auf zu treffende Maßnahmen verwiesen, die eine weiteren Steigerung irregulärer Migranten verhindern sollten. Dabei wurde die fehlende computermäßige Erfassung aller Einreisenden als zu behebendes Manko erkannt. Durch das starke Zentrum-Peripherie-Gefälle (Port Vila und der Rest des Landes) und der weitgehenden unterentwickelten Infrastruktur in weiten Teilen des Landes, bleibt das Phänomen irregulärer Immigration weitgehend auf Efate beschränkt. Neben dem Tourismus, der zunehmend als Einnahmequelle – auch auf bisher kaum zugänglichen Inseln – erkannt und ausgebaut wird, sind längere Aufenthaltsbewilligungen an geschäftliche Aktivitäten im Land gebunden. Im Vergleich zu den Vanuatu umgebenden Ländern sind sowohl Emigrations- als auch Immigrationsströme nur in bescheidenem Maße ausgeprägt. Als Herausforderung an die Stabilität und die Zukunft des Landes gelten die erfolgreiche Bekämpfung der Korruption sowie das Entstehen eines größeren Nationalbewußtseins im Sinne einer Identifikation mit dem Gesamtstaat, um so partikulare Handlungen Einzelner für ihre jeweilige Klientel auf Kosten der Allgemeinheit zu minimieren.

Die in den vergangenen Jahren zu beobachtende Beruhigung der einst von den Nachbarn und internationalen Beobachtern als erratisch bezeichnete Außenpolitik des Landes, lässt Vanuatus Einfluss in den regionalen Gremien wachsen. Bereits 1982 hatte Walter Lini die Vision der melanesischen Staaten im Auge, die ihre Fähigkeiten zusammenlegen, eine eingeschränkte gemeinsame Außenpolitik betreiben und eine regionale Strategie entwickeln. Auch wenn diese Vorstellungen nur partiell in der „Melanesian Spearhead Group" verwirklicht sind, könnte Vanuatu in der Zukunft, da sowohl Fidschi als auch die Salomonen durch interne Probleme belastet sind, bei einem gelungenen Erhalt der eigenen inneren Stabilität, auch nach außen in diesem Bereich eine führende Gestaltungsrolle übernehmen.

BIBLIOGRAPHIE

Allen, Michael (ed.): Vanuatu; Politics, Economics and Ritual in Island Melanesia. Studies in Anthropology, Academic Press, Sydney/New York 1981.
Beasant, John: The Santo Rebellion. An Imperial Reckoning. Richmond/Honolulu 1984: Heinemann Publishers/ Univ. of Hawaii Press.
Bedford, R.D.: Mobility in Transition: an Analysis of Population Movement in the New Hebrides. PhD thesis, Australian National University, Canberra 1971.
Gubb, Matthew: Vanuatu's 1980 Santo Rebellion. International Responses to a Microstate Security Crisis. Canberra Papers on Strategy and Defence, No. 107, Australian National University, Canberra 1994.
Haberkorn, Gerald: Port Vila: transit station or final stop? Recent developments in Ni-Vanuatu population mobility. Pacific Research Monograph No. 21, National Centre for Development Studies/The Australian National Univ Canberra 1989.
Holtz, Andreas: Nation-Building und die Frage nach Souveränität im Südpazifik vor dem Hintergrund der politischen Geschichte der Republik Vanuatu. Reihe Demokratie und Entwicklung, Band 52, Lit-Verlag, Hamburg 2003.
Joosten, Hans-Dirk: Die Stätte des Lasters; Kolonialgeschichte des englisch-französischen Kondominiums der Neuen Hebriden. Internationale Hochschulschriften, Waxmann, Münster/ New York 1987.
Leidhold, Wolfgang H.: Krise unter dem Kreuz des Südens: Die Pazifische Inselregion und die internationale Sicherheit. Nomos, Baden-Baden 1991.
Lini, Father Walter: Beyond Pandemonium; From the New Hebrides to Vanuatu. Asia Pacific Books,Wellington 1980.
Miles, William F.S.: Bridging Mental Boundaries in a Postcolonial Microcosm; Identity and Development in Vanuatu. Univ. of Hawaii Press, Honolulu 1998.
Pacnews: Vanuatu Prime Minister Vohor denies Passport Sales. Pacific Island Report, archive, Honolulu, 21. August 1997.
Scharnagl, Svenja: Kastom I No Save Ded. Akkulturationsprozesse und die Suche nach neuer Identität in Vanuatu, Melanesien. Dissertation Universität Wien, Wien 1992.
Sturton, Mark: Policy Modeling in the Small Island Economies of the South Pacific: The Case of Vanuatu. Research Report Series No.11, East-West Center/Pacific Islands Development Program, Honolulu 1989.
Valjavec, Friedrich: Wege der Tradition; Aspekte kultureller Wechselbeziehungen in Vanuatu und Neukaledonien (Südpazifik). Dietrich Reimer Verlag, Berlin 1995.
Winter, Johannes: Vanuatu. In: Kreisel, W. (Hg.): Mythos Südsee. Länderprofile Ozeaniens zu Wirtschaft und Gesellschaft. Hamburg 2006, S. 199-205.

2. TEIL: ABHÄNGIGE GEBIETE UND TERRITORIEN

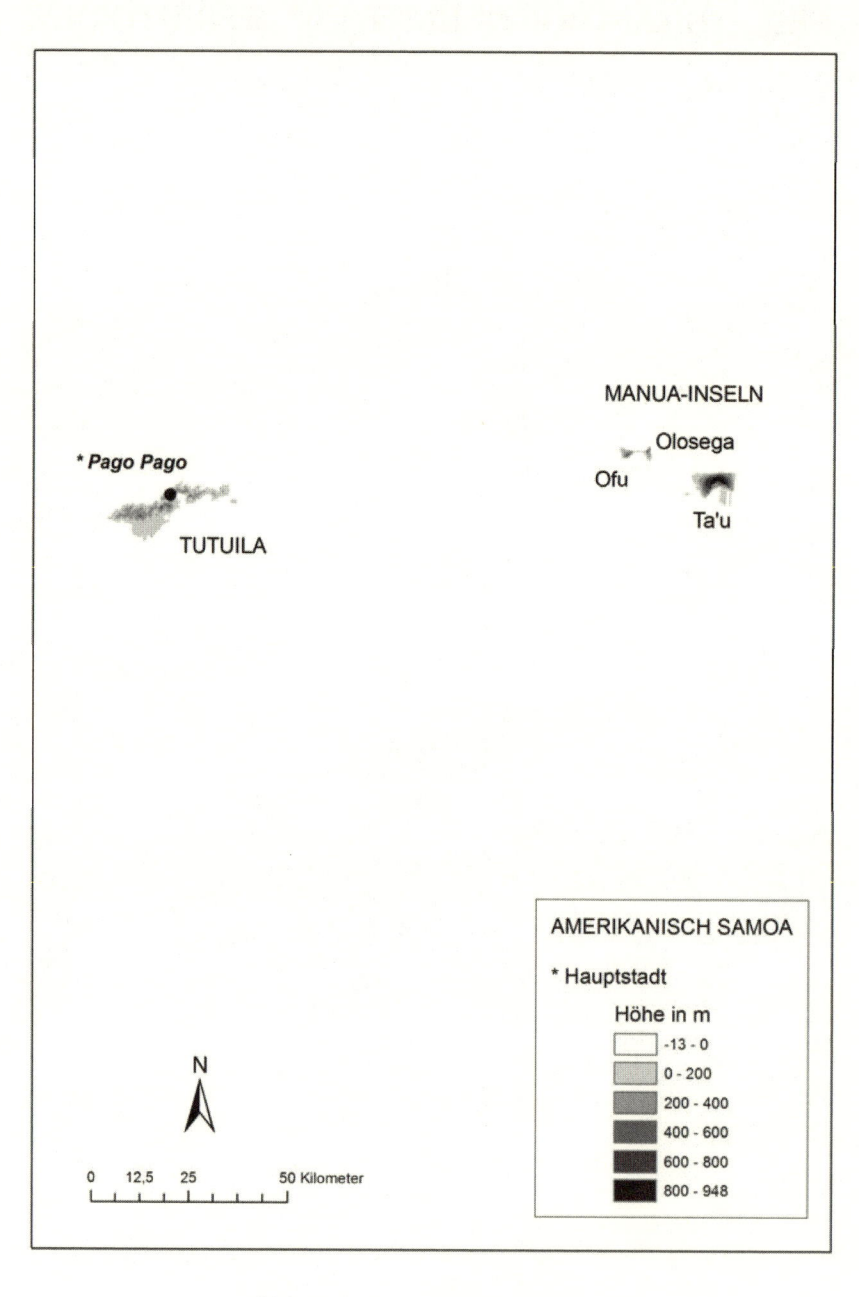

Abbildung 15: Amerikanisch-Samoa

AMERIKANISCH-SAMOA

Hermann Mückler

HISTORISCHE GRUNDDATEN

1899	Washington Convention: politische Trennung der Samos-Gruppe in Samoa (an das Deutsche Reich) und Amerikanisch-Samoa (an die USA).
1951	Der Marinestützpunkt Amerikanisch-Samoa wird dem amerikanischen Ministerium für Inneres unterstellt.
1978	Gouverneure Amerikanisch-Samoas werden nicht mehr von den USA ernannt, sondern von der lokalen Bevölkerung gewählt.

Offizieller Name: Amerikanisch-Samoa (Territory of American Samoa) **Hauptstadt:** Pago Pago **Lage:** 14,2° Süd, 170° West, im zentralen Pazifik, östlich von Samoa **Fläche:** 199 km^2 **Bevölkerung:** 64.827 **Staatschef:** Barack Obama **Regierungschef:** Gouverneur Togiola T.A. Tulafono **Außenminister:** / **Sprachen:** Samoanisch, Englisch **Religionen:** 50% Kongregationalisten, 20% Katholiken, 30% Protestanten und andere **Währung:** US-Dollar **Mitgliedschaften in internationalen Organisationen:** Interpol (Zweigstelle), IOC, SPC, UPU.

***

Amerikanisch-Samoa ist ein sogenanntes „unincorporated and unorganized territory" der Vereinigten Staaten von Amerika. Der kleine Inselstaat ist daher kein unabhängiger Staat, jedoch hat die amerikanische Verfassung in Amerikanisch-Samoa nur einen mittelbaren Gültigkeitsbereich und kein „organic act" des US-Kongresses schreibt dem Inselstaat Statuten im Verfassungsrang vor. Der kleine Inselstaat, korrekt ein US-Territorium, hat de facto nur eingeschränkte Möglichkeiten, eine eigene Außenpolitik zu betreiben. Aufgrund seiner weitgehend intakten komplexen traditionellen politischen und sozialen Strukturen, insbesondere auch und vor allem im Bereich des Landrechts, nimmt die Inselgruppe jedoch eine Sonderstellung ein, die sich in weitreichenden

Freiheiten bei der Exekutierung samoanischer Kulturtraditionen und einer Autonomie in politischen Belangen gegenüber den USA niederschlägt.

Die Inselgruppe ist geprägt von der Dualität zweier existierender Wertsysteme und Weltbilder, dem amerikanischen Modell und dem polynesischen, und dies führte in der Vergangenheit immer wieder zu Identitätskrisen und heftigen Diskussionen innerhalb der samoanischen Gesellschaft, welche Wege politisch, kulturell und insbesondere im Umgang mit dem unmittelbaren Nachbarn, Samoa (früher: West-Samoa) einzuschlagen wären. Damit ist gleichzeitig der Kern der „außen-politischen" Ausrichtung und entsprechender Aktivitäten umrissen, denn das Verhältnis zum Nachbarn Samoa dominiert die politische Diskussion auf mehreren Ebenen.

Geographie und Historische Entwicklung

Die Gesamtlandfläche beträgt 197 km^2. Der überwiegende Teil davon fällt auf die zerklüftete vulkanische Hauptinsel Tutuila, die durch den Hafen von Pago Pago fast geteilt wird. Der höchste Punkt dieser Insel und von Amerikanisch-Samoa insgesamt ist der Mount Matafao mit 702 m. Der wesentlich bekanntere Berg und Wahrzeichen des Landes ist der die Silhouette der Hauptstadt prägende Rainmaker mit 563 m. Die Manu'a-Gruppe liegt rund hundert Kilometer östlich von der Hauptinsel. Die beiden korallinen niederen Atollinseln Rose und Swain's Island befinden sich abgelegen im Osten bzw. Norden der Inselgruppe. Lage: 11°02'-14°25' Süd, 168°10'-171°08' West. Felsige Gebiete und geringe ebene Flächen limitieren die landwirtschaftlichen Möglichkeiten. Zu den Hauptanbauprodukten zählen Taro, Kokosnuss, Brotfrucht und Banane. Vor allem auf den Außeninseln leben die Menschen von Susistenzwirtschaft. Rund 70% der Inselgruppe sind von subtropischem Regenwald, insbesondere von Farnbäumen, bedeckt. Die Fauna ist eingeschränkt und, neben Insekten, vor allem durch mehrere Eidechsenarten gekennzeichnet. Mehrere Inseln gelten als Naturparadiese für Vögel und sind geschützt. In den Gewässern um Amerikanisch-Samoa gibt es eine große maritime Artenvielfalt. Das Klima ist subtropisch mit hoher Luftfeuchtigkeit, mit Regenfällen bis zu 5.000 mm/Jahr in der Region um Pago Pago. Die Temperaturen rangieren zwischen 21° und 32°C im Jahresmittel.

Archäologische Funde lassen auf eine Besiedlung vor 800 v.Chr. schließen. Seit jener Zeit geht man von einer ununterbrochenen Besiedlung der Inseln aus. In voreuropäischer Zeit war die Verbindung der Bevölkerung von Tutuila zu den westlich siedelnden Nachbarn auf Upolu eng. Zeitweise unterstand Tutuila den Oberhäuptlingen und Titelträgern von Upolu. Europa kam erstmals im Jahr 1722 mit der Inselgruppe durch den holländischen Entdecker Jakob Roggeven in Berührung, der die Inseln Ta'u, Ofu und Olosega sichtete. Der französische Seefahrer Louis Antoine de Bougainville entdeckte 1768 die Manu'a Gruppe und nannte die gesamte Samoa-Gruppe Navigatorinseln. Vor allem der geschützte

Hafen von Pago Pago ließ in den Folgejahrzehnten zahlreiche Walfänger und Händler die Inseln anlaufen. Ab dem Jahr 1830 gelangte mit den ersten Missionaren John Williams und Charles Barff von der London Missionary Society (LMS) schrittweise das Christentum nach Tutuila. Während im Westteil der Samoa-Gruppe vor allem deutsche Handelsunternehmen zunehmend Fuß fassen konnten, interessierten sich im Ostteil die Amerikaner für den Hafen von Pago Pago, der ihnen für die Anlage eines Kohledepots für die Versorgung von (Kriegs-)Schiffen geeignet erschien.

Strategische und koloniale Interessen in der Samoa-Gruppe hatten das deutsche Reich, Großbritannien und die USA. Alle drei Mächte involvierten sich in die internen Machtkämpfe und Konflikte der Samoaner, was zu mehreren Jahrzehnten politischer Instabilität in der Region führte. Im Jahr 1872 unterzeichnete R.W. Meade, Kommandeur des Schiffes „Narrangasett" einen Vertrag mit dem Oberhäuptling von Pago Pago namens Mauga, der den Amerikanern exklusive Nutzungsrechte einräumte. Obwohl der Vertrag nie ratifiziert wurde, bildete er die Grundlage für das amerikanische Engagement auf Tutuila. Die internationale Rivalität zwischen den drei europäischen Mächten eskalierte für alle Beteiligten zu einem kostspieligen und ressourcenverzehrendem Unternehmen. Nachdem eine gemeinsame Verwaltung aller drei Mächte, in einem Vertrag des Jahres 1889 (Berliner Konferenz) geregelt, sich aber als undurchführbar erwies, wurden im Jahr 1899 (Washington Convention) die Einflußbereiche klar getrennt. Sie führten zur Teilung der Samoa-Gruppe. Der größere westliche Teil fiel dabei den Deutschen zu, der kleiner östliche Teil wurde unter dem Namen „American Samoa" amerikanisch; die Engländer wurden mit Gebietsabtretungen in anderen Teilen des Pazifiks und in Afrika abgefunden. Am 17. April 1900 wurde die amerikanische Flagge auf Tutuila gehisst. Das Territorium wurde der US-Marine unterstellt und als Flottenstützpunkt unter dem Namen Tutuila Naval Station verwendet. Erst 1911 wurde es in Amerikanisch-Samoa umbenannt.

Bis 1951 blieb das Territorium der Marineadministration unterstellt, anschließend wurde es zum amerikanischen Ministerium für Inneres transferiert. Gleichzeitig wurden Maßnahmen zur Ausarbeitung einer Verfassung initiiert und zivile Gouverneure ernannt. Seit 1978 wurden diese Gouverneure nicht mehr von den USA ernannt, sondern von den lokalen Bewohnern gewählt. Die Jahre 1961 bis 1967 waren durch massive Modernisierungsbestrebungen in der Regierungsphase von Gouverneur H. Rex Lee gekennzeichnet, gefolgt von einer Phase eines schrittweisen Niedergangs, der sich in Folge nicht erfüllter Erwartungen, vor allem in der Tourismusindustrie, sowie einer Identitätskrise im Zuge fortschreitender Amerikanisierung zu artikulieren begann. Die Verringerung der Geldleistungen aus den USA bedeuteten drastische Einschnitte auf fast allen Ausgabenebenen und betrafen somit unmittelbar einen Großteil der Bevölkerung. Die Ära von Peter Tali Coleman ab 1978 brachte einerseits eine Konsolidierung des notorisch defizitären Staatshaushaltes, andererseits Einschränkungen bei den öffentlich Bediensteten. Obwohl es keine Parteien im herkömmlichen Sinn gibt (in Amerikanisch-Samoa hat das matai-System, also die politische Vertretung der Bevölkerung durch Titelträger, im fono, dem lokalen Parlament, Tradition), orientieren sich die Interessenvertretungen an der in den USA üblichen Zweiteilung zwischen republikanischen und demokratischen Vertretern.

AKTUELLE WIRTSCHAFTLICHE UND POLITISCHE ENTWICKLUNGEN

Die Beziehungen zum Nachbar Samoa waren und sind eng, jedoch sowohl in kulturellen Fragen bezüglich samoanischer Traditionen, als auch in Bezug auf die in Amerikanisch-Samoa arbeitenden Samoaner aus dem Nachbarland kompetitiv und zeitweise konfrontativ. Die Inselgruppe ist geprägt von der Dualität zweier existierender Wertsysteme und Weltbilder, dem amerikanischen Modell und dem polynesischen, und dies führte immer wieder zu Identitätskrisen und heftigen Diskussionen innerhalb der samoanischen Gesellschaft, welche Wege politisch, kulturell und insbesondere im Umgang mit dem unmittelbaren Nachbarn, Samoa, einzuschlagen wären. Die amerikanisch-samoanische Gesellschaft ist als eine in weiten Teilen unter starken (gruppenpsychischen) Druck stehende Gesellschaft zu bezeichnen, wobei der Zwang sich aus der Frage der Zugehörigkeit, der rezenten Rolle des kulturellen Erbes und möglicher Zukunftsperspektiven ergibt.

Die Gesamtbevölkerung Amerikanisch-Samoas betrug Anfang 2007 rund 58.000 Personen. Dazu kommt noch die Zahl legal und illegal im Land wohnender Samoaner vom westlichen Nachbarland Samoa, womit sich die Gesamtzahl auf deutlich über 60.000 Einwohner erhöht. Mit annähernd 3% Bevölkerungswachstum hat Amerikanisch-Samoa die dritthöchste Wachstumsrate im gesamten Südpazifik und eine wesentlich dynamischere als der westliche liegende Nachbar Samoa. So erhöhte sich die Zahl der Bewohner in Amerikanisch-Samoa im Zeitraum 1990 bis 2000 um 22,5%, von 46.773 auf 57.291. Ethnisch sind über 90% der Bewohner polynesischer Abstammung und Samoaner, wobei eine relativ große Anzahl aus Samoa stammt, wo es weniger Arbeitsmöglichkeiten und deutlich geringere Löhne gibt. Rund 52% der Amerikanisch-Samoaner zwischen 25 und 44 Jahren sind in Samoa geboren, bei nur 33% im Land geborenen Amerikanisch-Samoanern. Von diesen treten viel junge Menschen in die US-Armee ein und ziehen, häufig auf Dauer, in die Vereinigten Staaten.

Die Migration zwischen den beiden Samoas ist hoch. Amerikanisch-Samoa wird immer im direkten Vergleich zu seinem Nachbarn Samoa gesehen und die meisten Beobachtungen und Beurteilungen sind vor diesem Hintergrund zu interpretieren. In den vergangenen Jahren und Jahrzehnten war die Immigration von Samoanern (West) sowie Asiaten und Bewohnern anderer pazifischer Inseln so hoch, dass Befürchtungen um die weitere Aufnahme- und Tragfähigkeit der Inselgruppe seitens der Bevölkerung und ihrer Politiker bestanden. Dieser Trend hat sich in jüngster Zeit etwas verlangsamt. Im April 2000 hatte der damalige Gouverneur Tauese Sunia eine massive Einschränkung der Immigrantenquoten gefordert. Tatsächlich ist eine Einwanderungsquote von ca. 1.000 Personen pro Jahr nach wie vor gültig. Die Quote unterliegt den jeweiligen Bedürfnissen der in

Amerikanisch-Samoa ansässigen Unternehmen. So war die Quote bis 1997 350 Personen/Jahr und stieg danach kurzfristig auf 2.400. Offiziell ist die Quote derzeit (2008) schwankend mit 200-250 Personen festgesetzt, diese bezeichnet aber sogenannte „units", also nicht Einzelpersonen, sondern Familien. Es gab wiederholt Bestrebungen, die Immigrationszahlen grundsätzlich einzuschränken oder auf bestimmte Bedürfnisse abzustimmen. So war der Vorstoß des Gouverneurs, die Einwanderung vor allem auf männliche Personen zu beschränken, da diese keine Kinder produzierten und daher zu keinen Arbeitsausfällen führten, von den führenden Rechtsfachleuten und der Opposition der Inseln heftig kritisiert worden.

Der Umgang mit Einwanderung und irregulärem Aufenthalt im Land sowie die daraus resultierenden Maßnahmen der Immigrationspolitik stellen den Kern der amerikanisch-samoanischen Außenpolitik dar. Viele der Verwandten, die von Samoa nach Amerikanisch-Samoa kommen, blieben in der Vergangenheit über ihre zugebilligte Aufenthaltsdauer hinaus im Land und fielen lange nicht auf, da sie ja bei Angehörigen unterkommen konnten und diese Stillschweigen bewahrten. Ein Versuch, die irregulären Samoaner im Jahr 1998 zur Registrierung zu animieren bei gleichzeitigem Versprechen, von einer Deportation abzusehen, brachte sofort knapp 3.000 Samoaner hervor, die sich ohne gültige Aufenthaltsbewilligung im Land aufhielten. Mit einer Verlängerung der Amnestiefrist hoffte man, auch noch weitere vermutete mindestens 1.000 Personen zu finden. Die Dunkelziffern wurden und werden heute als wesentlich höher angesehen. Grundsätzliche Verbesserungen bei der Erfassung der Einreisenden sollen in Zukunft Abhilfe schaffen. So wurde beispielsweise seit Anfang 2002 ein neues Fingerprint-System vom FBI zur Verfügung gestellt und eingeführt, um alle ins Land kommenden Personen erfassen und später vergleichen zu können.

Einen weiteren Punkt des Handlungsbedarfs stellt der Aufenthalt von Arbeitsmigranten, die vor allem aus Asien stammen, dar. Dabei ist Amerikanisch-Samoa in einem ökonomisch-gesellschaftlichen Dilemma. Während die polynesische Bevölkerung weitgehend keine Einwanderung ethnisch und kulturell Fremder wünscht, kann gleichzeitig die Wirtschaft nur mit Hilfe von Arbeitskräften, die von außen in die Inselgruppe gebracht werden, überleben. Neben (West-)Samoanern sind es vor allem Vietnamesen und Chinesen, die in den wenigen Betrieben der Textil- und Fischverarbeitungsindustrie arbeiten. Ein Vorfall hat dabei im November 2000 Aufsehen erregt. In der koreanischen Textilfabrik Daewoosa Samoa, in der unter denkbar schlechten sozialen und arbeitsrechtlichen Bedingungen Textilien hergestellt wurden, war es zu einer Schlägerei zwischen Samoanern und vietnamesischen Frauen gekommen, bei den mehrere Vietnamesinnen verwundet wurden und eine Frau ein Auge verlor. Die anschließende Untersuchung zeigte so gravierende Mängel auf, wie beispielsweise die Verweigerung der zugesicherten Mahlzeiten durch die Firmenleitung und untragbare Unterbringung, sodass die Firma geschlossen werden musste und 50 Vietnamesen in die Heimat geschickt wurden. Dieser Vorfall hatte kurzzeitig zu diplomatischen Verwicklungen mit Vietnam geführt und das Bild der Inselgruppe in der regionalen Presse zeitweise beeinträchtigt.

Wesentlich größer und für die Wirtschaft des Landes von essentieller Bedeutung sind die beiden großen Fischfabriken: StarKist Samoa und Samoa Packing. Die beiden Fabriken rangieren weltweit als größte und drittgrößte Thunfisch verarbeitende Betriebe. Sie beschäftigten im Jahr 2007 rund 7.800 Arbeiter und produzieren mehr als 1.000 Tonnen Thunfisch pro Tag, der in Konserven verpackt vor allem nach Amerika verschickt wird. Hauptabnehmer der Konserven ist hier wiederum überwiegend die US-Armee. StarKist gehört über mehrere Beteiligungen dem amerikanischen Nahrungsmittelkonzern HJ Heinz, Samoa Packing ist Teil des thailändischen Chicken of the Sea-Konzerns. Obwohl die Gehälter mit einem Stundenlohn von 3,5 US-$ niedriger waren als beispielsweise in Hawaii oder Guam (5,15 US-$), sind sie vor allem für (West-) Samoaner und Tonganer lukrativ, die den größten Teil der Arbeitsmigranten darstellen. Die beiden Konservenfischfabriken sind für Amerikanisch-Samoa insofern lebenswichtig, als ein Drittel der arbeitsfähigen Bevölkerung des Landes dort beschäftigt ist (ein weiteres Drittel arbeitet im öffentlichen Dienst und das dritte Drittel im privaten Sektor). Da die beiden Fabriken aber immer schwerer wettbewerbsfähig bleiben können (lange Transportwege, schwankende Weltmarktpreise, Investitionsdruck), steigen die Befürchtungen, dass nach über vierzig Jahren Betrieb das Ende nah sein könnte. Hinzu kommt, das das US-Department of Labor (DOL) eine Anhebung der Mindestlöhne nach jahrelangem Druck und Drohungen am 24. bzw. 25. Juli 2007 durchsetzen konnte, und es zu einer Anhebung der Stundenlöhne von 50 US-Cents kam, mit einer weiteren schrittweisen jährlichen Erhöhung um jeweils weitere 50 Cent bis zum Jahr 2014. Dies ist mit der Situation im Commonwealth of the Northern Mariana Islands (CNMI) vergleichbar (siehe den entsprechenden Beitrag in diesem Buch). Vertreter der Fischverarbeitungsfirmen haben ebenso wie einige Lokalpolitiker die Befürchtung geäußert, dass damit die Wettbewerbsfähigkeit gegenüber Staaten wie Thailand und einigen Staaten Südamerikas eingeschränkt sei, und mit einer Schließung der Firmen gerechnet werden muss. Im Jänner 2008 wurde von einem Kongressabgeordneten konkret der Verlust von 7.825 Jobs in der Fischindustrie als drohendes Szenario drastisch dargestellt, um weitere arbeitnehmerrechtliche Maßnahmen zu verhindern. Die aktuelle Diskussion wird von vielen auch grundsätzlich als Bedrohung für den Bestand Amerikanisch-Samoas angesehen.

Aus diesem Grund nimmt das Bedürfnis, die bereits bestehende enge Anlehnung an die USA mit den damit verbundenen Begünstigungen für Arbeit und Einwanderung ins amerikanische Mutterland noch zu vertiefen, zu. Der „große Bruder" hat in der Vergangenheit vor allem im sozialen Bereich großzügig Gelder ins Land gepumpt. Die Frage der Wiedervereinigung mit Samoa ist vor diesem Hintergrund nicht aktuell, obwohl in der Vergangenheit diese Frage sowohl in Amerikanisch-Samoa, als auch in Samoa sowie im regionalen Umfeld immer wieder diskutiert wurde. Da der größere unabhängige Nachbar im Westen wesentlich wirtschaftlich ärmer ist, ist die Aussicht, dass Amerikanisch-Samoa den armen Nachbarn miterhalten soll, nicht erstrebenswert. Sollten jedoch die fischverarbeitenden Betriebe im Land schließen und die USA ihr finanzielles Engagement in Amerikanisch-Samoa drastisch verringern, könnte diese Option auch vor dem Hintergrund einer Rückbesinnung auf die gemeinsamen Wurzeln und die traditionelle Kultur (ein Trend, der in der ganzen Region zu beobachten ist) wieder aktuell werden.

Entwicklungschancen für das Land könnte der Tourismus bieten, jedoch wurde in der Vergangenheit kaum etwas unternommen, um die Attraktivität der vorhandenen Hotels zu heben. Schlechter Service und desolate Bausubstanz spiegelten dabei bis vor kurzem die Situation der gesamten Inselgruppe wider, wo Engagement und Motivation für Verbesserungen der Infrastruktur weitgehend fehlten. Für Versäumnisse wurden jedoch immer andere verantwortlich gemacht und beispielsweise die Beitragszahlungen für die regionale South Pacific Tourism Organization (SPTO) von der Regierung im Jahr 2001 mit dem Hinweis verweigert, dass diese zu wenig für den Tourismus im Land getan hätte. Das Land bzw. dessen Menschen hängen unmittelbar am Geldsegen der USA und haben dadurch, so die kritische und unfreundliche Interpretation vieler Beobachter, die Fähigkeit und den Willen zu selbständigem Agieren zumindest teilweise eingebüßt. Geldflüsse aus den USA werden auch mit dem Hinweis begründet, dass eine überdurchschnittlich hohe Zahl an Amerikanisch-Samoanern (in Bezug auf die Gesamtbevölkerung der Inselgruppe) in der US-amerikanischen Armee dient. So standen Anfang 2008 über 400 amerikanisch-samoanische Soldaten im Irak im Einsatz. Dabei gab es auch wiederholt Verluste zu beklagen.

Die Abwanderung von Amerikanisch-Samoanern in die USA stellt insofern ein großes Problem dar, als damit auch ausgebildete Menschen, die im Land gebraucht werden könnten, emigrieren. In den USA selbst leben rund 92.000 Samoaner (2005), von denen ein großer Teil aus Amerikanisch-Samoa stammt. Diese leben vor allem in den Großstädten der amerikanischen Westküste (Los Angeles, San Francisco, Seattle) und sind überwiegend in der Fischfang- und Fischverarbeitungsindustrie tätig.

Perspektiven

Die Zukunft der Inselgruppe wird auch weiterhin primär vom Verhältnis zu den USA dominiert sein. Dieses Beziehungsverhältnis hat auch unmittelbaren Einfluß auf das Verhältnis zum Nachbarn (West-) Samoa und den umliegenden Pazifikstaaten. Der prognostizierte Niedergang der lokalen Industrie wird eine Neuorientierung notwendig und eine aktive Mitarbeit in den regionalen Organisationen in Hinkunft verstärkt erforderlich machen. Herausforderungen gibt es vor allem im Umweltbereich, wo das Territorium einen Nachholbedarf bei der Implementierung restriktiver gesetzlicher Regelungen hat und vor allem die Regelung einer umweltverträglichen Müllentsorgung sowie die Säuberung der belasteten Gewässer im Bereich des Hafens Pago Pago anstehende Aufgaben sind. Trotz einer gegebenen Abwanderung in die USA, sind aufgrund der hohen Geburtenrate keine signifikanten demographischen Veränderungen zu erwarten.

Das Verhältnis zu den USA gilt als entspannt. Dessen Wohlwollen und Interesse der USA gegenüber Amerikanisch-Samoa wird in der Zukunft auch von den geostrategischen Interessen in Zusammenhang mit Chinas Präsenz in der Region zusammenhängen. Auch wenn die unmittelbare strategische Bedeutung seit dem Zweiten Weltkrieg eine schrittweise Reduzierung erfahren hat, so stellt das Territorium doch die einzige amerikanische Enklave südlich des Äquators in Ozeanien dar. Die Außenwirkung von American Samoa, welches Mitglied im Secretariat of the Pacific Community (früher: South Pacific Commission, SPC) ist, wird derzeit durch den erklärten Willen zur Ausrichtung des zehnten „Pacific Arts Festivals", welches in der Inselgruppe im Juli 2008 stattfindet, geprägt. Dabei hat Amerikanisch-Samoa die Möglichkeit, regional eine Leistungsschau zu bieten und sein Bekenntnis zu den pazifischen Kulturtraditionen unter Beweis zu stellen. Ein positiver langfristiger Nebeneffekt dabei ist, dass durch die baulichen Tätigkeiten im Vorfeld dieses Großereignisses, an dem fast alle pazifischen Inselstaaten mit Künstlern und Veranstaltungen teilnehmen, tourismusfördernde Maßnahmen implementiert und die Infrastruktur für den Ausbau des Tourismus als Alternative zur Textil- und Fischindustrie geschaffen werden.

BIBLIOGRAPHIE

Aylesworth, Thomas G./Aylesworth, Virginia L.: Territories and Possessions: Puerto Rico, U.S. Virgin Islands, Guam, American Samoa, Wake, Midway and Other Islands Micronesia. Langhorne 1988.
Christensen, Chris: American Samoa in the South Seas. Honolulu 1973.
Crose, W. M.: American Samoa. A general report of the Governor. Washington 1913.
Faleomavaega, Eni Faa'uaa Hunkin: Navigating the future: a Samoan perspective on U.S.-Pacific relations. Suva 1995.
Fensterseifer, Christel: Die Wirkung kolonialzeitlicher Vorgaben auf sozioökonomische Wandlungs- und regionale Entwicklungsprozesse südpazifischer Inselländer am Beispiel von West-Samoa und Amerikanisch-Samoa. Hannover, Univ., Diss., 1994.
Gilson, R.P.: Samoa 1830 to 1900; The Politics of A Multi-Cultural Community. Melbourne 1970.
Mead, Margaret: Social Organisation of Manu'a. Bishop Museum Press Reprints, Bernice P. Bishop Museum Bulletin 76, Honolulu 1969.
Meleisea, Malama: Lagaga. A Short History of Western Samoa. Suva 1987.
Mückler, Hermann: Amerikanisch Samoa. In: Kreisel, Werner (Hg.): Mythos Südsee. Länderprofile Ozeaniens zu Wirtschaft und Gesellschaft. Hamburg 2006, S. 23-30.
O'Meara, Tim: Samoan Planters. Tradition and Economic Development in Polynesia. Serie Case Studies in Cultural Anthropology, Forth Worth 1990.
Rowe, N. A.: Samoa under the Sailing Gods. London/New York 1930.
Sutter, Frederic Koehler: Amerika Samoa; An Anthropological Photo Essay. Honolulu 1984.

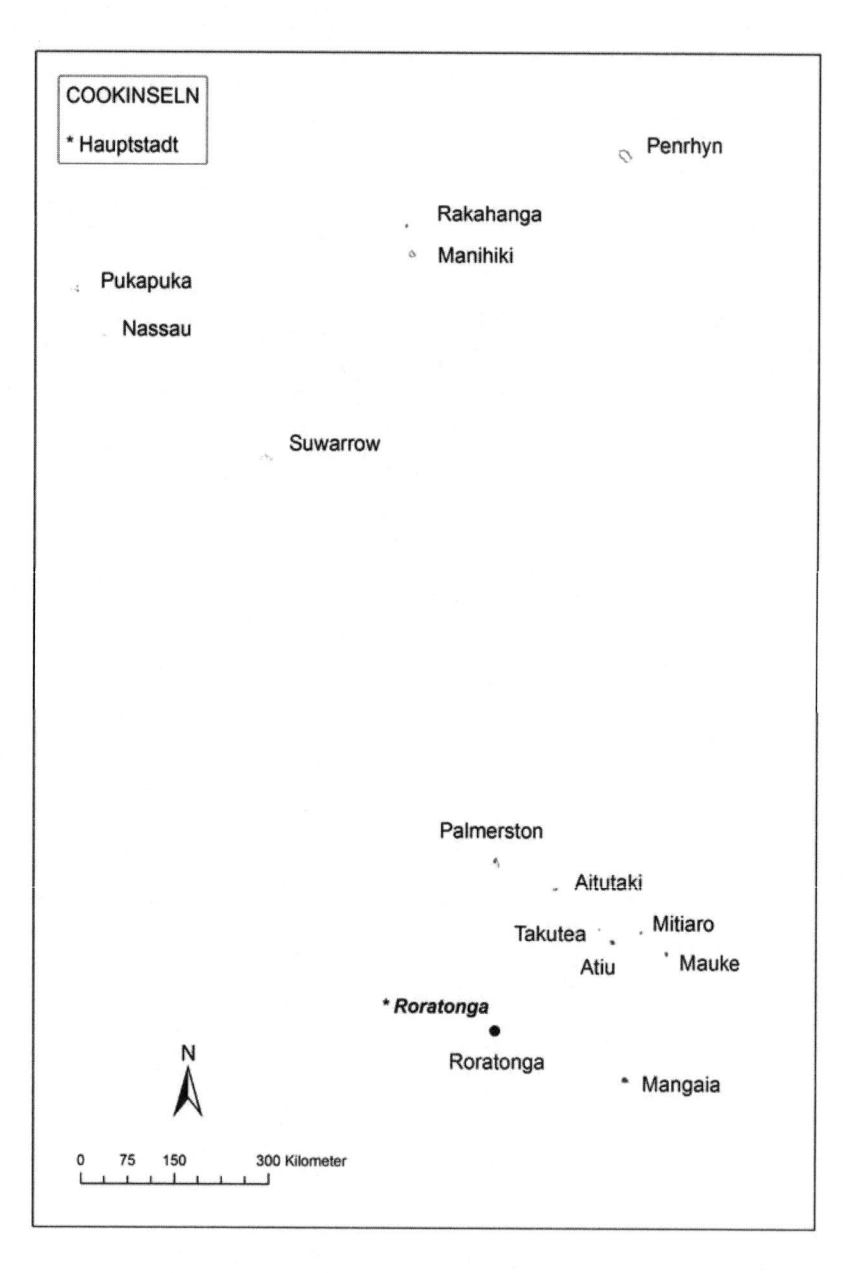

Abbildung 16: Cookinseln

COOKINSELN

Arno Pascht

HISTORISCHE GRUNDDATEN

1964 Neuseeland erlässt den Cook Islands Constitution Act, der neben drei anderen Optionen auch eine mögliche Unabhängigkeit der Cookinseln beinhaltet.
1965 Cookinseln wählen die Option eines unabhängigen Staates in freier Assoziierung mit Neuseeland.
1973 Briefwechsel zwischen der cookinsulanischen und der neuseeländischen Regierung unterstreicht die Freiwilligkeit der Beziehung.

Offizieller Name: Cookinseln (Cook Islands) **Hauptstadt:** Avarua **Lage:** 21,14° Süd, 159,46° West, im zentralen Pazifik, östlich von Amerikanisch-Samoa **Fläche:** 236,7 km^2 **Bevölkerung:** 12.271 **Staatschef:** Königin Elizabeth II. von Neuseeland, vertreten durch Frederick Goodwin **Regierungschef:** Jim Marurai **Außenminister:** Wilkie Olaf Patua Rasmussen **Sprachen:** Englisch (Amtssprache), Maori **Religionen:** 55,9% Christliche Gemeinschaft der Cookinseln, 16,8% Katholiken, 7,9% Siebenten-Tags-Adventisten (Census 2001) **Währung:** Cookinseln-Dollar **Mitgliedschaften in internationalen Organisationen:** ACP, ADB, FAO, ICAO, ICRM, IFAD, IFRCS, IOC, ITUC, OPCW, PIF, Sparteca, SPC, UNESCO, UPU, WHO, WMO.

***

Die Cookinseln (21,14° Süd, 159,46° West, im zentralen Pazifik, östlich von Amerikanisch-Samoa gelegen) gehören mit einer Landfläche von 240 km^2 zu den kleinsten der pazifischen Inselstaaten und besitzen nur wenig eigene natürliche Ressourcen. Sie stellen jedoch ein Gegenbeispiel für die Aussage dar, dass räumliche Begrenztheit, Abgelegenheit und Ressourcenarmut problematisch für die Entwicklung einer lebensfähigen Wirtschaft sein können. Zumindest als Tendenz kann man für die Cookinseln feststellen: „small can be viable" (Henderson, 2006: 14).

Geschichte der „Freien Assoziation" der Cookinseln mit Neuseeland

Die Cookinseln sind ein Staat „in free association" mit Neuseeland. Diese „freie Assoziierung" bedeutet: Die Cookinseln sind intern selbstverwaltet. Die Regierung hat uneingeschränkte exekutive Befugnisse und auch die Legislative liegt in der Verantwortung der Cookinseln. Neuseeland hat sich verpflichtet, Aufgaben, die Außenpolitik und Verteidigung der Cookinseln betreffen, zu übernehmen. Die Cookinseln sind jedoch Teil des neuseeländischen Einfluss-bereichs und Königin Elisabeth II. ist ihr Staatsoberhaupt. Cookinsulaner besitzen automatisch die neuseeländische Staatsbürgerschaft. Ein zentraler Aspekt dieser Beziehung ist, dass sie jederzeit auch einseitig aufgelöst werden kann.

1964 erließ das neuseeländische Parlament den „Cook Islands Constitution Act", der vier Optionen enthielt – inklusive der Unabhängigkeit. 1965 wählten die Cookinseln einer Entscheidung der neu gewählten Regierung von Albert Henry und seiner Cook Islands Party folgend die Option, ein unabhängiger Staat in freier Assoziierung mit Neuseeland zu werden (Hoadley 1992: 77). Wichtig zur Klärung des besonderen Status der Cookinseln war ein Briefwechsel von 1973 zwischen der cookinsulanischen und der neuseeländischen Regierung. Dabei wurde noch einmal ausdrücklich die Freiwilligkeit der Beziehung und die Unabhängigkeit der Cookinseln herausgestellt (Government of the Cook Islands o.J.). Das Resultat war, dass die Cookinseln ihre Außen- und Verteidigungspolitik selbst gestalten und nicht, wie oft fälschlich angenommen wird, Neuseeland. In dem Ausmaß, in dem sie es sich leisten können, setzen sie sie auch selbst um. Von außen wie von den Cookinseln wurde mehrmals Kritik an der freien Assoziierung geäußert. Neuseeland reagierte darauf mit der Feststellung, dass es der Regierung der Cookinseln freistünde, die Beziehung jederzeit aufzukündigen. Neuseeland förderte die bilaterale Anerkennung und die Mitgliedschaft der Cookinseln in internationalen Organisationen mit der Begründung, dass sie volle legislative Machtbefugnisse besitzen und somit souverän seien. Bei den Verträgen der Cookinseln mit anderen Staaten werden sie faktisch als unabhängiger Staat behandelt (Hoadley 1992: 74 f.).

Migration

Auswanderung bildet seit Jahrzehnten ein wichtiges Thema für die Cookinseln (s. z.B. Jonassen, 2003, 2004, 2005, 2007). Die Bevölkerungszahl nahm in den letzten Jahren stetig ab. So betrug die Zahl der dauerhaft auf den Cookinseln lebenden Personen 2002 noch 14.800, fiel aber im Jahr 2006 auf 11.800 (Cook Islands Statistics, 2007g). Besonders betrifft der Bevölkerungsrückgang die sogenannten „Outer Islands" und weniger die Hauptinsel Rarotonga. Als Begründungen werden meist wirtschaftliche Faktoren angegeben: schlechte Verdienstmöglichkeiten, Verteuerung der Lebensführung – aber auch mangelndes

Vertrauen in die Regierung (Jonassen, 2003: 176; 2004: 150). Das hauptsächliche Ziel der Migranten ist Neuseeland, den zweiten Platz nimmt Australien ein. Cookinsulaner stellen laut dem neuesten Zensus von 2006 in Neuseeland mit 58.011 Personen die zweitgrößte pazifische Bevölkerungsgruppe dar (Statistics New Zealand 2007: 5; s.a. Jonassen, 2006: 131).

Bertram und Watters (1985) nannten die Cookinseln als ein Beispiel für ihr MIRAB-Modell und auch für die neuere Zeit wird festgestellt, dass Überweisungen einen wesentlichen Teil der cookinsulanischen „Einnahmen" bilden (z.B. Chand, 2006: 129). Wie hoch dieser Anteil jedoch tatsächlich ist, wenn man alle Faktoren berücksichtigt und ob er so entscheidend ist, wie Bertram und Watters dies postuliert haben, wird inzwischen kontrovers diskutiert (z.B. von Fraenkel, 2006; Poirine, 1998). Seit ca. einer Dekade wächst auf den Cookinseln die Anzahl der Arbeitsmigranten aus verschiedenen Ländern vor allem aus Thailand, Philippinen, Indien und Pakistan. Über diese Entwicklung und ebenso über die wachsende Zahl ausländischer Investoren kam es zu Missfallensäußerungen in Bevölkerung und Politik (Jonassen, 2003: 176; 2004: 146; 2005: 192).

Außenpolitische Beziehungen der Cookinseln mit anderen Staaten

Die Cookinseln unterhalten bilaterale Beziehungen mit einer Anzahl verschiedener Staaten sowie regionalen und internationalen Organisationen. Sie sind jedoch kein Mitglied der UN-Generalversammlung und haben beim Commonwealth lediglich den Status eines assoziierten Mitglieds (Hoadley, 1992; Lange, 2008; Government of the Cook Islands, o.J.).

Die Idee des cookinsulanischen Premierministers Sir Tom Davis in den 1980er Jahren, eine polynesische Föderation ins Leben zu rufen, konnte sich nicht durchsetzen (Henderson, 2006: 14). Heute sind die Cookinseln Mitglied in den wichtigsten regionalen Organisationen und spielen darin eine tragende Rolle. Sie sind Mitglied in SPC, im PIF, und den damit verbundenen Organisationen (Narsey, 2006: 87) sowie im bisher wenig effektiven Small Islands States Summit (Crocombe, 2006: 197). Das andauernde Engagement der Cookinseln in regionalen Organisationen wurde in den letzten Jahren bei zahlreichen Gelegenheiten deutlich – beispielsweise betonte der cookinsulanische Premier-minister bei einem Treffen der PIF-Staaten 2004 die Notwendigkeit zu stärkeren und tieferen Beziehungen zwischen den einzelnen Staaten. Einen historischen Schritt stellte die Entsendung von drei cookinsulanischen Polizisten für die „Regional Assistance Mission to the Solomon Islands" dar (Jonassen 2005: 188). Für die jüngere Vergangenheit hat sich der außenpolitische Schwerpunkt der Cookinseln von regionalen Organisationen wieder in Richtung bilateraler Beziehungen mit Neuseeland bewegt (Crocombe, 2006: 202).

Die Cookinseln haben seit 1984 ein eigenes Außenministerium (Ministry of Foreign Affairs Act, 1984). In den Jahrzehnten nach der Selbständigkeit wurden

Beziehungen mit fremden Staaten vor allem durch Reisen von Ministern und Beamten gepflegt, die dort in direkten Kontakt mit ihren Amtskollegen treten (Hoadley, 1992: 78). Inzwischen unterhalten die Cookinseln eine ganze Reihe an Vertretungen – darunter neben denen in Neuseeland und Australien z.B. auch in den USA und in Hong Kong (Lange, 2002). Diplomatische Beziehungen bestehen mit 19 Staaten (Government of the Cook Islands, o.J.). Die Cookinseln entsenden einen Botschafter für die EU und die AKP-Staaten in Brüssel (European Commission, 2007).

Konflikte mit den USA über Ansprüche an Inseln der nördlichen Gruppe und Interpretationen über Eigentum am wandernden Thunfisch wurden bereits 1982 durch einen Freundschaftsvertrag und nachfolgende Verhandlungen beigelegt (Hoadley, 1992: 82). Japan weigerte sich bisher, die Cookinseln als unabhängigen Staat anzuerkennen und volle diplomatische Beziehungen aufzunehmen. Dies bedeutet, dass sie auch keine Hilfszahlungen leisten (Lange, 2008: 17).

Die Aufnahme der Cookinseln in den Vertrag von Cotonou der EU mit den AKP-Staaten im Jahr 2000 stellt einen Endpunkt von Bemühungen dar, die 1979 begannen. Die Cookinseln erhielten dadurch bereits mehrmals finanzielle Unterstützung von der EU – z.B. nach Wirbelstürmen im Jahr 2005. Die Cookinseln führen inzwischen die regionale Verhandlungsgruppe für ein Abkommen über wirtschaftliche Zusammenarbeit an. Der generelle Schwerpunkt der Unterstützung der Cookinseln wurde im „Country Strategy Paper" 2003 festgelegt und liegt auf der Entwicklung der „Outer Islands" im Bereich Gesundheit und Bildung, aber auch in wirtschaftlicher Hinsicht (European Commission, 2007). Die Cookinseln werden auch an dem 10. European Development Found (EDF) von 276 Mio. € profitieren, der am 01. Januar 2008 in Kraft trat (The Courier, 2007).

Die neuseeländische Royal Air Force fliegt im Rahmen ihres Engagements bei der Überwachung der EEZs einer Reihe pazifischer Staaten regelmäßig Patrouillen über cookinsulanischen Gewässern. Die Cookinseln besitzen jedoch auch ein eigenes Patrouillenboot (Government of the Cook Islands, o.J.). Neuseelands Militär übt regelmäßig auf cookinsulanischem Gebiet und unterstützt die Cookinseln durch ein Hilfsprogramm in militärischer Hinsicht (ebd.). Insgesamt kann man feststellen, dass sich die Cookinseln in den letzten Jahrzehnten außenpolitisch immer weiter von Neuseeland emanzipierten. Diese Bestrebungen werden auch international wahrgenommen. Deutschland hat die Cookinseln im Jahr 2001 als selbständigen Staat anerkannt (Auswärtiges Amt, 2007a).

Wirtschaftliche Lage und Perspektiven

Auch heute noch gilt Hoadleys Feststellung, dass die cookinsulanische Außenpolitik an wirtschaftlicher Entwicklung ausgerichtet ist (Hoadley, 1992: 79). Die wichtigsten Ziele waren und sind, Kapital anzulocken, um die Produktivität zu erhöhen und damit Exporte zu ermöglichen. Die Importe übersteigen jedoch die Exporte besonders in den letzten Jahren erheblich – so betrugen 2006 die Importe 131.052.000 NZ-$ und die Exporte 5.420.000 NZ-$ (Cook Islands Statistics, 2007a). 2003 hatten die Exporte noch einen Wert von 14.588.000 NZ-$ (Cook Islands Statistics, 2007b). Die wichtigsten Handelspartner waren 2006 Japan, Neuseeland, Australien, was die Exporte anbelangt (Cook Islands Statistics, 2007c) und Neuseeland, Fidschi und Australien für Importe (Cook Islands Statistics, 2007d). 2005 entschied die cookinsulanische Regierung, Einfuhrzölle für die meisten Waren abzuschaffen (Jonassen, 2007: 211). Die Bereiche, die finanziell am meisten für die cookinsulanische Wirtschaft beitragen, sind derzeit Tourismus, Fischfang, Perlenzucht, Landwirtschaft und Finanzdienstleistungen.

Seit Anfang der 1980er Jahre stellt der Tourismus den größten Teil der Einnahmen aus Übersee dar (Hoadley, 1992: 80). Die Zahl der Touristen stieg in den vergangenen Jahren stetig. Die vorläufige Statistik weist für 2006 eine Anzahl von 92.326 Besuchern aus (Cook Islands Statistics, 2007e). Verstärkt rücken auf den Cookinseln die negativen Auswirkungen des Tourismus auf die Umwelt ins Zentrum der Aufmerksamkeit. Müllentsorgung, Wasserversorgung und Erosion sind wichtige Themen, die dabei diskutiert werden (Jonassen, 2005: 190f.). Einen kurzzeitigen Rückgang der Touristenzahlen hatten die Wirbelstürme von 2004 bis 2005 zur Folge (Jonassen, 2006: 129). Ein längerfristiges Problem, welches mit dem Tourismus zusammenhängt, bilden die Spekulation mit Land und der Verkauf von Pachtverträgen durch Banken. Dies geschieht häufig, wenn Hypotheken auf Pachtverträge nicht zurückgezahlt werden können. Käufer sind nicht selten ausländische Unternehmer im Tourismusbereich (Jonassen, 2004: 149; Pascht, 2006: 251ff.; 262f.; 337).

In den letzten Jahrzehnten gab die Regierung der Entwicklung von Fischfang und Perlenzucht den Vorrang vor anderen Projekten. Die Cookinseln erteilten verschiedenen Nationen (z.B. Korea, Japan und den USA) Fischfanglizenzen für ihre EEZ. (Hoadley, 1992: 82). Die mit 1.830.000 km^2 sehr große EEZ der Cookinsel stellt eine wachsende Einnahmequelle für das Land dar (Jayaraman, 2006: 115). 2004 schlossen die Cookinseln z.B. ein Fischerei-Abkommen über mehrere Millionen Dollar mit einer chinesischen Firma ab. Im gleichen Jahr begannen auch fünf taiwanesische Schiffe mit Fischfang in cookinsulanischen Gewässern. Immer wieder wird auch von illegalen Fischfangaktivitäten berichtet – so z.B. im Jahr 2003 von einem taiwanesischen Schiff. Die Kontrollmöglichkeiten sind für die Cookinseln aus finanziellen Gründen sehr eingeschränkt.

Auch die Perlenzucht gewann in der vergangenen Dekade immer mehr an Bedeutung für die Wirtschaft der Cookinseln. Es gab jedoch auch Rückschläge, so dass die Erwartungen in jüngerer Vergangenheit nicht in vollem Maße erfüllt wurden. Insbesondere der Preisdruck von Züchtern aus anderen Ländern ist ein Problem. In der Landwirtschaft wird, wie nun bereits seit fast zehn Jahren, der *nono* (Morinda citrifolia) viel Aufmerksamkeit geschenkt. Allerdings kämpfen die Bauern mit Preisunterbietungen von Asien (Jonassen, 2007: 212). Ansonsten engagieren sich die Cookinsulaner in wachsendem Ausmaß mit Ideen zu nachhaltiger Landwirtschaft und biologischem Anbau (Hartan 2005). Insgesamt gingen die Einnahmen aus der Landwirtschaft in den letzten Jahren immer weiter zurück (Jonassen, 2003: 130-176). Offshore banking, ein weiterer wichtiger Wirtschaftszweig, spielt seit den 1980er Jahren eine wachsende Rolle für die cookinsulanische Wirtschaft (Hoadley, 1992:81). Es erfuhr einen positiven Impuls, als 2005 die „Financial Action Task Force" die Cookinseln von ihrer schwarzen Liste unkooperativer Länder nahm (Jonassen, 2006: 130).

Einen wichtigen Stützpfeiler für die cookinsulanische Wirtschaft bilden ausländische Hilfszahlungen. Neben dem wichtigsten Geberland Neuseeland beziehen die Cookinseln von zahlreichen anderen Ländern Unterstützung. Im Jahr 2000 betrug die gesamte Entwicklungszusammenarbeit pro Kopf 420 US$ (Jayaraman, 2006: 115). Von Neuseeland alleine erhielten die Cookinseln in den Jahren 2005 und 2006 im Durchschnitt 5.000.000 US-$ (OECD, 2007). Die Schwerpunkte des neuen neuseeländischen Programms ab 2001 sind eine Stärkung der Regierungsführung (governance), Förderung der nachhaltigen wirtschaftlichen Entwicklung und die Verbesserung grundlegender Sozialversorgung. Die Entwicklungsschwerpunkte lagen laut cookinsulanischer Regierung für die Jahre 2003 und 2004 in den Bereichen Entwicklung der „Outer Islands", Bildung und Personalwesen (Government of the Cook Islands, o.J.b). Weitere größere Hilfszahlungen wurden von der Australian Agency for International Development, der Asian Development Bank, des Canada Fund, des SPREP, des United Nations Environmental Programme der Food and Agriculture Organisation (Government of the Cook Islands, o.J.b) und im Jahr 2004 auch aus dem UNDP (Jonassen, 2004: 150) zur Verfügung gestellt.

Im Zuge des Cotonou-Abkommens unterstützt die EU die Cookinseln mit etwa 1,6 Mio. NZ-$ pro Jahr (Auswärtiges Amt, 2007b). Deutschland finanziert seit mehreren Jahrzehnten kleine Projekte auf den Cookinseln (Auswärtiges Amt, 2007a). Seit einigen Jahren kann man auch auf den Cookinseln eine Trend beobachten, der sich in der gesamten Region abzeichnet: Die VR China hat sich inzwischen als einer der wichtigsten Geldgeber für Hilfsprojekte etabliert. Bereits 1997 erkannten die Cookinseln die VR China und ihre „Ein-China-Politik" an. In den Folgejahren engagierte sich China immer wieder finanziell auf den Cookinseln. Ein mehrere Millionen schweres Projekt bildete z.B. die Errichtung eines neuen Gerichtsgebäudes auf Rarotonga, das 2003 begann (Jonassen, 2005: 189). 2006 wurde der Bau einer wirbelsturmsicheren Straße im Nordwesten Rarotongas, eines Sportstadiums sowie einer nationalen Polizeistation angekündigt, wobei die VR China die volle Finanzierung übernimmt. Darüber hinaus sicherte China den Cookinseln weitere 4 Mio. NZ-$ für Infrastrukturprojekte zu (Jonassen, 2007: 209).

Schluss

Für Cookinsulaner spielen nicht nur die bisher dargestellten staatlichen Auslandsbeziehungen und politischen Strategien eine Rolle. Eine angesehene Art und Weise, Kontakt mit Menschen anderer Staaten aufzunehmen, sind die Seereisen, die mit dem nach traditionellem Muster gebauten Doppelrumpfschiff „Te Au O Tonga" unternommen werden. Im Jahr 2002 unternahm das Schiff mit einer 18-köpfigen Crew eine Fahrt nach Tahiti (Jonassen, 2004: 151f.). Um Kontakte mit Cookinsulanern in der Diaspora aufrechtzuerhalten oder auch um neue mit der Bevölkerung anderer Staaten zu knüpfen, reisen Cookinsulaner häufig (tere pati). Oft handelt es sich dabei um Kirchen-, Sport-, oder Tanz-gruppen (Alexeyeff, 2003). Beispielsweise waren im Jahr 2006 cookinsulanische Gruppen in Deutschland, Spanien und an anderen europäischen Ländern, in China, beim austronesischen Festival in Taiwan, in Dubai, in Neuseeland und in Australien (Crocombe, 2006: 200). Auch durch solche „informellen" Unternehmungen werden von Cookinsulanern heute internationale Beziehungen geknüpft und gefestigt.

Bibliographie

Alexeyeff, Kalissa: Dancing from the Heart: Movement, Gender and Sociality in the Cook Islands. Canberra 2003, Unveröffentlichte Dissertation.

Alley, Roderic: The Domestic Politics of International Relations. Cases from Australia, New Zealand and Oceania. Aldershot u.a., Ashgate, 2000.

Bertram, G. und R. Watters: The MIRAB economy in South Pacific microstates. Pacific Viewpoint 26 (2), 1985, S. 497-519.

Brown, M. Anne: Security and Development: Conflict and Resilience in the Pacific Islands Region. In M. Anne Brown (Hg.) Security and Development in the Pacific Islands. Social Resilience in Emerging States. Boulder, London, Lynne Rienner, 200.7

Chand, Satish: Labour Mobility for Sustainable Livelihoods in Pacific Island States' in Michael Powles (Hg.): Pacific Futures. Canberra, Pandanus Books, 2006.

Crocombe, Ron: Regionalism Above and Below the Forum: The geographical/culture regions, Asia-Pacific and others. In Michael Powles (Hg.): Pacific Futures. Canberra, Pandanus Books, 2006.

Fraenkel, Jon: Beyond MIRAB: Do aid and remittances crowd out export growth in Pacific microeconomies? Asia Pacific Viewpoint, 47 (1), 2006, S. 15-30.

Hartan, Marianne: Landwirtschaft in Polynesien zwischen Tradition und Moderne – Aspekte des lokalen Wissens zum Anbau von Nutzpflanzen auf den Cookinseln. Bayreuth 2005, Unveröffentlichte Dissertation.

Henderson, John: Governance and Constitutional Issues: Reflections on Current Problems and Future Options. In Michael Powles (Hg.): Pacific Futures. Canberra, Pandanus Books, 2006.

Hoadley, Steve: The South Pacific Foreign Affairs Handbook. Sydney, Allen & Unwin, 1992.
Jayaraman, Tiru K.: A Single Currency for the Pacific Countries? In Michael Powles (Hg.): Pacific Futures. Canberra, Pandanus Books, 2006.
Jonassen, Jon T.M.: Cook Islands', The Contemporary Pacific 15 (1), 2003, S. 174-179.
Jonassen, Jon T.M.: Cook Islands', The Contemporary Pacific 16 (1), 2004, S. 146-153.
Jonassen, Jon T.M.: Cook Islands', The Contemporary Pacific 17 (1), 2005, S. 185-193.
Jonassen, Jon T.M.: Cook Islands', The Contemporary Pacific 18 (1), 2006, S. 128-133.
Jonassen, Jon T.M.: Cook Islands', The Contemporary Pacific 19 (1), 2007, S. 207-213.
Narsey, Wadan: PICTA, PACER and EPAs: Weaknesses in Current Trade Politics and Alternative Integration Options. In Michael Powles (Hg.): Pacific Futures. Canberra, Pandanus Books, 2006.
Pascht, Arno R.: Das Erbe von Tangiia und Karika. Landrechte auf Rarotonga. Bayreuth, Unveröffentlichte Dissertation, 2006.
Poirine, Bernard: Should We Hate or Love MIRAB? The Contemporary Pacific 10 (1), 1998, S. 65-105.
Thakur, Ramesh: New Zealand and the South Pacific. The Contemporary Pacific 5 (1), 1993, S. 75-102.

Internetlinks:
Auswärtiges Amt (2007a) ‚Cookinseln – Beziehungen zwischen den Cookinseln und Deutschland' Unter: *http://www.auswaertiges* amt.de/ diplo/de/ Laenderinformationen/ Cookinseln/Bilateral.html [6.2.2008].
Auswärtiges Amt 2007b ‚Cookinseln – Wirtschaft' unter http://www.auswaertiges-amt.de/diplo/de/Laenderinformationen/Cookinseln/Wirtschaft.html#t2 [6.2.2008].
Cook Islands Statistics Office (2007a) ‚Economic statistics – selected key economic indicators',unter:http://www.stats.gov.ck/Statistics/Economic/ecokey/ind.htm[7.2.2008].
Cook Islands Statistics Office (2007b) ‚Economic Statistics. Merchandise Trade - Value of Principal Exports' unter *http://www.stats.gov.ck/Statistics/Economic/*Trade/ major%20 com%20SITC.htm [7.2.2008].
Cook Islands Statistics Office (2007c) ‚Economic Statistics. Merchandise Trade - Value of Exports by Country of Destination' unter *http://www.stats.gov.ck/* Statistics/ Economic/ Trade/maj%20trad%20part_.htm [7.2.2008].
Cook Islands Statistics Office (2007d) ‚Economic Statistics Merchandise Trade - Value of Imports by Country of Purchase' unter *http://www.stats.gov.ck/* Statistics/ Economic/ Trade/Imp%20major%20trad%20part.htm [7.2.2008].
Cook Islands Statistics Office (2007e) ‚Tourism Statistics. Total Arrivals and Departures - Visitors and Residents' unter *http://www.stats.gov.ck/* Statistics/ Tourism/ tourism_total. htm [7.2.2008].
Cook Islands Statistics Office (2007f) ‚Tourism Statistics. Visitor Arrivals by Country of UsualResidents',unter:http://www.stats.gov.ck/Statistics/Tourism/tourismctyofresid.htm [7.2.2008].
Cook Islands Statistics Office (2007g) ‚Social Statistics. Population Estimates and Vital Statistics', unter: http://www.stats.gov.ck/Statistics/Demography/popn_estimate.htm [7.2.2008].
European Commission: EU Relations with Cook Islands, 2007, unter http://ec.europa.eu/development/geographical/regionscountries/countries/cook_islands.h tm [7.2.2008].
Gibson, Anne: Sheraton tries again in the Cooks. In New Zealand Herald (nzherald.co.nz) 05.12.2007 unter *http://www.nzherald.co.nz/* section/3/ story.cfm?c_id= 3&objectid= 10480341&ref=rss [8.2.2008].

Government of the Cook Islands (o.J.a): Voyage to statehood, unter http://www.cookislands.gov.ck/history.php [6.2.2008].

Government of the Cook Islands (o.J.b): The Cook Islands, unter http://www.cookislands.gov.ck/cook-islands.php [6.2.2008]

Lange: List of Countries and International Bodies the Cook Islands Conducts Official Diplomatic or Consular Relations with (2002), unter *http://www.cintio.de/* files/ Cookinseln_ reps_ chronological_list.pdf [7.2.2008].

Lange: The Cook Islands, Unique Constitutional and International Status, unter http://www.cintio.de/files/cookisstatus.pdf [6.2.2008]

OECD: New Zealand – gross bilateral ODA, 2007, unter *http://www.oecd.org/* dataoecd/ 42/8/40039402.gif [6.2.2008].

Statistics New Zealand: Cook Island Maori People in New Zealand: 2006, 2007, unter http://www.stats.govt.nz/NR/rdonlyres/FF2AC53D-D114-445F-B059-BDCB4CAD8A45/0/FINALCookIslandMaoriprofile.pdf [7.2.2008].

The Courier: Pacific firsts. Issue Nr. III N.S., 2007, unter http://acp-eucourier.info/Pacificfirsts.187.0.html?&L=0 [5.2.2008].

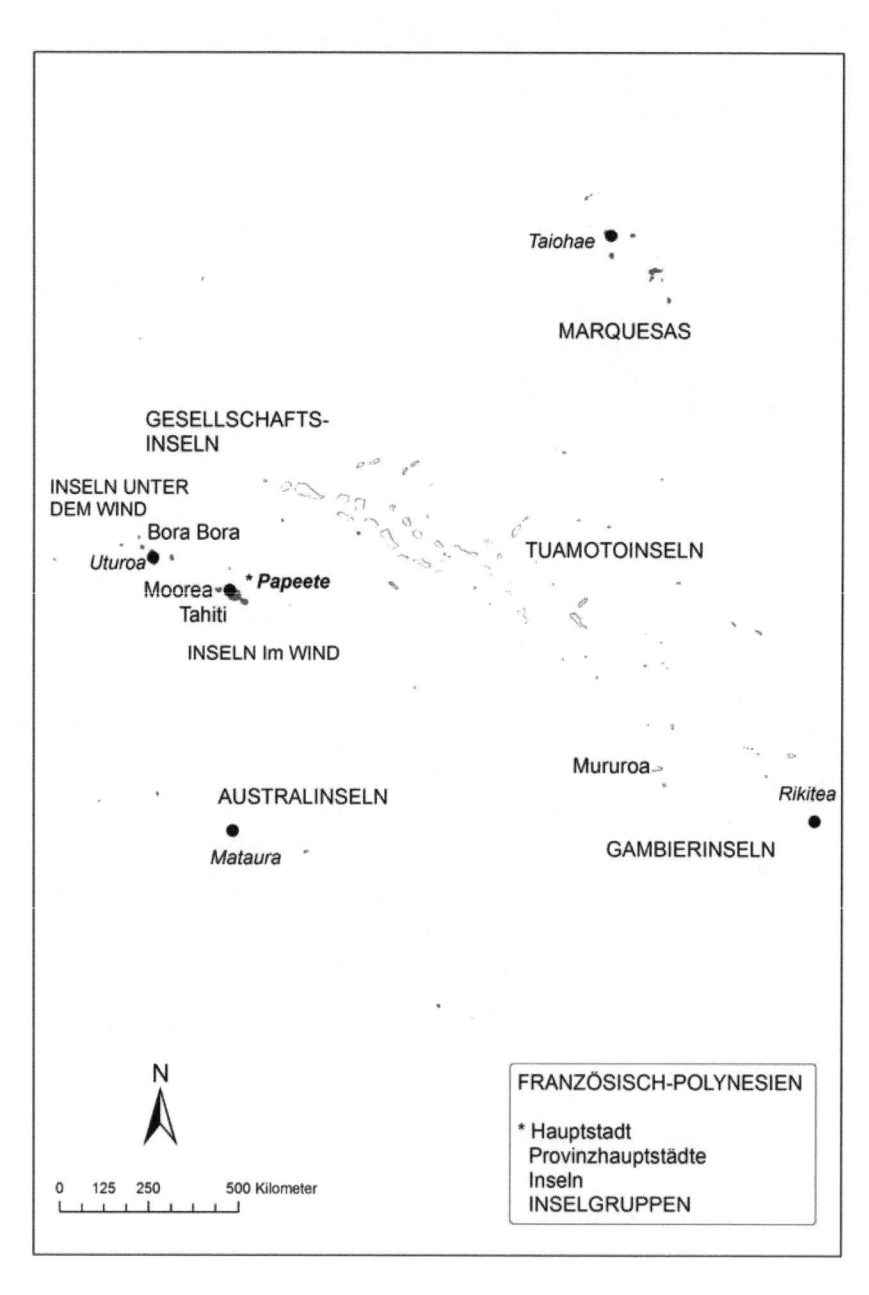

Abbildung 17: Französisch-Polynesien

FRANZÖSISCH-POLYNESIEN

Matthias Kowasch

HISTORISCHE GRUNDDATEN

1946 Begriff der „französischen Union" hält in die neue Verfassung der Französischen Republik Einzug.
1958 Französisch-Polynesien entscheidet sich nicht für eine sofortige Unabhängigkeit vom französischen Mutterland, sondern für den Fortbestand als Übersee-Territorium.
2004 Neues Autonomiestatut.
2007 Verabschiedung eines neuen „loi organique" mit dem Ziel der Stärkung der politischen Institutionen des Landes.

Offizieller Name: Französisch-Polynesien (Pays d'outre-mer de la Polynésie Française) **Hauptstadt:** Papeete **Lage:** 15° Süd, 140° West, im zentralen Pazifik, östlich der Cookinseln **Fläche:** 4.167 km^2 (118 Inseln und Atolle) **Bevölkerung:** 283.019 **Staatschef:** Nicolas Sarkozy, vertreten durch den Hochkommissar Adolphe Colrat **Regierungschef:** Gaston Tong Sang **Sprachen:** Französisch und Polynesisch (Amtssprachen), daneben asiatische Sprachen **Religionen:** 54% Protestanten, 30% Katholiken **Währung:** CFP-Franc **Mitgliedschaften in internationalen Organisationen:** FZ, ITUC, PIF (assoziiertes Mitglied), SPC, UPU, WMO.

***

Historischer Überblick über den politischen Status Französisch-Polynesiens seit 1946

Das französische Überseegebiet Französisch-Polynesien umfasst eine stark fragmentierte Landfläche von 4.167 km^2 und eine exklusive Meereswirtschaftszone von ca. 5.300.000 km^2. Das Land mit einer Gesamteinwohnerzahl von 283.019 besitzt insgesamt 118 Inseln und wird in vier Archipele unterteilt: die Gesellschaftsinseln (13 Inseln, 1.918 km^2), die Tuamotu- und Gambierinseln (102 Inseln, 885km^2), die Marquesas (10 Inseln, 997 km^2) und die Australinseln (7 Inseln, 141 km^2). Die Gesellschaftsinseln wiederum werden in „Inseln im Wind" und „Inseln unter dem Wind" unterschieden. Die Hauptstadt Papeete liegt auf der Insel Tahiti, die zu den „Inseln im Wind" zählt.

Bis 1946 übte Frankreich die volle Souveränität über seine ehemaligen Kolonien aus. Die IV. Republik wollte den diskriminierenden Charakter der politischen Entscheidungsprozesse beenden und hielt am 27. Oktober 1946 den Begriff der „französischen Union" in der Präambel der französischen Verfassung fest. Die Begriffe „Département d'Outre-Mer" und „Territoire d'Outre-Mer" wurden geprägt und hielten Einzug in die Verfassung. Die französische Verfassung vom 4. Oktober 1958 ließ den Überseeterritorien schließlich die freie Wahl, entweder a) die sofortige Unabhängigkeit zu erlangen, b) das Statut eines Übersee-Departements zu bekommen, c) das Statut eines Übersee-Territoriums beizubehalten oder d) die Entwicklung hin zu einem Mitglied der Gemeinschaft, nach dem Vorbild einer Union bundesstaatlichen Charakters zwischen Frankreich und seinen ehemaligen Kolonien, in die Wege zu leiten. Französisch-Polynesien, die Komoren, das heutige Somalia, Neukaledonien, sowie St. Pierre und Miquelon entschieden sich, das Statut eines Übersee-Territoriums beizubehalten.

Bis 1998 zählte Frankreich drei „Arten" von Überseegebieten: die Übersee-Departements, die Übersee-Territorien sowie die „Collectivités territoriales". Neukaledonien erhielt nach dem Vertrag von Nouméa (1998) das Statut eines „POM" („Pays d'Outre-Mer") und konnte von nun an selbständig Gesetze erlassen (eigene Legislative). Nach dem Vorbild Neukaledoniens bekam auch Französisch-Polynesien ein neues Autonomiestatut im Jahr 2004. Das Land ist weiterhin ein „COM" („collectivité d'outre-mer"), wird in einigen Quellen (z.B. Université de Laval, Québec) jedoch auch als POM bezeichnet.

Ähnlich wie in Neukaledonien werden der französisch-polynesischen Regierung progressiv sämtliche Kompetenzen übertragen, mit Ausnahme der Ressorts innere Sicherheit, Finanzen, Außenpolitik, Justiz und Verteidigungspolitik. Im Gegensatz zu Neukaledonien erhielt Französisch-Polynesien jedoch keine eigene Staatsbürgerschaft und keine eigene Legislative. Gesetze, die beispielsweise den lokalen Arbeitsmarkt betreffen, können zwar selbständig geregelt werden, sie bedürfen aber der Zustimmung des obersten französischen Gerichtshofes. Die Gemeinden Französisch-Polynesiens haben zudem von nun an das Recht, eigene Steuern zu erheben und gewinnen somit eine größere Unabhängigkeit gegenüber den Transferzahlungen aus dem französischen Mutterland. Der Vorschlag, das

Land in „Tahiti Nui" umzubenennen, konnte sich vorerst nicht durchsetzen, weil die dafür notwendige Verfassungsänderung in den beiden Häusern des Parlaments (Senat und Nationalversammlung) keine Mehrheit fand.

Im Oktober 2007 wurde ein neues „loi organique" (Organgesetz) vom französischen Senat verabschiedet. Die Parlamentswahlen 2004 führten Französisch-Polynesien in eine politische Krise. Ziel der „loi organique" war daher in erster Linie die Stärkung der politischen Institutionen des Landes. In der französischen Nationalversammlung ist Französisch-Polynesien mit zwei Abgeordneten vertreten. Seit den Parlamentswahlen vom Juni 2007 handelt es sich um Michel Buillard und Bruno Sandras (beide UMP, der Partei des französischen Staatspräsidenten Nicolas Sarkozy). Daneben schickt das Land auch einen Abgeordneten in den französischen Senat.

GRUNDSTRATEGIEN UND ENTSCHEIDUNGSABLÄUFE DER AUßEN- UND SICHERHEITSPOLITIK

Die internationalen Beziehungen – Außen- und Sicherheitspolitik mit inbegriffen – liegen im Zuständigkeitsbereich des französischen Staates. Dieser berücksichtigt die Interessen Französisch-Polynesiens in den internationalen Verhandlungen, die von Frankreich geführt werden und an denen Französisch-Polynesien beteiligt wird. Das Land kann Mitglied in internationalen Organisationen sein oder in diesen als assoziiertes Mitglied aufgenommen werden. Wie Neukaledonien ist es aber kein Mitglied der Europäischen Union (EU). Da seine Bürger jedoch französische Staatsbürger sind, und damit EU-Bürger, sind sie bei den Wahlen zum Europäischen Parlament wahlberechtigt. Die Regierung Französisch-Polynesiens äußerte in der Vergangenheit immer wieder den Wunsch, eine größere Autonomie vom französischen Mutterland zu erlangen. Die politischen Übergangsstatute von 1977, 1984 und 1996 ermöglichten dem Land demnach einen Zuwachs an Autonomie. So erhielt Französisch-Polynesien eine eigene Flagge und eine eigene Hymne.

Die Hymne Französisch-Polynesiens
(deutsche Übersetzung):
Mein Land ist von Gott geboren
Ein Band vieler Inseln
Geprägt von zarten Düften
Verbunden durch eine unsterbliche Umflechtung
Heute lobe ich dich
Hier ist es wo sich die Stimme der Kinder erhebt
„Verbreite deine Liebe"
damit Tahiti Nui lebe.

Einem vollständigen Rückzug Frankreichs aus Französisch-Polynesien steht das geostrategische Interesse des Mutterlandes entgegen. Nach der Unabhängigkeit Algeriens entschloss sich die französische Regierung unter Charles de Gaulle, ein Versuchszentrum für Atomtests auf den unbewohnten Atollen Mururoa und Fangataufa (1.200 km von Tahiti entfernt) aufzubauen. Das „Centre d'Expérimentation du Pacifique" (CEP) wurde schließlich 1966 eröffnet, auch ein großer Militärflughafen wurde gebaut. Im Zuge der Einrichtung flossen enorme finanzielle Mittel von Frankreich nach Französisch-Polynesien, die dem Arbeitsmarkt und dem Aufbau der Infrastruktur zugute kamen. Auf der anderen Seite machte sich Französisch-Polynesien wirtschaftlich immer stärker vom Mutterland abhängig. In den 30 Jahren seiner Existenz (1966-96) wurden vom CEP, unbeeindruckt von weltweiten Protesten, fast 200 Atomwaffen, sowohl unterirdisch als auch in der Luft getestet.

Zusammenarbeit mit internationalen Organisationen, Einbindung in den ozeanischen Kontext und bilaterale Beziehungen

Das Streben nach größerer Unabhängigkeit vom französischen Mutterland macht eine Einbindung Französisch-Polynesiens in den ozeanischen Kontext notwendiger denn je. Seit 2006 ist das Land assoziiertes Mitglied im „Pacific Islands Forum" („Forum des Îles du Pacifique"). Daneben ist Französisch-Polynesien Mitglied im „Secretariat of the Pacific Community" (SPC), das 1947 von den ehemaligen Kolonialmächten USA, Frankreich, Australien und Neuseeland gegründet wurde und dem heute – neben den Gründungsstatten –22 Staaten und Territorien des pazifischen Raumes angehören. Der ehemalige Mitgliedsstaat Großbritannien zog sich 1996 aus der SPC zurück, wurde 1998 wieder Mitglied, bevor es im Januar 2005 erneut aus der ältesten im pazifischen Raum ansässigen internationalen Organisation austrat.

Französisch-Polynesien ist ebenfalls Mitglied in der „Pacific Islands Conference of Leaders" (PIC), welche mit Hilfe eines ständigen Komitees das „Pacific Islands Development Program" (PIDP) umsetzt. Das Gremium des „PIC" besteht aus den Regierungen der 20 Mitgliedsstaaten und trifft sich in einem dreijährigen Rhythmus. Das „Pacific Islands Development Program" besteht seit 1991 und hat sich zum Ziel gesetzt, die nachhaltige Entwicklung der pazifischen Inselstaaten sowie die dortige Lebensqualität zu verbessern. Die Zusammenarbeit und Kommunikation zwischen den Mitgliedern soll gefördert werden. Außerdem ist das Land Mitglied im „Pacific Regional Environment Programme" (SPREP), welches den Mitgliedern beim Aufbau und bei der Durchsetzung von Umweltschutzprojekten hilft und unterstützt.

Ferner wird Französisch-Polynesien als assoziiertes Mitglied in der SOPAC („South Pacific Applied Geoscience Commission") geführt, die ursprünglich zur UNO gehörte und sich von dieser 1984 gelöst hat, sowie seit 1992 in der ESCAP

("United Nations Economic and Social Commission for Asia and the Pacific"), eine von fünf regionalen Unterorganisationen der Vereinten Nationen. Die SOPAC kümmert sich in erster Linie um die exklusiven maritimen Wirtschaftszonen seiner Mitgliedsländer. Eines der Projekte ist beispielsweise der „vulnerability index for the natural environment", bei dem Gefahren für die natürliche Umwelt (z.B. durch Industrieanlagen, Aquakulturen, etc.) analysiert und mit Hilfe eines Indexes gemessen werden sollen.

Französisch-Polynesien ist unter dem weniger an die Kolonialzeit erinnernden Namen „Tahiti" Mitglied in mehreren Sportverbänden im ozeanischen Raum geworden (u.a. Fußball, Leichtathletik). Tahiti nimmt folglich mit einer Mannschaft an dem Qualifikationsturnier Ozeaniens zu den Fußball-Weltmeisterschaften teil. Es stellt eine Mannschaft, die bei den Leichtathletik-Weltmeisterschaften vertreten ist. Zudem nimmt das Land regelmäßig an den seit 1963 stattfindenden Pazifik-Spielen teil. Mit Ausnahme von Pitcairn, Australien und Neuseeland sind auch sämtliche Staaten und Territorien Ozeaniens im Rat der Pazifikspiele („Pacific Games Council") vertreten. Im sportlichen Bereich ist Tahiti somit vollständig in den ozeanischen Kontext integriert.

Französisch-Polynesien unterhält seit 1971 eine Botschaft in Frankreichs Hauptstadt Paris. Die Botschaft ist die institutionelle Vertretung des Landes im französischen Mutterland sowie für Gesamt-Europa. Sie übernimmt außerdem eine Art Mittlerrolle für sämtliche von der polynesischen Regierung in Auftrag gegebene Aktivitäten, unterstützt die polynesischen Studenten in Frankreich und pflegt die Verbindungen zu polynesischen Gruppen und Vereinen.

In Französisch-Polynesiens Hauptstadt Papeete sind sowohl Japan als auch Norwegen mit einem Konsulat vertreten.

Die bilateralen Beziehungen zu Neuseeland können als gut bezeichnet werden. Es findet ein regelmäßiger Austausch statt. So folgte der neuseeländische Außenminister, Phil Goff, einer Einladung nach Französisch-Polynesien anlässlich der Frankeich-Ozeanien-Konferenz am 27. Juli 2003. Der polynesische Präsident Oscar Temaru seinerseits besuchte Neuseeland im Juli 2005. Diese beiden Besuche gelten als ein starkes Signal für die regionale Integration Französisch-Polynesiens.

Die Integration Französisch-Polynesiens in den ozeanischen Kontext wird auch durch die verstärkte Zusammenarbeit Frankreichs mit Neuseeland und Australien weiter gefördert. So hat Frankreich eine auf einer Koordinierung der Mittel basierende Zusammenarbeit mit Australien und Neuseeland im Bereich der Überwachung der Ausschließlichen Wirtschaftszonen (AWZ) der Inselstaaten des pazifischen Raumes vorgeschlagen. 2006 wurde schließlich eine Dreiparteien-Erklärung (Frankreich-Australien-Neuseeland) über die Seeüberwachung sowie über die Bekämpfung der illegalen, nicht gemeldeten und nicht regulierten Fischerei (IUU fishing) unterzeichnet, von der die gesamte Region profitiert.

Perspektiven der Außenpolitik

Aus den Wahlen im Februar 2008 ging Gaston Tong Sang als Sieger hervor, ohne jedoch die absolute Mehrheit zu erlangen. Er musste sich folglich einen Koalitionspartner suchen. Die Koalitionsverhandlungen endeten mit einer Überraschung: Der Autonomist Gaston Flosse (UMP) bildete eine Koalition mit dem scheidenden Präsidenten und Unabhängigkeitsbefüworter Oscar Temaru (Parteivorsitzender von „Tavini Huiraatira"). Gaston Flosse wurde zum Präsidenten gewählt. Im April musste sich Flosse jedoch einem Misstrauens-votum des Parlaments beugen und verlor seine Mehrheit. Gaston Tong Sang löste Flosse als Präsidenten Französisch-Polynesiens ab. Während Flosse und Tong Sang einen Autonomie-Status für Französisch-Polynesien anstreben, setzt sich Temaru für die vollständige Unabhängigkeit des Landes von Frankreich ein. Die politische Zielrichtung des Präsidenten ist entscheidend für die weitere Außenpolitik des Landes.

Bibliographie

Doumenge, Jean-Pierre: L'outre-mer pour la France, une vieille histoire, une idée neuve. In La France d'outre-mer. Conflits actuels, Revue d'étude politique, numéro 10 hiver 2002, Paris 2002, S. 6-25.
Doumenge, Jean-Pierre: L'outre-mer français. Armand Colin, Paris, 2000
Durand, Alain ; Durand, Dagmar ; Remy, Michel:: Tahiti et la Polynésie française. Paris 2008
Gay, Jean-Christophe: L'outre-mer français. Editions Belin, Paris, 2003.
Kreisel, Werner: Französisch-Polynesien. In: Werner Kreisel Mythos Südsee. Merus Verlag, Hamburg, 2006, S. 45-50.
Mateata-Allain, Kareva: Bridging our sea of islands : French Polynesian literature within the Oceanic context. Saarbrücken 2008.
Regnault, Jean-Marc: : François Mitterrand et les territoires français du Pacifique, 1981-1988 : Mutations, drames et recompositions ; Enjeux internationaux et franco-français / sous la dir. Paris 2003.
Robineau, Claude: Chefferie, leadership et communautés territoriales aux Îles de la Société. In D. Guillard, M. Seysset und A. Walter: Le Voyage inachevé ... à Joël Bonnemaison. Éditions ORSTOM/PRODIG, Paris 1998, S. 319-322.
Thimm, Tatjana: Kulturwandel und Tourismus in Französisch-Polynesien. Göttingen 2002.
Thimm, Tatjana: Kultureller Wandel in Französisch-Polynesien vor dem Hintergrund ausländischer Einflussnahme und endogener Entwicklung: Ausgangssituation für nachhaltige Tourismusprojekte der indigenen Bevölkerung der Maohi. Dissertation Universität Göttingen. Göttingen 2001.

Internetlinks:
http://ispf.pf
http://spc.int
http://www.senat.fr
http://eastwestcenter.org
http://liberation.fr

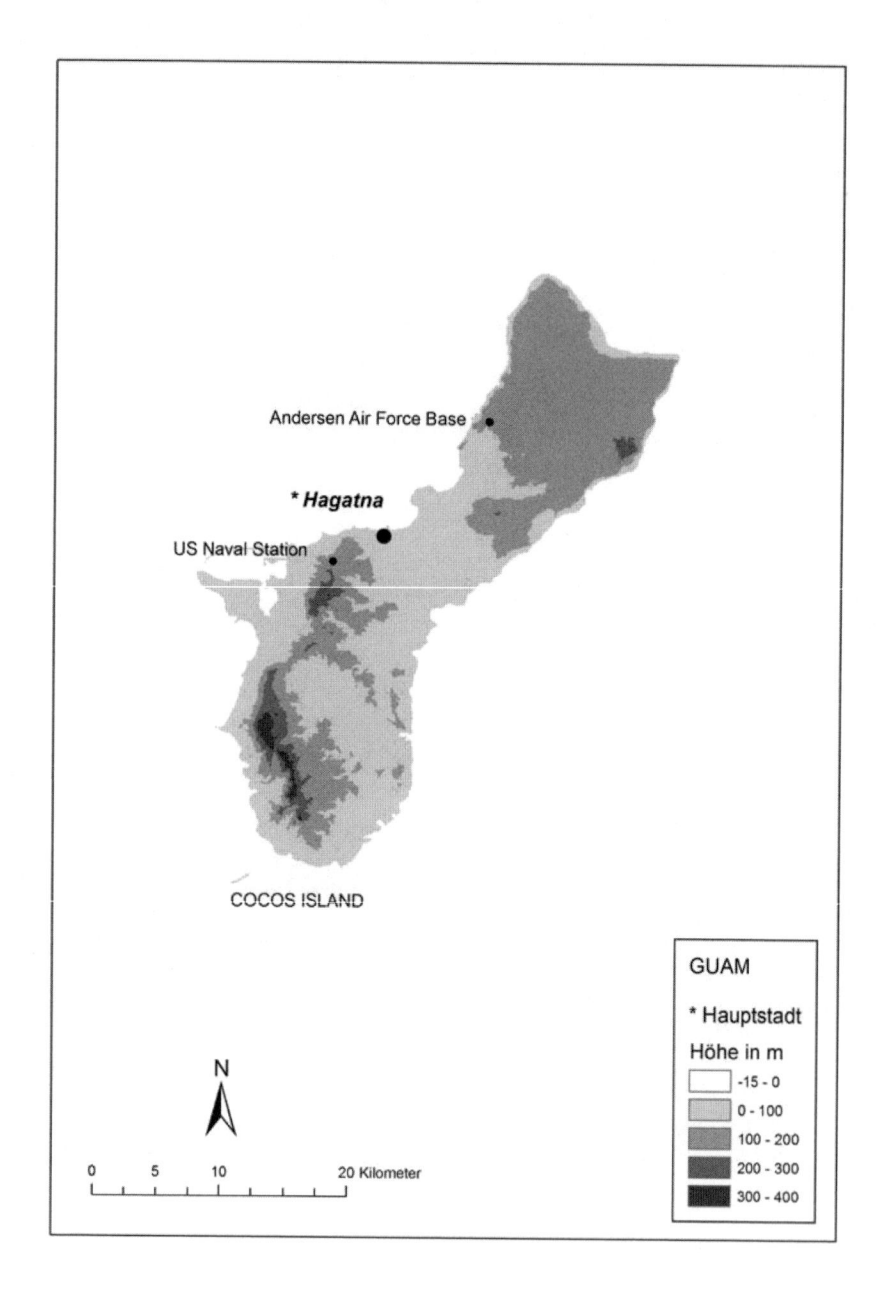

Abbildung 18: Guam

GUAM

Donald R. Shuster

(aus dem Englischen übersetzt von Andrea Mindermann)

HISTORISCHE GRUNDDATEN

1899	Guam gelangt unter US-amerikanische Verwaltung.
1941	Nach dem Angriff auf Pearl Harbor wird Guam von Japan erobert.
1944	Sieg der USA in der Schlacht um Guam.
1950	Verabschiedung des „Organic Act", der Guam eine innere Autonomie zusichert.
1962	Ausbau des Hafen von Apra zu einem Marinestützpunkt für Atom-U-Boote der amerikanischen Navy.

Offizieller Name: Guam (Territory of Guam, Guåhån) **Hauptstadt:** Hagatna **Lage:** 13,28° Süd, 144,47° Ost, im westlichen Pazifik **Fläche:** 541,3 km^2 **Bevölkerung:** 175.877 **Staatschef:** Barack Obama **Regierungschef:** Gouverneur Felix P. Camacho **Sprachen:** Englisch (Amtssprache), Chamorro, philippinische Sprachen, asiatische und andere pazifische Sprachen **Religionen:** 85% Katholiken **Währung:** US-Dollar **Mitgliedschaften in internationalen Organisationen:** IOC, SPC, UPU.

***

Guam, eine 500 km² große Insel im nordwestlichen Pazifik etwa 13° nördliche Breite und 144° östliche Länge, ist ein externes Territorium der Vereinigten Staaten mit innerer Autonomie. Die Insel hat eine sehr spezielle Form einer Verfassung, den sogenannten „Organic Act", eine US-amerikanische bundesstaatliche Satzung aus dem Jahre 1950. Die grundlegenden Aspekte dieses Gesetzes waren: die zur Verfügung gestellte amerikanische Staatsbürgerschaft; ein Grundgesetz; eine zivile Verwaltung und eine regionale Gewaltenteilung (Das Oberhaupt der Exekutive, der Gouverneur, wird, wie unter der ehemaligen Führung der US-Marine, vom US Präsidenten ernannt); eine Einkammer- Legislative mit 21 Sitzen (1990 auf 15 Plätze reduziert); eine Judikative. Laut dieser Satzung wird 36% der Landfläche Guams dem US Militär zur Verfügung gestellt. Der „Organic Act" erklärt Guam zu einem externen Territorium der USA mit innerer Autonomie.

Das bedeutet, dass Guam mit ziemlicher Sicherheit nicht als Bundesstaat in die USA eingegliedert wird. Seit 1950 ist der „Organic Act" mehrere Male vom Kongress geändert worden. Bedeutende Änderungen sind zum Beispiel die Wahl eines Gouverneurs und seines Stellvertreters, die Wahl eines gewählten Delegierten für den amerikanischen Kongress und seit kurzem die Einrichtung eines Obersten Gerichtshofes für Guam als eigenständiges und unabhängiges Organ des Gerichtswesens der Insel. Obwohl diese Änderungen den „Organic Act" verbesserten, wird die Regierung nicht vom Volk gewählt. Der erste Regierungschef nahm das Gesetz von 1950 selbstverständlich an, da er es als einen großen politischen Schritt nach vorn ansah. Die Militärregierung konnte dadurch abgelöst werden. Das Volk hatte im Übrigen nicht die Gelegenheit darüber abzustimmen und nur wenige wurden in die Entscheidungsprozesse einbezogen. Im Grunde genommen konnte Guam bis heute keinen Akt der Selbstbestimmung vollziehen. Die Insel zählt bei den Vereinten Nationen weiterhin zu den abhängigen Territorien. Als ein nicht als Bundesstaat eingegliedertes Hoheitsgebiet bleibt Guam eine strategisch günstig gelegene Insel in US amerikanischem Besitz.

Der „Organic Act" symbolisierte einen bedeutenden Fortschritt für Guams politische Selbstverwaltung und war zu damaliger Zeit ein Vorbild für andere pazifische Inselstaaten. Der „Organic Act" beschleunigte die politischen Aktivitäten: Mit der offiziellen Gründung der demokratischen und republika-nischen Parteien in den 1960er Jahren begannen ein harter halbjährlicher Kampf um Parlamentssitze und ab 1970 lebhafte Gefechte um das Amt des Gouverneurs und dessen Stellvertreters, die alle vier Jahre gewählt werden. Die Kontrolle der Legislative und des Gouverneursamts wechselte ständig zwischen Republikanern und Demokraten, angekurbelt von dynamischen Persönlichkeiten wie Ricky Bordallo und Joe Ada.

Im Gegensatz zu Guams „Status, der kein Status ist", d.h. der eines externen Territorium mit interner Autonomie, waren die anderen Inselvölker der „Trust Territory of the Pacific Islands (TTPI)", nicht an folgende Doktrin des obersten amerikanischen Gerichtshofes gebunden: Gemäß dieser Doktrin behält der US-Kongress weiterhin die absolute Amtsgewalt über alle nicht selbstständigen Gebiete, wobei diese Gebiete nicht als integrierte Bestandteile der USA anerkannt werden. Der Kongress hat die Möglichkeit zu entscheiden, welcher verfassungsgemäße Schutz und welche Rechte in diesen Gebieten gelten und welche nicht (Leibowitz, 19). Im Gegensatz dazu wurden die Völker der TTPI vom „1947 Trusteeship Agreement (Treuhandabkommen)" (TA) regiert, das, anders als der Vertrag von Paris von 1898 und anders als der „Organic Act", klare Verpflichtungen für die USA bezüglich eines zukünftigen politischen Status aufzeigte. Diese Verpflichtungen beinhalteten „die Entwicklung (...) der durch Treuhandschaft anvertrauten Gebiete in Richtung einer Selbstverwaltung oder Unabhängigkeit entsprechend der jeweiligen Verhältnisse des anvertrauten Gebietes und deren Bevölkerung und der frei geäußerten Wünsche der betroffenen Menschen" (TA, Artikel 6). Aufgrund dieses fundamentalen Unterschiedes in den gesetzlichen Grundsätzen konnten die Regierenden der TTPI mit den USA aushandeln, den politischen Status in eine freie Assoziierung zu ändern und setzten dies um.

Den Status eines integralen Bestandteils der USA sowie den Status eines eigenständigen Staates lehnten die Regierenden der TTPI, mit Ausnahme der Nördlichen Marianen, in den Verhandlungen mit den USA ab. Dementsprechend genehmigten und unterzeichneten die verschiedenen TTPI (die Marshallinseln, Chuuk, Pohnpei, Yap, und Kosrae) Mitte der 1980er Jahre Verträge über eine freie Assoziierung mit den USA, die eine politische Unabhängigkeit und später Sitze in den Vereinten Nationen für die Republik der Marshallinseln und der Föderierten Staaten von Mikronesien zur Folge hatten. Im Fall der Nördlichen Marianen (auch ehemaliges Mitglied der TTPI), beschloss deren Führung, dass 1975 ein vertragliches Abkommen, dass ein sog. „convenant agreement" mit den USA festlegte, Das Abkommen trat 1986 mit dem Ende der Treuhandschaft in Kraft. Während dieser gesamten Zeit sahen die Einwohner Guams erstaunt und verärgert zu, wie sie ignoriert wurden. Der zum US-Kongressabgeordneten Guams ernannte Antonio Won Pat bemerkte: „Was auch immer die Interessen des Pentagons im westlichen Pazifik sind, ob real oder imaginär, die Bereitschaft Washingtons sich so großzügig mit Nichtstaatsbürgern zu befassen, kann nur zu Misstrauen und Verbitterung auf Seiten der Einwohner Guams, denen die übliche Gleichbehandlung verweigert wird, führen" (McHenry, 1975: 171).

Die höchsten Regierungskreise der USA hatten Kenntnis von diesem Misstrauen und der Verbitterung. Als Antwort gab der nationale Sicherheitsrat im September 1973 eine Studie mit U.S.-Zielen, -Strategien und -Programmen für Guam in Auftrag. Nach dem Rücktritt Richard Nixons überprüfte Präsident Gerald Ford die Ergebnisse der Studie, genehmigte sie und ordnete an, dass „der U.S.-Unterhändler mit den Vertretern Guams eine Übereinkunft in Bezug auf die Gründung einer Republik anstreben sollte, die nicht weniger günstig ist als jene, die wir mit den Nördlichen Marianen aushandeln" (Willens und Ballendorf: 143). Präsident Fords Anordnung vom 1. Februar 1975, herausgegeben von Staatssekretär Henry Kissinger, wurde nie ausgeführt. Der Entwurf und die Anordnung blieben für fast 30 Jahre ein Geheimnis. Mehr noch, das Innenministerium untergrub Präsident Fords Anordnung, indem es Guams politische Führung weder über die Studie noch über deren Überarbeitung durch den Präsidenten informierte.

Im Zeitraum von 1980-1997 bemühten sich die politischen Führer Guams ernsthaft den politischen Status zu verbessern: Eine in der Legislaturperiode 1980 gegründete Kommission sollte einen Akt der Selbstbestimmung vorbereiten. Ohne Kenntnis der Anordnung Präsident Fords von 1975 wurde während der Amtszeit der Delegierten Vincente Blaz (1985-1992) und Robert Underwoods (1993-2003) ein Entwurf für eine Staatsgründung in jeder Sitzung des U.S.-Kongresses eingebracht. Guams Gesuch einer Staatsgründung endete 1997 mit einer totalen Enttäuschung. Bei den Anhörungen zum Gesetzesentwurf lehnte John Garamendi, der die Clinton Regierung vertrat, die grundlegenden Voraussetzungen für eine Staatsbildung ab und der Kongress blieb unentschieden. Bis heute gründet sich die Existenz der Regierung und der Bevölkerung Guams auf den „Organic Act". Guam ist durch seine strategische Lage ein wichtiger Standort für das amerikanische Militär. Als der ehemalige Kongressabgeordnete Underwood kürzlich über den „Organic Act" und politische Veränderungen sprach, fasste er die USA-Guam-Beziehung mit diesen Worten zusammen: „Ich denke, heute möchten die Leute die Beziehung zwischen der Bundesregierung und der Regierung Guams so beschrieben wissen, dass sie nicht willkürlich zu ändern ist; wir möchten unsere Autonomie vergrößern und unsere Teilhabe an bundesstaatlichen Entscheidungen verstärken und zwar so, dass unsere Wirtschaft sowie unsere Autonomie ausgebaut wird." (Underwood, 2005). Seit 1950 ist Guam eine US-amerikanische Bastion im Pazifik geblieben.

BIBLIOGRAPHIE

Chechelashvili, Valery: Organization for democracy and economic development-GUAM : reality, possibilities, and prospects / Valery Chechelashvili, in: Central Asia and the Caucasus 2008.

Department of State Publication 9181: Trusteeship Agreement. In 1980 Trust Territory of the Pacific Islands. 33rd Annual Report", Washington, D.C., 1981.

Leibowitz, Arnold H.: Defining Status: A Comprehensive Analysis of United States Territorial Relations. The Netherlands, Martinus Nijhoff, 1989.

McHenry, Donald F.: Micronesia: Trust Betrayed. New York, Carnegie Endowment for International Peace, 1975.

Tolstov, Sergey: The Guam phenomenon : its experience as a regional cooperation structure and its prospects as an international organization, in: Central Asia and the Caucasus 2008.

Underwood, Robert A.: Forum on the Organic Act: Brief remarks. Guam Humanities Council, December 7, 2005 (ein „public meeting").

United States Committee on Energy and Natural Resources: Territories of Guam, American Samoa, the Commonwealth of the Northern Mariana Islands, and the US Virgin Islands : hearing before the Committee on Energy and Natural Resources, United States

Senate, One Hundred Ninth Congress, second session, to receive testimony regarding the state of the economies and fiscal affairs in the territories of Guam, American Samoa, the Commonwealth of the Northern Mariana Islands, and the United States Virgin Islands, March 1, 2006

Willens, H.P. mit Ballendorf, D.A.: The Secret Guam Study: How President Ford's 1975 Approval of Commonwealth Was Blocked by Federal Officials. Guam, University of Guam, Micronesian Area Reserach Center and the CNMI Division of Historic Preservation, 2004.

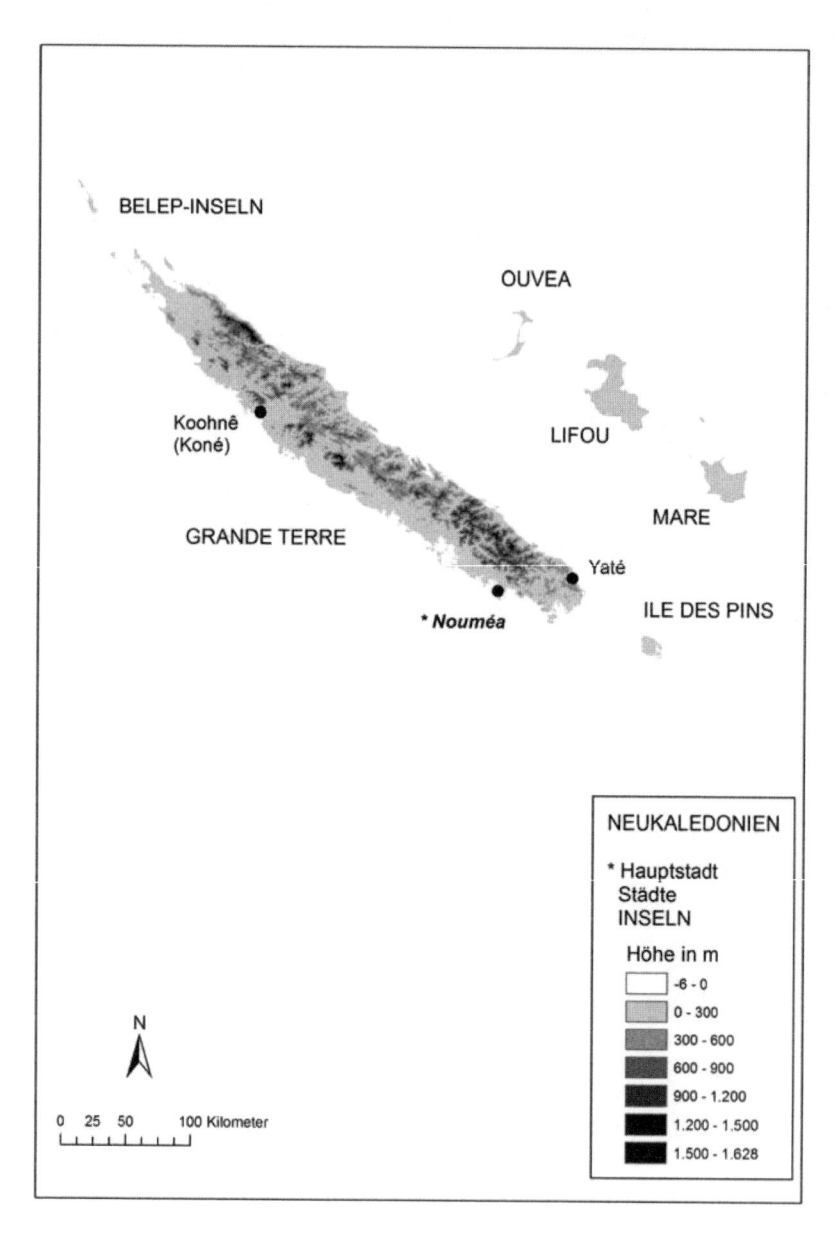

Abbildung 19: Neukaledonien

NEUKALEDONIEN

Matthias Kowasch

HISTORISCHE GRUNDDATEN

1853	Auguste Febvrier-Despointes nimmt Neukaledonien im Namen von Napoléon III. in Besitz.
1863	Nickel-Mineral Garnierit wird entdeckt.
1946	Neukaledonien wird französisches Übersee-Territorium (TOM).
1988	Unabhängigkeitsbestrebungen der Kanak führen zur Tragödie von Ouvéa, bei der 21 Separatisten und 2 Polizisten den Tod finden.
1988	Abkommen von Matignon führt zu einer größeren Autonomie für Neukaledonien.
1998	Abkommen von Nouméa, in dem Frankreich die Übertragung unterschiedlicher Kompetenzen an die neukaledonische Regierung festschreibt, die Auswirkungen der Kolonisation und die kanakische Kultur anerkennt: Neukaledonien wird zu einem „Pays d'Outre-Mer" (POM).
2014	Erstes mögliches Datum für ein Referendum über die vollständige Unabhängigkeit des Landes.

Offizieller Name: Neukaledonien (Nouvelle-Calédonie) **Hauptstadt:** Nouméa **Lage:** 21,3° Süd, 165,3° Ost, östlich von Australien und südlich von Vanuatu **Fläche:** 19.060 km^2 **Bevölkerung:** 230.789 **Staatschef:** Nicolas Sarkozy, vertreten durch den Hochkommissar Yves Dassonville **Regierungschef:** Harold Martin **Sprachen:** Französisch (Amtssprache), 33 einheimische Sprachen und Dialekte **Religionen:** 60% Katholiken, 30% Protestanten **Währung:** CFP-Franc **Mitgliedschaften in internationalen Organisationen:** ITUC, PIF (assoziiertes Mitglied), SPC, UPU, WFTU, WMO.

***

Historischer Überblick über den politischen Status Neukaledoniens seit 1946

Neukaledonien, drittgrößte Inselgruppe des Südpazifiks mit insgesamt 19.093 km² Landfläche (wovon allein die Hauptinsel „Grande Terre" 16.595 km² umfasst), zählt politisch gesehen zu den französischen Überseegebieten. Seit dem Vertrag von Nouméa 1998 besitzt das Land einen politischen Übergangsstatus und wird „POM" („Pays d'Outre-Mer") genannt. Mit einer Gesamteinwohnerzahl von 230.789 (Volkszählung 2004, ISEE) ist das Archipel sehr dünn besiedelt (Bevölkerungsdichte von 13 Einwohner/km²).

Bis 1946 übte Frankreich eine volle Souveränität über seine Kolonien in aller Welt aus, denen der Begriff des „französischen Kolonialreiches" zugrunde liegt. Die IV. Republik wollte den diskriminierenden Charakter der politischen Entscheidungsprozesse beenden und hielt am 27. Oktober 1946 den Begriff der „französischen Union" in der Präambel der französischen Verfassung fest. Im Wortlaut hieß es darin (Doumenge, 2000): „Frankreich stellt mit den Völkern aus Übersee eine Union dar, die auf der Gleichheit der Rechte und der Pflichten gegründet ist, ohne Unterschiede in Bezug auf Rasse und Religion. Die französische Union besteht aus Nationen und Völkern, welche ihre Ressourcen und ihre Bemühungen zusammen tun oder gemeinsam koordinieren, mit dem Ziel ihre jeweilige Zivilisation zu entwickeln, ihren Wohlstand zu mehren und ihre Sicherheit zu garantieren." Im Artikel 60 der Verfassung von 1946 heißt es eindeutig, dass „die französische Union einerseits aus der Französischen Republik, welche das französische Mutterland, die Übersee-Departements und –Territorien umfasst, und andererseits aus den Territorien und assoziierten Staaten" besteht. Bei den assoziierten Staaten handelte es sich um die unter französischem Protektorat stehenden nordafrikanischen Länder (Tunesien, Marokko) sowie um die ehemals deutschen Kolonien Togo und Kamerun, die von den Vereinten Nationen unter französisches Mandat gestellt worden waren. Für die Überseegebiete sah die Verfassung in Artikel 73 vor, dass „die Legislative die gleiche wie in den französischen Departements im Mutterland" sei, abgesehen von Ausnahmen, die durch das Gesetz bestimmt waren.

Die Verfassung vom 4. Oktober 1958 ergänzte die Bestimmungen von 1946 um die Prinzipien der Gleichheit, Freiheit und Brüderlichkeit. Außerdem wurde den Überseeterritorien frei gestellt, entweder a) die sofortige Unabhängigkeit zu erlangen, b) das Statut eines Übersee-Departements zu bekommen, c) das Statut eines Übersee-Territoriums beizubehalten oder d) die Entwicklung hin zu einem Mitglied der Gemeinschaft, nach dem Vorbild einer Union bundesstaatlichen Charakters zwischen Frankreich und seinen ehemaligen Kolonien, in die Wege zu leiten. Die Komoren, das heutige Somalia, Neukaledonien, Französisch-Polynesien sowie St. Pierre und Miquelon entschieden sich, das Statut eines Übersee-Territoriums beizubehalten.

Die Unabhängigkeitsbewegung in Neukaledonien entstand in den 1970er Jahren, nachdem die resten kanakischen Studenten aus Frankreich zurückgekehrt waren. Strittige Fragen bei der Landrückgabe an die kanakische Bevölkerung führten Anfang der 1980er Jahre zu Unruhen, die in der Besetzung einer Polizeistation auf der Insel Ouvéa mündeten, bei der die kanakischen Besetzer die Polizisten als Geiseln nahmen. Französischen Spezialeinheiten stürmten schließlich die Polizeistation und töteten die 19 Geiselnehmer. Das Ereignis führte zu Friedenverhandlungen, die im Vertrag von Matignon mündeten. Der 1988 von Jacques Lafleur (RPCR, „Rassemblement pour la Calédonie dans la République") und Jean-Marie Tjibaou (FLNKS, „Front de libération nationale, kanak et socialiste") unterzeichnete Vertrag sicherte dem Land eine größere Autonomie zu und gliederte es in drei Provinzen. Außerdem sah der Vertrag ein Unabhängikeitsreferendum nach einem Übergangszeitraum von 10 Jahren vor. Ein Jahr nach Abschluss des Vertrags wurde J.-M. Tjibaou während einer Gedenkfeier für die Tragödie von Ouvéa von einem Gegner der Verträge von Matignon umgebracht. Die kanakische Unabhängigkeitsbewegung verlor einmal mehr einen bedeutenden politischen Führer. Als das Datum eines möglichen Unabhängigkeitsreferendums schließlich näherkam, nahmen Unabhängigkeitsgegner und -befürworter Gespräche auf, um neue Unruhen zu verhindern. Die Gespräche verfolgten das Ziel eines neues Abkommens, das dem Land weitere Kompetenzen garantierte.

Bis 1998 zählte Frankreich drei „Arten" von Überseegebieten: die Übersee-Departements (Guadeloupe, Guyana, Martinique und La Réunion), die Übersee-Territorien (Neukaledonien, Französisch-Polynesien, Wallis und Futuna sowie die französischen Süd- und Antarktis-Gebiete) sowie die „Collectivités territoriales" (Mayotte, St. Pierre und Miquelon). Seit dem Vertrag von Nouméa 1998 besitzt Neukaledonien nun ein politisches Übergangsstatut, das dem Land eine relativ große Autonomie zusichert. Die Verträge, geschlossen zwischen den Unabhängigkeitsbefürwortern der FLNKS und den Unabhängigkeitsgegnern der RPCR, unterzeichnet vom französischen Premierminister, sehen die Übernahme sämtlicher Zuständigkeiten des französischen Staates durch Neukaledonien vor, mit Ausnahme der Ressorts innere Sicherheit, Verteidigungspolitik, Finanzen, Justiz und Außenpolitik. Zwischen 2014 und 2018 soll ein Referendum über die Übernahme der verbleibenden Zuständigkeitsbereiche und somit über die Umwandlung in einen eigenständigen Staat stattfinden. Bereits heute kann von einem Land mit einer „geteilten Souveränität" gesprochen werden.

In der französischen Nationalversammlung ist Neukaledonien mit zwei Abgeordneten vertreten. Seit den Parlamentswahlen vom Juni 2007 handelt es sich um Gaël Yanno und Pierre Frogier (beide Rassemblement-UMP). Die beiden konservativen Politiker stehen der Partei des französischen Staatspräsidenten Nicolas Sarkozy nahe und setzen sich für den Verbleib Neukaledoniens im französischen Staat ein. Pierre Frogier, der nach der Wahl seine zweite Amtszeit im der französischen „Assemblée Nationale" in Paris antrat, war in der Vergangenheit in mehrere Korruptionsaffären verwickelt. Trotzdem gewann er erneut die Wahl.

Die neukaledonische Gesellschaft zeichnet durch eine kulturelle Vielfalt aus, die bis heute jedoch nicht zu einem einheitlichen Gesellschaftsmodell führte, sondern lange Zeit von einer Dualität der Lebensräume verdeckt wurde. Die Lebensweise der Kanak unterscheidet sich von der Lebensweise der europäischen Bevölkerung: der multisäkulären, agrarisch geprägten Gesellschaft der Kanak, demographisch knapp in der Minderheit (ungefähr 45% der Gesamtbevölkerung), steht die kosmopolitische, städtisch geprägte Gesellschaft der Europäer, weitgehend eine Mischlingsgesellschaft, gegenüber. Die indigene Bevölkerung hat lange Zeit unter den Diskriminierungen der Kolonialregierung, welche die Kanak in Reservate abschob und sie zu Frondiensten zwang, gelitten. Offiziell wurden die Diskriminierungen 1946 abgeschafft. In den Verträgen von 1998 schließlich erkannte die französische Regierung die kanakische Kultur und Identität an und brachte das Land auf den Weg der politischen Emanzipation. Die Anerkennung der kanakischen Identität stellt einen wichtigen Schritt dar hin zu einer gemeinsamen neukaledonischen Identität.

Grundstrategien und Entscheidungsabläufe der Außen- und Sicherheitspolitik

Die internationalen Beziehungen – Außen- und Sicherheitspolitik mit inbegriffen – liegen im Zuständigkeitsbereich des französischen Staates. Dieser berücksichtigt die Interessen Neukaledoniens in den internationalen Verhandlungen, die von Frankreich geführt werden und an denen Neukaledonien beteiligt wird. Das Land kann Mitglied in internationalen Organisationen sein oder in diesen als assoziiertes Mitglied aufgenommen werden. Neukaledonien ist jedoch kein Mitglied der Europäischen Union (EU). Das Land hat das Recht, Vertretungen in Staaten des pazifischen Raumes zu besitzen. In seinen Kompetenzbereichen (z.B. Einwanderungspolitik, Arbeitsrecht, u.a.) können bilaterale Verträge mit diesen Staaten abgeschlossen werden. Um die Neukaledonier auf zukünftige Aufgaben im Bereich der internationalen Beziehungen vorzubereiten, wurde eine Ausbildung für zukünftige Diplomaten (Einsatzgebiet im regionalen Raum) eingeführt, die in Form von Praktika in Frankreich sowie in den französischen Botschaften im Ausland stattfindet. Über den Weg zur politischen Emanzipation werden die Vereinten Nationen in Kenntnis gesetzt. Neukaledonien ist natürlich kein Mitglied der Vereinten Nationen, zumindest bis zu dem vorgesehenen Unabhängigkeitsreferendum im Zeitraum 2014 bis 2018. Frankreich ist in Neukaledonien durch einen „Haut-Commissaire" vertreten.

Der Kampf gegen den Terrorismus spielt in Neukaledonien nur eine untergeordnete Rolle. Aufgrund der geographischen Abgelegenheit hat sich das Sicherheitsgefühl nach dem 11. September 2001 nur unwesentlich verändert. Die Sicherheitsvorkehrungen am internationalen Flughafen „Nouméa-Tontouta" hingegen sind verschärft worden („plan vigipirate"). Der „plan vigipirate" stammt aus dem Jahre 1981, wurde nach den Attentaten des 11. September 2001 jedoch geändert, um gegen die neuen Bedrohungen durch den internationalen Terrorismus besser geschützt zu sein. Vier Alarmstufen, die durch unterschiedliche

Farben gekennzeichnet sind (gelb zu dunkelrot), sind definiert worden. Nach Absprache mit seinem Kabinett und dem Staatspräsidenten ruft der Ministerpräsident direkt die Alarmstufe aus, die sich neben den Luftfahrt beispielsweise auch auf den Schienenverkehr oder die Trinkwasserversorgung beziehen kann. Die dunkelrote Alarmstufe würde z.B. die Einstellung des zivilen Luftverkehrs bedeuten. „Rot" würde „nur" zu Einschränkungen auf bestimmten Linien führen. Beim Ausrufen einer der Alarmstufen des „nouveau plan vigipirate" durch den französischen Ministerpräsidenten wäre das neukale-donische Archipel ebenfalls betroffen.

Um den Autonomiebestrebungen, die im Vertrag von Nouméa fortgeschrieben wurden, politisch Rechnung zu tragen und aufgrund der geographischen Entfernung zu Frankreich erscheint eine Einbindung Neukaledonien in den ozeanischen Kontext eine Notwendigkeit. Eine entscheidende Rolle bei den Autonomiebestrebungen der Kanak spielt der Nickelbergbau, da Neukaledonien über geschätzte 30% aller weltweiten Vorkommen verfügt. Trotz einem BIP-Anteil von nur 11% (2006) stammen über 90% der Exporterlöse aus der Nickelindustrie. Der neukaledonische Staatshaushalt besteht jedoch zu ungefähr einem Drittel aus Transferzahlungen aus dem französischen Mutterland. Durch den Bau zweier neuer Metallverarbeitungsfabriken wird die jährliche Produktion von Nickelmetall von ca. 60.000 t auf ca. 180.000 t gesteigert werden können. Die Unabhängigkeitsbefürworter im Norden des Landes sind an einem der beiden Projekte direkt beteiligt und erhoffen sich eine wirtschaftlich solidere Basis für eine eventuelle Unabhängigkeit des Archipels.

ZUSAMMENARBEIT MIT INTERNATIONALEN ORGANISATIONEN UND EINBINDUNG IN DEN OZEANISCHEN KONTEXT

Lange Zeit war Neukaledonien im pazifischen Raum isoliert, zumindest auf institutioneller Ebene. Die wirtschaftlichen Beziehungen hingegen sind sehr alt und hatten, trotz politischer Isolation, weiterhin Bestand. Die politische Abhängigkeit vom französischen Mutterland, die französischen Atomversuche im Südpazifik und die politischen Unruhen der 1980er Jahre erzeugten Misstrauen in den Nachbarländern. Außerdem versuchte Frankreich, seine Besitzungen von den als subversiv eingestuften Strategien und Ideen der Nachbarländer fern zu halten. Die Verträge von Matignon (1988) und von Nouméa (1998) habe diese Situation grundlegend geändert. Mit dem Ziel ein neues politisches Gleichgewicht auf dem Archipel herzustellen, gegründet auf einer größeren Autonomie, wurden Neukaledonien Instrumente an die Hand gereicht, die es dem Land ermöglichten, bi- und multilaterale Beziehungen aufzubauen. So ist es dem Land seit 1999 gestattet, in seinen Kompetenzbereichen Verträge mit seinen Nachbarstaaten zu unterzeichnen. Gleichzeitig haben die Verträge von Matignon und insbesondere von Nouméa das Bild Neukaledoniens in den unabhängigen Staaten des insularen Pazifiks verändert.

Im Zeitraum von 1999 bis 2006 nahm Neukaledonien im „Pacific Islands Forum" einen Beobachterstatus ein - seit 2006 wurde dem Land der Status eines assoziierten Mitglieds bewilligt. Neukaledonien führt mit dem Forum eine Diskussion über einen eventuelle Voll-Mitgliedschaft des Landes zum Programm „intégration économique des Petits Etats" (wirtschaftliche Integration kleiner Staaten), PICTA. Das Abkommen soll den intraregionalen Handel zwischen den pazifischen Inselstaaten fördern. Hierbei handelt es sich folglich um ein Handelsabkommen zum freien Warenverkehr auf regionaler Ebene. Die Überlegungen gehen dahin, das Abkommen auf Dienstleistungen und Investitionen auszudehnen und auch die amerikanischen und französischen Besitzungen (und damit auch Neukaledonien) mit einzubeziehen.

Das regionale Programm zur wirtschaftlichen Integration des Pazifiks (Pacific Regional Economic Integration Programme, PACREIP) hingegen soll den Inselstaaten Unterstützung bei Fragen zur Marktintegration in einer globalisierten Welt geben sowie bei Verhandlungen mit internationalen Organisationen insbesondere mit der EU und UN helfen. Dieses Programm, das sich der nachhaltigen Entwicklung der Wirtschaften verschrieben hat, geht somit über die regionale Dimension hinaus. Besonders für Neukaledonien könnte dieses Programm, aufgrund seiner bedeutenden Nickelvorkommen, von großer Bedeutung sein. Neben dem Nickelbergbau kann auch beim Tourismus und ansatzweise beim Fischfang von einem globalisierten Wirtschaftszweig gesprochen werden.

Das „Secretariat of the Pacific Community" wurde 1947 von den ehemaligen Kolonialmächten USA, Frankreich, Neuseeland und Australien gegründet und ist die älteste Entwicklungsorganisation im südpazifischen Raum. Neben den Gründungsmitgliedern umfasst die SPC heute 22 Mitglieder im insularen Pazifik, darunter auch Neukaledonien. Hauptsitz der SPC, die in der Region einen hohen Bekanntheitsgrad genießt, ist die neukaledonische Hauptstadt Nouméa. Die bis 1997 „South Pacific Commission" (SPC) genannte Organisation hat sich folgende Ziele auf die Fahnen geschrieben: technische Hilfe für die Mitgliedsstaaten, Unterstützung in Wissenschaft, Forschung und Ausbildung sowie Planung und Umsetzung von Entwicklungsprojekten. Herz der SPC sind die integrierten Arbeitsprogramme, die unterschiedliche Aufgabenbereiche (z.B. Demographische Entwicklung, Meeresressourcen, Gesundheit, Kultur, Forstwirtschaft) umfassen. Besonders landwirtschaftliche Projekte spielen eine wichtige Rolle, angesichts der Tatsache, dass ungefähr 85% der Bevölkerung Ozeaniens in einem ländlichen Umfeld lebt. Mit Unterstützung der SPC fand im Jahr 2000 auch das 8. „Festival des arts du Pacifique" in Nouméa statt. Aufgrund der unterschiedlichen sozioökonomischen Entwicklungen in den einzelnen Ländern steht die SPC vor großen Herausforderungen.

Die SPC unterhält auch Beziehungen zu den Forschungsinstituten der Mitgliedsstaaten. In Neukaledonien arbeitet beispielsweise das Observatorium der Rifffischerei der SPC mit der Forschungsgruppe CoRéUs („Approche écosytémique des Communautés Récifales et de leurs Usages dans le Pacifique insulaire") vom „Institut de la Recherche pour le Développement" (IRD), einem staatlichen französischen Forschungsinstitut, zusammen. Ziel der SPC ist es, die Zusammenarbeit mit lokalen Institutionen, die nicht immer reibungslos funktionierte, weiter zu verbessern.

Daneben ist Neukaledonien seit 1980 Mitglied im „Pacific Islands Development Program" (PIDP), das in den Bereichen Erziehung und Bildung technische Hilfen gibt. Seit 1992 ist das Land Mitglied im „Pacific Regional Environment Programme" (SPREP), welches die Mitglieder beim Aufbau und bei der Durchsetzung von Umweltschutzmaßnahmen unterstützt. In der STPO („South Pacific Tourism Organization") ist Neukaledonien seit 1983 Mitglied. Als assoziiertes Mitglied wird das Land ferner seit 1991 in der SOPAC („South Pacific Applied Geoscience Commission"), die ursprünglich zur UN gehörte und sich von dieser 1984 gelöst hat, sowie seit 1992 in der ESCAP („United Nations Economic and Social Commission for Asia and the Pacific"), eine von fünf regionalen Unterorganisationen der Vereinten Nationen, geführt.

Im sportlichen Bereich nimmt Neukaledonien regelmäßig an den Pazifikspielen teil. Die Spiele fanden im August 2007 in der samoanischen Hauptstadt Apia statt, 2011 wird Neukaledonien Gastgeber der Spiele sein. Mit Ausnahme von Pitcairn, Australien und Neuseeland sind sämtliche Staaten und Territorien Ozeaniens im Rat der Pazifikspiele („Pacific Games Council") vertreten und nehmen dementsprechend auch an den Spielen, die seit 1963 stattfinden, teil. Bisher wurden die Spiele in zwölf verschiedenen Ländern organisiert, seit 1971 in einem Rhythmus von vier Jahren. Neukaledonien konnte bereits mehrmals die Medaillenwertung gewinnen. Eine neukaledonische Fußballauswahlmannschaft versucht sich zudem für die nächsten Weltmeisterschaften 2010 in Südafrika zu qualifizieren. Im Bereich des Sports ist Neukaledonien vollständig im ozeanischen Kontext integriert.

Die regionale Zusammenarbeit Neukaledoniens mit internationalen Organisationen wie der SPC, dem Pacific Islands Forum oder dem Pacific Games Council zielt vorrangig auf eine verbesserte sozio-ökonomische Integration in den ozeanischen Raum ab. Nur eine wirtschaftliche Zusammenarbeit mit den Staaten der Region kann dem Land helfen, seine finanzielle Abhängigkeit vom französischen Mutterland (ein Drittel des neukaledonischen Haushaltes wird durch Transferzahlungen vom französischen Staat gedeckt) einzudämmen.

BILATERALE BEZIEHUNGEN

Australien unterhält in Neukaledonien ein Generalkonsulat und unterstreicht damit die Bedeutung seiner Beziehungen zu dem frankophonen Land, in dem es seit 1940 diplomatisch vertreten ist. Die australische Regierung unterstützt die Umsetzung des Vertrags von Nouméa, den Transfer von Kompetenzen an die neukaledonische Regierung sowie die Bemühungen einer verbesserten Einbindung des Landes in die südpazifische Region. Alexander Downer, ehemaliger australischer Außenminister, kam 1996, 1999 und 2004 zu Besuchen in die neukaledonische Hauptstadt Nouméa. Neukaledonien ist für Australien ein wichtiger Handelspartner: im ozeanischen Raum nimmt Neukaledonien den vierten Platz der wichtigsten Exportländer (hinter Neuseeland, Papua-Neuguinea und Fidschi) ein. Vor allem Kohle, technologische Ausstattungen sowie Schiffe, Getreide und Milchprodukte werden exportiert. Doch das Wachstum stagniert, da australische Produkte beim Export nach Neukaledonien einem Einfuhrzoll unterliegen. Neukaledonische Produkte können hingegen ohne Zollbeschränkung nach Australien eingeführt werden. Im November 2005 hat Neukaledonien die Liste der australischen Diplome verlängert, die den Zugang zu einem französischen „Concours" und damit zu einem Arbeitsplatz ermöglicht. Im Zuge dieser Verhandlungen erklärte Neukaledonien seinen Wunsch, die Kooperation in den Bereichen des Bergbaus, der Steuern, der Ausbildung, der Forschung sowie der Quarantäne-Bestimmungen fortzuführen.

Neben Australien unterhält auch Neuseeland seit 1972 ein Generalkonsulat in Neukaledonien. Das Konsulat in Nouméa ist ebenfalls für die diplomatischen Beziehungen zu den anderen französischen Besitzungen im Südpazifik, Wallis und Futuna sowie Französisch-Polynesien, zuständig. Die politischen und wirtschaftlichen Beziehungen zwischen Neuseeland und Neukaledonien haben sich in den letzten Jahren vertieft und weiter entwickelt. Auf höchster politischer Ebene gab es mehrere Treffen. So besuchte der neuseeländische Verteidigungs- und Außenhandelsminister Hon Phil Goff im März 2005 Neukaledonien. Die ehemalige Präsidentin der neukaledonischen Regierung, Marie-Noëlle Thémereau, war in den Monaten Juli und August 2005 mehrmals in Neuseeland. Das Handelsvolumen zwischen Neuseeland und Neukaledonien ist in den letzten Jahren beträchtlich gewachsen. Neukaledonien ist mittlerweile das drittwichtigste Exportland für neuseeländische Produkte. Exportiert werden vor allem Fleisch, Milchprodukte, frische Lebensmittel, Holz und Baumaterialien. Die Handelsbilanz ist aus neukaledonischer Sicht negativ, Neukaledonien exportiert vor allem tropische Früchte und Fisch nach Neuseeland.

Auch in Verteidigungsfragen existiert zwischen beiden Ländern eine langjährige Zusammenarbeit. Der Soldatenfriedhof in der Nähe von Bourail im Norden der Südprovinz erinnert an die 20.000 neuseeländischen Soldaten, die während des Zweiten Weltkriegs in Neukaledonien stationiert waren. Regelmäßig finden gemeinsame Manöver zwischen den französischen und neuseeländischen Streitkräften statt, sowohl in Neuseeland als auch in Neukaledonien. Zudem koordinieren die neuseeländischen Streitkräfte Noteinsätze bei Naturkatastrophen.

Im Rahmen der bildungspolitischen Kooperation bietet Neuseeland ein bescheidenes Entwicklungsprogramm an, welches neukaledonischen Jugendlichen einen Sprach- und Arbeitsaufenthalt in Neuseeland ermöglicht. Ein Stipendium, genannt NZAID, soll besonders Jugendlichen aus benachteiligten sozialen Schichten den Aufenthalt erlauben. Nouméa besitzt eine Städte-partnerschaft mit dem neuseeländischen Taupo. Die „Université de la Nouvelle-Calédonie" unterhält enge Beziehungen zu der University of Auckland.

Neben Neuseeland und Australien unterhält Neukaledonien besonders enge außenpolitische Beziehungen zu seinem nächsten geograophischen Nachbarland, Vanuatu. Im September 2004 haben Frankreich und Vanuatu ein bilaterales Abkommen im Bereich der Forschung und der Seerettung abgeschlossen. Vanuatu, das nicht zu eng an den großen Nachbarn Australien gebunden sein möchte, sucht die Nähe zu den frankophonen Territorien; die bilateralen Beziehungen zu Neukaledonien waren selten besser. Neben den General-konsulaten von Australien, Neuseeland und Vanuatu unterhalten einige Staaten – darunter Deutschland, Japan und Großbritannien – Honorarkonsulate in Neukaledoniens Hauptstadt Nouméa. Außerdem ist Indonesien mit einem Konsulat in Nouméa vertreten.

Der kulturelle Austausch mit den Nachbarländern Neuseeland, Australien, Vanuatu und Fidschi hat sich in den letzten Jahren kontinuierlich weiterentwickelt. Regelmäßig kommen Musikgruppen aus den Nachbarländern auf die französischsprachige Insel. Und im Gegenzug treten nun vermehrt neukaledonische Musikgruppen im Ausland auf. Die Musikrichtung „Kaneka" möchte sich über die Inselgrenzen hinaus einen Namen machen und ist mittlerweile von Papua-Neuguinea bis zu den Fidschi-Inseln bekannt. Neben dem Thema Liebe beschäftigt sich der „Kaneka" in seinen Texten mit sozialen Entwicklungen und mit Umweltproblemen in Neukaledonien, aber auch und vor allem mit politischen Themen wie einer eventuellen Unabhängigkeit des Landes. „Kaneka" wird fast ausschließlich von der autochtonen Bevölkerung Neukaledoniens, den Kanak, gespielt. In den Aufnahmestudios von Nouméa (z.B. Mangrove) spielen auch ausländische Gruppen, insbesondere aus Australien und Neuseeland, Alben ein.

PERSPEKTIVEN DER AUßENPOLITIK

Bei den Präsidentschaftswahlen im April/Mai 2007 zeigte sich die politisch-ethnische Spaltung des Landes besonders deutlich. Nicolas Sarkozy (UMP) gewann die Wahlen und erzielte im zweiten Wahlgang in Neukaledonien 62,98% der abgegebenen Stimmen. Sélogène Royal (PC) kam auf 37,02%. Während die europäische Bevölkerung mehrheitlich für N. Sarkozy stimmte, wurde S. Royal von der Mehrheit der Kanak unterstützt. Die Unabhängigkeits-Befürworter des Parteienzusammenschlusses FLNKS (zu denen u.a. die Parteien „Union Calédonienne" und „PALIKA" gehören und deren Wähler in der Mehrheit melanesischen Ursprungs sind) hatten massiv zur Wahl Frau Royals aufgerufen.

Die zukünftige Außenpolitik wird besonders stark von dem für den Zeitraum 2014-2018 vorgesehenen Unabhängigkeits-Referendum abhängen. Bei der Abstimmung wird die neukaledonische Bevölkerung dazu aufgerufen sein, zu entscheiden, ob auch die restlichen Kompetenzen des französischen Mutterlandes an die neukaledonische Regierung abgetreten werden und das Land die vollständige Souveränität erlangt. Bis 2014 soll Frankreich nach und nach sämtliche Kompetenzen an Neukaledonien abtreten, mit Ausnahme der Finanzpolitik, der

Verteidigung, der Außenpolitik, der inneren Sicherheit und der Justizpolitik. Zu den Kompetenzen, die abgetreten werden, zählen auch die Zuwanderungspolitik, das Arbeitsrecht sowie Flaggen und Symbole. Anfang 2007 hat die neukaledonische Regierung eine multi-ethnische Kommission eingesetzt, die Vorschläge für eine neue Flagge, eine Hymne sowie einen neuen Namen für das Land erarbeiten soll. Französisch-Polynesien sowie Wallis und Futuna haben bereits eine eigene Flagge, Neukaledonien beließ es bisher bei der französischen. Flagge, Hymne und Name haben eine symbolische Bedeutung für die Autonomie des Archipels, gerade in Bezug auf die Außendarstellung.

BIBLIOGRAPHIE

Christnacht, Alain: La Nouvelle-Calédonie. Les études de la documentation Française, Paris, 2004.
David, Gilbert; Guillard, Dominique; Pillon, Patrick: La Nouvelle-Calédonie à la croisée des chemins: 1989 – 1997. Société des Océanistes, Nouméa, 1999.
Doumenge, Jean-Pierre: Du terroir ... à la ville, les Mélanésiens et leurs espacs en Nouvelle-Calédonie. Coll. Travaux et documents de géographie tropicale, CEGET/CNRS, Bordeaux, 1982.
Doumenge, Jean-Pierre: Espaces de vie et conscience politique : le cas des Mélanésiens de Nouvelle-Calédonie. In: Guillaud, Dominique; Seysset, Maorie und Walter, Annie: le Voyage inachevé... à Joël Bonnemaison. Editions ORSTOM-PRODIG, Paris 1998, S. 351-356.
Doumenge, Jean-Pierre: L'outre-mer français. Armand Colin, Paris, 2000.
Faberon, Jean-Yves und Postic, Jean-Raymond: L'accord de Nouméa, la loi organique et autres documents juridiques et politiques de la Nouvelle-Calédonie. Île de Lumière Dossiers et Documents, Nouméa, 2004.
Gay, Jean-Christophe: L'outre-mer français en mouvement. documentation photographique. La documentation française, Paris 2003.
Gay, Jean-Christophe : L'outre-mer français. Editions Belin, Paris, 2003.
Herrenschmidt, Jean-Brice: Territoires coutumiers et projets de développement en Mélanésie du Sud (Îles Loyauté, Vanuatu, Fidji). Doktorarbeit im Fach Geographie, Université Paris IV – Sorbonne 2004.
Institut de la Statistique et des Études Économiques de Nouvelle-Calédonie: Tableau de l'Économie Calédonienne 2006. Nouméa 2006.
Kowasch, Matthias: Neukaledonien. In: Wolfgang Gieler Handbuch der Ausländer- und Zuwanderungspolitik. Von Afghanistan bis Zypern. Lit-Verlag, Münster-Hamburg-London 2003, S. 397-400.
Kowasch, Matthias: Bevölkerungswachstum und Umweltschutz in Nouméa. Wissenschaftlicher Verlag Berlin, 2005 (in der Reihe „Fremde Nähe", hrsg. von Prof. Dr. W. Gieler).
Néaoutyine, Paul: L'indépendance au présent. Editions Syllepse, Paris, 2006.

Internetlinks:
http://isee.nc
http://www.pacreip.org
http://www.diplomatie.gouv.fr
http://www.forumsec.org
http://www.interieur.gouv.fr

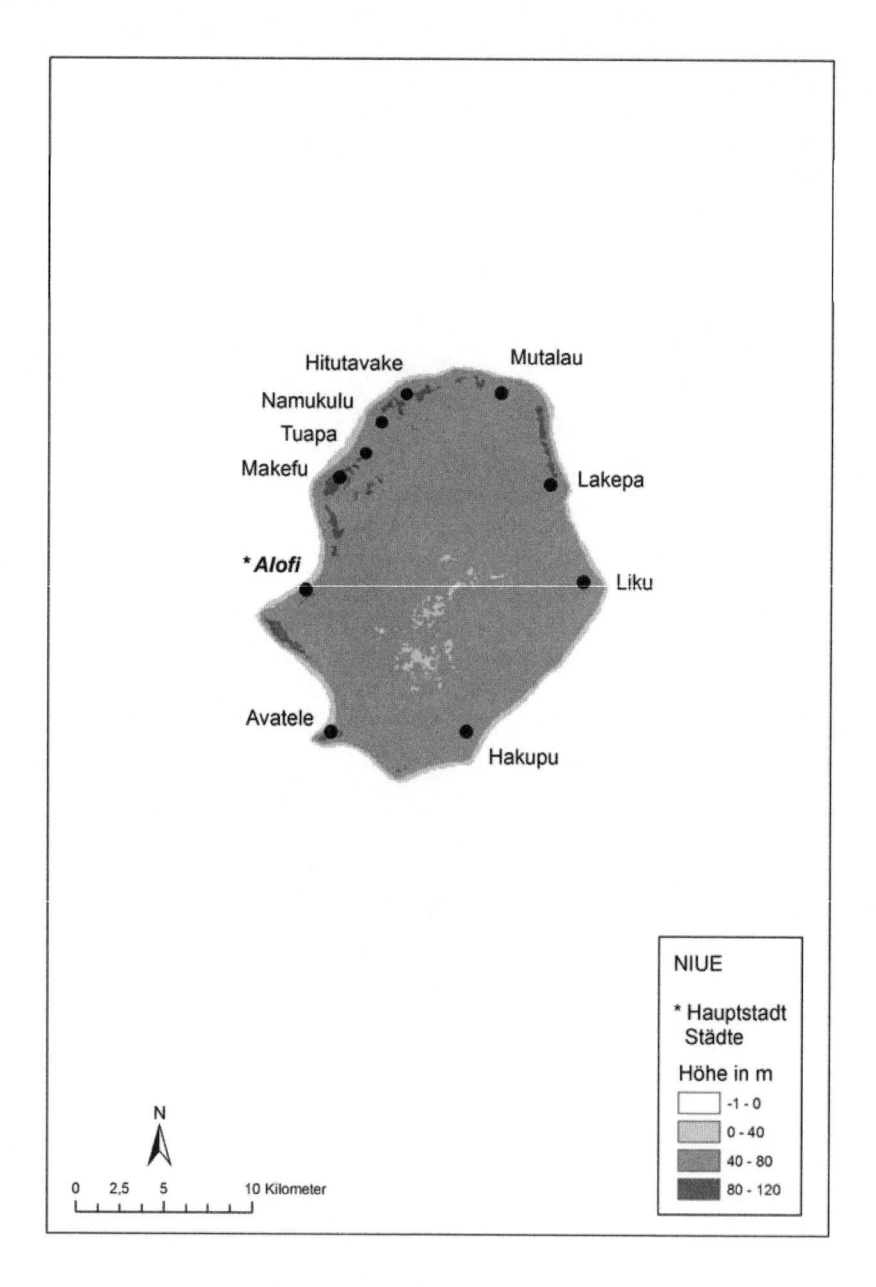

Abbildung 20: Niue

NIUE

Hilke Thode-Arora

HISTORISCHE GRUNDDATEN

1901	Niue wird neuseeländische Kolonie.
1974	Unabhängigkeit Niues und Abschluss einer freien Assoziation mit Neuseeland.
1996	Niue schließt eine formlose Vereinbarung mit Tuvalu ab, die es mehreren Familien aus Tuvalu erlaubt, sich auf Niue niederzulassen.
2008	Brian Symthe seit 15.01. High Commissioner und Vertreter Neuseelands. Toke Talagi seit 18.06 Premier- und Außenminister.

Offizieller Name: Niue **Hauptstadt:** Alofi **Lage:** 19,02° Süd, 169,52° West, westlich der Cookinseln **Fläche:** 260 km² **Bevölkerung:** 1.444 **Staatschef:** Königin Elizabeth II. von Neuseeland, vertreten durch den Generalgouverneur von Neuseeland Anand Satyanand **Regierungschef:** Toke Talagi **Außenminister:** Toke Talagi **Sprachen:** Niueanisch (ähnlich dem Tonganischen und dem Samoanischen) und Englisch (Amtssprache) **Religionen:** 61,1% Ekalesia Niue (Ableger der protestantischen London Missionary), 8,8% Mormonen, 7,2% Katholiken (Census 2001) **Währung:** Neuseeland-Dollar **Mitgliedschaften in internationalen Organisationen:** ACP, FAO, IFAD, OPCW, PIF, Sparteca, SPC, UNESCO, UPU, WHO, WMO.

***

Die 260 km² große, zentralpolynesische Insel Niue war von 1901 bis 1974 neuseeländische Kolonie. Auf Druck der Vereinten Nationen begann Neuseeland Niue ab den 1960er Jahren auf die Unabhängigkeit vorzubereiten und Institutionen der inneren Selbstverwaltung aufzubauen und zu fördern. Von vier zukünftigen Alternativen – völliger Unabhängigkeit, Verschmelzung mit Neuseeland, Mitglied einer zu gründenden polynesischen Konföderation oder vollständiger innerer Selbstbestimmung – favorisierten sowohl Neuseeland als auch die niueanische gesetzgebende Versammlung die letztere. So vertagte Niue in einem von der UN überwachten und gebilligten Verfahren seine politische Unabhängigkeit auf eigenen Wunsch bis 1974 und entschied sich dann für den Status eines Territoriums der „freien Assoziation mit Neuseeland". Dieser beinhaltet unbeschränkte Legislative und Exekutive in inneren Angelegenheiten, allerdings keine eigene niueanische Staatsbürgerschaft. Da der Inselstaat weder über ein eigenes Militär noch über die Infrastruktur für ein weltweit agierendes diplomatisches Corps verfügt, werden bestimmte Aspekte der Außen- und Sicherheitspolitik in Übereinstimmung mit und auf Ersuchen der niueanischen Regierung von Neuseeland wahrgenommen; zugleich ist Niue assoziiertes Mitglied des Commonwealth.

Aufgrund seiner kargen Umwelt und geringen natürlichen Ressourcen haben seit den 1970er Jahren die meisten Einwohner das Land verlassen, um sich eine neue Existenz in Neuseeland aufzubauen. Mit knapp 1.500 Einwohnern befinden sich nur noch etwa 10% aller Niuer auf ihrer Herkunftsinsel, die ohne Subventionen aus Neuseeland wirtschaftlich nicht überleben könnte. Entsprechend gelten die wichtigsten Bemühungen der niueanischen Außenpolitik dem Ziel, die guten Beziehungen zu Neuseeland zu pflegen und aufrecht zu erhalten. Dem wird mit einer neuseeländischen High Commission in Alofi und einer niueanischen in Wellington Rechnung getragen.

Darüber hinaus dient die Mitgliedschaft des kleinen Inselstaates in ausgewählten internationalen Organisationen den folgenden Zielen, die allgemein als Grundstrategien der Außenpolitik angesehen werden können:

1. der Wahrnehmung von Niues Rolle in der pazifischen Region und der Stärkung der eigenen Position in der Weltgemeinschaft durch Kooperation mit anderen kleinen Pazifikstaaten sowie mit Australien und Neuseeland (Mitgliedschaft im Pacific Islands Forum und im Sekretariat der Pazifischen Gemeinschaft);

2. der Begegnung drängender und durch mangelnde Ressourcen verschärfter Probleme Niues und der in der Diaspora lebenden Niuer. Dazu gehören die Aufrechterhaltung des hohen Stands der Gesundheitsversorgung, der drohende Sprach- und Kulturverlust durch Migration sowie Naturkatastrophen: Niue liegt in der pazifischen Hurrikanzone und wird etwa im Abstand von zehn Jahren von einem verheerenden tropischen Wirbelsturm heimgesucht, der Häuser und Pflanzungen vernichtet. (Mitgliedschaft in der Weltgesundheitsorganisation, Welternährungsorganisation, UNESCO und der Weltorganisation für Meteorologie);

3. der Förderung der ökonomischen Chancen und Einbindung in die Weltwirtschaft. Niues ausgelaugte Böden, Wirbelsturm-Anfälligkeit, geringe Bevölkerungszahl, seltene Schiffs- und Flugverbindungen bringen Marktferne, mangelnde ökonomische Flexibilität, Importabhängigkeit und damit geringe Wettbewerbsfähigkeit mit sich. Landwirtschaftliche Produkte für den Export sind daher immer nur für eine begrenzte Zeit rentabel, da sie sich den Preisschwankungen auf dem Weltmarkt nicht anpassen können. Neben dem langsam

beginnenden Tourismus bilden der Verkauf von Briefmarken sowie Fischfang die wichtigsten Wirtschaftsfaktoren. Die Nachhaltigkeit in der kommerziellen Ausbeutung und Eigennutzung der Fischfanggründe versucht Niue unter anderem durch die Einbindung in internationale Programme zu erreichen. (Mitgliedschaft im Weltpostverband, in der Forum Fisheries Agency, im South Pacific Regional Trade and Economic Cooperation Agreement und Zugehörigkeit zu den AKP-Staaten). (Chapman, 1982; Niue Außenpolitik; Murray, 2004: 248)

Da Niue in Anbetracht von Fläche und Bevölkerungszahl ein winziger Staat ohne politische und wirtschaftliche Macht im Weltgeschehen ist, sind seine außenpolitischen Bestrebungen nahezu ausschließlich darauf gerichtet, materielle Verbesserungen für seine Einwohner sowie Fortbestand und Nachhaltigkeit seiner kulturellen und natürlichen Ressourcen zu erzielen. Außenpolitik dient der Innenpolitik. Dies darf als die Maxime der niueanischen Außenpolitik gelten.

Niues Premierminister hat zugleich das Amt des Ministers of External Affairs inne. Wie in der Verfassung festgelegt und in Übereinstimmung mit den guten bilateralen Beziehungen zu Neuseeland, finden die meisten außenpolitischen Entscheidungen in Absprache mit der ehemaligen Kolonialmacht statt. Darüber hinaus ist Niue aufgrund seiner geringen Bevölkerungszahl und der traditionell egalitären Gesellschaftsstruktur sehr basisdemokratisch. Alle Politiker sind eng in ihre Dorfgemeinschaften eingebunden, jederzeit auffind- und ansprechbar. Eine kritische Berichterstattung und Kommentierung seitens des niueanischen Radios und Fernsehens (Niue Broadcasting Corporation) mit engagierter Beteiligung der Bevölkerung in Form von „Talk Back"-Sendungen fordert regelmäßig Stellungnahmen von den Verantwortlichen zu innen- und außenpolitischen Entscheidungen ein. Loyalität gegenüber dem eigenen Dorf und Rivalität der vierzehn Dörfer untereinander gehören zu den auffälligsten Charakteristika der niueanischen Sozialstruktur. Entsprechend sind Tendenzen mancher Entscheidungsträger beobachtbar, Subventionen aus internationalen Programmen vorrangig ihren eigenen Dörfern statt der gesamten Insel zukommen zu lassen. Mit Ausnahmen einer kurzen Periode in den 1990er Jahren kennt das Land kein Parteiensystem und damit auch keine institutionalisierte Opposition, sondern nur unabhängige Kandidaten. Zwei ehemalige Regierungsmitglieder haben es sich zur Aufgabe gemacht, Entscheidungen und eingefahrene Strukturen immer wieder kritisch zu kommentieren. So wurde etwa der Vorwurf erhoben, es existiere ein Klientelsystem gegenseitiger Unterstützung von Amtsinhabern, das in der bevorzugten Entsendung immer derselben Personen in überseeische Gremien resultiere (eigene Beobachtung und Jacobson, 2005).

Nach Ende des Kalten Krieges und dem wiederholten Scheitern von ökonomischen Projekten, etablierte sich Niue dank des Angebots einer panamaischen Firma in den 1990er Jahren gewinnbringend als Steueroase. Auf Druck der OECD und der Weltbank verpflichtete sich der Inselstaat jedoch 2002, diese Politik bis zum Jahr 2005 zu beenden. Der von den USA erklärte „Kampf gegen den Terrorismus", in dessen Rahmen auf internationaler Ebene auch die Unterbindung der Geldwäsche von kriminellen und terroristischen Organisationen angestrebt wurde, wird dabei eine Rolle gespielt haben. Doch auf US-Präsident Bushs Bemerkung, man möge die Sicherheitsmaßnahmen auf Niue internationalen Standards anpassen („to introduce issues of concern"), konterte Premierminister Young Vivian mit dem Gegenvorschlag, dies gerne zu tun, wenn die USA bei der Aufbringung der Mittel dazu, etwa für den winzigen Flughafen, Unterstützung leisten würden (eigene Beobachtung; Field, 2000; OECD, 2002; Tauevihi, 2003: 2).

1996 schloss Niue mit Tuvalu eine formlose Vereinbarung, die es mehreren Familien aus Tuvalu, insgesamt etwa hundert Personen, erlaubte, sich in Vaiea, einem damals nahezu entvölkerten Dorf Niues niederzulassen. Damit war den Interessen beider Staaten gedient, da Tuvalu durch den ansteigenden Meeresspiegel und Erosion der Strände Teile seiner Landfläche, Niue hingegen durch die starke Abwanderung die Mehrheit seiner Bevölkerung verliert. Die Aufnahme weiterer Tuvaluer wurde 2004 nach dem verheerendsten tropischen Wirbelsturm in Niues überlieferter Geschichte angedacht.

Neben Subventionen aus Neuseeland sowie zahlreichen Hilfsprojekten aus Neuseeland, Australien und der EU akzeptiert Niue seit Mitte der 2000er Jahre verstärkt Unterstützung aus der Volksrepublik China. Die Finanzierung einer leistungsstarken Radio-Antenne im Dorf Makefu, die kurzfristige Entsendung chinesischer Arbeiter zur Aufbauhilfe nach dem letzten Wirbelsturm und Besuche des chinesischen Botschafters in Alofi sowie des niueanischen Premierministers in Peking folgten. Im Gegenzug betont Niues Regierung wiederholt ihre Haltung zur Ein-China-Politik und Nicht-Anerkennung Taiwans. Sie befindet sich damit in Übereinstimmung mit Neuseeland und Australien und folgt einer Praxis, die auch die Mehrheit der anderen kleinen Staaten des Pacific Islands Forum vertreten. Im Gegensatz zu den ökologischen und „Good Governance"-Auflagen westlicher Geberländer und internationaler Institutionen wie etwa der Weltbank oder Asian Development Bank vergeben Taiwan und die Volksrepublik China ihre Fördermittel ohne solche normativen Bedingungen.

Niues Perspektiven für eine zukünftige Außenpolitik dürften sich wenig von ihrer jetzigen unterscheiden. Der Handlungsspielraum des kleinen Staates bleibt aufgrund seiner Größe, anhaltenden Abwanderung und seines mangelnden Gewichtes im politischen und wirtschaftlichen Weltgeschehen stark beschränkt. Die Allianz mit und De-Facto-Abhängigkeit von Neuseeland bei unbeschränkter interner Legislative und Exekutive ist für seine Einwohner und die mit diesen häufig interagierende neuseeländische Diaspora-Gemeinschaft wohl die ökonomisch vernünftigste Option, die allerdings außenpolitisch kaum Variationsmöglichkeiten bietet. Die Einwerbung von neuseeländischer, australischer und EU-Unterstützung wird auch weiterhin eines der wichtigsten Ziele bleiben. Das größte außenpolitisch mögliche Gewicht Niues wird nach wie vor in pazifischen Gremien, etwa dem Pacific Islands Forum, liegen. In der Scheckbuch-Diplomatie der Volksrepublik China und Taiwans im Pazifik dürfte Niue nur von begrenztem Interesse sein, da die Insel über keine Stimme in der UNO, sondern nur in einigen ihrer Unterorganisationen verfügt.

BIBLIOGRAPHIE

Anckar, Dag + Carsten Anckar: Democracies without parties. Comparative Political Studies 33 (2), 2000, S. 225-247.
Chapman, Terry M.: Modern Times. In Hafe Vilitama + Terry Chapman (Hg.) Niue: a history of the island. Suva, The University of the South Pacific, 1982, S. 133-139.
Jacobson, O'love Veve: Rede vor der niueanischen Assembly anlässlich der Wahl des Premierministers am 30.5.2005. Mitschnitt der Niue Broadcasting Corporation.
Murray, Warwick E.: Globalise or perish? Threats to the sustainability of Niue's agroexport. In James P. Terry + Warwick E. Murray (Hg.): Niue Island. Geographical Perspectives on the Rock of Polynesia. Paris, INSULA/International Scientific Council for Island Development, 2004, S. 243-256.
Niue Star. The Community Newspaper (Oct. 2003 – June 2007).
Tauevihi, Niu: Premier Vivian meets President Bush. Niue Star. The Community Newspaper 60 (5 Nov.), 2003, S. 1-2.

Internetlinks:
Field, Michael: Niue's German and Panama tax haven. Pacific Islands Monthly 70 (4), 2000, unter http://www.michaelfield.org/niue10.htm
New Zealand Ministry of Foreign Affairs & Trade: Niue Country Information, 2008 unter http://www. mfat.govt.nz/Countries/Pacific/Niue.php
Niue Außenpolitik, unter http://www.auswaertiges-amt.de/diplo/de/Laenderinformationen/ Niue Aussenpolitik.html
Niue ki Mua. Online-Journal of the Government of Niue (Jan. 2006 – Jan. 2008) unter http://www.gov.nu
OECD: Niue sagt zu, mit der OECD bei der Beseitigung von wettbewerbsschädlichen Steuerpraktiken zusammenzuarbeiten. Pressemitteilung vom 15.4.2002 unter http://wwww.oecd.org/ dataoecd/16/52/2081491.pdf.

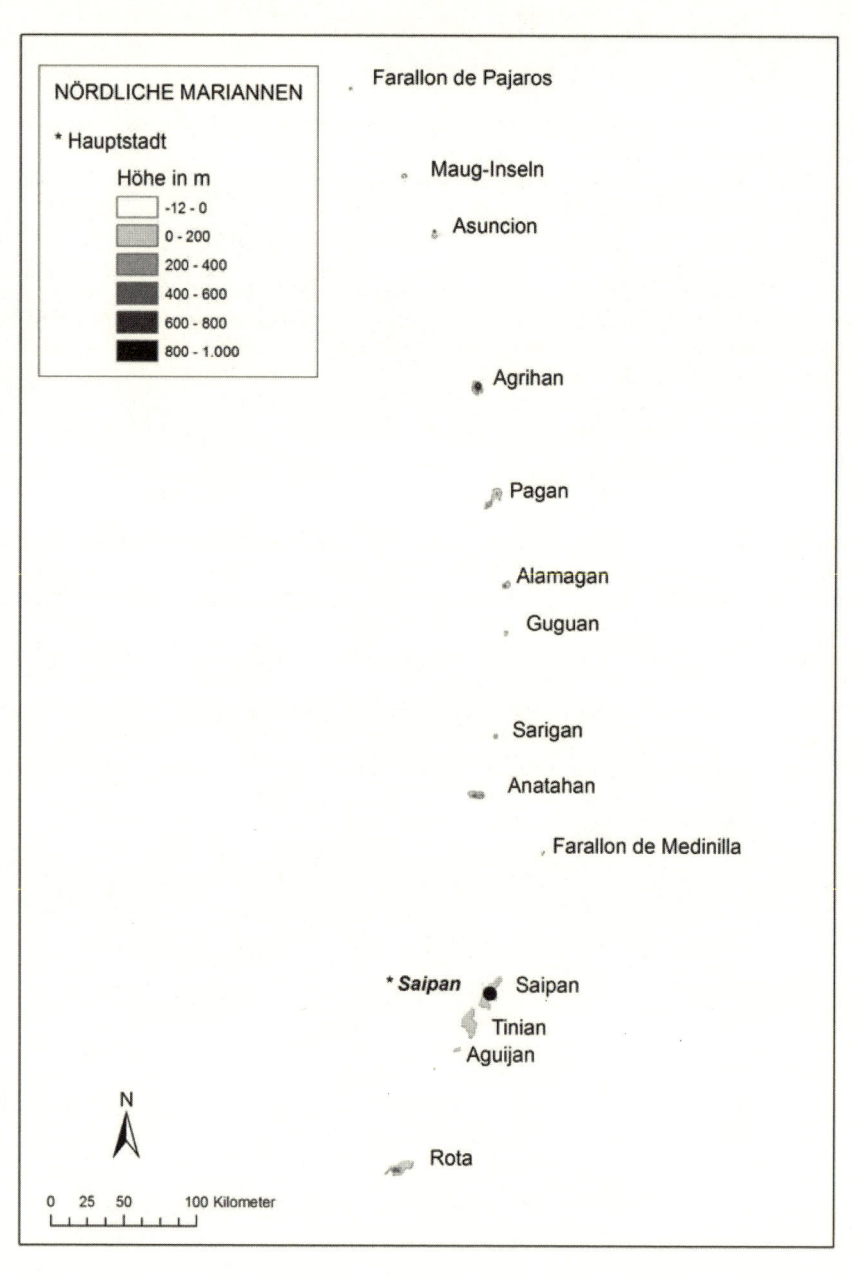

Abbildung 21: Nördliche Marianen

NÖRDLICHE MARIANEN

Hermann Mückler

HISTORISCHE GRUNDDATEN

1899 Spanien verkauft die Nördlichen Marianen an das Deutsche Reich.
1914 Nördliche Marianen gelangen unter japanischen Einfluss.
1947 Nördliche Marianen werden Teil des US-verwalteten Trust Territory of the Pacific Islands (TTPI).
1975 Anschluss an die USA in einem freien Assoziierungsvertrag.
1978 Verfassung der Nördlichen Marianen tritt in Kraft.
1986 Nördliche Marianen erlangen eine innere Autonomie, werden zu einem selbstverwalteten inkorporierten Territorium der Vereinigten Staaten.
1990 Aufhebung der US-Treuhandschaft.

Offizieller Name: Nördliche Marianen (Commonwealth of the Northern Mariana Islands) **Hauptstadt:** Garapan (Saipan) Lage: 15,12° Nord, 145,45° Ost, im westlichen Pazifik **Fläche:** 477 km^2 **Bevölkerung:** 86.616 **Staatsform:** Commonwealth; eigenständige Regierung mit lokal gewähltem Gouverneur, Leutnant Gouverneur und eigener Legislative **Staatschef:** Barack Obama **Regierungschef:** Gouverneur Benigno R. Fitial und Leutnant Gouverneur Timothy P. Villagomez **Sprachen:** 24,4% philippinische **Sprachen:** 23,4% Chinesisch, 22,4% Chamorro, 10,8% Englisch (Census 2000) **Religionen:** Christen (mehrheitlich Katholiken), Naturreligionen **Währung:** US-Dollar **Mitgliedschaften in internationalen Organisationen:** SPC, UPU.

***

Der Gouverneur der Northern Mariana Islands, Begningo R. Fitial, beklagte in einem Artikel einer Lokalzeitung im November 2007, daß die Inselgruppe besser Teil eines United Nations Trust Territory geblieben wäre. Das hätte seiner Meinung nach mehr Vor- als Nachteile für das Territorium gehabt. Er argumentierte seine Ausführungen mit den gravierenden ökonomischen Schwierigkeiten im Inneren, aber auch der fehlenden gemeinsamen Linie im

Auftreten nach Außen hin, um regionale Belange international entsprechend gewichtig vertreten zu können (Marianas Variety, 13. 11. 2007). Gemeint war damit die Kooperation mit den benachbarten Staaten Republik Palau, Föderierte Staaten von Mikronesien und Marshallinseln, mit denen man von 1945 bis Ende der 1970er Jahre im sogenannten Trust Territory of the Pacific Islands (TTPI) zusammengefaßt und gemeinsam von den USA verwaltet worden war. Tatsache ist, dass die Northern Marianas, wie sie verkürzt auch genannt werden, als einziges Gebiet des ehemaligen TTPI heute keinen unabhängigen Staat bilden, so wie die drei anderen ehemaligen Mitglieder des TTPI, sondern als abhängiges Territorium der USA nur eine begrenzte Eigenständigkeit aufweist. Damit sind auch die außenpolitischen Handlungsmöglichkeiten äußerst begrenzt und beschränken sich im Wesentlichen auf die Kooperation mit den unmittelbar angrenzenden Nachbarländern sowie den Ländern Ostasiens, die als Investoren und Devisenbringer essentiell für das Überleben der Inselgruppe sind.

Der Staat Northern Mariana Islands bzw. offiziell Commonwealth of the Northern Mariana Islands (CNMI, deutsch: Nördliche Marianen bzw. Nordmarianen), bildet den nordwestlichsten Teil der Großregion Mikronesien und besteht aus einer Inselkette mit vierzehn Inseln, deren drei Hauptinseln Saipan, Tinian und Rota sind. Diese drei sind die einzigen dauerhaft bewohnten Inseln. Auf Saipan befindet sich die gleichnamige Hauptstadt und mit Garapan/Susupe das einzige Verwaltungszentrum der Inselgruppe. Die Northern Marianas sind ein selbstverwaltetes inkorporiertes Territorium der Vereinigten Staaten, mit denen dieses in politischer Union aber mit innerer Autonomie seit dem 03.11.1986 verbunden ist. Dieses assoziierte Territorium mit innerer Selbstverwaltung ist aus dem vormaligen TTPI hervorgegangen. Die Aufhebung der UN-Treuhandschaft erfolgte im Jahre 1990. Das selbstverwaltete Territorium ist als Commonwealth organisiert. Die Bewohner sind de facto US-Staatsbürger, jedoch ohne Stimmrecht bei den Präsidentschaftswahlen in den USA. Die Inseln gehören nicht zum Zollgebiet der USA, Regelungen für Mindestlöhne sowie Einwanderungs- und Steuergesetze gelten nur eingeschränkt. Das Parlament besteht aus einem Repräsentantenhaus mit 18 Abgeordneten, die für zwei Jahre gewählt werden, und einem Senat, dem neun Mitglieder angehören und dessen Amtsperioden vier bzw. zwei Jahre beträgt, je nach Gewichtung der Stimmenzahl in den jeweiligen Wahlbezirken. Der dem CNMI vorstehende Gouverneur wird alle vier Jahre gewählt. Die gesetzgebende Versammlung besteht aus dem Senat (neun gewählte Mitglieder aus den drei Distrikten) und einem House of Representatives (derzeit 20 allgemein gewählte Mitglieder). Der CNMI entsendet einen gewählten Repräsentanten als Resident Representative in die Regierung und das Parlament nach Washington. Das Land ist in drei Distrikte gegliedert: Rota, Tinian und Aguijan, sowie Saipan und die nördlichen Inseln.

Geographie, Wirtschaft, Bevölkerung

Das Gebiet des Territoriums erstreckt sich über rund 1,8 Mio. km² und besteht aus 14 größeren Inseln sowie 27 Kleininseln und 61 Felsen, die sich in nord-südlicher Richtung über eine Distanz von mehr als 600 km zwischen dem 14 und dem 21° nördlicher Breite und zwischen 145° und 146° östlicher Länge erstrecken. Geographisch besteht die Inselgruppe aus hohen Inseln die eine fortlaufende Kette bilden, mit vulkanischem Gestein und teilweise aktiven Vulkanen (vor allem auf den nördlichen Inseln) sowie Kalkformationen (südliche Inseln) und häufig vorgelagerten Saum- und Barriere-Riffen. Saipan hat als einzige Insel eine größere Lagune. Gesamtlandfläche: ca. 457 km². Größte Insel: Saipan (122,9 km²), kleinste Insel: Farallon de Medinilla (0,85 km²). Von Norden gegen Süden gehören folgende Inseln zu den Nördlichen Marianen: Farallon de Pajaros, Maug, Asuncion, Agrihan, Pagan, Alamgagan, Guguan, Sarigan, Anatahan, Farallon de Medinilla, Saipan, Tinian, Aguijan und Rota. Die geographisch zu den Marianen-Inseln zählende Insel Guam untersteht politisch direkt den USA und ist nicht Teil der Nördlichen Marianen.

Die gesamte Inselgruppe weist überwiegend eine üppige Vegetation auf. Der Anbau von Kulturpflanzen ist auf den teilweise fruchtbaren vulkanischen Böden in begrenztem Maße möglich. Gewerbsmäßig werden die Kokospalme, Pandanus, Brotfrucht und Zitrusfrüchte kultiviert, daneben Phosphate und Bimsstein abgebaut. Exportiert werden in größeren Mengen nur Kopra, Kokosöl und Fisch. Importiert werden im Gegenzug und in wesentlich größeren Mengen Nahrungsmittel, Halbfertigwaren, Maschinen, Transportmittel und Brennstoffe, überwiegend aus den USA, teilweise aus Japan, was die Handelsbilanz nachhaltig belastet. Vor allem die Bekleidungsindustrie und der Tourismus sorgten lange Zeit für eine dennoch positive Außenhandelsbilanz.

Die Wirtschaft ist extrem abhängig von den USA und eng an diese gekoppelt. Währung ist der US-Dollar. Der Tourismus konzentriert sich auf Saipan, Tinian und Rota. Eine entsprechende Infrastruktur ist grundsätzlich auf den nördlichen Inseln kaum oder nicht vorhanden. Auf manchen Inseln gibt es nur begrenzte Süßwasserreserven. Rund siebzig Tierarten, überwiegend Vogelarten, Eidechsen und Insekten, bevölkern die Inseln. Als eingeführte Tiere stellen Ratten auf mehreren Inseln ein Problem dar. Die Inselgruppe ist vom tropischen Klima mit Temperaturen um die 27° C geprägt.

Die Gesamtbevölkerung betrug 2008 rund 86.000 Einwohner, bei einer durchschnittlichen Geburtenrate des letzten vorangegangenen Jahrzehnts von 2,4-2,7% und einer Bevölkerungsdichte (2007) von ca. 180 Ew./km². Die Bevölkerung besteht zu rund 40 Prozent aus indigenen Chamorros, jene ethnische Gruppe, die bei der europäischen Entdeckung und Kolonisierung die Inseln bevölkerte, die aber heute nicht mehr die Mehrheit im Land darstellen. Yapesen, also von der Karolinen-Inseln Yap stammende Bewohner, sowie Philippinos, Japaner, sonstige Ostasiaten und Europäer bilden den Rest der ethnisch inhomogenen Bevölkerung. Neben Englisch als Amtsprache werden Chamorro, Yapesisch sowie mehrere mikronesische Dialekte gesprochen. Teilweise sind passive Sprachkenntnisse des Japanischen noch bei Älteren vorhanden. Rund 90% gehören der Religionsgemeinschaft der Katholiken an, der Rest verteilt sich auf Protestanten, Bahai und andere Religionen.

GESCHICHTE UND TRADITIONELLE GESELLSCHAFT

Früheste Besiedlungsspuren in der Inselgruppe weisen in das zweite vorchristliche Jahrtausend. Die Besiedlung erfolgte aus dem südostasiatischen Raum. Die Chamorro-Bevölkerung weist starke Ähnlichkeit mit Indonesiern, Malayen und Fillipions auf. Eine der frühesten archäologischen Funde in der Region überhaupt befindet sich nahe Chalan Piao auf Saipan und bestätigt eine Besiedlung vor mindestens 1500 v.Chr. Archäologisch interessante Latte-Steinsäulen, die als steinerne Basis für darauf errichtete Behausungen interpretiert werden, gelten als sichtbarste Zeugen einer voreuropäischen Besiedlung aus der Zeit von ca. 1000-1500 n.Chr.; sie finden sich überwiegend auf Saipan, Tinian und Rota. Für Europa wurden die Inseln von Ferdinand Magellan am 06.03.1521 entdeckt und von Miguel de Legaspi 1565 für Spanien in Besitz genommen. Frühe europäische Besuche fanden u.a. durch den Engländer Thomas Cavendish im Jahr 1588 und im Jahre 1600 durch die holländische Flotte unter Kommando von Oliver van Noort statt.

Erste katholische Missionierungsversuche wurden durch Fray Antonio de los Angeles im Jahr 1596 und durch Fray Juan Pobre de Zamora im Jahr 1602 durchgeführt, die beide erste Berichte über die Kultur der Bewohner der Marianen überlieferten. Ab 1668 fand die systematische christliche Missionierung durch Diego Louis de Sanvitores und die Jesuiten mit fatalen Folgen für die Widerstand leistenden Chamorros statt. Bis 1698 wurden die meisten Inseln entvölkert und die überlebenden Chamorro nach Guam gebracht. Eine spätere Neuansiedlung von Bewohnern der Karolinen-Inseln sowie die Vermischung mit Europäern und Asiaten brachte die Chamorro-Bevölkerung weitgehend zum Verschwinden. Im Jahre 1899 wurden die Nördlichen Marianen von Spanien an das Deutsche Reich verkauft, welches den Aufbau einer Kopraindustrie forcierte. Ab 1914 war die Inselgruppe im japanischen Einflussbereich, ab 1920 Mandatsgebiet der Japaner. Diese investierten massiv in den Ausbau der Zuckerrohrindustrie und den Aufbau einer flächendeckenden Infrastruktur sowie in den Bau militärischer Anlagen. Im Zweiten Weltkrieg wurden vor allem die strategisch wichtigen Inseln Saipan und Tinian massiv in Mitleidenschaft gezogen und nach schweren Kämpfen von den US-Amerikanern erobert. Nach dem Zweiten Weltkrieg wurden die Inseln Teil des US-verwalteten Trust Territory of the Pacific Islands (TTPI), bevor der Commonwealth etabliert wurde.

Die ursprüngliche Chamorro-Gesellschaft war stratifiziert und in matrilinearen Klans organisiert. Das soziale und politische System war in drei Klassen gegliedert: die landbesitzenden Matua (Adeligen) und Achoat (der niedere Adel), die meistens in Küstennähe wohnten, sowie die landlosen Manachang, die das Land bearbeiteten und häufig im Inland lebten. Diese Gruppen werden auch mit den Überbegriffen Chamorri (Adelige) und Manachang (Nicht-Adelige) zusammengefaßt. Das religiöse Leben konzentrierte sich um die Verehrung der Ahnen die in geistähnlichen Erscheinungen Aniti bzw. Ante, teilweise in menschlicher Gestalt als Taotaomonas, auftraten. Die Makahnas genannten Hexer bzw. Schamanen hatten die Möglichkeit Krankheiten zu heilen, aber auch zu verursachen. Auf der Ebene der Volksreligiosität haben sich Teile der religiösen Vorstellungen trotz flächendeckender Christianisierung und Genozid durch die Spanier erhalten können. Zu den archäologischen Zeugnissen der prähistorischen und voreuropäischen Zeit zählen die sogenannten Latte-Säulen. Diese werden heute als Stützen und Träger für hölzerne Plattformen interpretiert, auf denen die Behausungen der Chamorro errichtet wurden. Die Latte-Säulen zeichnen sich durch ihre charakteristische Anordnung in jeweils zwei parallelen Reihen aus und sind durch prägnante Kapitele gekennzeichnet.

Für die Camorro gibt es, ebenso wie für Bewohner, die von den Karolinen stammen, einen eigenen Resident Executive for Indigenous Affairs, der vom Gouverneur und mit Zustimmung des Senats die Belange dieser Volksgruppe wahrzunehmen und deren Interessen zu wahren hat. Bisher konnten nur Chamorro Land besitzen, alle anderen Bewohner der Inselgruppe dieses nur pachten. Dieses Vorrecht wird im Jahr 2011 einer Revision unterzogen und vermutlich in eine Öffnung der Regelungen zum Landbesitz münden, was grundsätzlich von der Wirtschaft begrüßt wird. Diese hat bisher davon profitiert, dass die Mindestlohnregelungen des US-Festlandes auf den Nördlichen Marianen bis Juni 2007 nicht galten.

Aktuelle Wirtschaftliche und politische Entwicklungen

Mit der Einführung von US-Standards durch Anhebung des Minimumgehaltes auf 7,50 US-$ in vier Stufen, sank die Attraktivität, zu äußerst geringen Löhnen im Land produzieren lassen zu können, für potentielle Investoren, die bisher vor allem aus Japan und anderen ostasiatischen Ländern kamen. Dies hat vor allem für die Bekleidungsindustrie, die mehrere Jahrzehnte hindurch das Rückgrat der Exportindustrie bildete, gravierende Folgen. Seit der Asienkrise und der Rezession in Japan ist die Textilbranche, ebenso wie die Tourismusindustrie, generell unter Druck geraten. Die neuen Mindestlohnregelungen marginalisieren die Bekleidungsindustrie als wichtigsten Steuereinnahmeposten für das Land zusätzlich. Mit dem schrittweisen Wegfall von Handelserleichterungen für Textilprodukte seit dem Januar 2005, aufgrund einer damaligen Entscheidung der WTO (World Trade Organisation), wurde eine Entwicklung der sukzessiven Schließung von Textilbetrieben eingeläutet, die anhält. Von ursprünglich fünfunddreißig Betrieben dieser Branche sind mit Ende 2007 noch zehn in Betrieb gewesen. Prognosen gehen von einem weiteren Rückgang der Produktion und damit der Beschäftigungszahlen im Bekleidungsgewerbe aus, was die bereits bestehenden sozialen Probleme weiter verschärfen wird.

Ähnlich weitreichende Konsequenzen könnten Änderungen der Einwanderungsregelungen mit sich bringen. Fast dreiviertel der arbeitenden Bevölkerung der CNMI sind sogenannte „non-residents". Sie sind seit den 1980er Jahren in großer Zahl ins Land gekommen, um im Billiglohnsektor zu arbeiten. Diese non-residents waren willkommen, da sie zu sehr geringen Löhnen und unter zum großen Teil menschenunwürdigen Arbeits- und Lebensbedingungen ihre Tätigkeiten verrichteten. Diese nun die Arbeitslosenzahlen vergrößernde Gruppe kann und will zu einem Großteil nicht in ihre Heimatländer zurückkehren, was einen drastischen Anstieg der Asylanträge in den kommenden Monaten und Jahren befürchten läßt. In jüngerer Zeit sind eine größere Anzahl chinesischer Arbeiterinnen auf die Prostitution als Erwerbszweig ausgewichen. Trotz angelaufener Repartrierungsprogramme wollen z.B. jene Chinesen, die der in China verbotenen Falun Gong Kirche angehören, nicht in ihre Heimat zurückkehren, da sie dort Repressionen befürchten.

Mit der Wahl von Benigno (Benjamin) R. Fitial im November 2005, als Repräsentant der Covenant Party, zum neuen Gouverneur wurde eine rigider Sparkurs für die öffentliche Verwaltung angekündigt und teilweise umgesetzt. Die finanzielle Situation des Landes sieht desaströs aus. Die Aufrechterhaltung der von staatlicher Seite garantierten Infrastruktur- und Versorgungseinrichtungen wird zunehmend unmöglich. so leidet die Stromversorgung spürbar unter der mangelnden Wartung der Dieselgeneratoren, die die Inseln mit Elektrizität versorgen. Die medizinische Versorgung ist durch Abwanderung qualifizierter Fachkräfte von einem Engpass im Bereich der Ärzte und des Pflegepersonals beeinträchtigt. Ebenso sind die Schulen des Landes von Budgetkürzungen in einem Maße betroffen, der an die Existenz der Institutionen geht. Die Kürzungen von 15% des jeweiligen Gesamtbudgets der Schulen kamen zu einem denkbar ungünstigen Zeitpunkt. Die Feststellung der „accreditation", also die Bewertung und Einstufung der Schule auf einer Leistungsskala, wurde durch den Weggang von Lehrpersonal, der verringerten Zahl von eingetretenen Schülern sowie durch die kürzungsbedingten Einschränkungen im Lehrangebot, prekär. So wurde das Northern Mariana College von der amerikanischen Western Association of Schools auf einen „warning status" gesetzt, was im Normalfall einem völligen Entzug der Akkreditierung zeitlich vorangeht. Würde dieser Schritt tatsächlich zum tragen kommen, wäre einem qualitätsbezogenen Schulsystem in den Marianas der Todesstoss versetzt.

Mit der Einstellung der Flüge von Japan Air Lines zwischen Japan und Saipan im Oktober 2006 brach der Tourismus massiv ein. Koreanische Unternehmen sind zwischenzeitig als Investoren eingesprungen, können aber mit ihren Initiativen nur einen Teil der früheren Touristenzahlen erreichen. Zum Vergleich: 1997 kamen noch insgesamt rund 750.000 Touristen ins Land. Im Jahr 2007 waren es deutlich weniger als 400.000 Touristen, was einer Halbierung gleich kommt.

Koreanische Unternehmen, darunter die Kumho Corporation, haben u.a. den Lau Lau Golfplatz aufgekauft und errichten dort zurzeit ein Luxushotelresort. Mit neuen Flugverbindungen mit Asiana Airlines hofft der Inselstaat wieder mehr ostasiatische Touristen ins Land zu holen.

Neuerdings kommen zunehmend Russen ins Land. Russische Touristen verhalten sich anders als japanische. Sie kommen mit Familien und bleiben in der Regel länger, mehrere Wochen und sogar Monate. Als großzügige Konsumenten sind sie beliebt und mehrere Hotels haben sich auf die neue Klientel eingestellt, indem sie russisch sprechende Menükarten und Informationsbroschüren aufgelegt haben. Auch aus China erhofft man sich weitere Impulse für den derzeit noch daniederliegenden Tourismus, dessen Überkapazitäten bisher vor allem durch Schließung von Hotels und sonstigen Tourismuseinrichtungen begegnet wurde. Mit der Möglichkeit einer nun unlimitierten Zahl von Flügen zwischen China und Saipan, deren Buchung auch nicht mehr, wie bisher, an einen bestimmten dafür vorgesehen Reiseveranstalter gekoppelt sind, erhofft man sich neue Impulse. Die Maßnahmen sind auch als Bemühungen zu verstehen, das Verhältnis zu den Nachbarstaaten neu zu definieren und durch neue Wirtschaftskontakte zu langfristigen bilateralen Beziehungen zu gelangen.

Die hohe Leerstandsrate bei Gebäuden, die bis vor kurzem von der Bekleidungsindustrie oder dem Tourismus genutzt wurden, könnte mittelfristig deutlich reduziert werden, wenn die geplante Verlegung von rund 8.000 US-amerikanischen Soldaten vom japanischen Okinawa nach Guam umgesetzt wird. Diese bis zum Jahr 2010 geplante Aktion, würde während der schrittweisen Umsetzung und bis zur Fertigstellung zusätzlicher Gebäude auf Guam selbst, eine Nutzung von entsprechenden Anlagen auf Saipan, Tinian und eventuell auch Rota notwendig machen. Weiter könnten Arbeitskräfte aus den Nördlichen Marianen auf Guam beim Bau neuer Anlagen Verwendung finden. Die engen Verflechtungen Guams werden so noch weiter vertieft, Tinian würde voraussichtlich permanent als militärisches Trainingsgebiet ausgebaut werden. Es wird davon ausgegangen, dass auch die Nördlichen Marianen vom großen Kuchen der auf Guam geplanten Investitionen von ca. 10 Mio. US-$ einen Teil abbekommen würden.

Das Land, welches Mitglied in der Pacific Community (PC, früher: South Pacific Commission, SPC) ist, steht in enger Abhängigkeit zu den USA, ein Naheverhältnis, welches sich auch in Zukunft für den Inselstaat erhalten wird. Die Entwicklungsperspektiven sind eingeschränkt und erstrecken sich vor allem auf die Re-Intensivierung und Neuausrichtung des Tourismus. Das hohe Bevölkerungswachstum ist ein Problem, welches bis vor kurzem vor allem durch Abwanderung in die USA in Grenzen gehalten werden konnte, sich jedoch kurz- bis mittelfristig aufgrund fehlender Ausbildungs- und Arbeitsperspektiven signifikant verschärfen wird. Saipan zählt nicht nur zu den bevölkerungsmäßig am schnellsten wachsenden Inseln des Pazifiks, sondern kämpft im Zuge der genannten grundsätzlichen Probleme mit einer hohen Kriminalitätsrate und zunehmend sichtbarer geringerer Identifikation der Bewohner mit dem Gesamtstaat, dessen Politiker offensichtlich nicht in der Lage waren, die Situation in den Griff zu bekommen. Der reduzierten Loyalität der Bewohner zu den Institutionen des Staates wird durch sichtbare Gegenstrategien zu begegnen sein, um eine langfristige Erodierung der gesellschaftlichen, politischen und sozialen Strukturen zu verhindern.

BIBLIOGRAPHIE

Cordy, Ross: Social Stratification in the Mariana Islands. Saipan, 1980.
Costenoble, Hermann: The Marianas. Guam, 1981.
Cunningham, Lawrence J.: Ancient Chamorro Society. Honolulu, 1992.
Valle, Teresa del: Die Marianen. Die Kultur der Chamorro, das spanische Erbe und die amerikanische Sicherheitspolitik. In: Weiss, G./Petrosian-Husa, C.: Strahlende Südsee: Inselwelt Mikronesien. Wien, 1996.
Farrell, Don A.: History of the Northern Mariana Islands. Commonwealth of the Northern Mariana Islands, 1991.
Krosigk, F. von: Das amerikanische Dilemma in Mikronesien: Dekolonisierungspolitik einer antikolonialen Supermacht. In: Wagner, W. (Hg.): Strukturwandel im pazifischen Raum. Bremen 1988, S. 47-84.
Phetres, S. F.: Elements of Social Change in the Contemporary Northern Mariana Islands. In: Robbilard, A. B. et.al. (Hg.): Social Change in the Pacific Islands. London 1992, S. 241-263.
Regel, Angelika: Nördliche Marianen. In: Kreisel, Werner (Hg.): Mythos Südsee. Länderprofile Ozeaniens zu Wirtschaft und Gesellschaft. Hamburg 2006, S. 127-134.
Thompson, Laura Maud: The archaeology of the Mariana Islands. Honolulu, 1932.
Thompson, Laurs Maude: The native culture of the Mariana Islands. Honolulu, 1945.
Willens, Howard P.; Siemer, Deanne C.: An Honorable Accord. The Covenant between the Northern Mariana Islands and the United States. Pacific Island Monographs No. 18, Honolulu, 2001.

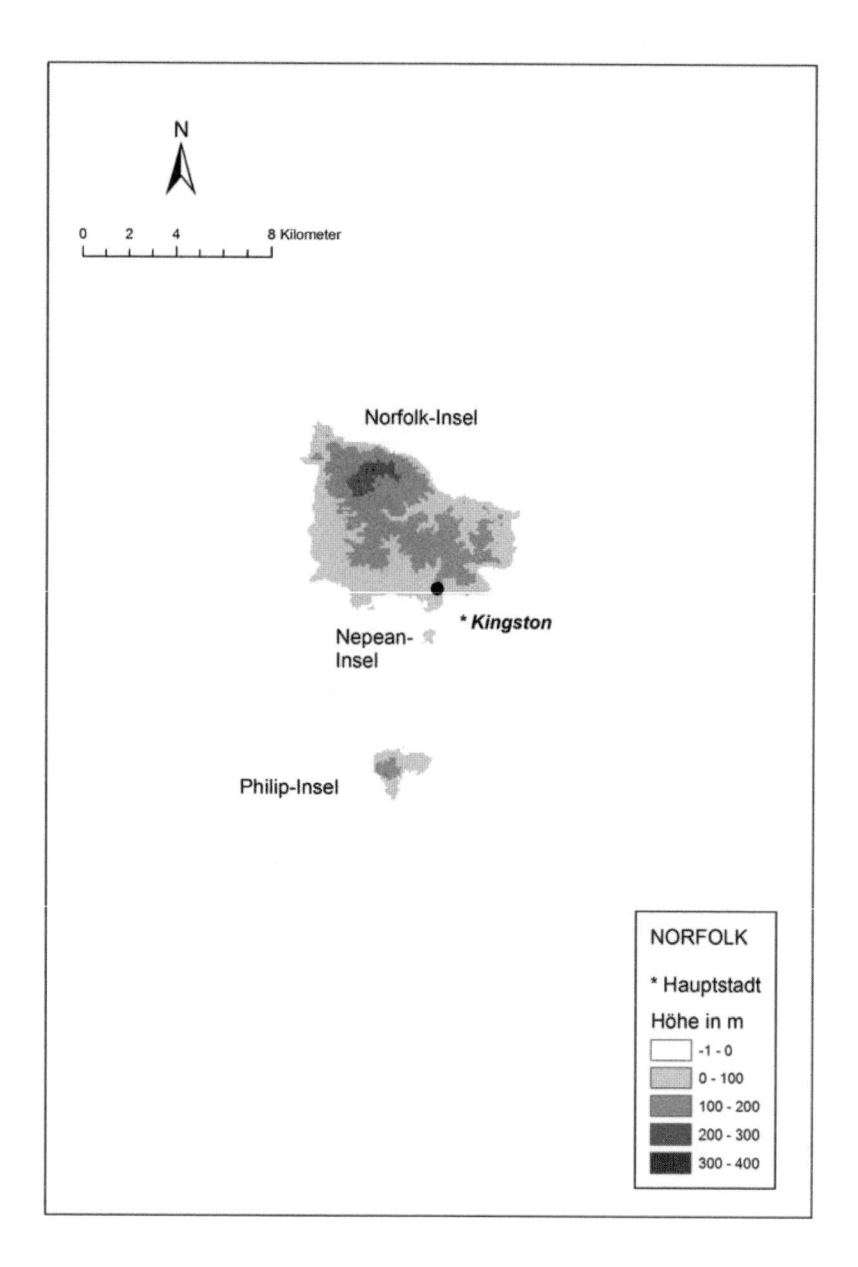

Abbildung 22: Norfolk

NORFOLK

Margit Wolfsberger

HISTORISCHE GRUNDDATEN

1774 James Cook nimmt Norfolk für die britische Krone in Besitz.
1855 Gefängnis auf Norfolk wird geschlossen.
1855 „Australian Wastelands Act".
1856 Gesamte Bevölkerung Pitcairns wird nach Norfolk übergesiedelt, „Bounty Day".
1914 Norfolk verliert seine gesetzgebende und regierende Gewalt an den „Commonwealth of Australia".
1979 „Norfolk Island Act" im australischen Parlament: Festlegung der Selbstverwaltung Norfolks und der Abtretung von Souveränitätsrechten an Australien.

Offizieller Name: Norfolkinsel (Territory of Norfolk Island) **Hauptstadt:** Kingston **Lage:** 29,02° Süd, 167,57° Ost, nördlich von Neuseeland **Fläche:** 34,6 km^2 **Bevölkerung:** 2.128 Staatschef: Königin Elizabeth II., vertreten durch den australischen Generalgouverneur **Regierungschef:** Acting Administrator Owen Walsh **Sprachen:** Englisch (Amtssprache), Norfolk (ein Mix aus Englisch des 18. Jh. und Alt-Tahitianisch) **Religionen:** 31,8 Anglikaner, 11,5% Katholiken, 10,6% Uniting Church in Australia **Währung:** Australischer Dollar **Mitgliedschaften in internationalen Organisationen:** UPU.

***

Einleitung

Norfolk Island ist in der Welt kaum bekannt. Erst ein Mordfall 2002 brachte die Insel in die internationalen Schlagzeilen. Den zweifelhaften Ruhm eines Schlagzeilen erregenden Prozesses teilt Norfolk mit der „Schwesterinsel" Pitcairn und auch sonst sind diese beiden kleinen Inselgruppen, die 6.000 Kilometer voneinander entfernt im Pazifik liegen, aufs Engste miteinander verbunden. Immerhin bilden die 1856 eingewanderten Nachfahren der Meuterer und ihrer polynesischen Frauen nach wie vor ca. ein Drittel der Bevölkerung auf Norfolk und der Einfluss der alteingesessenen Familien ist groß. Dennoch gibt es gerade in Bezug auf die politische Verfassung auch gravierende Unterschiede und während Pitcairn nur mit kleinen Booten erreicht werden kann, landen auf Norfolk jedes Jahr mehr als 30.000 Tourist/inn/en, 80% davon aus Australien.

Die drei Inseln Norfolk, Nepean und Philip liegen 1.500 km östlich von Australien. Nepean und Philip sind unbewohnte Vogelreservate. Auch ein Teil von Norfolk ist Nationalpark und Naturreservat. Das subtropische, milde Klima erlaubt den Anbau von landwirtschaftlichen Nutzpflanzen. Von den endemischen Pflanzen ist die sogenannte „Norfolk-Tanne", eine Nadelbaum-Art aus der Gattung der Araukarien, die bekannteste. Ihr Samen wird exportiert.

Besiedelung und Geschichte

Norfolk wurde 1774 von James Cook gesichtet und für die britische Krone in Besitz genommen. Von 1788 bis 1814 und noch einmal von 1825 bis 1855 wurde Norfolk als Gefängnisinsel genutzt. Die Haftbedingungen auf der Insel waren derartig schlecht und die Behandlung der Häftlinge so grausam, dass das Gefängnis auf Norfolk 1855 geschlossen werden musste. Die Häftlinge errichteten Steinhäuser und legten landwirtschaftliche Nutzflächen an, was den nachfolgenden Siedler/inn/en zugute kam.

Da auf Pitcairn aufgrund der steigenden Bevölkerungszahl ein Versorgungsengpass befürchtet wurde, übersiedelte man 1856 die gesamte Bevölkerung (194 Personen) nach Norfolk. Einige Familien kehrten allerdings 1858 nach Pitcairn zurück und besiedelten die Insel erneut. Sie sind bis heute in enger Verbindung mit ihren Verwandten auf Norfolk. Am 8. Juni 1856 landeten die Menschen aus Pitcairn und bis heute wird dieser Tag als der „Bounty Day" auf Norfolk gefeiert. Ein weiteres Relikt aus Pitcairn ist das neben Englisch gesprochene Norfolk, eine Version von Pitkern, der auf Pitcairn gesprochenen Mischung aus Englisch des 18. Jahrhunderts, und Tahitianisch.

Heute leben 2.128 Menschen permanent auf Norfolk, 36% von ihnen sind auf der Insel geboren, der Rest ist größtenteils aus Australien bzw. Neuseeland und auch anderen Ländern eingewandert. Wie andere pazifische Inseln auch, zeigt Norfolk in der Bevölkerungsverteilung eine Abnahme an Kindern und jungen

Menschen und eine Zunahme bei älteren Personen. Dies ist einerseits durch die Abwanderung der jungen Generation zu erklären, andererseits durch den Zuzug von Pensionist/inn/en, die das milde Klima von Norfolk und die Ruhe und Sicherheit schätzen. Die Neuausrichtung der sehr rigiden Immigrationsbestimmungen und mögliche Wirkungen sind in Norfolk daher ein vieldiskutiertes Thema.

WIRTSCHAFTLICHE GRUNDLAGEN

Der Tourismus ist die wichtigste Einnahmequelle und Hauptbeschäftigungszweig. Aufgrund der Abhängigkeit von dieser einen Branche war etwa der Konkurs von Norfolk Jet Airlines 2005 ein ernstes Problem. Durch verschiedene Beschränkungen wird erfolgreich versucht einen Qualitätstourismus mit kalkulierbaren Folgen für die Gesellschaft und Umwelt auf Norfolk zu etablieren. So wird z.B. schon seit Jahren dagegen gekämpft, dass sich Casinos auf Norfolk ansiedeln, gleichzeitig ist der Verkauf von Lizenzen an Internet-Casinos ein Devisenbringer Norfolks. Weitere Exportprodukte sind Pflanzensamen und Briefmarken.

Die Bevölkerung von Norfolk Island besitzt die australische Staatsangehörigkeit. Australien leistet auch konstant finanzielle Hilfe, u.a. für den Betrieb des Nationalparks, die öffentliche Verwaltung und viele Projekte der Infrastruktur und Entwicklung. Als Währung wird der australische Dollar verwendet.

POLITIK UND DER PROZESS

Der „Australian Wastelands Act" von 1855, der in Großbritannien beschlossen wurde, ermöglichte es Königin Victoria Norfolk getrennt von Van Diemens Land (Tasmanien) zu behandeln und dadurch die Umsiedelung Pitcairns zu gewähren. Norfolk bekam bei seiner Besiedelung 1856 einen eigenen Gouverneur, der allerdings anfangs in Personalunion auch als Gouverneur von New South Wales tätig war und Gesetze für Norfolk erließ. Bis 1897 konnte die Insel autonom agieren, wurde aber ab dann trotz Protestes stärker von New South Wales aus kontrolliert. 1914 verlor Norfolk seine gesetzgebende und regierende Gewalt an den „Commonwealth of Australia". Der für Norfolk unbefriedigende Status führte nach langen Diskussionen schließlich 1979 zur Verabschiedung des „Norfolk Island Act" im australischen Parlament, in dem die Selbstverwaltung Norfolks und die Abtretung von Souveränitätsrechten an Australien, z. B. in Bezug auf die Verteidigung, festgelegt sind. 1986 und seither in loser Folge erweiterten Zusätze die Inselautonomie.

Norfolk ist heute aus australischer Sicht ein „Self-Governing Incorporated Territory of Australia" mit Königin Elizabeth II. als Staatsoberhaupt. Ein Administrator vertritt Australien und Großbritannien vor Ort. Er prüft die Gesetze vor der Ratifizierung und berät die Organe der Selbstverwaltung. Wie dem online erscheinenden Administrator's Newsletter (vgl. Ausgaben 2004 bis 2006 unter: www.ag.gov.au/) zu entnehmen ist, unterstützt er Norfolk in der Requirierung von finanziellen Mitteln sowohl durch lokale Benefiz-Aktivitäten als auch bei der Beantragung von Mitteln aus australischen Förderprogrammen wie etwa dem „Regional Partnerships Program".

Norfolk besitzt ein Einkammersystem, wobei die gesetzgebende Versammlung aus neun Mitgliedern besteht, darunter der „Chief Minister" und der „Speaker of the Legislature". Der fünfköpfige Exekutivrat wird von der gesetzgebenden Versammlung gewählt und bildet die Regierung Norfolks. Die Gerichtsbarkeit wird von einem oberen und unteren Gerichtshof (Norfolk Island Supreme Court bzw. Court of Petty Sessions) ausgeübt.

Trotz des nach langen Verhandlungen ermittelten Kompromisses mit Australien gibt es ein latentes Unabhängigkeitsstreben eines Teiles der Bewohner/inn/en von Norfolk (vgl. etwa ‚Norfolk Island's relationship with Australia' auf http://www.pitcairners.org) und nach wie vor sind einige nicht mit dem Verhältnis zu Australien zufrieden und plädieren dafür, alle Angelegenheiten intern zu regeln und sich als selbständige Kolonie Großbritanniens zu behaupten. Dies trat bei den Untersuchungen rund um den Mord an der 29jährigen australischen Gastarbeiterin Janelle Patton 2002 zutage. Dagegen steht die Notwendigkeit der finanziellen Unterstützung von außen und hier vor allem durch Australien.

Während Norfolk in kulturellen (etwa Pacific Arts Festival) und sportlichen (z. B. South Pacific Games) Bereichen bereits seit längerem eigenständige Delegationen entsendet, ist in der letzten Zeit ebenfalls eine Umorientierung und stärkere Selbstbehauptung Norfolks als eigenständige politische Einheit im Pazifik zu bemerken. So bewirbt sich Norfolk laut Aussagen des Ministers für Handel und Industrie Christopher Magri derzeit um die Aufnahme in die South Pacific Commission als eigenständiges assoziiertes Mitglied (Magri, 2008) und versucht die Verbindung zu Neuseeland vor allem im Hinblick auf Exportmöglichkeiten und finanzielle Unterstützung zu stärken. Trotz dieser Schritte ist eine vollständige Unabhängigkeit von Australien aber weder allgemeiner Konsens unter allen Bevölkerungsgruppen noch eine realistische Option.

BIBLIOGRAPHIE

Internetlinks:

Magri, Christopher: Norfolk Island takes part in 2008 Pacific Trade Expo. 14.3.2008. Unter http://www.norfolk.gov.nf Sichtung: 20. 3. 2008

Mathews, S. P.: Norfolk Island Census 2006. Oktober 2006. Unter http://www.info.gov.nf/reports/Reports/Census_2006.pdf Sichtung: 20. 3. 2008

The Norfolk Island Government Website (2008), unter http://www.norfolk.gov.nf Sichtung: 20. 3. 2008

Norfolk Island – Territories of Australia/Australian Government - Attorney-General's Department (2008), unter: http://www.ag.gov.au/territories; enthält u. a. den Administrator's Newsletter; Sichtung: 20. 3. 2008

Norfolk Island's relationship with Australia. O. J. Unter http://www.pitcairners.org. Sichtung: 20. 3. 2008

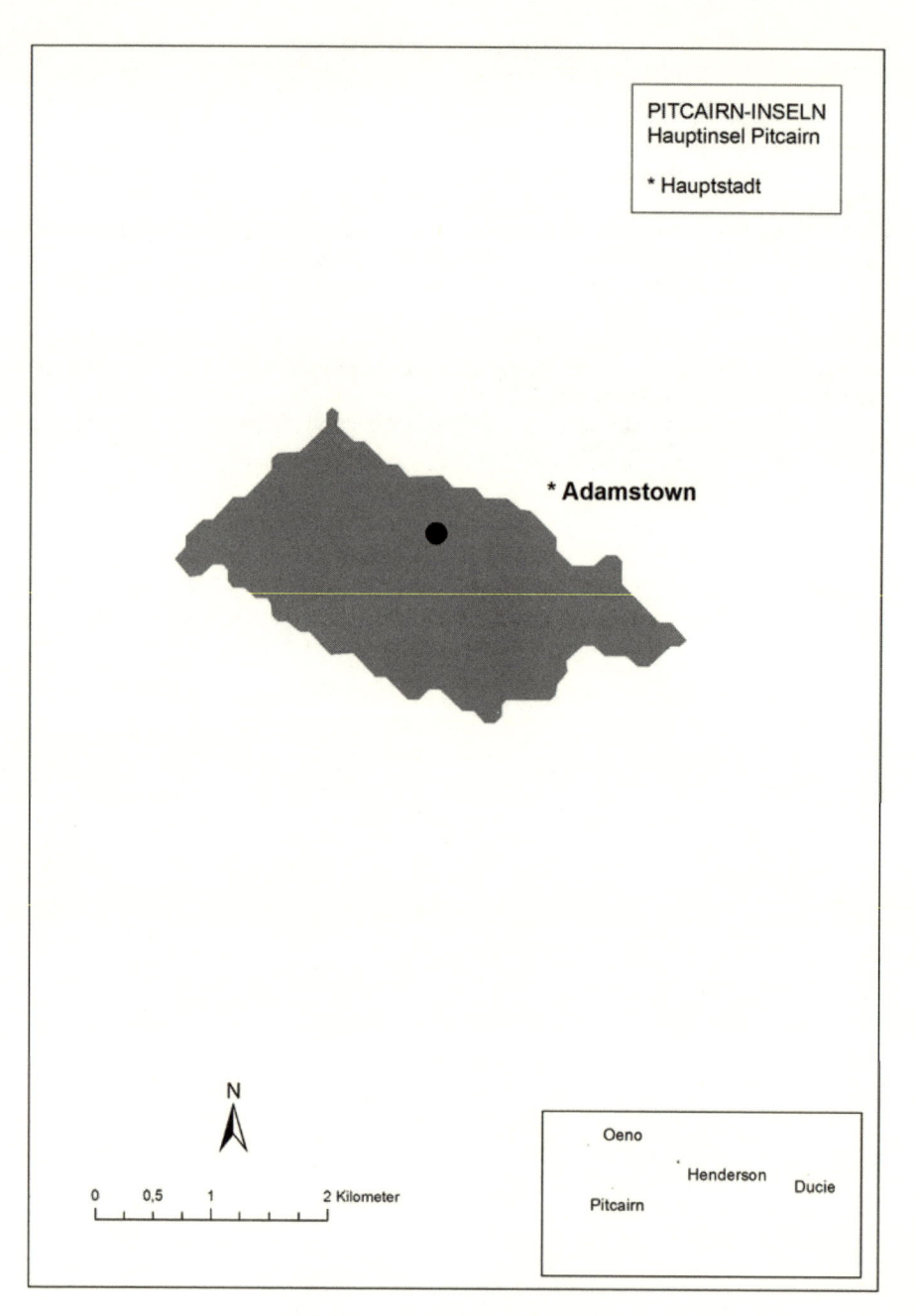

Abbildung 23: Pitcairn-Inseln

PITCAIRN

Margit Wolfsberger

HISTORISCHE GRUNDDATEN

1789 Die Meuterer der „Bounty" wählen Pitcairn als Zufluchtsort aus.
1856 Umsiedlung aller 194 Einwohner auf die ehemalige Gefängnisinsel Norfolk.
1858 Ein Teil der Einwohner kehrt nach Pitcairn zurück.
1878 Pitcairn wird offiziell britische Kolonie.
1893 Gründung eines Inselrates.
1914 Eröffnung des Panamakanals, wodurch nun häufiger Frachtschiffe Pitcairn anlaufen.
1952 Pitcairn wird dem Gouverneur in Fidschi unterstellt.
1971 Britischer Hochkommissar in Neuseeland übernimmt die rechtlichen Belange Pitcairns.
2004 Gerichtsverhandlung über Fälle von Vergewaltigung und sexuellen Missbrauch.

Offizieller Name: Pitcairn-Inseln (Pitcairn Islands) **Hauptstadt:** Adamstown **Lage:** 25,04° Süd, 130,06° West, im zentralen Pazifik **Fläche:** 47 km^2 **Bevölkerung:** 48 **Staatschef:** Königin Elizabeth II., vertreten durch den britischen Hochkommissar in Neuseeland und den Gouverneur von Pitcairn George Fergusson **Regierungschef:** Gouverneur George Fergusson **Sprachen:** Englisch, Pitkern (Mix aus einem Englisch-Dialekt des 18. Jh. und einem tahitianischen Dialekt) **Religionen:** sämtliche Einwohner sind Siebenten-Tags-Adventisten **Währung:** Neuseeland-Dollar **Mitgliedschaften in internationalen Organisationen:** SPC, UPU.

***

Einleitung

Die Entwicklung von Pitcairn, der Hauptinsel einer kleinen Inselgruppe im südöstlichen Pazifik, und ihre Wahrnehmung sind untrennbar mit der „Meuterei auf der Bounty" verknüpft. Auch der politische Status der Insel ist eine direkte Folge der Besiedelung im Zuge der Meuterei und er wurde bei einem Prozess gegen sieben Männer auf Pitcairn wegen Vergewaltigung und sexueller Kontakte mit Minderjährigen zu Beginn des 20. Jahrhunderts einer Hinterfragung, gerichtlichen Prüfung und Bestätigung unterzogen. Einer in sich verdrehten Spirale gleich berührten sich scheinbar das Jahr 1789 und 2006 auf Pitcairn und dem Oberhaus in London.

Besiedelung und Geschichte

Wann genau die ersten Menschen Pitcairn erreichten, ist bis dato unbekannt. Zeugnisse einer voreuropäischen Besiedelung sind jedenfalls Felszeichnungen, Grabstätten, verschiedene Objektfunde und das Vorhandensein von Brotfrucht- und Kokosnussbäumen. Vermutlich stammten diese ersten „Entdecker" Pitcairns von den Gambier-Inseln/Französisch-Polynesien. Als die Insel 1767 vom Seekadett Peter Pitcairn unter dem Kommando von Captain Philipp Carteret gesichtet wurde, war sie bereits wieder verlassen worden. Da sie falsch kartographisiert wurde, gelang es den Meuterern auf der Bounty erst nach längerer Suche sie wieder zu finden und als ihren Zufluchtsort auszuwählen. Sie erhofften sich nach der Meuterei im April 1789 auf der abgelegenen Insel Sicherheit vor der britischen Gerichtsbarkeit und einen Neubeginn. Am 23. Januar 1790 wurde daher die Bounty verbrannt, um einerseits nicht die Aufmerksamkeit von vorbeifahrenden Schiffen zu erregen und um andererseits keine verräterische Flucht zu ermöglichen. Die neun Männer von der Bounty, unter ihnen der ehemalige Master's Mate Fletcher Christian, die sechs polynesischen Männer, zwölf polynesischen Frauen und ihre gemeinsamen Kinder lebten keineswegs in Harmonie auf Pitcairn, nach zehn Jahren waren alle Männer bis auf John Adams größtenteils durch Gewalteinwirkung gestorben. Der letzte verbliebene Engländer führte ein sittenstrenges Regime auf Grundlage der Bibel ein, was auch an seinem Namen, auf der Besatzungsliste der Bounty wird er noch als Alexander Smith geführt, zu erkennen ist – Adams nannte er sich auf Pitcairn.

1808 wurde Pitcairn von einem europäischen Schiff angelaufen und ab 1815 gab es regelmäßigen Kontakt zur Außenwelt. Bereits 1831 fand ein erster Umsiedelungsversuch – damals nach Tahiti – statt, der aber unglücklich verlief und bereits nach wenigen Monaten kehrten die Menschen wieder nach Pitcairn zurück. 1856 wurde die Insel für die auf 194 Personen angewachsene Bevölkerung als zu klein erachtet und alle wurden auf die ehemalige Gefängnisinsel Norfolk, nordwestlich von Neuseeland und östlich von Australien gelegen, umgesiedelt.

Ein Teil kehrte allerdings bereits nach zwei Jahren wieder zurück und begann eine erneuerte Besiedelung Pitcairns. Im Jahr 1887 missionierte ein Sieben-Tage-Adventist die gesamte Insel und bis heute bekennt sich die Mehrheit der Menschen auf Pitcairn zu dieser Konfession.

Eine wesentliche Veränderung für Pitcairn bedeutete die Eröffnung des Panamakanals 1914. Von nun an wurde die Insel regelmäßig von Frachtern angelaufen, was die Versorgung erleichterte und allgemein einen Aufschwung mit sich brachte. Im Zweiten Weltkrieg gab es auf Pitcairn eine britische Funkstation. Die Bevölkerung erreichte 1937 mit 233 ihren höchsten Stand. Durch die erleichterten Transportmöglichkeiten wurde auch die Abwanderung begünstigt und die kleine Gemeinschaft schrumpft seither beständig (1956: 161 Personen, 1976: 74 Personen, 1996: 43 Personen auf Pitcairn). 2007 lebten 48 Einheimische und 16 ausländische Personen, die Mehrheit davon Verwaltungsbeamte, auf Pitcairn. Die Landessprachen sind Englisch und die lokale Sprache – Pitkern, eine Mischform aus altertümlichem Englisch und Tahitianisch.

WIRTSCHAFTLICHE GRUNDLAGEN

Die Versorgung der Bevölkerung erfolgt durch Landwirtschaft, Fischfang und Importe von Lebensmitteln. Der Verkauf von Früchten, Schnitzereien, weiteren Handwerksprodukten, bedruckten T-Shirts und Souvenirs an vorbeifahrende Frachter und Kreuzfahrtschiffe ist eine wichtige Einnahmequelle. Ein weiterer Devisenbringer ist der Handel mit speziellen Münzen und Briefmarken, die in Neuseeland produziert und von Pitcairn aus – über den Postverkehr via Frachtschiffe – verkauft werden. Alle Produkte werden mittlerweile auf Webshops in neuseeländischem Dollar, der auch auf Pitcairn gültigen Währung, angeboten. Neuere Geschäftszweige sind der Export von Honig und der Verkauf der Internet-Domain „pn" für Pitcairn. Wie auf allen pazifischen Inseln sind auch die Rücksendungen von Geld und Gütern von Migrant/inn/en bzw. im Falle von Pitcairn auch von „Liebhabern" weltweit von wirtschaftlicher Relevanz und die Zuwendung des britischen Mutterlandes ermöglichte in den letzten Jahren in Verbindung mit Gemeinschaftsarbeit und Steuereinnahmen die Verbesserung der Infrastruktur.

POLITIK UND DER PROZESS

Bis heute ist Pitcairn ein Überseeterritorium Großbritanniens mit Königin Elisabeth II. als offiziellem Oberhaupt. Die stärkere – auch finanzielle –

Berücksichtigung von Pitcairn durch Großbritannien in den letzten Jahren ist die direkte Folge des Prozesses gegen sieben Männer, denen Vergewaltigung und sexuelle Beziehung mit Minderjährigen vorgeworfen wurde und von denen sechs 2004 verurteilt wurden. Im Zuge der Untersuchungen, des Prozesses und der Zeit danach wurden der innen- und außenpolitische Status sowie die dazugehörige Gesetzgebung einer intensiven Prüfung unterzogen, während in den 150 Jahren davor Großbritannien von seiner letzten verbliebenen Kolonie im Pazifik kaum Notiz nahm. Die Anbindung an Großbritannien begann 1838, als die auf Pitcairn lebenden Nachfahren der Meuterer mit dem vorbeifahrenden Captain Elliot am 30. November einen Vertrag aufsetzen und unterzeichneten. Gleichzeitig wurde eine Verfassung ausgearbeitet und angenommen, in der das allgemeine – ab 18 Jahren und auch für Frauen gültige – Wahlrecht ebenso enthalten ist wie die allgemeine Schulpflicht für die Kinder und die Wahl eines Friedensrichters.

Offiziell wurde Pitcairn durch den „British Settlements Act" von 1887 britische Kolonie und ab 1898 der britischen „Hochkommission für den Westpazifik", ab 1952 dem Gouverneur in Fidschi unterstellt. Mit der Unabhängigkeit Fidschis 1971 übernahm der britische Hochkommissar in Neuseeland die rechtlichen Belange Pitcairns, er fungiert seither auch als Gouverneur Pitcairns. Auch das Pitcairn Islands Office befindet sich in Auckland. Das Bürgermeisteramt wird von der Bevölkerung Pitcairns per Wahl alle drei Jahre vergeben.

1893 wurde auf Pitcairn ein Inselrat mit sieben Mitgliedern gegründet, später auf zehn Personen erhöht. Neben dem/der jeweiligen Bürgermeister/in werden fünf weitere Mitglieder auf Pitcairn selbst gewählt, gemeinsam bestimmen sie eine siebente Person, zwei Mitglieder ernennt der in Neuseeland ansässige britische Gouverneur. Ein weiteres vom Gouverneur eingesetztes Ratsmitglied (Commissioner) fungiert als Verbindungsmann zwischen Gouverneur und Inselbevölkerung. Der Inselrat kann eigene Gesetze erlassen und auch die Inselgerichtsbarkeit ausüben. Allerdings überprüft der Generalgouverneur die Übereinstimmung mit dem britischen Recht. Dass dies bis in die 1990er Jahre hinein nicht konsequent genug erfolgte, zeigten die Ereignisse von 2004.

Eine 1999 auf die Insel entsandte britische Polizistin erhielt von Frauen und Mädchen Hinweise auf Vergewaltigungen und sexuellen Missbrauch. Bis 2004 wurden weitere Zeugen und Zeuginnen, darunter auch viele mittlerweile außerhalb Pitcairns lebende Personen befragt. Insgesamt wurden 96 Fälle zusammengetragen und im Oktober 2004 auf Pitcairn in einer vierwöchigen Gerichtsverhandlung die Schuld von sechs der sieben Angeklagten festgestellt. Vier der Männer müssen Haftstrafen absitzen, zwei wurden zu gemeinnützigen Tätigkeiten verurteilt.

Der gesamte Vorbereitungs- und Verhandlungsprozess hatte einen turbulenten Verlauf, der die unklare Stellung Pitcairns innerhalb des britischen Empires widerspiegelte. So war eine der Verteidigungslinien vor dem Prozess das Argument, dass die britischen Gesetze und ihre Anpassungen an die gesellschaftliche Entwicklung in der zweiten Hälfte des 20. Jahrhunderts auf Pitcairn noch gar nicht bekannt gewesen wären. 2004 stellte der in Auckland angesiedelte Oberste Gerichtshof für Pitcairn fest, dass Pitcairn sehr wohl britischem Recht untersteht, auch wenn es z.B. zum Zeitpunkt der Verbrechen gar keine Ausgabe des britischen Gesetzbuches auf Pitcairn gab.

Im September 2004 gaben einige der auf Pitcairn lebenden Frauen eine Pressekonferenz, wobei sie den sexuellen Verkehr von Minderjährigen mit Erwachsenen auf Pitcairn als „traditionelles" polynesisches Verhalten darstellten. Sie plädierten dafür, die Vorwürfe mithilfe der internen Gerichtsbarkeit zu regeln, was von den neuseeländischen Beamten, die den Prozess auf Pitcairn im Namen der britischen Krone durchführten, verworfen wurde.

Um die Existenz der Bevölkerung von Pitcairn während der Prozessdauer nicht zu gefährden – die angeklagten sieben Männer sind zum Betrieb der Langboote, mit denen die Versorgung und der Transport erfolgt, notwendig –, wurde der Prozess in Pitcairn ausgetragen. Via Videoleitung wurden die Aussagen von Zeugen und Zeuginnen, die mittlerweile nicht mehr auf Pitcairn lebten, hinzugeschaltet. Im Oktober 2006 beschäftigte sich das britische Unterhaus und davor der Privy Council, das höchste richterliche Gremium in Großbritannien, mit dem Gerichtsurteil, nachdem es eine weitere Anfechtung gegeben hatte, die den Status von Pitcairn als britische Kolonie in Frage stellte. Es wurde bestätigt, dass Pitcairn seit 1838 als britische Kolonie betrachtet wurde und auch weiterhin eine solche sei und die Urteile daher Gültigkeit besäßen.

Der Prozess brachte enorme Veränderungen für Pitcairn. Neben den negativen Schlagzeilen weltweit, scheint nun auch die Einbindung in das britische Rechts- und Verwaltungssystem enger zu sein. Die Europäische Union erhöhte ebenfalls ihre Hilfsleistungen für Pitcairn. Für Verbesserungen der Infrastruktur und Wasseraufbereitung wurden insgesamt 2,3 Mio. € vorgesehen. Daneben gibt es nun auch verstärkte Kontakte zu Französisch-Polynesien, der nächstgelegenen Inselgruppe und ähnlich wie Pitcairn ebenfalls (noch) Kolonie eines europäischen Staates. Inwieweit diese neubelebten Beziehungen politische Auswirkungen auf Pitcairn haben werden, ist noch nicht abzusehen. Einstweilen bleibt Pitcairn die letzte Kolonie Großbritanniens im Pazifik.

BIBLIOGRAPHIE

Douglas, N.: Pacific Islands Yearbook. Sura 1994.
Schüle, Christian: Die Parabel von Pitcairn. Eine abgeschiedene Insel im Pazifik, ein Prozess und die Frage nach Moral und Recht. Betrachtungen über das verlorene Paradies. Mare 58, Oktober/November 2006, S. 104-109.

Internetlinks:
Andrews, John: Wanted: New Zealand police officer looking for an overseas adventure. The New Zealand Herald 14.12.2007. Unter:http://www.nzherald.co.nz/section/1/story.cfm?c_id=1&objedtid_10482163. Sichtung: 14.2.2008

Birkett, Dea: Paradise on Trial. The Guardian 18. September 2004. Unter http://www.deabirkett.com. Sichtung: 14. 2. 2008

CIA – The World Factbook 2008: Pitcairn Islands. Unter: http://www.cia.gov/library/publications/the-world-factook/print/... Sichtung: 14. 2. 2008

Foreign and Commonwealth Office 2007: Countries and Regions: Pitcairn. Unter: http://www.fco.gov.uk Sichtung: 14. 2. 2008

Pitcairn Islands Office 2007 unter: http://www.government.pn/. Sichtung: 14.2.2008

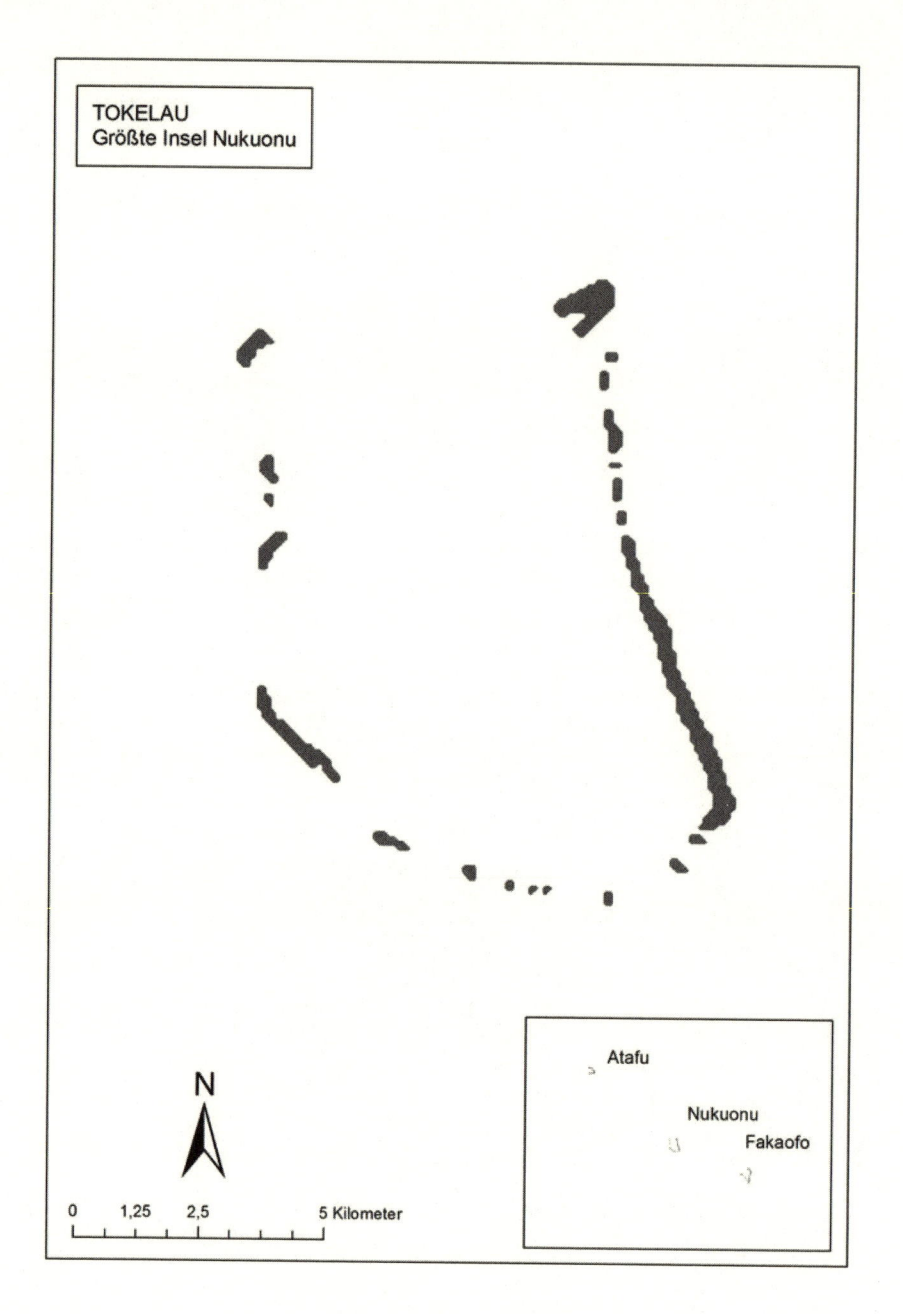

Abbildung 24: Tokelau

TOKELAU

Hermann Mückler

HISTORISCHE GRUNDDATEN

1889 Tokelau wird britisches Protektorat.
1925 Tokelau fällt in die Jurisdiktion Neuseelands.
1948 Tokelau Islands Act etabliert die volle Souveränität Neuseelands über die Inselgruppe.
2004 Abkommen zwischen Neuseeland und Tokelau, Verhandlungen über einen Vertrag aufzunehmen, der den politischen Status Tokelaus in einen unabhängigen Staat in freier Assoziation mit Neuseeland umwandeln würde.
2006 David Payton seit 17.10. neuseeländischer Administrator.
2008 Pio Tuia seit 23.02. Premier- und Außenminister.

Offizieller Name: Tokelau **Hauptstadt: / Lage:** 9° Süd, 172° West, im zentralen Pazifik, nördlich von Samoa **Fläche:** 10 km^2 **Bevölkerung:** 1.433 **Staatschef:** Königin Elizabeth II. von Neuseeland, vertreten durch den Generalgouverneur von Neuseeland Anand Satyanand **Regierungschef:** Pio Tuia **Außenminister:** Pio Tuia **Sprachen:** Tokelauisch, Englisch **Religionen:** 70% Congregational Christian Church of Samoa, 28% Katholiken (Während auf Atafu fast alle Einwohner der Congregational Christian Church angehören, bekennen sich die Einwohner Nukunonus fast vollständig zur röm.-kath. Kirche, auf Fakaofo sind beide Konfessionen vertreten.) **Währung:** Neuseeland-Dollar **Mitgliedschaften in internationalen Organisationen:** PIF (Beobachterstatus), SPC, UNESCO (assoziiertes Mitglied), UPU.

***

Die Inselgruppe Tokelau ist ein abhängiges Überseeterritorium Neuseelands im Zentralpazifik, dessen Bevölkerung polynesischen Gesellschaftsformen und Traditionen verhaftet ist. Außenpolitisches Agieren ist nur eingeschränkt mit den unmittelbaren Nachbarstaaten und in enger Absprache mit Neuseeland möglich. Der Kleinststaat zeichnet sich durch geringe Ressourcen, ein fragiles ökologisches Gleichgewicht und eine dichte Bevölkerung aus. Tokelau besteht aus den drei Atollen Atafu, Nukunonu und Fakaofo. Die Hauptinsel ist Fakaofo mit der Hauptstadt Fale. Alternative bzw. historische Namen bezeichneten die Inselgruppe in der Vergangenheit mit Tokalau, Tokolau, Union Group.

Geographie und Geschichte

Die Gesamtlandfläche aller Atollinseln beträgt rund 10,1 km². Es handelt sich um ringbildende Atollinseln, gehobene Inseln, die sich max. zwei bis fünf Meter aus dem Meer erheben. Alle Atolle bestehen aus zahlreichen Kleinstinseln, sogenannten „motu(s)", und sind durch Lagunen gekennzeichnet, die den Flachwasserfischfang ermöglichen. Das flächenmäßig größte Atoll ist Nukunonu (Duke of Clarence, Nukuno). Es handelt sich dabei um ein Atoll von annähernd fünfseitiger Gestalt und besteht aus fünf größeren und neunzehn kleinern Inseln, deren größte sich an der Ostseite der Innenlagune befindet. Fakaofo (Bowditch, De Wolf's Island, Fakaafo) ist ein Atoll in Form eines in nord-südlicher Richtung liegenden Deltoides, bestehend aus fünf größeren und siebenundfünfzig kleinen Inseln, deren größte Matagi (Matang) ist. Atafu ist das nordwestlichste und kleinste Atoll (Duke of York, Oatáfu), von annähernd viereckiger Gestalt, bestehend aus sieben größeren und fünfunddreißig Kleinst-Inseln. Die Vegetation ist auf allen Inseln äußerst artenarm und bei den Nutzpflanzen auf Kokospalme, Pandanus, Brotfrucht, Papaya, Taro und Banane limitiert. Mangelnde Wasservorräte, das Fehlen von Süßwasserquellen und periodische Trockenperioden sowie größtenteils unfruchtbare koralline Böden kennzeichnen die Situation. Rund zwanzig Tierarten bevölkern die Inseln, überwiegend Insekten sowie Eidechsen und als einziges Säugetier die polynesische Ratte. Das Klima ist tropisch mit Temperaturen von 28°C im Jahresmittel im Schatten. Der Regenfall variiert und bringt im Jahresdurchschnitt 3.000 mm. Die Atolle befinden sich in einem Gebiet mit hoher Zyklongefährdung. Tokelau ist von einem bereits sichtbar werdenden Anstieg des Meeresspiegels unmittelbar betroffen. Geographisch und kulturell gehört auch Swains Island (Olohega) zur Tokelau-Gruppe, diese steht jedoch unter amerikanischer Souveränität und Jurisdiktion und wird von American Samoa verwaltet, zu dessen Territorium es zählt.

Die Gesamtbevölkerung betrug 2007 rund 1.450 Einwohner, mit fallender Tendenz durch massive Abwanderung. Die Tokelauer sind polynesischer Abstammung mit engen kulturellen Bezügen zu Samoa und Neuseeland. Nach wie vor spielt die traditionelle Gesellschaft mit ihren speziellen sozialen und politischen Strukturen eine große Rolle. Auf jedem Atoll gibt es ein Dorf (nuku), in dem ein fünfköpfiger Rat der Alten (taupulega) fungiert. Lokale patri- und matrilineare Abstammungsgruppen kontrollieren das Land. Im Verwandtschaftssystem unterliegt insbesondere das Verhältnis zwischen Bruder und Schwester einem besonderen Verhaltenskodex und hat besondere Bedeutung. Die sogenannten Island Councils bestehen aus dem Rat der Alten und Angehörigen der kognatischen Abstammungsgruppen. Der exogame Familienverband (kaiga) ist die zentrale gesellschaftliche Einheit, die sich ein zwei komplementäre Hälften teilt und das Land verwaltet, zu dem eine traditionelle mythologisch begründete Verbindung besteht. Postmaritale Residenz, also der Wohnort der Ehepartner nach der Heirat, ist uxorilokal, das Dorf der Frau. Traditionelle religiöse Vorstellungen benennen atuas, ein polynesisches Äquivalent zu Göttern, die sich z.B. im Tui Tokelau, der einflußreichsten Persönlichkeit der Inselgruppe verkörpern. Das Göttliche kann sich grundsätzlich auch im Menschen manifestieren und kommt im aliki, dem Häuptling, der sich bei überlokaler Bedeutung zum Tui Tokelau entwickeln kann, zum Ausdruck. Weitere Kategorien göttlicher Ausprägung im Sinne von Geistern/Seelen sind die aitu. Fakaofo spielte als fenua aliki (land of chiefs) traditionell eine zentrale Rolle, und wirkte auf die anderen Atolle in spiritueller und profaner Weise. Das Bevölkerungswachstum betrug in den 1990er Jahren 0.01%, die Bevölkerungsdichte betrug im selben Zeitraum rund 158 Ew./km². Es leben heute (2007) rund 5.000 Tokelauer in Neuseeland sowie kleinere Gruppen in Samoa, Amerikanisch Samoa und auf den Hawaii-Inseln. Nachdem um 1950 eine Übervölkerung der Inseln festgestellt wurde, ist durch das so genannte Tokelau Resettlement Scheme die Abwanderung nach Neuseeland und Samoa forciert und institutionell geregelt worden. Neben Tokelauan ist Englisch Amtssprache. Rund 70% der Tokelauer gehören der Congregational Christian Church an, die überwiegend auf Atafu und Fakaofo wirkt, rund 28% sind Katholiken, deren Schwerpunkte auf Nukunono und Fakaofo liegen, rund 2% bekennen sich zu anderen Religionsgemeinschaften.

Tokelau wurde vor rund 1600 Jahren erstbesiedelt. Die Bewohner sind polynesischer Abstammung. Historisch belegt sind die Verbindungen zwischen den Atollen, die um 1650 zur zeitweiligen Eroberung und Entvölkerung einzelner Atolle sowie zur wirtschaftlichen Nutzung von Atafu und Nukunonu durch den Häuptling Te Vaka, dem Tui Tokelau, von Fakaofo führten. Die europäische Entdeckung erfolgte ab 1765 durch John Byron, der Atafu sichtete. 1791 wurde Nukunonu von Kapitän Edwards und Fakaofo 1825 durch Kapitän Paulding entdeckt. Im Rahmen der US Exploring Expedition unter dem Kommando von Charles Wilkes wurden 1841 alle drei Atolle besucht. Ab 1846 kamen die Tokelauer mit dem Christentum durch Besuche auf Uvea und Samoa in Berührung. Ab 1861 schließlich begann die Missionstätigkeit auf den Inseln selbst, sowohl durch katholische Missionare von Wallis (Uvea), als auch durch protestantische Missionare der London Missionary Society (LMS) aus Samoa. Im Jahr 1863 wurde die Inselgruppe von peruanischen Arbeitskräfterekrutierern, sogenannten Blackbirdern heimgesucht, die einen Großteil der männlichen Bevölkerung zur Zwangsarbeit nach Südamerika entführten und damit einen dramatischen demographischen Einschnitt bewirkten. Walfänger, europäische Siedler und gestrandete Personen, sogenannte Beachcomber, veränderten in den Folgejahrzehnten die Bevölkerungsstruktur.

Bereits ab 1877 geriet Tokelau unter britischen Einfluß. 1889 wurden die Inselgruppe zum britischen Protektorat erklärt, ab 1908 wurden sie ins Gilbert and Ellice Islands Protectorate und 1916 in die Gilbert and Ellice Islands Colony eingegliedert. Ab 1925 fiel Tokelau in die Jurisdiktion Neuseelands. Der Zweite Weltkrieg berührte die Inseln kaum. Auf Atafu wurde eine US Loran Radarstation errichtet. Nach dem Krieg etablierte der Tokelau Islands Act im Jahre 1948 die formelle Souveränität Neuseelands über die Inselgruppe. Seit mehreren Jahren gibt es von Neuseeland geförderte Bestrebungen, größere Selbstständigkeit und wirtschaftliche Autarkie in der Inselgruppe zu erreichen. Die unmittelbare Abhängigkeit Tokelaus von Neuseeland wird sich mittelfristig nicht verringern, da auch in Tokelau selbst bisher keine Mehrheiten für eine Politik größerer Unabhängigkeit zu Neuseeland gefunden werden konnten. Die politische Lage nach innen ist stabil, Korruption und Misswirtschaft sind durch von Neuseeland implementierte Kontrollmechanismen nur in geringem Umfang zu beobachten, das Verhältnis zu Neuseeland ist entspannt und konstruktiv, obwohl dessen Bestrebungen, die Abwanderung und Immigration nach Neuseeland schrittweise zu reduzieren, von den Tokelauern kritisch gesehen wird.

AKTUELLE WIRTSCHAFTLICHE UND POLITISCHE ENTWICKLUNGEN

Tokelaus Entwicklungsmöglichkeiten sind äußerst limitiert, da die Inselgruppe zu den ressourcenärmsten Gebieten der Welt zählt. Die Bevölkerung lebt weitgehend von Subsistenzwirtschaft. Dazu gehören der Anbau von Nutzpflanzen in begrenztem Maße sowie der Lagunenfischfang. In jüngerer Zeit wurden für den Hochseefischfang innerhalb der zu Tokelau gehörenden 200 Seemeilen EEZ (Exclusive Economic Zone) Lizenzen an ausländische Fangflotten vergeben. Es existiert ein drastisches Missverhältnis zwischen Export und Import. Zu den wenigen Exportprodukten zählen Fisch und Kopra sowie Münzen und Briefmarken, deren Exportwert jährlich rund 100.000 NZ-$ kaum übersteigt. Importiert werden ein Großteil der Nahrungsmittel, fast alle Halbfertig- und Fertigwaren, Transportmittel und Brennstoffe, überwiegend aus Neuseeland, Australien und Fidschi, mit einem jährlichen Wert von 350.000-500.000 NZ-$. Aufgrund des großen Mißverhältnisses zwischen Import und Export besteht eine hohe Auslandsverschuldung, die von Neuseeland aufgefangen werden muß. Die Inflationsrate betrug in den 1990er Jahren rund sieben Prozent. Während ist der neuseeländische Dollar sowie tokelauische Münzen. Von existentieller Bedeutung für viele Familien sind Geldsendungen (remittances) der in Neuseeland lebenden und arbeitenden rund 3.000 Tokelauer. Geringere Zahlen von Tokelauern leben in Samoa, Amerikanisch Samoa und Hawaii. Die Remittances bilden eine wichtige finanzielle Grundlage der Einheimischen. Die wichtigste Verdienstmöglichkeit auf den Atollen selbst bietet der öffentliche Dienst, gefolgt von Bauprojekten. Neuseeland leistet massive finanzielle öffentliche und private Unterstützung und bestimmt damit Wirtschaft und Sozialleben. Tokelau hat keinen Flughafen und kann nur über See erreicht werden. Es besteht eine regelmäßige Schiffsverbindung nach Samoa.

Die Inselgruppe Tokelau, welche seit Oktober 2005 Beobachterstatus beim Pacific Islands Forum genießt, ist ein sich selbst verwaltendes abhängiges Territorium Neuseelands, administriert nach dem sogenannten „Tokelau Islands Act" des Jahres 1948, der seither mehrere Ergänzungen erfuhr. Jedes Atoll hat einen eigene Inselversammlung (Island Council), von der jeweils 15 Vertreter, darunter der faipule (commissioner) und der pulenuku (Dorfbürgermeister) zum zweimal jährlich stattfindenden „general fono" (Einkammerparlament mit 48 Delegierten) geschickt werden, welcher limitierte gesetzgebende Möglichkeiten hat. Die drei faipule formen das Kabinett und repräsentieren Tokelau bei internationalen Veranstaltungen. Sie werden, ebenso wie die pulenuku, für eine dreijährige Periode aus den jeweiligen fünfköpfigen Räten der Alten (taupulega) gewählt. Bis 1974 wurde Tokelau vom neuseeländischen „Maori and Island Affairs Department" verwaltet und 1974 bis 1980 vom „New Zealand Secretary of Foreign Affairs". Heute werden Tokelaus Angelegenheiten vom neuseeländischen Außen- und Handelsminister geregelt, der zur Verwaltung der drei Atolle einen jeweils für eine dreijährige Periode ernannten Verwalter (Administrator of Tokelau) einsetzt. Formelles Oberhaupt ist die britische Queen. Der Oberste Gerichtshof befindet sich in Neuseeland. Ein „Office of Tokelau Affairs" befand sich lange im samoanischen Apia und ist weitgehend auf die Inseln verlegt worden. Es forciert Maßnahmen, welche die negativen Folgen des Übergangs von einer traditionellen Lebensform und Subsistenzwirtschaft zu einer marktwirtschaftlich orientierten Geldwirtschaft auffangen sollen. Tokelau arbeitet am Aufbau von Institutionen zur Selbstverwaltung sowie dem Entwurf einer Verfassung und strebt für die Zukunft auf Neuseelands Bestreben hin eine freie Assoziation mit Neuseeland an.

Tokelau hat sowohl durch seine Kleinheit als auch durch seine abgeschiedene Lage entscheidende Entwicklungsnachteile und ist von neuseeländischer Finanz- und Entwicklungshilfen nachhaltig abhängig. Mit diesen werden mehr als neunzig Prozent aller Haushaltsausgaben bestritten. Vor allem eine bessere Nutzung der maritimen Ressourcen in der vergleichsweise großen exklusiven Wirtschaftszone sowie eine zukünftige Ausbeutung der am Meeresboden vermuteten Bodenschätze durch ausländische Unternehmen, könnten langfristig eine Einnahmequelle erschließen. Der Tourismus spielt aufgrund fehlender Infrastruktur und Flughäfen keine Rolle. Bleibt die Tendenz zur Abwanderung unverändert wird sich die Bevölkerung weiterhin substantiell verringern. Bei gleichzeitiger Verschlechterung der allgemeinen Lebensbedingungen und Hinzukommen äußerer Gefahren, wie eine Häufung der Zyklone und das Ansteigen des Meeresspiegels, ist mittel- bis langfristig eine vollständige Entvölkerung der Inseln im Sinne einer kontrollierten Absiedelung zumindest vorstellbar. Maßnahmen zum Schutz vor weiterer Erosion von Landflächen werden mit neuseeländischer Hilfe umgesetzt.

Seit dem Jahr 2005 versuchen die politischen Entscheidungsträger des Landes verstärkt mit anderen Ländern wirtschaftlich zu kooperieren und somit eine Form von Außenpolitik zu betreiben. So beispielsweise mit Amerikanisch-Samoa, zu dem regelmäßige Schiffsverbindungen eingerichtet und ausgebaut werden sollen. Gleichzeitig bestehen aber zu Amerikanisch-Samoa Spannungen in der Frage der Zugehörigkeit von Swain's Island (Olohega), welches von Tokelau beansprucht wurde. Bereits 1980 wurde zwar auf Atafu der Tokehega-Vertrag unterzeichnet, ein Abkommen zwischen Neuseeland und den Vereinigten Staaten über den maritimen Grenzverlauf zwischen Tokelau und Amerikanisch-Samoa, das vor allem auch die Ansprüche auf die Insel Olohega (auch Swain's Island) zugunsten der USA klärte. Jedoch gab es in den vergangenen Jahren vor allem auch im Zuge der Referenden, welche die Zukunft Tokelaus im Verhältnis zu Neuseeland klären sollten, immer wieder auch Stellungnahmen zu Olohega. Die von Neuseeland initiierten Referenden im Februar 2006 sowie im Oktober 2007 über die Zukunft Tokelaus sind Ergebnis eines bereits im Jahr 2004 beschlossenen Abkommens zwischen Neuseeland und Tokelau, Verhandlungen über einen Vertrag aufzunehmen, der den politischen Status Tokelaus in einen unabhängigen Staat in freier Assoziation mit Neuseeland umwandeln würde. Vergleichbare Beispiele wären der gegenwärtige Status der Cookinseln und Niues. Beide Referenden verpassten trotz hoher Wahlbeteiligung (ca. 95%) die nötige Zwei-Drittel-Mehrheit zur Loslösung von Neuseeland. Die Gegner einer Loslösung fürchten vor allem das Ende der finanziellen Unterstützung durch Neuseeland, trotz gegenteiliger Versicherungen von Seiten der neuseeländischen Regierung. Das bis dato letzte Referendum im Jahr 2004 erbrachte 64,4% für eine Lockerung der politisch-administrativen Bindung an Neuseeland; 66,6% wären für eine Änderung des status quo nötig gewesen. Eine hauchdünne aber eindeutige Entscheidung.

BIBLIOGRAPHIE

Chamberlain, Karen: A situation analysis of children and women in Tokelau. Suva, 1996.
Gordon, Rosemary: Tokelau: a collection of documents and references relating to constitutional development. Apia, 1990.
Hale, Horatio: United States Exploring Expedition...1838-1842, ethnography and philology. Vol. 6, Philadelphia, 1846.
Hoem, Ingjerd: Theater and Political Process: Staging Identities in Tokelau and New Zealand. Oxford/New York, 2004.
Hoem, Ingjerd: A Way with Words: Language and Culture in Tokelau Society. Bangkok, 2008.

Huntsman, Judith/ Hooper, Antony: Tokelau, A Historical Ethnography. Honolulu 1996: Univ. of Hawaii Press.

Huntsman, Judith: The Future of Tokelau. Decolonising Agendas, 1975-2006. Auckland 2007: Auckland University Press.

Macgregor, Gordon: Ethnology of Tokelau Islands. Bernice P. Bishop Bulletin No. 146 Honolulu 1937: Bishop Museum Press.

McQuarrie, Peter: Tokelau. People, Atolls and History. Wellington 2007: First Edition Ltd..

o.A.: Matagi Tokelau. History and Traditions of Tokelau. Apia/Suva 2001: Office for Tokelau Affairs/ Institute of Pacific Studies/Univ. of the South Pacific.

Office for Tokelau Affairs: Matagi Tokelau. History and Traditions of Tokelau. Apia/Suva, 2001.

Smith, Percy: A note on the Tokelau or Union Group. In: Journal of Polynesian Society, Vol. 29, 1920, S. 144-148; Vol.31, 1922, S. 91-94.

Wessen, Albert F.; Hooper, Anthony (eds.): Migration and health in a small society. The case of Tokelau. Oxford, 1992.

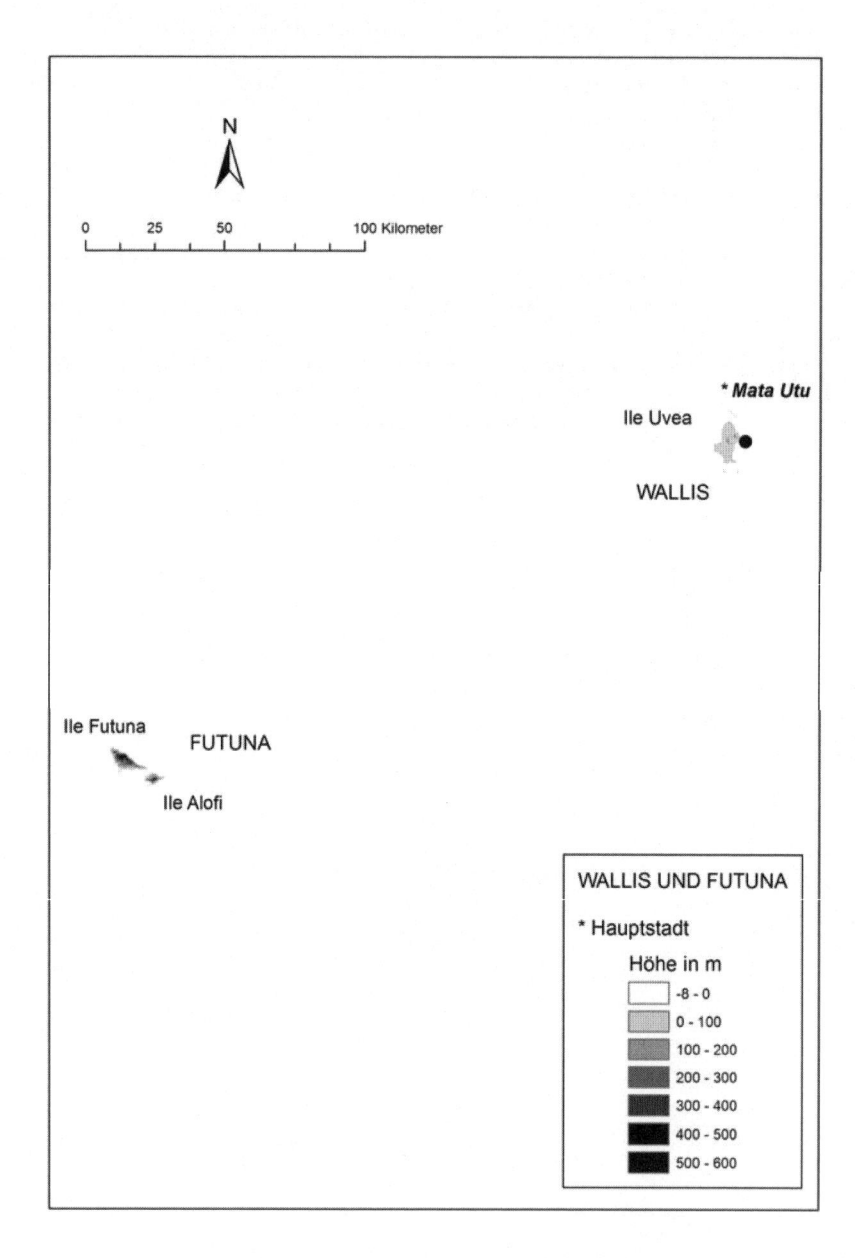

Abbildung 25: Wallis und Futuna

WALLIS UND FUTUNA

Sophie Bantos

(aus dem Französischen übersetzt von Matthias Kowasch)

HISTORISCHE GRUNDDATEN

1887   König von Uvéa (Wallis) schließt einen Protektoratsvertrag mit Frankreich.
1959   Konsultation der Bevölkerung von Wallis und Futuna über den zukünftigen Status der Inseln.
1961   Frankreich verleiht Wallis und Futuna den Status eines Überseeterritoriums.

Offizieller Name: Wallis und Futuna (Territoire des Iles Wallis et Futuna) **Hauptstadt:** Mata-Utu **Lage:** 13,18° Süd, 176,12° West, nord-östlich von Fidschi **Fläche:** 274 km² **Bevölkerung:** 16.300 **Staatschef:** Nicolas Sarkozy, vertreten durch den Hochadministrator Philippe Paolantoni **Regierungschef:** Patalione Kanimoa **Sprachen:** Wallisianisch, Futunianisch und Französisch **Religionen:** 99% Katholiken **Währung:** CFP-Franc **Mitgliedschaften in internationalen Organisationen:** SPC, UPU.

***

Das Territorium der Inseln Wallis und Futuna, ein Archipel im Herzen des Pazifischen Ozeans, 450 km im Nordosten von Fidschi und mehr als 2.000 km von Neukaledonien entfernt, setzt sich aus drei Inseln (Wallis, Futuna und Alofi) sowie etwa 20 kleineren, unbewohnten Inseln zusammen. Dieses Archipel der südlichen Hemisphäre, das in Polynesien liegt und eine Landfläche von 274 km^2 umfasst, besitzt eine Einwohnerzahl von fast 16.300 (CIA World Factbook). Seine Wirtschaft basiert zu 80% auf traditioneller Landwirtschaft, die auf der Produktion von Kopra – getrocknetes Kernfleisch von Kokosnüssen, aus dem Kokosöl gewonnen wird –, der Schweineaufzucht und der Fischerei basiert. Ungefähr 4% der Bevölkerung sind im öffentlichen Dienst beschäftigt, und die Mehrheit der Einnahmen des Territoriums kommt in Form von Subventionen vom französischen Staat. Frankreich hat nach Konsultation der Bevölkerung am 27. Dezember 1959 Wallis und Futuna in seinem Gesetz n°61-814 vom 29. Juli 1961 den Status eines Überseeterritoriums verliehen (De Deckker, 2003). Bis heute haben die Inseln Wallis und Futuna ihren Status eines Überseeterritoriums mit dem Gesetz vom 29. Juli 1961 behalten. Der französische Staatspräsident ist vor Ort durch einen Präfekten vertreten, der auch für die internationalen Beziehungen und die regionale Zusammenarbeit verantwortlich ist.

Beim franko-ozeanischen Gipfel im Juli 2003 hingegen hat der ehemalige Präsident der französischen Republik, Jacques Chirac, die Abgeordneten der „territoires et collectivités d'outre-mer" zur Beteiligung an der regionalen Zusammenarbeit ermutigt: „Zum Abschluss habe ich mir gewünscht, dass die Exekutive der französischen „collectivités" im Pazifik von nun an Ihre bevorzugten Gesprächspartner seien und dass sie im Wechsel den Fonds für wirtschaftliche, soziale und kulturelle Zusammenarbeit im Pazifik übernehmen. Wer in der Tat könnte Ihre Erwartungen besser verstehen als die Übersee-Abgeordneten?" (Tafono, 2008).

Wallis und Futuna in seiner Eigenschaft als Überseeterritorium ist seit kurzem in einigen regionalen und internationalen Organisationen wie z.B. der SPC (Secretariat of the Pacific Community) oder dem Pacific Islands Forum vertreten. Die Pacific Community wurde unter dem damaligen Namen „South Pacific Commission" 1947 nach Ende des Zweiten Weltkriegs in Canberra, Australien, gegründet. Die erste Aufgabe der SPC, die zurzeit 26 Mitglieder umfasst, bestand darin, die wirtschaftliche Zusammenarbeit zwischen den Territorien des insularen Pazifiks weiter zu entwickeln. Heute ist die SPC eine Organisation, die ihre Dienste und ihren Rat im Bereich der Entwicklung im Allgemeinen, in der Landwirtschaft, der Fischerei, der Umwelt, der Gesundheit sowie der Bildung anbietet (De Deckker, 2003). Das Territorium der Inseln Wallis und Futuna ist seit 1983 Mitglied der SPC und arbeitet mit folgenden Programmen zusammen: DSAP (Development of Sustainable Agriculture in the Pacific), PPP (Plant Protect in the Pacific), PROCFish (Regional Oceanic and Coastel Fisheries Development Programme), verschiedenen Programmen zur öffentlichen Gesundheit und zur Bildung. Bei Statistiken, Volkszählungen und Umfragen arbeitet die SPC eng mit dem Territorium zusammen.

Ende 2007 ist Wallis und Futuna beobachtendes Mitglied im Pacific Islands Forum (das ehemalige South Pacific Forum) geworden. Beim Pacific Islands Forum handelt es sich um eine politische, internationale Organisation, die zur Verbesserung der regionalen Zusammenarbeit im Jahr 1971 gegründet wurde und die ihren Sitz auf den Fidschi-Inseln hat. Bei ihrer Gründung unterschieden sich ihre Ziele sehr von denen der SPC, in dem Sinne, dass die Hauptaufgabe darin bestand, eine gemeinsame Front der unabhängigen Staaten des Südpazifiks aufzubauen. Im Laufe der Jahre hat das Forum auch die assoziierten Territorien Ozeaniens als Mitglied aufgenommen und strebt eine kohärente, politische Zusammenarbeit auf der ozeanischen Ebene an.

Mitglied ist das Territorium von Wallis und Futuna auch im PIDP (Pacific Islands Development Programme), gegründet 1980 in Honolulu vom East West Center (EWC) und der Universität Hawaii. Die Aufgabe des PIDP besteht darin, den pazifischen Inselstaaten bei einer gerechten und nachhaltigen Entwicklung helfend und beratend zur Seite zu stehen. Das SPREP (Pacific Regional Environment Programme) ist eine „zwischenstaatliche Organisation, die damit betraut ist, die Zusammenarbeit zu fördern, die Bemühungen des Schutzes und der Verbesserung der Umweltsituation des insularen Pazifiks zu unterstützen sowie die nachhaltige Entwicklung zu begünstigen" (Internetauftritt des SPREP, www.sprep.org). Wallis und Futuna ist neben 24 anderen Staaten und Territorien des insularen Pazifiks Mitglied der SPREP.

Schließlich muss auf die Beteiligung des Territoriums am PECC (Pacific Economic Cooperation Council), an der MHLC (Multilateral High Level Conference), an der WCPFC (Western and Central Pacific Fisheries Commission), an der ICRI (International Coral Reef Initiative) und in größerem Kontext an verschiedenen Programmen, welche die Europäischen Union finanziell unterstützt (SPREP, PORCFish) hingewiesen werden. Im Gegensatz dazu scheint Wallis und Futuna in den Bereichen Sport, Kultur und Handel keine wirkliche Zusammenarbeit mit anderen Staaten zu pflegen, mit Ausnahme von Neukaledonien.

Die Schwierigkeit für das Territorium, Nutzen aus einem eventuellen regionalen und internationalen Einfluss zu ziehen, hat seine Ursache zum Teil im politischen Statut. Die Außenpolitik von Wallis und Futuna liegt im Kompetenzbereich des französischen Staates. Der Einfluss der lokalen Abgeordneten in der internationalen Zusammenarbeit ist noch begrenzt, wie auch Setefano Tafono, Vorsitzender der Abteilung für Wirtschaft und Entwicklung von Wallis und Futuna, erklärt: „nur die Unterschrift des Präfekten, des „Administrateur supérieur", des Chefs des Territoriums ist gültig, damit sich das Territorium juristisch auf den Bereich der Außenpolitiken einlässt. Der Vertreter des Staates, der indessen die legitime Sorge der Abgeordneten teilt, ist durchaus bevollmächtigt, in Erwartung einer Modifizierung des politischen Statuts, einem „Gentlemen agreement" oder einem Vertragsprotokoll zuzustimmen, das es erlaubt, nachdem es der Ministerin für die Übersseegebiete vorgelegt wurde, dass sämtliche Dokumente dieser Natur auch die Unterschrift des Präsidenten der Territorialversammlung und/oder der nationalen Abgeordneten tragen" (Tafono, 2008).

Bis zum heutigen Tag beschäftigt sich das Territorium der Inseln Wallis und Futuna nur wenig mit Beitritten zu regionalen und internationalen Organisationen, doch sind Bestrebungen die eigene Außenpolitik zu entwickeln durchaus erkennbar.

BIBLIOGRAPHIE

CIA, World Factbook, Government Printing Office, 2007.
De Deckker, P. et al.: L'outre-mer français dans le Pacifique. L'Harmattan, Paris, 2003
Doumenge, J.-P.: L'outre-mer français. Armand Colin, Paris, 2000.
Tafono, S.: La représentation du territoire de Wallis et Futuna dans les relations extérieures. Service des Affaires Economiques et du Développement, Mata-Utu, 2008.

Internetlinks:
http://www.spc.int CPS
http://www.eastwestcenter.org East West Center
http://ec.europa.eu European Commission
http://www.pecc.org Pacific Economic Cooperation Council
http://www.forumsec.org Pacific Islands Forum
http://www.sprep.org PROE
http://www.legifrance.gouv.fr Service publique

3. TEIL: REGIONALE ORGANISATIONEN

ASIA-PACIFIC ECONOMIC CONFERENCE

Wolfgang Gieler

GRÜNDUNG UND ZIELE

Die Asiatisch-Pazifische Wirtschaftskonferenz (Asia-Pacific Economic Conference, APEC) ist ein intergouvernementales Forum, das 1989 im australischen Canberra mit den Zielen gegründet wurde, die ökonomische Integration zwischen den Mitgliedstaaten voranzutreiben und das Wirtschaftswachstum in der Region zu fördern. Die APEC agiert auf der Basis nicht-bindender Abkommen. Von 1997 an wurden für 10 Jahre keine neuen Mitglieder mehr aufgenommen, erst 2007 durften wieder neue Anträge gestellt werden. Dieser Zeitraum sollte der Konsolidierung der Zusammenarbeit dienen. Das Haushaltsvolumen der APEC ist relativ gering. Es beläuft sich jährlich auf knapp 3,5 Mio. US-$, welche durch Mitgliedsbeiträge der APEC-Staaten aufgebracht werden. Japan investiert als einziger Mitgliedsstaat zusätzliche Mittel – 3-4 Mio. US-$ pro Jahr – in einen speziellen Liberalisierungsfonds der Organisation. Die Treffen auf APEC-Ebene werden stets von Gästen und Beobachtern begleitet. Dazu gehören Vertreter der Association of South East Asian Nations (ASEAN), des Pacific Islands Forum (PIF) und anderen Interessenvertretern aus dem öffentlichen und privaten Sektor.

In den 21 APEC-Staaten lebt knapp die Hälfte der Weltbevölkerung. Der Wirtschaftsraum erbringt mehr als die Hälfte der Weltwirtschaftsleistung und ist eine der am schnellsten wachsenden Wirtschaftsregionen der Welt. Der APEC gehören gegenwärtig folgende Staaten an: Australien, Brunei, Chile, die VR China, Hongkong, Indonesien, Japan, Kanada; Süd-Korea, Malaysia, Mexiko, Neuseeland, Papua-Neuguinea, Peru, die Philippinen, Russland, Singapur, Taiwan, Thailand, USA und Vietnam. Seit 1993 treffen sich die Regierungschefs dieser Staaten jährlich. Die Organisation umfasst eine politisch äußerst heterogen strukturierte Staatenwelt sowohl demokratische, kommunistische und halbautoritäre Staaten sind vertreten. In der APEC werden politische brissante Fragen ausgeklammert. Somit können politische Rivalen wie VR China und Taiwan in wirtschaftlichen und anderen (funktionalen) Fragen kooperieren, ohne ihre politischen Differenzen beilegen zu müssen. Die APEC verfügt über eine sehr flexible, nicht auf vertraglichen Regeln basierende Organisationsstruktur, womit sie sich signifikant von den straff organisierten Organisationen EU und

NAFTA unterscheidet.

Die APEC-Mitgliedstaaten sind bestrebt, im Wege konsensorientierter Konsultationen freiwillige Liberalisierungs- und Kooperationsprogramme auf den Weg zu bringen. Hauptmotivationen zur Gründung der APEC waren zum einen die Furcht vor dem Entstehen anderer bedeutender internationaler Regionalorganisationen sowie zum anderen zunehmende Handelskonflikte zwischen den (späteren) Mitgliedern der APEC, insbesondere zwischen den USA, Japan und die VR China. Die APEC strebt in erster Linie die Realisierung der so genannten „Bogor-Ziele" (formuliert 1994 in der Bogor-Deklaration) an: Freihandel in der Region, für die asiatisch-pazifischen Industrieländer bis 2010 und für die Entwicklungsländer bis 2020. Zur Förderung dieses Zieles entwarfen die Mitgliedstaaten nationale Aktionspläne. Eine Überprüfung der Ergebnisse findet in Form jährlicher Fortschrittsberichte auf den Gipfeltreffen statt. Seit 2002 sind auch bilaterale oder multilaterale Abkommen untereinander zugelassen. Die Abkommen müssen den Regeln der WTO entsprechen. APEC-Mitglieder haben bisher mehr als 40 solcher Abkommen unterzeichnet.

Historische Entwicklung

Nach Gründung der APEC 1989 führte das dritte Ministertreffen in Seoul 1991 zu ersten Institutionalisierungen. Strebte man zunächst lediglich eine ökonomische und technische Kooperation an, so erweiterte man die Zielsetzungen 1994 im Rahmen der Bogor-Deklaration. Auf der Osaka-Konferenz von 1995 verabschiedete man eine Aktionsagenda zur Realisierung der Bogor-Ziele, die 1996 in Manila spezifiziert wurde. Beschlossen wurde, die nachfolgenden sechs Bereiche wirtschaftlicher und technischer Kooperation privilegiert zu entwickeln respektive zu fördern: Humankapital, sichere und effiziente Kapitalmärkte; eine gute ökonomische Infrastruktur, Zukunftstechnologien, umweltverträgliches Wachstum sowie kleinere und mittlere Betriebe. Weitere Gipfeltreffen fanden in Vancouver und Kuala Lumpur statt. In Vancouver (1997) würdigten die APEC-Führer die Versuche der Mitgliedstaaten, ihr Engagement im Rahmen ihrer Individuellen Aktionspläne (Individual Action Plans, IAPs) zu verbessern und verständigten sich darauf, freiwillige Liberalisierungsmaßnahmen in 15 Sektoren vorzunehmen (Early Voluntary Sectoral Liberalization, EVSL). In Kuala Lumpur (1998) einigten sich die APEC-Führer darauf, mit einer kooperativen Wachstumsstrategie eine Antwort auf die Asienkrise zu geben. Ferner beschlossen sie, im Rahmen WTO auch mit Nicht-APEC Mitgliedern eine EVSL-Vereinbarung zu suchen.

Seit ihrer Gründung hat die APEC versucht, zwei unterschiedliche Funktionen miteinander zu verbinden: Zum einen ist sie per definitionem als regionale Wirtschaftsorganisation gegründet worden, zum anderen versteht sie sich aber auch als ein Instrument zur weltweiten Handelsliberalisierung. Zunächst war die APEC als eine Art „pazifische OECD" konzipiert worden. Doch schon auf der Eröffnungskonferenz in Canberra im Jahr 1989 wurde das gemeinsame vitale Interesse der Staaten der Region an einer (globalen) internationalen Handels-liberalisierung betont. Der APEC war neben ihrer regionalen Funktion von Anfang an auch die Aufgabe zugedacht, einen wichtigen Beitrag zur Arbeit der schon vorhandenen internationalen ökonomischen Foren wie GATT und OECD zu leisten. Die ursprüngliche Vorstellung von der APEC als in erster Linie regionaler Organisation verstärkte sich allerdings Mitte der 1990er Jahre wieder, als Zweifel über die im Rahmen der Uruguay-Runde faktisch erzielten Liberali-sierungsfortschritte aufkamen. Das Gipfeltreffen der Staats- und Regierungschefs in Bogor (1994) führte entsprechend zur Zielformulierung einer regionalen Freihandelszone. Die dieser Zielsetzung zugrunde liegende Perzeption der Organisation als einer Art regionalem Selbstzweck wurde mit der Aktionsagenda von Osaka weiter entwickelt; gleichzeitig wurde ein asiatisch-pazifischer Ansatz zu globalem Freihandel definiert.

Aus den beiden fundamentalen Zielvorstellungen der APEC (regionale und globale Handelsliberalisierung) ist das Konzept des „offenen Regionalismus" erwachsen. Die regionale Liberalisierung soll – wenn möglich – auf der Grundlage des Meistbegünstigungsprinzips auf andere Mitglieder der WTO ausgedehnt werden. Der Weg zum Ziel der Handelsliberalisierung wurde im Mai 1997 in Montreal von den Handelsministern der APEC-Mitgliedstaaten mit dem Konzept der Early Voluntary Sectoral Liberalization (EVSL) vorgegeben, einer fortgeschrittenen Form konzertierter, d.h. national umgesetzter, aber multilateral abgestimmter Liberalisierungs-Ansätze mit einer detaillierten Spezifikation von Sektoren und Liberalisierungsmethoden. Allerdings ergab die Auswertung der auf dem Subic Bay Treffen im November 1996 sowie dem Vancouver-Treffen von 1997 vorgelegten Individual Action Plans (IAP), dass die meisten Mitgliedstaaten nicht dazu bereit waren, über die von ihnen im Rahmen der WTO oder anderer (regionaler) Handelsvereinbarungen bereits eingegangenen Verpflichtungen substanziell hinauszugehen.

Ferner haben die APEC-Mitgliedstaaten aufgrund erheblicher innenpolitischer Widerstände das EVSL-Paket offiziell nicht billigen können. Dennoch kam es zu partiellen Erfolgen, vor allem im Bereich der Informationstechnologie: Hier wurde das sog. Information Technology Agreement (ITA) – zum zollfreien Handel mit IT-Waren – realisiert, zunächst in der APEC, später dann auch in der WTO. Die Asien-Krise von 1997 erschütterte die Glaubwürdigkeit der APEC. Die Krise führte zu Bedenken im Hinblick auf den fragilen Charakter des „offenen Regionalismus" sowie die unkritische Akzeptanz, welche die wachsende Deregulierung und Kapitalmobilität begleitet hatte. Die passive Haltung der APEC in der ökonomischen Krise wurde als Manifestation der Marginalisierung ihrer Bedeutung als Institution gesehen. Ein weiterer Faktor, der die existierenden Spannungen innerhalb der Organisation intensivierte, war die wachsende Politisierung der APEC-Agenda in Form der Einbeziehung von Menschenrechtsfragen. Auf der Konferenz in Kuala Lumpur 1998 wurde die malaiische Regierung wegen ihrer autoritären Politik offen kritisiert.

Bei der Zusammenkunft der Staats- und Regierungschefs in Shanghai 2001 wurde der Shanghai Accord als eine strategische Agenda für die zukünftige Entwicklung der APEC verabschiedet. Man verpflichtete sich, die Road Map zur fristgemäßen Erreichung der Bogor-Ziele zu präzisieren - etwa durch Erweiterung und Aktualisierung der Aktionsagenda von Osaka, Entwicklung neuer Handelsstrategien für die New Economy sowie Schaffung von mehr Transparenz bei der economic governance - und ferner die Implementierungsmechanismen der APEC zu stärken. Darüber hinaus befasste man sich in Shanghai (2001) und Los Cabos (2002) aus gegebenem Anlass intensiv mit dem Thema Terrorismus. Dieser wird als Bedrohung der ökonomischen Stabilität des APEC-Raums und als direkte Herausforderung des APEC-Ideals einer freien, offenen und florierenden Wirtschaft bewertet. Die Staatsführer verpflichteten sich dazu, dem Terrorismus durch diverse Maßnahmen entschieden entgegen zu treten. Beispielsweise durch das Einfrieren von Konten, eine Erhöhung der Luft- sowie der Schiffsverkehrssicherheit, eine Verbesserung der Grenzzusammenarbeit im Bereich der Sicherheit.

KLASSIFIKATIONEN DER APEC AUS INTEGRATIONSTHEORETISCHER PERSPEKTIVE

Der offene Regionalismus (d.h. eine regionale Kooperation ohne Diskriminierung von Nichtmitgliedern bzw. die Ausdehnung von Maßnahmen regionaler Handelsliberalisierung auch auf Nicht-Mitglieder) ist zentrales Merkmal der APEC. Allerdings zeigen die Probleme bei der Realisierung der EVSL-Strategie die Schwierigkeiten einer gleichzeitigen Realisierung von regionalem und globalem Multilateralismus an. Der offene Regionalismus der APEC, der ein „promoter of multilateralism" sein soll, ist daher als Konzept sicherlich noch im Anfangsstadium. Die Eminent Persons Group der APEC hat vier Interpretations-möglichkeiten des offenen Regionalismus vorgeschlagen: Größtmögliche Ausweitung der unilateralen Liberalisierung, Verpflichtung zum weiteren Abbau von Grenzhemmnissen gegenüber. Drittstaaten, Bereitschaft zur Ausweitung regionaler Liberalisierung auf Drittstaaten (auf reziproker Basis), jeder APEC-Mitgliedstaat kann individuell seine APEC Liberalisierungsintiative auf Drittländer ausweiten – konditioniert oder unkonditioniert. Diese verschiedenen Interpretationen sind auch Zeichen für den mangelnden Konsens über die theoretische Definition und die praktischen Modalitäten der Umsetzung des offenen Regionalismus.

Die APEC hat seit ihrer Gründung verschiedene Varianten dieses Prinzips ausgelotet. Zunächst – in einem frühen Stadium bis 1993 – wurde der Begriff von der APEC im Sinne unkonditionierter Meistbegünstigung begriffen. Aber wegen des Widerstandes der Entwicklungsländer und wegen des Problems von „Trittbrettfahrern" änderte die Organisation ihre Politik in Richtung konditionierter

Meistbegünstigung. Dies war aber von der WTO untersagt (es sei denn, die APEC-Mitglieder hätten eine Freihandelszone oder eine Zollunion gegründet). Um das Problem der Nichtkonformität mit WTO-Regeln zu lösen, wurde 1995 auf dem Gipfeltreffen in Osaka eine „konzertierte, unilaterale Liberalisierung" beschlossen. Unklarheit bestand allerdings über den Umfang der Konzertierung. Daher vereinbarte man 1998 in Kuala Lumpur die EVSL. Die Schwierigkeiten bei der Übernahme dieses Konzeptes waren zugleich Ergebnis und Manifestation des mangelnden Konsenses der Mitgliedstaaten darüber, wie das Konzept des offenen Regionalismus zu interpretieren respektive umzusetzen sei. Zu diesem Problem der unterschiedlichen Interpretation trägt auch bei, dass in der APEC weitere – subregionale – wirtschaftliche Integrationsgebilde wie NAFTA, AFTA und CER organisiert sind. Diese Subregionalismen können – zumindest potenziell – die APEC-Solidarität unterminieren. Jedes (mögliche) Scheitern der EVSL-Initiative kann zur Entstehung von Blöcken innerhalb der APEC führen, wie etwa des East Asian Economic Caucus (EAEC). Trotz dieser Probleme weist die APEC mit Blick auf ihren Binnenhandel einen hohen Grad an Integration auf. Mit Blick auf diese Indikatoren ist zu erwarten, dass die APEC weiterhin die regionale Integration stärken und gleichzeitig die weltweite Liberalisierung im Rahmen der WTO fördern wird.

ENTSCHEIDUNGSPROZESSE

Die APEC hat einen kleinen Mitarbeiterstab und ein nur relativ niedriges Budget. Der Entscheidungsprozess ist hochgradig dezentralisiert und unterliegt lediglich einer allgemeinen Aufsicht durch hohe Beamte und Minister. Die wichtigsten Elemente im Entscheidungsprozess sind einerseits die Arbeitsebene und andererseits die Staats- und Regierungschefs. Zentrales Entscheidungsorgan ist die jährlich stattfindende institutionalisierte Konferenz der Regierungschefs. Diskussions- und Kooperationsgrundlage im Entscheidungsprozess sind die Prinzipien der Konsens- und Vertrauensbildung. Im Februar 1993 wurde in Singapur ein permanentes Sekretariat eingerichtet. Es dient als Informationsbörse und zentrale Koordinierungsstelle. APEC-Entscheidungen werden konsensual getroffen. Der APEC-Vorsitz, der jährlich unter den Mitgliedern rotiert, ist für die Organisation der jährlichen Konferenzen der Wirtschafts- und Außenminister verantwortlich. Daneben gibt es Treffen von Ministern fast aller Ressorts, wobei das jährlich stattfindende Treffen der Handelsminister hervorzuheben ist (Evaluierung der APEC Aktivitäten, Entwicklung von Zukunftsstrategien). Vor jedem Ministertreffen werden Treffen hochrangiger Beamter (Senior Officials Meetings, SOM) abgehalten. Diese Beamten erarbeiten Empfehlungen für die Minister und führen deren Entscheidungen aus. Sie koordinieren und überwachen ferner, mit Zustimmung der Minister, die Budgets und Arbeitsprogramme der APEC.

Daneben gibt es noch drei APEC-Komittees, ein Sub-Komitee, 11 Arbeitsgruppen sowie weitere APEC-Foren. Die APEC ist offen für verschiedene äußere Einflüsse, einschließlich des privaten Sektors, der Gewerkschaften und der Wissenschaft. Diese privaten Einflüsse spielen eine wichtige Rolle bei der Entwicklung von Ideen sowie ihrer Durchsetzung. Der Privatsektor wurde 1995 durch den APEC Business Advisory Council (ABAC) als ständiges Gremium in die APEC integriert. Der ABAC setzt sich aus drei führenden Geschäftsleuten aus jedem Mitgliedstaat zusammen und berät die Regierungschefs im Rahmen eines institutionalisierten Dialogs. Der ABAC hat eine Reihe von Schlüsselinitiativen mit Erfolg unterstützt: das multilaterale Air Services Agreement, das von fünf APEC-Staaten unterschrieben wurde; die APEC Business Travel Card, vereinbart zwischen 11 APEC-Mitgliedern; den Start eines APEC-PKW- und Chemie-Dialogs; die E-Commerce Readiness Assessment Initiative, zu der sich 19 APEC-Staaten verpflichtet haben; ferner die Einrichtung eines APEC-Ernährungssystems durch die APEC Regierungschefs. Der ABAC kommuniziert auch direkt mit Ministern der Mitgliedstaaten.

DOKTRINEN UND STRATEGIEN DER AUßENWIRTSCHAFTSPOLITIK

Die Außenwirtschaftspolitik der APEC beruht auf der EVSL.-Strategie. Die Mitgliedstaaten einigen sich auf die Liberalisierung bestimmter vorrangiger Sektoren, wobei die Umsetzung eingegangener Verpflichtungen nicht durch formale Sanktionen erzwungen werden kann. Das Prinzip der Nichteinmischung in die inneren Angelegenheiten der anderen Mitgliedstaaten (somit auch nicht in ihre nationalen Wirtschaftspolitiken) ist ebenso Grundpfeiler der APEC Kooperation wie das Prinzip der Freiwilligkeit. Die 15 Sektoren, die für die EVSL ausgewählt wurden, sind: Umweltprodukte und -dienste, Fisch- und Fischprodukte, Spielzeuge, Waldprodukte, Edelsteine und Juwelen, Ölsamen und Ölsamenprodukte, Chemikalien, Energie, Nahrungsmittel, natürliches und synthetisches Gummi, Düngemittel, Automobilprodukte, medizinische Aus-rüstung und Instrumente, zivile Flugzeuge sowie Telekommunikation.

Um die Handelsliberalisierung voranzutreiben, einigten sich die Staat- und Regierungschefs auf der Shanghai-Konferenz im Oktober 2001 darauf, durch die Umsetzung der sog. APEC Trade Facilitation Action Plan die Transaktionskosten in der APEC-Region innerhalb von fünf Jahren um 5% zu senken. Die Handelserleichterungen der APEC basieren auf zwei Säulen, zum einen auf länderspezifischen Individual Action Plans (IAPs), eingeführt 1996, zum anderen auf Collective Action Plans, entwickelt in der Aktionsagenda von Osaka als gemeinsame Richtlinien zur Koordinierung individueller Maßnahmen. Die Mitgliedstaaten bekräftigten ihre Zusage, die in ihren jeweiligen IAPs skizzierten Maßnahmen auch wirklich zu ergreifen, damit die Bogor Ziele erreicht werden können. In diesem Zusammenhang wird von ihnen erwartet, ihre IAPS vorzulegen und von Experten begutachten zu lassen. Auf der Konferenz der Staats- und Regierungschef in Los Cabos (2002) legten Japan und Mexiko als erste ihre IAPs zur unabhängigen Überprüfung vor. 15 weitere Staaten haben zugestimmt, ihre IAPs ebenfalls vorzulegen und evaluieren zu lassen (2003 bis 2008). In den IAPs sind nicht nur Zölle bzw. Zollsenkungen vorgesehen, sondern auch die Reduzierung nicht-tarifärer Handelshemmnisse. Es geht dabei nicht nur um die Liberalisierung des Güterverkehrs, sondern auch um Dienstleistungen, Investitionen, Rechte geistigen Eigentums, Wettbewerbspolitik, Vergabe-verfahren, Deregulierung, Ursprungs- und Streitregelungen sowie Mobilität für Geschäftsleute. Hier sind teilweise Fortschritte zu verzeichnen (z.B. Vereinfachung von Zollverfahren, Business Visa), auch wenn die APEC mit Blick auf das EVSL-Konzept insgesamt bisher die anvisierten Ziele noch nicht hat erreichen können und einige Aspekte der EVSL noch nicht auf die Zustimmung aller Mitgliedstaaten gestoßen sind.

Die Wirtschaftspolitik der APEC zielt auf die Stärkung von Umwelttechnologie, ein verstärktes Capacity Building im Bereich Trade and Investment Liberalization and Facilitation (TILF), auf finanzielle Kooperation, New Economy-Maßnahmen sowie die Unterstützung bei Strukturreformen. Die EVSL stellte und stellt dabei eine große Herausforderung an das Konsensprinzip dar: In der Deklaration von Seoul aus dem Jahre 1991 wurde deshalb garantiert, dass keine kollektiven Maßnahmen ergriffen werden können, wenn auch nur ein einziger Mitgliedstaat dagegen ist. Damit sollten Sorgen vor einer möglichen „asymmetrical dependence, heightened tension and North-South polarization in APEC" zerstreut werden. Was die EVSL angeht, haben die USA Bedenken, dass die EU als Trittbrettfahrer davon profitieren könnte. Diese Bedenken stützen sich auf die Annahme, dass die EU, wenn sie schon von der Öffnung der US-Märkte im Rahmen der APEC profitiere, keinen Anreiz mehr verspüren werde, bei Liberalisierungen im Rahmen der WTO hinsichtlich der eigenen Märkte Konzessionen zu machen.

PERSPEKTIVEN

Mit Blick auf die zukünftige Entwicklung der APEC lässt sich durchaus eine Reihe von Hindernissen und Schwierigkeiten erkennen, die entweder bereits existieren oder aber in der Zukunft auftreten können. Nimmt man die EU oder den NAFTA zum Maßstab, kann man die informellen Entscheidungsmechanismen in der APEC sowie die Vielfalt ihrer Mitglieder kritisieren. Auch der Mangel an gemeinsamen Prinzipien für eine politische Kooperation und das Fehlen einer gemeinsamen Vision können sich begrenzend auf den im APEC Rahmen erreichbaren Grad an ökonomischer Kooperation und Handelsliberalisierung auswirken. Man ist darüber hinaus auch kaum gegen Krisen im Finanzsystem gewappnet. Jede zukünftige Finanzkrise könnte aufgrund des Fehlens einer monetären Integration die Mitgliedstaaten demotivieren, den Weg der Liberalisierung weiter zu gehen. Der Grund ist einfach: Die Stärke und Stabilität der APEC hängt in erster Linie davon ab, welche individuellen ökonomischen Vorteile die einzelnen Staaten aus ihrer Mitgliedschaft ziehen können. Die APEC sieht sich – aufgrund ihrer größer gewordenen Zahl an Mitgliedern sowie ihrer breiter gewordenen Agenda einerseits und ihrer leitenden Prinzipien Offenheit und Flexibilität andererseits – gezwungen, ihre Rolle gegenüber dem Multilateralismus der WTO zu definieren, wobei die WTO den Vorteil vertraglicher Vereinbarungen und Verpflichtungen (inklusive Sanktionssystem) hat. Der Erfolg der APEC, das multilaterale System gegen einen „closed regionalism and aggressive bilateralism" zu schützen, würde im Falle von „increasing overlap and substitutability" mit der WTO obsolet werden.

Darüber hinaus macht es die Existenz unterschiedlicher Interpretationen des Prinzips des „offenen Regionalismus" unter den Mitgliedstaaten schwierig, einen Aktionsplan für die langfristige Entwicklung der APEC auszuarbeiten. Unterschiedliche Erwartungen an und Verständnisse von Liberalisierung und Kooperation gehen einher mit voneinander abweichenden Zielsetzungen der führenden APEC Mitglieder, insbesondere der USA und Japans. Da wäre z.B. der Mangel an US-Unterstützung für regionale Integration im nordöstlichen Asien, eine Tatsache, die jegliche Möglichkeit, die APEC zukünftig in eine Freihandelszone zu verwandeln, scheitern lassen könnte. Ein weiterer Konflikt-herd im APEC-Forum ist auch der wachsende Handelsbilanzüberschuss Japans gegenüber den nordamerikanischen APEC-Mitgliedern, der zu transpazifischen Handelskonflikten führen könnte. Die ökonomische und politische Unterschiedlichkeit in der APEC stellt die größte Herausforderung für ihre zukünftige Entwicklung dar.

Die beiden APEC-Grundsätze konzertierter Unilateralismus und Freiwilligkeit lassen für die Zukunft der APEC die Herausbildung einer Kerngruppe möglich erscheinen. In diesem Fall könnte das signifikante politische und kulturelle Identitätsprobleme nach sich ziehen. Es bestünde die Gefahr, dass die Idee der asiatisch-pazifischen Einheit dann nur noch als eine Konstruktion wahrgenommen wird, eine Konstruktion der „more globalization powers who stand to benefit most by the borderless circulation of peoples, goods, and symbols within ist economic framework" (Wilson 2001: 396).

Der offene Regionalismus ist zweifellos auch der größte Vorzug der APEC, der sie für Drittländer so attraktiv macht. Jedoch wird ein offener Regionalismus, der dazu geschaffen wurde, die multilaterale Handelsordnung zu stärken, Konflikte mit sich bringen, da kein Konsens über die Modalitäten seiner Implementierung besteht. Will die APEC das Konzept des offenen Regionalismus weiter verfolgen, bleiben ihr im Wesentlichen drei Optionen: eine kollektive unilaterale Liberalisierung, die nach dem Meistbegünstigungsprinzip ohne Bedingungen auf Nichtmitglieder übertragen werden kann (entsprechend der WTO-Regeln); mit der regionalen Liberalisierung genauso schnell voranzugehen wie die WTO; die APEC in eine Freihandelszone verwandeln, die sich – in einer späteren Phase – auch für andere Regionen und Länder öffnet.

Unter diesen drei Optionen scheint die letzte vielversprechend zu sein. Aber auch diese Option bedürfte der Entwicklung einer Strategie, die es dieser neuen Freihandelszone ermöglichte, einen wesentlichen Beitrag zum (globalen) multilateralen Handelssystem zu leisten statt (nur) den Regionalismus zu stärken. Alles in allem hat die APEC eine Chance, ein neues Integrationsmodell zu realisieren – dieses neue Modell, das als eine „Open Economic Association" (OEA) bezeichnet werden kann, würde gegenüber anderen Staaten wirtschaftlich nicht diskriminierend wirken und an ihrem Grundsatz der freiwilligen ökonomischen Integration festhalten.

BIBLIOGRAPHIE

Acharya, Amitav: Realism, Institutionalism, and the Asian economic crisis, in: Contemporary Southeast Asia 21, 1/1999, 1-29.
Beeson, Mark: Institutions of the Asia-Pacific: ASEAN, APEC, and beyond. London 2009.
Cai, Kevin G.: Is a free trade zone emerging in Northeast Asia in the wake of the Asian financial crisis?, in: Pacific Affairs 74, 1/2001, 7-24.
Gerhold, Antje: Wirtschaftliche Integration und Kooperation im asiatisch-pazifischen Raum. Die APEC. Frankfurt 1999.
Heribert, Dieter: Australien und die APEC: Die Integration des fünften Kontinents in den asiatisch-pazifischen Wirtschaftsraum. Hamburg 1994
Janow, Merit E.: APEC: An Assessment, in: Discussion Paper Series, Nr. 3, APEC Study Center, Columbia University, January 1997.
Kast, Günter: Der schwierige Abschied von der Vorherrschaft: Die Vereinigten Staaten von Amerika und die neue internationale Ordnung im asiatisch-pazifischen Raum. Hamburg/Münster 1998.
Micek, Ernest / Song, Paul / Stenberg, Sy: Business: The key to APEC Success, in: The China Business Review 28, 5/2001, 16-20.
Okfen, Nuria: Kooperation und kollektive Identität im pazifischen Asien: APEC, ASEM und APT. München 2004.
Rolf J. Langhammer: Regional integration APEC style: Lessons from regional integration, EU style, in: ASEAN Economic Bulletin 16, 1/1999, 1-17.
Sung-Hoon, Park: Free trade agreements in the APEC region: an evolutionary path to Bogor Goals. Seoul 2008.
Sung-Hoon, Park: Open Regionalism of APEC: Concepts, Recent Developments and Options for the 21st Century, CSGR 3rd Annual Conference After the Global Crises: What Next for Regionalism, Scarman House, University of Warwick, September 1999, 1-27.
Wesley, Michael: APEC's mid-life crisis? The rise and fall of early voluntary sectoral liberalization, in: Pacific Affairs 74, 2/2001, 185-204.
Wilson, Rob: Doing cultural studies inside APEC: Literature, cultural identity, and global/local dynamics in the American Pacific, in: Comparative Literature 53, 4/2001, 389-403.

Yamazawa, Ippei: Economic Integration in the Asia-Pacific Region, in: Grahame Thompson (Hg.) Economic Dynamism in the Asia-Pacific, London 1998, 163-184.

PACIFIC ISLANDS FORUM

Wolfgang Gieler

Gründungsgeschichte und vertragliche Grundlagen

Das Pacific Island Forum (PIF) wurde unter dem Namen South Pacific Forum (SPF) am 17. April 1971 in Apia (Samoa) als Reaktion auf die seit den 1960er Jahren anhaltenden Unabhängigkeitsbestrebungen und als Protest gegen die von den Kolonialstaaten eingerichtete und von außen gesteuerte South Pacific Commission (SPC) von den Regierungschefs Australiens, Neuseelands und den bereits unabhängigen Inselstaaten Cookinseln, Fidschi, Nauru, Tonga und West-Samoa (heute Unabhängiger Staat Samoa) als regionales Instrument für Kooperation und Diskussion ins Leben gerufen. Das Forum trat zum ersten Mal 1971 in *Wellington* (*Neuseeland*) zusammen. Auf dem 30. Forumstreffen in *Koror* (*Palau*) vom 3. bis 5. Oktober 1999 wurde die Umbenennung in Pacific Islands Forum beschlossen, um der Ausweitung der Mitgliedschaft auf Staaten nördlich des *Äquators* Rechnung zu tragen.

Gegenwärtig umfasst das PIF 16 Mitgliedstaaten: Australien, Cookinseln, Fidschi, Kiribati, Marshallinseln, Föderierte Staaten von Mikronesien, Nauru, Neuseeland, Niue, Palau, Papua-Neuguinea, Salomonen, Samoa, Tonga, Tuvalu und Vanuatu. Seit 2002 hat Timor-Leste einen Beobachterstatus. Neukaledonien und Französisch-Polynesien verfügen seit dem Jahr 2006 über einen Status als assoziierte Mitglieder und Wallis und Futuna über einen Beobachterstatus. Vorletzter Generalsekretär des Sekretariats war seit Januar 2004 der Australier *Greg Urwin*. Nach achtmonatiger Krankheit verstarb er am 9. August 2008 in *Apia*. Bereits im Mai 2008 hatte er seinen Rückzug aus der Politik angekündigt und die Führung der Geschäfte seinem Stellvertreter überlassen. Anlässlich des 39. Forumstreffens in Niue wählten die Staats- und Regierungschefs des Pacific Islands Forum am 21. August 2008 *Tuiloma Neroni Slade* aus Samoa zum neuen Generalsekretär. Am 13. Oktober 2008 trat er sein Amt an.

Entwicklung seit Gründung und integrationstheoretische Einordnung

Während die Gründungsvereinbarung von 1971 keine thematische Festlegung auf bestimmte Zieldimensionen enthielt und sich die Regierungschefs auf den jährlichen Konferenzen sehr verschiedenen Inhalten widmeten, konnten in den 1980er und 1990er Jahren jedoch einige richtungsweisende Vereinbarungen getroffen werden. So gelang 1985 mit dem Ratatonga-Vertrag die Errichtung einer atomwaffenfreien Zone im Südpazifik, in der Besitz, Herstellung, Stationierung und Tests von Atomwaffen und atomwaffenfähigem Material sowie die Verklappung von Atomabfällen auf den Meeresgrund verboten sind. 1995 wurde diese Übereinkunft von den fünf Atommächten im Atomwaffen-sperrvertrag (China, Frankreich, Russland, USA, Großbritannien) ratifiziert. Ebenfalls erfolgreich wurde 1977 mit der South Pacific Fisheries Agency die Schaffung einer 200-Seemeilen-Wirtschaftszone für die einzelnen Inselstaaten initiiert. Darüber hinaus gelang die Einrichtung einer eigenen Schifffahrtslinie (Pacific Forum Line), eines Fonds zur Unterstützung der Opfer von Naturkatastrophen (South Pacific Regional Desaster Fund) und eines regionalen Umweltprogramms (South Pacific Regional Environment Programm). Nennenswert ist außerdem die Idee der Schaffung einer pazifischen Freihandelszone, deren Prinzipien 1999 von den Forumsmitgliedern im Pacific Agreement on Closer Economic Relations (PACER) und im Pacific Island Countries Trade Agreement (PICTA) niedergelegt wurden. Des Weiteren verspricht die Gründung der Association of South Pacific Airlines eine bessere Koordination des Waren- und Personentransfers zwischen den Inselstaaten, der sich zweifellos positiv auf die ökonomische und politische Entwicklung auswirken wird. Auch im Falle politischer Spannungen in einzelnen Mitgliedsstaaten bewies das Forum in der Vergangenheit Handlungsfähigkeit: So konnten in Papua-Neuguinea, insbesondere auf Bougainville die gewaltsamen Auseinandersetzungen auf Grund separatistischer Bewegungen sowie auf den Salomonen und Fidschi die Putschversuche durch das Eingreifen australischer und neuseeländischer Friedenstruppen beendet werden.

In seiner Gründungsphase in den 1970er Jahren stellte das SPEC keine völkerrechtlich verankerte Organisation dar, sondern lediglich einen lockeren institutionellen Rahmen für Konferenzen der beteiligten Staaten. Inzwischen sind die Mitglieder des Forums um eine stärkere wirtschaftliche, aber auch politische Integration bemüht. Die Ergebnisse und Entwicklungen dieser Intentionen besonders in den gegenwärtigen Arbeitsfeldern (Armutsbekämpfung, Handelsexpansion, nachhaltige Entwicklung, politische Stabilität, Umweltschutz, regionale Sicherheit, Telekommunikation, Terrorismusbekämpfung, Seerecht) werden erst in Zukunft bewertet werden können. Das PIF hat heute als Organisation einen Beobachterstatus bei den Vereinten Nationen und bei der APEC, ist bei der WTO und der OECD repräsentiert und erhält finanzielle Zuwendungen von EU, ADB (Asian Development Bank) und ESCAP (Economic and Social Commission for Asia and the Pacific).

Organisationsstruktur und Finanzierung

Jährlich treffen sich die Staats- und Regierungschefs der 16 Mitglieder in einem der Forumsstaaten. Diese Zusammenkünfte bieten die Möglichkeit für formelle und informelle Gespräche über spezielle Themen. Im Anschluss an diese Treffen beginnen Verhandlungen auf Ministerebene, an denen neben der VR China, Frankreich, Großbritannien, Indien, Indonesien, Japan, Kanada, Südkorea, Malaysia, den Philippinen und den USA, auch die EU und andere regionale Organisationen beteiligt sind.

Den administrativen Arm des Forums bildet das Pacific Islands Forum Secretariat (PIFS) in Suva, das aus dem SPEC hervorging und aus vier Departments (Trade and Investment/Political, International and Legal Affairs Division/Development and Economic Policy Division/Corporate Service Division) zusammengesetzt ist. Das PIFS unterhält Dependancen in Auckland, Sydney, Peking und Tokio. Die Leitung des PIFS obliegt einem Generalsekretär, der von einem Stellvertreter unterstützt wird und dem Forum direkt verantwortlich ist; außerdem unterstehen die einzelnen Departments jeweils einem Direktor. Die Finanzierung des PIFS wird zu je einem Drittel von Australien und Neuseeland bestritten, das verbleibende Drittel bringen die übrigen Mitgliedsstaaten gemeinsam auf. Weitere finanzielle Zuwendungen erhält das PIFS aus Mitteln der Vereinten Nationen und der EU. Ein am 27. Oktober 2005 in Port Moresby (Papua-Neuguinea) unterzeichneter Vertrag sieht zwar die Verschmelzung der beiden Institutionen vor, doch steht sein Inkrafttreten noch aus.

Im Oktober 2007 wurde das Prinzip eines dreijährlichen Ministertreffens zwischen der EU und dem PIF festgelegt. Die EU-Pazifik-Strategie, stellt nunmehr den Rahmen der gemeinschaftlichen Zusammenarbeit in dieser Region dar. Sie setzt den Akzent auf die Themen Demokratie, Good Governance, Sicherheit, Wirtschaftswachstum, nachhaltige Entwicklung sowie regionale Integration und Entwicklungszusammenarbeit. Besonders hervorgehoben wird zudem, die Bedeutung, den politischen Dialog mit dem Pacific Islands Forum zu intensivieren. Im Rahmen des EU-Pazifik-Dialogs fand am 16. September 2008 in Brüssel die erste Ministertroika zwischen der Europäischen Union und dem Pacific Islands Forum statt. Die EU-Troika wurde von Alain Joyandet, Staatssekretär für Zusammenarbeit und Frankofonie, die Troika des Pacific Islands Forum von Toke Tufukia Talagi, Premierminister von Niue, angeführt.

Perspektiven

Auch wenn viele der pazifischen Inselstaaten als Mikrostaaten nicht über globale wirtschafliche Einflussmöglichkeiten verfügen, so besitzt die Region dennoch reiche natürliche Ressourcen, insbesondere über Fisch- und Meeresfrüchtevorkommen, aber auch über Bodenschätze, die sowohl auf den Inseln als auch unter dem Meeresboden lagern. Der Abbau und die Verarbeitung dieser Rohstoffe könnten für ein künftiges wirtschaftliches Wachstum sorgen und in Verbindung mit dem Ausbau der Verkehrsanbindungen auch zu einer besseren Integration der Region in den Weltmarkt beitragen. Auch bietet der Ausbau der Tourismusbranche große wirtschaftliche Entwicklungspotentiale. Bedenklich stimmt allerdings, dass zahlreiche Inselstaaten von den weltweiten Klimaveränderungen, insbesondere vom Anstieg des Meeresspiegels durch die globale Erderwärmung, aber auch der steigenden Zahl der Wirbelstürme stark betroffen oder sogar in ihrer Existenz bedroht sind. Einige Mitgliedsstaaten sind auch weiterhin von bilateraler und multilateraler Entwicklungszusammenarbeit sowie von Nahrungsmittelimporten abhängig. Eine neu ausgerichtete politische, ökologische und wirtschaftliche Kooperation nach der Erweiterung des Forums kann sich unter entsprechenden Rahmenbedingungen positiv auf die Entwicklung der einzelnen Staaten und der gesamten Region auswirken.

BIBLIOGRAPHIE

Chand Satish: Pacific Islands Regional Integration and Governance, Asia Pacific Press at the Australian National University, 2005.
Fairbairn, Te/ Morrison, Charles E./ Baker, Richard W.: The Pacific Islands: Politics, Economics, and International Relations, East-West-Center, University of Calfornia 1991.
Gillett, Robert ; Lightfoot, Chris: The contribution of fisheries to the economies of Pacific island countries : a report prepared for the Asian Development Bank, the Forum Fisheries Agency, and the World Bank. Manila 2002.
Nohlen, Dieter (Hg.): Lexikon Dritte Welt. Länder, Organisationen, Theorien, Begriffe, Personen, Hamburg 2002.
Rich, Ronald/ Hambly, Luke/ Morgan, Michael G.: Political Parties in the Pacific Islands, University of Hawaii Press 2007.
Thompson, Grahame (Hg.) Economic Dynamism in the Asia-Pacific, London 1998.
Okfen, Nuria: Kooperation und kollektive Identität im pazifischen Asien: APEC, ASEM und APT. München 2004.
Powles, Michael: Pacific Futures, University of Hawaii Press 2006.
Yamazawa, Ippei: Economic Integration in the Asia-Pacific Region, in: Grahame Thompson (Hg.) Economic Dynamism in the Asia-Pacific, London 1998, 163-184.

4. TEIL: ÜBERSICHTEN UND VERZEICHNISSE

ÜBERSICHTSKARTE OZEANIEN

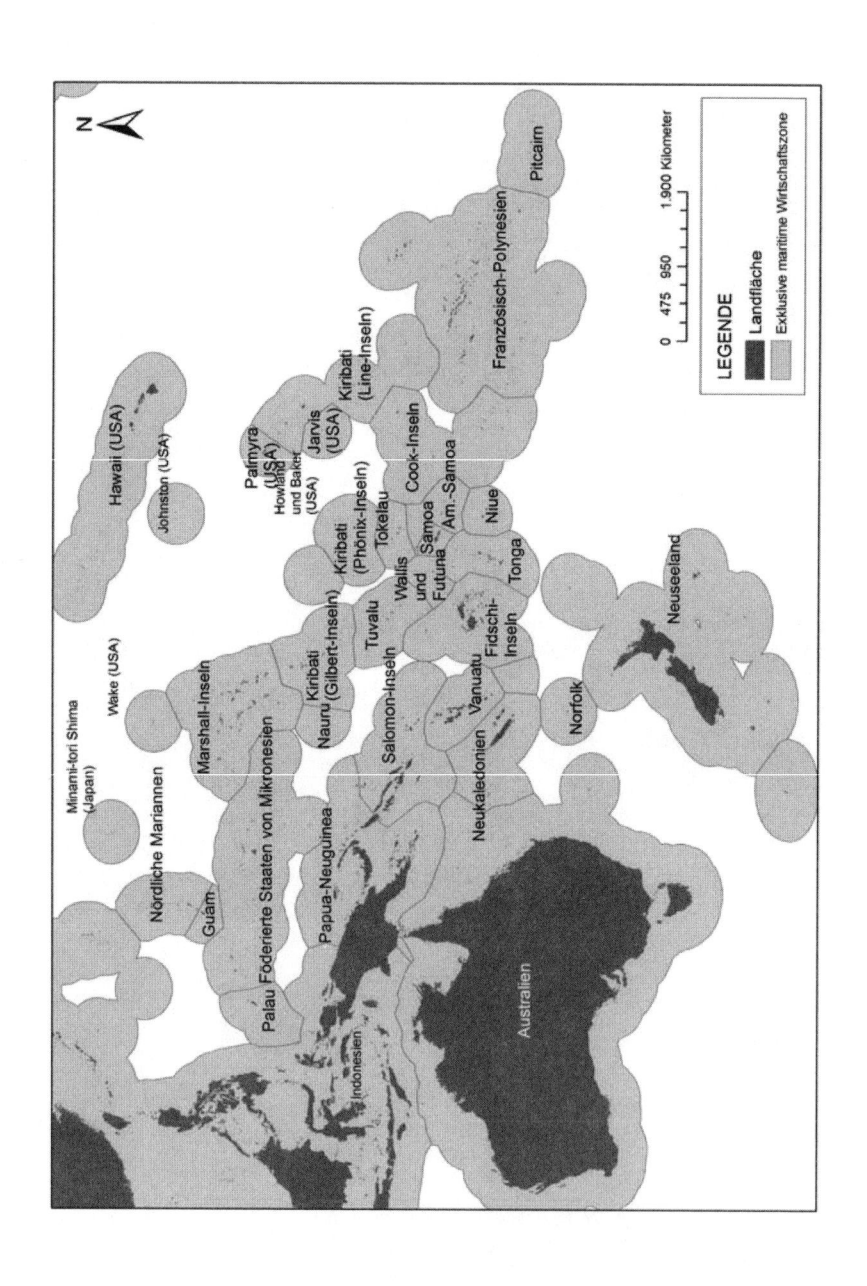

Abbildung 26: Ozeanien

TABELLE OZEANISCHER STAATEN UND ABHÄNGIGER GEBIETE

Ozeanien: Staatliche Gliederung (2008)				
Staat	**Staats-form**	**Fläche (in km^2)**	**Einwohner (in 1 000)**	**Hauptstadt/ Verwaltungssitz**
Australien	Parlamentarische Monarchie	7 692 030	21 007	Canberra
Fidschi	Republik	18 270	932	Suva
Kiribati	Republik	811	110	Bairiki
Marshallinseln	Republik	181	63	Dalap-Uliga-Darrit
Mikronesien	Republik	702	108	Palikir
Nauru	Republik	21	13,7	Yaren
Neuseeland	Parlamentarische Monarchie	270 534	4 173	Wellington
Nördliche Marianen	☐	477	86,6	Garapan (Saipan)

Palau	Republik	458	21	Melekeok
Papua-Neuguinea	Parlamentarische Monarchie	462 840	5 932	Port Moresby
Salomonen	Parlamentarische Monarchie	28 450	581	Honiara
Samoa	Parlamentarische Monarchie	2 944	217	Apia
Tonga	Konstitutionelle Monarchie	748	119	Nuku'alofa
Tuvalu	Parlamentarische Monarchie	26	12,2	Funafuti
Vanuatu	Republik	12 200	215	Port Vila

Nicht selbstständige Gebiete			
Australien:			
Norfolkinsel	34,6	2,1	Kingston
Chile:			
Osterinsel	164	3,8	Hangaroa
Frankreich:			
Französisch-Polynesien	4 167	283	Papeete
Neukaledonien	19 060	225	Nouméa
Wallis und Futuna	274	15,2	Mata-Utu
Großbritannien:			
Pitcairn	47	0,048	Adamstown
Indonesien:			
West-Papua (Irian Jaya)	421 981	2 930	Jayapura
Neuseeland:			
Cookinseln	237	12,3	Avarua
Niue	260	1,4	Alofi
Tokelau	10	1,4	□
USA:			
Amerikanisch-Samoa	199	64,8	Pago Pago
Guam	541	176	Agaña (Hagatna)

ZEITTAFEL ZUR ENTDECKUNG UND GESCHICHTE OZEANIENS

16. Jahrhundert

1513
Vasco Núñez de Balboa überquert den *Isthmus von Panama* von Norden kommend. Den Pazifischen Ozean nennt er Mar del sur („Südmeer", „Südsee").

1520
Ferdinand Magellan durchquert die nach ihm benannte Meerenge (die *Magellanstraße*) in Richtung Südpazifik und segelt auf der Westroute zu den *Molukken*. Er gibt dem Ozean den Namen „mar pacifico" („friedliches Meer").

1521
Magellan landet auf *Guam* und nennt die Inselgruppe „Islas de Ladrones" („Inseln der Diebe", die heutigen *Marianen* und Mikronesien).

1526
Jorge de Meneses entdeckt *Neuguinea*.

1527-29
Alvaro de Saavedra Ceron versucht von den Molukken nach Mexiko zu segeln. Dieses zunächst belächelte Vorhaben endet mit der Entdeckung der *Admiralitätsinseln* (Melanesien und die östlichen Gebiete der *Karolinen* (Mikronesien)).

1537
Fernando Grijalva entdeckt den *Gilbertarchipel* (Mikronesien).

1542-45
Ruy López de Villalobos überquert von Mexiko den Pazifik. Er landet auf den zentral gelegenen *Marshallinseln* und den westlichen Karolinen. Die Rückreise verlief sehr unglücklich, sowohl er als auch sein Nachfolger überlebten die Reise nicht. Seine zunächst von Bernaldo de la Torre, dann von *Íñigo Ortiz de Retez* geführte Flotte scheitert am Nordostpassat fand aber zuvor die nördlichen *Marianen* (Mikronesien) und die Ninigogruppe (*Melanesien*).

1568
Alvaro de Mendaña de Neyra trifft auf die Ellicesinseln und die *Salomonen*.
1579

Francis Drake überquert auf *seiner Weltumsegelung* den Nordpazifik auf dem Rückweg nach England.

1595
Alvaro de Mendaña entdeckt die *Marquesas*. Er wird aber von bewaffneten Eingeborenen vertrieben und segelt weiter zu den Philippinen.

1599
Olivier van Noort erreicht die Ladronen (Islas de Ladrones, *Marianen-Inseln*).

17. Jahrhundert

1606
Luiz Vaéz de Torres entdeckt den *Tuamotu-Archipel*, das *Great Barrier Reef* in *Australien* sowie die Meerenge zwischen Neuguinea und Australien der er den Namen *Torres-Straße* gibt.

1609
Pedro Fernández de Quirós entdeckt die Banks-Gruppe, die Duff-Gruppe und die Neuen Hebriden (heute *Vanuatu*).

1642-43
Abel Janszoon Tasman entdeckt von Batavia kommend *Tasmanien*, *Neuseeland* sowie *Neubritannien* (*Melanesien*).

1699
William Dampier umsegelt *Neubritannien* und findet dabei die nach ihm benannte Passage zwischen Neubritannien und *Neuguinea*, die *Dampier-Straße*.

18. Jahrhundert

1722
Der niederländische Admiral *Jakob Roggeveen* entdeckt die *Osterinsel* und den *Samoa-Archipel*.

1766-69
Louis Antoine de Bougainville erforscht den Südpazifik. Er ist der Meinung *Tahiti* entdeckt zu haben, weiß aber nicht dass *Samuel Wallis* bereits zuvor die *Gesellschaftsinseln* gefunden und Tahiti als "King George Island" kartografiert hat.

1769
Philip Carteret entdeckt die Carteretstraße zwischen *Neuirland* und *Neubritannien*.

1768-71
James Cooks erste Pazifikreise führt zur Entdeckung der *Austral-Inseln* und der *Cookstraße*.

1770
Der Spanier Francisco Gonzalez findet und umsegelt die wieder vergessene *Osterinsel* und nimmt sie für Spanien in Besitz.

1772-75
James Cooks zweite Pazifikreise: Auffindung der Cookinseln, Besuche auf Tonga und den Marquesas, Entdeckung *Neukaledoniens*. Domingo de Boenechea entdeckt mehrere Inseln in der Tuamotu-Gruppe.

1780-81
Francisco Antonio Maurelle entdeckt Latte (Late).

1776-80
James Cook entdeckt zusammen mit anderen britischen Forschungsreisenden Hawaii, wo er am 14. Februar *1779* verstirbt.

1791
Joseph Ingraham entdeckt die nördlichen *Marquesas*.

1798
Edmund Fanning entdeckt *Fanning, Washington Island* und Kingman Reef (Polynesien).

19. Jahrhundert

1820
Erste umfassende Kartierung des *Tuamotu-Archipels* während einer von *Fabian Gottlieb von Bellingshausen* geführten russischen Antarktisexpedition.

1826-29
Fjodor Petrowitsch Litke führt eine russische Forschungsreise durch den Pazifik und kartiert die *Marianen*.

1839
Neuseeland wird der britischen Kolonialadministration in *Australien* unterstellt (*1840* Kolonie und *1907* Dominion).

1842
Die *Marquesas* und Tuamotus werden als Schutzgebiete Frankreichs beansprucht.

1843
Tahiti wird französische Kolonie, und bleibt es bis lange ins 20. Jahrhundert hinein.

1858
Amerikanische Firmen beginnen die Guanovorkommen auf den Phoenixinseln auszubeuten.

1860-61
Der deutsche Botaniker Berthold Seemann bereist im Auftrag der britischen Regierung die *Fidschi*-Inseln, unter anderem um die Möglichkeiten des Baumwollanbaus abzuschätzen.

1874
Fidschi wird Teil des *britischen Kolonialimperiums*.

1874-76
Britische "Challenger"-Expedition - Beginn der systematischen Meeresforschung; das Schiff besucht 1875 mehrere Südseeinseln.

1875-76
Deutsche "Gazelle"-Expedition unter Freiherr *Georg von Schleinitz*: Forschungen im Bismarckarchipel.

1877
Die *Gilbertinseln* sowie die Elliceinseln geraten unter britische Kolonialverwaltung.

1884-85
Großbritannien annektiert den Südosten *Neuguineas*.

1885
Nordost-*Neuguinea* und der *Bismarck-Archipel* werden Bestandteile des *deutschen Kolonialreiches*.
Spanien ergreift Besitz von den *Karolinen* und unterwirft diese als Kolonie
Die nördlichen *Salomonen* und die *Marshallinseln* werden deutsch, die südlichen Salomonen britisch.

1886
Holland erklärt den Westen Neuguineas zur Kolonie.

1887
Die Neuen Hebriden geraten unter britisch-französische Kolonialherrschaft (sogenannte anglo-französische Marinekommission); die Atollgruppen Futuna und Alofi fallen an Frankreich.

1889
Annexion der *Tokelaugruppe* durch *Großbritannien* und der *Austral-Inseln* durch Frankreich.

1897
Hawaii wird amerikanisches Protektoratsgebiet. Zuvor hatte man die letzte hawaiische Königin gestürzt.

1898
Großbritannien annektiert die *Santa-Cruz-Inseln*.

1898-1900
Der *Spanisch-Amerikanische Krieg* verursacht einen wilden Besitzwechsel der Kolonien.

20. Jahrhundert

1900
Hawaii wird amerikanisches Territorium

1914-1918
Im Zuge des ersten Weltkriegs teilen die Siegermächte im Zuge des *Völkerbund*s

die deutschen Kolonien unter sich auf.

1937
Großbritannien annektiert die Phoenixinseln.

1945
Japan muss sein Kolonialreich nach der Kapitulation am 2. September aufgeben.

1946-47
Die *Vereinten Nationen* sprechen den USA die einstigen japanischen Mandate als Treuhandgebiete zu.

1946-69
Die USA siedeln die Bevölkerung von *Bikini*, *Kwajalein* und *Eniwetok* aus, um *Atomversuche* auf den Atollen durchführen zu können.

1948
Großbritannien übergibt die Tokelaugruppe an Neuseeland.

1959
Hawaii wird *Bundesstaat* der USA.

1962
West-Samoa erlangt die Unabhängigkeit.

1966-74
Frankreich führt in *Französisch-Polynesien* Atomversuche auf dem *Mururoa-Atoll* durch.

1968
Nauru wird selbstständige Republik.

1970
Tonga und *Fidschi* werden unabhängig.

1975
Papua-Neuguinea bildet gemeinsam mit dem Bismarckarchipel, den Admiralitätsinseln, Louisiaden und nördlichen Salomonen einen souveränen Staat.
Die nördlichen *Marianen* bilden das sogenannte "Commonwealth of Northern Mariana Islands".

1978
Die mittleren und südlichen *Salomonen* sowie die Elliceinseln erlangen Selbstständigkeit.

1979
Die *Gilbertinseln* (heute *Kiribati*) werden politisch unabhängig.

1980
Die neuen Hebriden erlangen die politische Unabhängigkeit als *Vanuatu*.

1981
Palau erklärt seine Sezession von den übrigen *Karolinen*.

1987
Fidschi wird durch zwei aufeinanderfolgende Militärputsche Republik.

1994
Palau wird 185. UNO-Mitglied.

1996
Frankreich beschließt nach heftigen Protesten die endgültige Einstellung aller Atomversuche im Südpazifik.

ABKÜRZUNGSVERZEICHNIS

ACP	African, Carribean and Pacific Group of States
ADB	Asian Development Bank
ANZAC-Truppen	Australian and New Zealand Army Corps
ANZUS	Australia, New Zealand, United States
AKP-Staaten	Asien-Karibik-Pazifik-Staaten
APEC	Asia-Pacific Economic Cooperation
ARF	ASEAN Regional Forum
ASEAN	Association of Southeast Asian Nations
AsDB	Asiatischen Entwicklungsbank
BIS	Bank for International Settlements
BPC	British Phosphate Corporation
C	Commonwealth
CEP	Centre d'Expérimentation du Pacifique
CER	Closer Economic Relations and Trade Agreement
CNMI	Commonwealth of the Northern Mariana Islands
CP	Charoen Pokphand Group
EWC	East West Center
DFAT	Department of Foreign Affairs and Trade
DOM	Département d'Outre-Mer (Übersee-Département)
DSAP	Development of Sustainable Agriculture in the Pacific
EAS	Early Ammonia Servicer
EBRD	European Bank for Reconstruction and Development
EDF	European Development Found
EEZ	Exklusive maritime Wirtschaftszone
EU	European Union
FAO	Food and Agriculture Organization
FATF	Financial Action Task Force
FLP	Fidschi Labour Party
FLNKS	Front de Libération Nationale Kanak et Socialiste
GATT	General Agreement on Tariffs and Trade
IAEA	International Atomic Energy Agency
IAPs	Individual Action Plans
IBRD	International Bank for Reconstruction and Development
ICAO	Internationalen Zivilluftfahrt-Organisation
ICC	Internationaler Strafgerichtshof
ICCt	International Council on Clean Transportation
ICRM	International Committee Radionuclide Metrology
IDA	International Development Association

IEA	International Energy Agency
IFAD	International Fund for Agricultural Development
IFC	International Finance Corporation
IFM	Isatabu Freedom Movement
IFRCS	International Federation of Red Cross and Red Crescent Societies
IHO	International Hydrographic Organization
ILO	International Labour Organization
IMF	International Monetary Fund
IMO	International Maritime Organization
IMSO	International Mobile Satellite Organization
INTELSAT	Internationales Satellitensystem
Interpol	International Criminal Police Organization
IOC	Internationales Olympisches Kommitee
IOM	International Organization für Migration
IPU	Inter-Parliamentary Union
IRD	Institut de la Recherche pour le Développement
ISO	International Organization for Standardization
ITSO	International Telecommunications Satellite Organization
ITU	International Telecommunication Union
ITUC	International Trade Union Confederation
IWF	Internationalen Währungsfonds
MEF	Malaitan Eagle Force
MIGA	Multilateral Investment Guarantee Agency
MSG	Melanesian Spearhead Group
NAM	Non-Aligned Movement
NATO	North Atlantic Treaty Organization
NEA	Nuclear Energy Agency
NSG	Nuclea Suppliers Group
OECD	Organization for Economic Cooperation and Development
OPCW	Organisation for the Prohibition of Chemical Weapons
OPM	Organisasi Papua Merdeka
PACREIP	Pacific Regional Economic Integration Programme
PCA	Pacific Coast Academy
PECC	Pacific Economic Cooperation Council
PIC	Pacific Islands Conference of Leaders
PIDP	Pacific Islands Development Program
PIF	Pacific Islands Forum
PIFS	Pacific Islands Forum Secretariat
PNG	Papua-Neuguinea
POM	Pays d'Outre-Mer (Übersee-Land)
PPP	Plant Protect in the Pacific
RPCR	Rassemblement pour la Calédonie dans la République
PRAN	Pacific Regional Assistance to Nauru

PROCFish	Regional Oceanic and Coastel Fisheries Development Programme
RAMSI	Regional Assistance Mission for the Solomon Islands
SIS	Smaller Island States
Sparteca	South Pacific Regional Trade and Economic Cooperation Agreement
SPC	Secretariat of the Pacific Community
SAS	Special Air Service Regiment
SPBFZ	South Pacific Nuclear Free Zone
SPREP	South Pacific Regional Environment Program
TA	Treuhandabkommen
TDS	Tongan Defence Service
TOM	Territoire d'Outre-Mer (Übersee-Territorium)
TTPI	Trust Territory of the Pacific Islands
UMP	Union pour un Mouvement Populaire
UN	United Nations
UNCTAD	United Nations Conference on Trade and Development
UNDP	United Nations Development Program (Entwicklungsprogramm der Vereinten Nationen)
UNESCO	United Nations Educational, Scientific and Cultural Organization
UNFICYP	United Nations Peacekeeping Force in Cyprus
UNHCR	United Nations High Commission for Refugees
UNIDO	United Nations Industrial Development Organization
UNMIS	United Nations Mission in Sudan
UNMIT	United Nations Integrated Mission in Timor-Leste
UNRWA	United Nations Relief and Works Agency
UNTSO	United Nations Truce Supervision Organization
UNWTO	United Nations World Trade Organization
UPU	Universal Postal Union
USP	University of the South Pacific
VSO	Volunteers Services Overseas
WCO	World Customs Organization
WFTU	World Federation of Trade Unions
WHO	World Health Organization
WIPO	World Intellectual Property Organization
WMO	World Meteorological Organization
WTO	World Trade Organization
ZC	Zangger Committee (on nuclear proliferation)

ABBILDUNGSVERZEICHNIS

Abbildung 1: Australien 22
Abbildung 2: Fidschi-Inseln 42
Abbildung 3: Kiribati 52
Abbildung 4: Marshallinseln 62
Abbildung 5: Föderierte Staaten von Mikronesien 72
Abbildung 6: Nauru 82
Abbildung 7: Neuseeland 92
Abbildung 8: Palau 106
Abbildung 9: Papua-Neuguinea 112
Abbildung 10: Salomonen 128
Abbildung 11: Samoa 136
Abbildung 12: Tonga 144
Abbildung 13: Tuvalu 152
Abbildung 14: Vanuatu 160
Abbildung 15: Amerikanisch-Samoa 172
Abbildung 16: Cookinseln 182
Abbildung 17: Französisch-Polynesien 192
Abbildung 18: Guam 200
Abbildung 19: Neukaledonien 206
Abbildung 20: Niue 218
Abbildung 21: Nördliche Marianen 224
Abbildung 22: Norfolk 234
Abbildung 23: Pitcairn-Inseln 240
Abbildung 24: Tokelau 248
Abbildung 25: Wallis und Futuna 256
Abbildung 26: Ozeanien 278

PERSONENREGISTER

A
Abal, Sam 111

B
Balboa, Vasco N. de 13, 17, 286
Bainimarama, Voreqe 37, 41, 43, 118

C
Camacho, Felix P. 197, 198
Clark, Helen 90, 93, 94, 97, 98, 100
Cook, James 47, 165, 168, 241, 242, 288

D
Dassonville, Yves 204
deBrum, Tony 59, 60

F
Febvrier-Despointes, Auguste 212
Fergusson, George 239
Fitial, Benigmo R. 223, 228
Flosse, Gaston 194, 195

G
Goff, Phil 93, 194, 211
Goodwin, Frederick 179

H
Haomae, William 125
Howard, John 17, 26, 30, 32, 34, 84, 122

E
Elizabeth II. 17, 89, 90, 111, 125, 149, 150, 179, 217, 233, 235, 239

I
Ielemia, Apisai 149, 150

K
Kaltongga, Pakao 157
Kanimoa, Patalione 253
Kelekele, Kalkot Matas 157
Keke, Kieren 79
Key, John 89, 90

L
Lafleur, Jacques 205

M
Martin, Harold 204
Marurai, Jim 179

Matane, Paulius 111
Mc Cully, Murray 89
Mori, Emanuel 69, 73, 77

N
Natapei, Edward 157

O
Obama, Barack 169, 197, 223

P
Paolan, Philippe 253

Q
Qarase, Laisenia 37

R
Rasmussen, W.O.P. 179
Remengesau, Tommy Esang 104
Rudd, Kevin 17, 85, 122, 123
Robert, Lorin 69

S
Sailele Malielegaoi Tuila'epa 133
Sarkozy, Nicolas 190, 192, 204, 206, 213, 253
Satyanand, Anand 90, 217, 245
Scotty, Ludwig 82
Sevele, Feleti 143
Sikua, Derek 125, 128
Smith, Stephen 17, 79
Stephen, Marcus 79, 82

T
Talagi, Toke 217, 270
Taumoepeau-Tupou, S.T. 151
Tjibaou, Jean-Marie 205, 206
Telito, Filoimea 149, 150
Temaru, Oscar 194, 195
Tomeing, Litokwa 59, 60, 64, 66
Tong, Anote 48, 50, 53, 55, 56
Tong Sang, Gaston 190, 194, 195
Tuia, Pio 245
Tuiatua Tupua Tamasese Efi 133
Tulafono, T. 169
Tupou V., George Siaosi 143

U
Uluivuda, Ratu Josefa Iloilovatu 37

V
Villagomez, T.P. 223

W
Waena, Nathaniel 125, 127
Walsh, Owen 233
Whitlam, Gough 25

SACHREGISTER

A
Accords de Matignon/Vertrag von Matignon 212, 213. 214, 216
Accords de Nouméa/Vertrag von Nouméa 199, 212, 214, 216, 219, 222
AKP-Staaten 91, 120, 161, 190, 226
Aluminium- 29
ANZUS-Abkommen/Bündnis 25, 32, 33, 97, 98, 99, 105
ASEAN 25, 34, 36, 40, 97, 100, 119, 121, 122, 124, 266, 274
Atomtest 56, 104, 113, 125, 200, 201
Atomversuche 216, 291, 292
Australischer Bund 133

B
Banaba 56, 57, 87, 88, 89
Bewegung der Blockfreien 165, 169, 170
Bikini(-Atoll) 71, 74, 291
Blei 134
Bougainville 17, 18, 19, 37, 105, 119, 127, 128, 129, 133, 134, 135, 139, 168, 172, 178, 277, 288
Bounty 14, 47, 241, 242, 247, 248

C
China 18, 30, 34, 36, 40, 41, 53, 56, 58, 59, 61, 72, 79, 82, 91, 92, 99, 102, 103, 114, 126, 127, 130, 138, 144, 154, 155, 171, 183, 192, 193, 228, 236, 266, 267, 274, 278
Commonwealth 25, 26, 35, 37, 41, 49, 51, 52, 59, 61, 78, 84, 91, 94, 101, 120, 133, 135, 139, 141, 142, 147, 151, 153, 157, 158, 165, 182, 189, 209, 225, 231, 232, 234, 238, 241, 243, 251, 291
Compact of Free Association 67, 69, 77, 78, 83, 112, 113, 114
Cotonou-Abkommen 49, 62, 120, 154, 192

D
Deed of Recession 45, 47
Den Haag 87
Deutsches Kaiserreich 87, 88
Deutsches Reich 112, 119, 133, 141, 151, 177, 178, 231, 234
Deutschland 17, 27, 28, 30, 73, 98, 127, 135, 151, 160, 190, 192, 193, 194, 220

E
Eisen- 19, 29
Ellice Islands (Inseln) 17, 57, 157, 158, 255
Emigration- 60, 79, 142, 145, 167, 173
England 135, 168, 287
Entwicklungshilfe- 37, 60, 82, 92, 93, 127, 130, 137, 138, 158, 161, 171, 192, 257
Erdöl- 19, 29, 134
EU 11, 14, 30, 34, 36, 37, 40, 49, 51, 59, 62, 73, 93, 101, 106, 115, 120, 126, 127, 128, 138, 154, 161, 190, 192, 195, 200, 215, 217, 228, 251, 263, 267, 272, 274, 278

F
FLNKS 125, 126, 138, 213, 214, 221
Flüchtlinge 124, 130
Flüchtlingspolitik 37, 41
Flüchtlingswerk 138
Frankreich 17, 19, 51, 91, 165, 168, 169, 170, 171, 198, 199, 200, 201, 202, 203, 212, 213, 214, 215, 216, 217, 220, 221, 261, 278, 285, 289, 290, 291, 292
Französische Union 198, 199, 213
Freihandelsabkommen 33, 34, 35, 100, 101, 103, 126
Freihandelszone 36, 40, 100, 106, 268, 270, 273, 274, 277

G
G-77 45, 67, 69, 77, 119, 133, 141, 151, 165
Gold- 16, 29, 91, 134, 136
Großbritannien 14, 17, 26, 27, 28, 34, 37, 48, 57, 59, 61, 89, 91, 97, 98, 99, 101, 106, 126, 152, 153, 154, 158, 161, 165, 171, 178, 201, 220, 243, 244, 249, 251, 278, 285, 290, 291
Guadalcanal 133, 134, 135, 136

I
Immigration- 103, 136, 142, 172, 173, 180, 181, 242, 256

J
Japan 17, 18, 25, 26, 27, 28, 30, 34, 35, 36, 40, 51, 59, 60, 63, 67, 73, 79, 80, 82, 83, 87, 88, 91, 98, 99, 101, 106, 112, 113, 114, 115, 119, 127, 133, 135, 138, 144, 153, 158, 190, 191, 202, 205, 220, 231, 233, 234, 235, 236, 237, 266, 267, 272, 273, 278, 291

K
Kohle- 29, 178, 219
Kronkolonie 15, 45, 47, 157
Kupfer- 19, 119, 128
Kyoto-Protokoll 25, 115, 159
Kwajalein 61, 68, 70, 291

M
Malaitan Eagle Force (MEF) 133, 136
Mangan- 16, 61
Melanesian Spearhead Group (MSG) 120, 125, 138, 165, 171, 173
Menschenrechte 37, 49, 106, 128
Migration- 18, 78, 84, 103, 107, 143, 145, 147, 161, 162, 167, 180, 188, 226, 259
MIRAB(-Economy) 78, 84, 146, 188, 193, 194
Mururoa(-Atoll) 14, 104, 200, 291

N
Nickel- 16, 18, 19, 127, 134, 167, 212, 216, 217
Niederlande 33, 119, 159
Nouméa 171, 199, 212, 214, 215, 216, 217, 218, 219, 220, 221, 222, 285
Nuclear free zone 104, 141, 144, 154

O
Ocean Island 16, 17, 56, 57
Olympische Spiele von Sydney 25

P
Pearl Harbor 17, 61, 205
Phosphat 56, 57, 82, 87, 88, 89, 90, 92, 93, 233
Protektionismus 31

R
Rainbow Warrior 104
RAMSI 37, 123, 133, 136, 137, 172

S
Schlacht von Gallipoli 25, 27, 97, 98
Schlacht von Peleliu 112
Spanien 13, 14, 91, 112, 193, 231, 234, 288, 290
Sparteca 25, 45, 56, 67, 69, 77, 87, 91, 97, 112, 119, 120, 133, 138, 141, 151, 157, 165, 187, 225
Statut von Westminster 25, 27, 97
Sydney 25, 173, 194, 278

T
Taliban 38, 102
Taiwan 18, 36, 39, 56, 61, 63, 72, 74, 91, 92, 114, 126, 127, 137, 138, 144, 154, 158, 160, 161, 191, 193, 228, 266
Terrorismus- 12, 38, 39, 40, 52, 71, 83, 93, 115, 215, 217, 227, 269, 277
Treuhandabkommen/Trusteeship Agreement 207, 208
Treuhandschaft 207, 231, 232
Trusteegebiete 77, 78
Trust Territory of the Pacific Islands (TTPI) 68, 69, 77, 78, 79, 112, 113, 206, 207, 208, 231, 232, 234

U
United Nations 101, 124, 192, 201, 218, 231
United States 40, 41, 42, 98, 128, 208, 238, 258
UNO 37, 62, 68, 72, 77, 102, 129, 141, 201, 217, 218, 225, 228, 292
USA 14, 15, 17, 18, 28, 29, 30, 31, 32, 33, 34, 36, 37, 38, 39, 40, 41, 50, 51, 58, 59, 60, 61, 63, 64, 67, 68, 69, 70, 71, 73, 77, 78, 79, 80, 83, 84, 89, 91, 93, 97, 98, 99, 101, 102, 104, 105, 106, 112, 113, 114, 115, 120, 125, 126, 127, 128, 141, 144, 147, 153, 154, 158, 159, 172, 177, 178, 179, 182, 183, 189, 190, 191, 201, 205, 207, 208, 217, 227, 231, 232, 233, 237, 258, 266, 267, 272, 273, 278, 285, 291

V
Vereinigtes Königreich 27, 28, 30, 32
Vertrag von Roratonga 141
Vertrag von Waitangi 97
Völkerbund- 67, 119, 135, 141, 290

W
Washington 41, 70, 93, 107, 113, 177, 179, 184, 207, 208, 232, 288
Washington Convention 177, 179
Westminster Act 98

Z
Zink 134

VERZEICHNIS DER HERAUSGEBER, AUTORINNEN UND AUTOREN

Herausgeber

Prof.Dr. Andreas Dittmann;
geboren 1959, Studium der Geographie, Ethnologie und Afrikanistik an der Philipp-Universität Marburg. Promotion 1989 und Habilitation 2001. Wissenschaftlicher Mitarbeiter, wissenschaftlicher Assistent und wissenschaftlicher Angestellter am Geographischen Institut der Universität Bonn (1987-2006). Seit 2007 Professor für Anthropogeographie am Institut für Geographie der Universität Gießen. Mitherausgeber „Erdkunde – Archive for Scientic Geography" und „Entwicklungsforschung. Beiträge zu interdisziplinären Studien in Ländern des Südens".

Prof. Dr. Wolfgang Gieler;
geboren 1960, Studium der Politikwissenschaft, Ethnologie, Soziologie und Pädagogik an der Universität Münster und University of Ife/Nigeria. Mehrjährige Erfahrung im Bereich der nichtstaatlichen deutschen Entwicklungszusammenarbeit. Lehrtätigkeiten an den deutschen Universitäten Gießen, Hannover, Jena, Münster, Rostock und Siegen sowie Gastprofessor an der Universität Uyo/Nigeria (1988-89), Universität Sakarya/Türkei (2000-01), Universität Minsk/Belarus (2001-02), Universität Bahrain/Bahrain (2008) und Universität Saratow/Russland (2009). Seit 2003 Professor für Intercultural and International Studies an der Okan Universität Istanbul/Türkei, sowie Leiter der Arbeitstelle für Interkulturelle Kommunikation und Politik der Universität Siegen.

StR Matthias Kowasch;
geboren 1973, Studium der Geographie und Französisch an den Universitäten Hannover und Rouen/Frankreich. Derzeit Studienrat am Gymnasium Lilienthal bei Bremen für die Fächer Erdkunde und Französisch. Doktorand an den Universitäten Heidelberg und Montpellier III, Kooperation mit dem Institut de la Recherche pour le Développement (IRD) in Nouméa/Neukaledonien. Arbeitstitel der seit Oktober 2006 laufenden Dissertation: „Die Rolle des Nickelbergbaus und der Nickelindustrie bei der wirtschaftlichen Entwicklung Neukaledoniens".

Autorinnen und Autoren

SOPHIE BANTOS, M.A.;
geboren 1982. Studium der Geographie an der Université Paris-Sorbonne – Paris IV/Frankreich. Promotion seit Oktober 2005 an der Sorbonne. Titel der Dissertation: „Etude géographique des risques littoraux: iteractions des sociétés insulaires francophones et de leurs systèmes de gestion dans les Océans Pacifique et Indien (Wallis & Futuna, Lifou et Rodrigues)". Ihre Promotion, die in Zusammenarbeit mit der Université de la Nouvelle-Calédonie (UNC) und dem Institut der la Recherche pour le Développement (IRD) entsteht, ist Bestandteil der Forschungsprogramme des französischen Übersee- und Umweltministeriums (IFRECOR) zum Klimawandel und zum integrierten Küstenzonenmanagement. Sophie Bantos ist Lehrbeauftrager am Geographischen Institut der Université Paris-Sorbonne.

PROF. DR. SIGRID BARINGHORST;
geboren 1957, Studium der Sozialwissenschaften und Germanistik an der RWTH Aachen. Promotion 1991 an der Universität Münster. Habilitation 1997 an der Universität Gießen. Stipendiatin des DAAD und der Fulbright Commission. DAAD Lektorin für deutsche Sprache, Literatur und Landeskunde an der University of Bradford/Großbritannien (1986-1989). Lehrbeauftragte der Universität Münster (1989-1990). Wissenschaftliche Mitarbeiterin, wissenschaft-liche Assistentin und Professurvertretung an der Universität Gießen (1990-1997). Dozentin für Cultural Politics an der University of East Anglia/ Großbritannien (1998-1999). Dozentin für German Studies an der University of Technology Sydney/Australien (Jan.-Sept. 2000). Seit Oktober 2000 Professorin für Politikwissenschaft an der Universität Siegen. Seit April 2008 Dekanin des Fachbereichs Sozialwissenschaften der Universität Siegen.

SUPRIYO BHATTACHARYA;
geboren 1984, Studium der Politikwissenschaft und Anglistik an der Friedrich-Schiller-Universität Jena. Thema der Magisterarbeit: „Die Entwicklungspolitik Indiens in Ozeanien".

VIOLA CARMILLA, M.A.;
geboren 1980, Studium der Ethnologie an der Università di Siena/Italien mit einer Abschlussarbeit über Schenkökonomie in Samoa. Studien- und Forschungsaufenthalt März bis August 2005 in Samoa. Seit 2007 Doktorandin an der Universtà di Torino/Italien. Dissertation zum Thema „Schenkökonomie im Kontext der samoanischen Emigration nach Neuseeland".

PROF. DR. ISMAIL DALAY,
geboren 1946, Studium der Verwaltungs- und Wirtschaftswissenschaften in Istanbul/Türkei. Berufliche Positionen: Professor für Verwaltungswissenschaft

Department of Business Administration an der Yıldız Vocational University Istanbul (1982-1995), Professor für International Business Administration, Dekan und Vize-Rekor an der Universität Sakaya/Türkei (1998-2005). Gastprofessuren an der Universität Baku/ Aserbaidschan (1995-1998) und Edith Cowan University Perth/Australien (2003-2004). Forschungs- und Lehraufenthalt an der Long Island University New York (2006-2007). Umfangreiche Beratungs- und Gutachtertätigkeiten für türkische Außen-, Bildungs- und Wirtschaftsministerium. Derzeit Professor für Business Administration Beykent University Istanbul.

DR. PASCAL DUMAS;
geboren 1974, Studium der Geographie und Geschichte an der Université de la Nouvelle-Calédonie. Promotion 2004 im Fach Geographie/Umwelt an der Université d'Orléans/Frankreich. Titel der Dissertation: „Caractérisation des littoraux insulaires : approche géographique par télédétection et SIG pour une gestion intégrée - Application en Nouvelle-Calédonie". Seit 2005 Maître de Conférences (Wissenschaftler Mitarbeiter) an der Université de la Nouvelle-Calédonie.

KERSTIN J. S. MAELICKE-WERLE, M.A.;
geboren 1977, Studium der Ethnologie, Soziologie und Indologie an den Universitäten Göttingen und Heidelberg. 2006 und 2007 ethnologische Feldforschung auf Lamotrek und Yap. Derzeit Doktorandin am Institut für Ethnologie in Heidelberg.

PROF. DR. HERMANN MÜCKLER;
geboren 1964, Studium der Ethnologie, Politikwissenschaft und Philosophie an der Universität Wien/Österreich. Promotion 1997 und Habilitation 2001. Professor für Ethnologie an der Universität Wien und seit 2004 Stellvertretender Dekan der Fakultät für Sozialwissenschaft der Universität Wien. Seit 1996 Vorsitzender der Österreichisch-Südpazifischen Gesellschaft (OSPG) und 1999-2002 Präsident der „European Society for Oceanists" (ESfO).

DR. ARNO R. PASCHT;
geboren 1966. Studium der Ethnologie mit den Nebenfächern politische Wissenschaft und Psychologie an der Ludwig-Maximilians-Universität München Abschluss des Promotionsverfahrens an der Universität Bayreuth im Jahr 2006. Titel der Dissertation: „Die Erben Tangiias und Karikas. Landrechte auf Rarotonga". Von 2000 bis 2002 Wissenschaftlicher Mitarbeiter beim Forschungsprojekt „Wandel des Landrechts auf den Cookinseln" an der Universität Bayreuth. Seit April 2008 Wissenschaftlicher Mitarbeiter am Institut für Ethnologie der Universität Köln.

MARTIN J. SCHNEIDER, M.A.;
geboren 1975, Studium der Ethnologie und Erziehungswissenschaft an der Universität Heidelberg, 2005 und 2006 ethnologische Feldforschung auf den Marshallinseln (Ailuk-Atoll). Seit April 2004 Doktorand am Institut für Ethnolo-

gie an der Universität Heidelberg. Titel der Dissertation: „Seascape, Navigation and Cognition: Development of navigational skills amongst schildren in Yap (Micronesia)".

DR. ROLAND SEIB;
geboren 1954, Studium zum Diplom-Verwaltungswirt an der Technischen Universität Darmstadt und Tätigkeit in einer Landesbehörde. Ab 1981 Studium der Politikwissenschaft und Volkswirtschaftslehre in Frankfurt/M. und Canberra (Australien). 1992 Promotion zum Dr. phil. in Internationalen Beziehungen mit der Studie: „Papua-Neuguinea zwischen isolierter Stammesgesellschaft und weltwirtschaftlicher Integration". 2008 Promotion zum Dr. rer. publ. an der Deutschen Hochschule für Verwaltungswissenschaften in Speyer (Titel der Dissertation: „Staatsreform und Verwaltungsmodernisierung in Entwicklungsländern. Der Fall Papua-Neuguinea im Südpazifik").

PROF. DR. DONALD R. SHUSTER,
Studium der Biowissenschaften (M.A.) und der Philosophie (B.A.) an der Michigan State University/USA. Abschluss der Promotion in Erziehungswissenschaften und pazifischer Geschichte im Jahr 1982 an der Universität Hawaii/USA. Professor für Erziehungswissenschaften und Mikronesische Studien am Richard F. Taitano Micronesian Area Research Center der Universität Guam. Zahlreiche Publikationen insbesondere zum Themenabereich der aktuellen politischen Lage in der Republik Palau sowie in Guam.

DR. HILKE THODE-ARORA;
geboren 1960, Studium der Ethnologie und spezialisiert auf Ozeanien (Schwerpunkt Polynesien), interethnische Beziehungen und materielle Kultur. Seit 1982 tätig für verschiedene wissenschaftliche Institutionen und völkerkundliche Museen. Honorary Fellow am Women's Studies Programme am Department of Anthropology der Universität von Auckland/Neuseeland sowie Feldforschungsprojekt für das Ethnologische Museum Berlin zum Thema „Migration und ethnische Identität in Niue und in der niueanischen Diaspora-Gemeinschaft in Auckland" (2002-2005).

PAUL WAGNER
geboren 1978, Studium der Islamwissenschaft und der Politikwissenschaft an der Friedrich-Schiller-Universität Jena und der Christian-Albrechts-Universität zu Kiel. Langjährige Tätigkeit als Journalist und Autor für diverse Verlage. Zahlreiche Studien- und Forschungsaufenthalte.

DR. MICHAEL WAIBEL;
geboren 1969. Wirtschaftsgeographie (Magister) mit den Nebenfächern Geographie und Volkswirtschaftslehre an der Technischen Universität Aachen. Abschluss der Promotion im Jahr 2001 am Geographischen Institut der Universität Göttingen zum Thema „Stadtentwicklung von Hanoi/Vietnam unter besonderer Berücksichtigung der Transformation des innerstädtischen 36-Gassen-

Gebiets seit Beginn von Doi Moi". Wissenschaftlicher Assistent am Geographischen Institut der Universität Göttingen (2001-2007). Seit Juni 2007 wissenschaftlicher Mitarbeiter am Geographischen Institut der Universität Hamburg, Abt. Wirtschaftsgeographie. Vorsitzender der Arbeitsgemeinschaft für Pazifische Studien Aachen (APSA), welche die Zeitschrift Pacific News herausgibt.

DR. HARALD WERBER;
geboren 1972, Studium der Geschichte und Geographie an der Universität Salzburg. Promotion 2003 an der Universität Salzburg/Österreich zum Thema „Kiribati 1892 – 1916. Politischer und ökonomischer Strukturwandel während der Protektoratszeit". Zurzeit Gymnasiallehrer für Geschichte, Sozialkunde und Politische Bildung (GSPB), Geographie und Wirtschafskunde (GWK) sowie Seminar Management, Organisation und Recht (SMOR) an der Bildungsanstalt für Kindergartenpädagogik in Salzburg. Ferner seit 2006 Landesgeschäftsführer des Österreichischen Jugendrotkreuzes in Salzburg sowie seit 2008 Arbeitsgruppenleiter für Geschichtslehrerfortbildung an der Pädagogischen Hochschule Salzburg.

MARCUS WOLF
geboren 1983, Studium der Politikwissenschaft, Neuere Geschichte und Philosophie an der Friedrich- Schiller- Universität Jena.

MARGIT WOLFSBERGER, M.A.;
geboren 1970, Studium Ethnologie und Publizistik an der Universität Wien; Forschungsgebiete: Migrationsgeschichte, Visuelle Repräsentation Ozeaniens in populären Medien; Forschungsaufenthalte in Samoa, Fidschi, Neuseeland; Vorstandsmitglied der Österreichisch-Südpazifischen Gesellschaft (OSPG) und der European Society for Oceanists (ESFO); Wissenschaftliche Projektmitarbeiterin und Lektorin am Institut für Kultur- und Sozialanthropologie der Universität Wien.

MARTIN ZINGGL;
geboren 1983, Diplomand am Institut für Kultur- und Sozialanthropologie an der Universität Wien und Filmemacher. Forschungsaufenthalt in Tuvalu zur Datensammlung seiner Diplomarbeit, mit dem Titel „Klimawandel, Sozialer Wandel und Migration in Tuvalu" und um einen Dokumentarfilm („Am Ende der Welt") über Tuvalu zu drehen.

ANHANG: KARTENMATERIAL

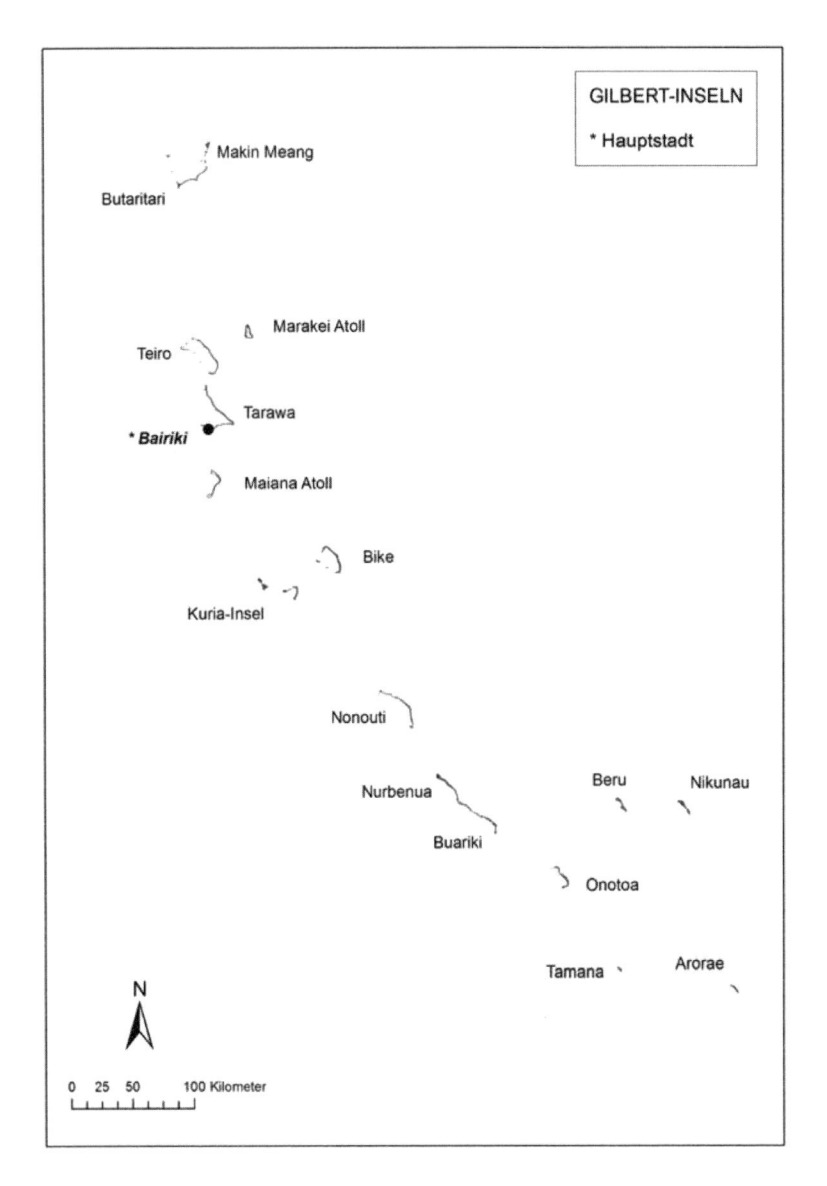

Anhang 1: Die Gilbert-Gruppe (Kiribati)

ANHANG: KARTENMATERIAL

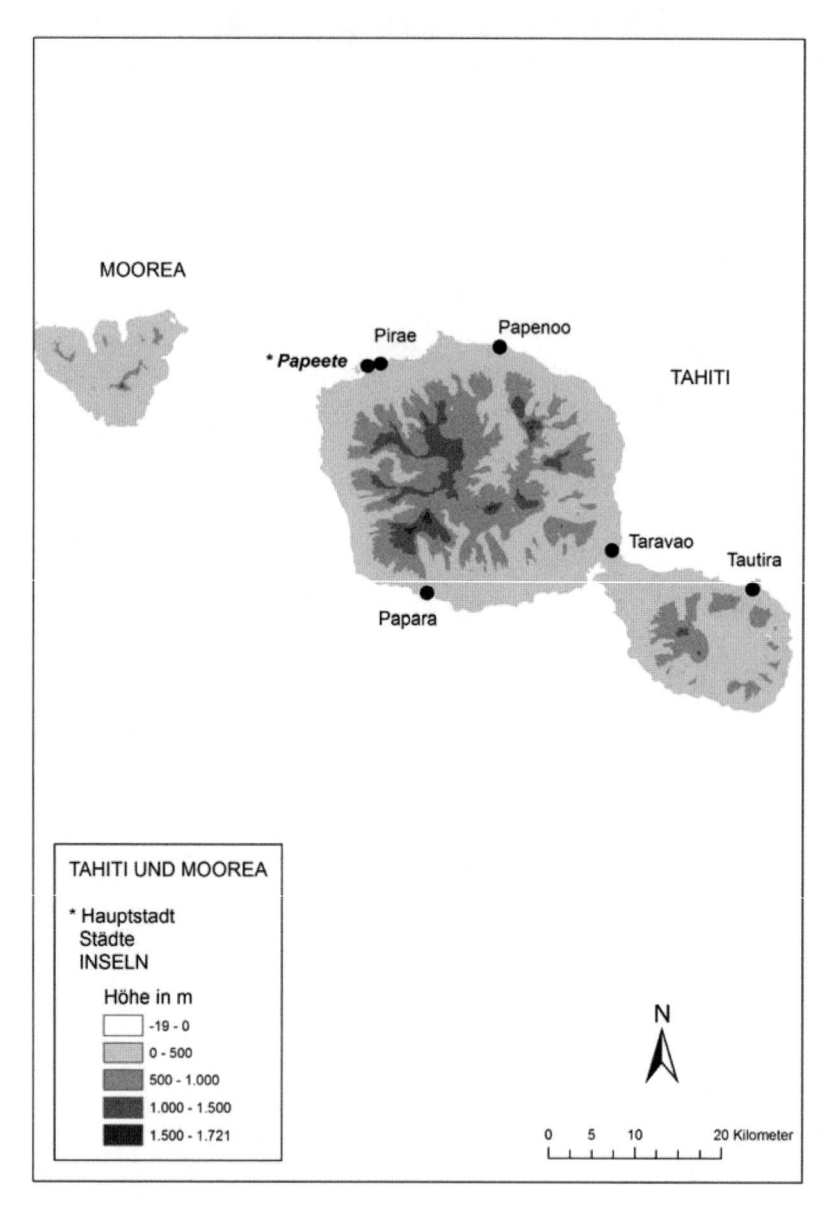

Anhang 2: Tahiti und Moorea (Französisch-Polynesien)